中国近代
思想家文库

◎

海青 编

王韬卷

中国人民大学出版社
·北京·

总　序

　　对于近代的理解，虽不见得所有人都是一致的，但总的说来，对于近代这个词所涵的基本意义，人们还是有共识的。一个国家、一个民族走入近代，就意味着以工业化为主导的经济取代了以地主经济、领主经济或自然经济为主导的中世纪的经济形态，也还意味着，它不再是孤立的或是封闭与半封闭的，而是以某种形式加入到世界总的发展进程。尤其重要的是，它以某种形式的民主制度取代君主专制或其他不同形式的专制制度。中国是个幅员广大、人口众多、历史悠久的多民族国家，由于长期历史发展是自成一体的，与外界的交往比较有限，其生产方式的代谢迟缓了一些。如果说，世界的近代是从 17 世纪开始的，那么中国的近代则是从 19 世纪中期才开始的。现在国内学界比较一致的认识，是把 1840 年到 1949 年视为中国的近代。

　　中国的近代起始的标志是 1840 年的鸦片战争。原来相对封闭的国门被拥有近代种种优势的英帝国以军舰、大炮再加上种种卑鄙的欺诈打开了。从此，中国不情愿地加入到世界秩序中，沦为半殖民地。原来独立的大一统的中央集权的君主专制国家，如今独立已经极大地被限制，大一统也逐渐残缺不全，中央集权因列强的侵夺也不完全名实相符了。后来因太平天国运动，地方军政势力崛起，形成内轻外重的形势，也使中央集权被弱化。经历第二次鸦片战争、中法战争、甲午战争、八国联军入侵的战争以及辛亥革命后的多次内外战争，直至日本全面侵略中国的战争，致使中国的经济、政治、教育、文化，都无法顺利走上近代发展的轨道。古今之间，新旧之间，中外之间，混杂、矛盾、冲突。总之，鸦片战争后的中国，既未能成为近代国家，更不能维持原有的统治秩序。而外患内忧咄咄逼人，人们都有某种程度"国将不国"的忧虑。

　　"天下兴亡，匹夫有责"，读书明理的士大夫，或今所谓知识分子，尤为敏感，在空前的危机与挑战面前，皆思有所献替。于是发生种种救亡图存的思想与主张。有的从所能见及的西方国家发展的经验中借鉴某些东西，形成自己的改革方案；有的从历史回忆中拾取某些智慧，形成某种民族复兴的设想；有的则力图把西方的和中国所固有的一些东西加以调和或结合，形成某种救亡图强的主张。这些方案、设想、主张，从世界上"最先进的"，到"最落后的"，几乎样样都有。就提出这些方案、设想、主张者的初衷而言，绝大多数都含着几分救国的意愿。其先进与落后，是否可行，能否成功，尽可充分讨论，但可不必过为诛心之论。显而易见，既然救国的问题最为紧迫，人们所心营目注者自然是种种与救国的方案直接相关的思想学说，而作为产生这些学说的更基础性的理论，及其他各种知识、思想，则关注者少。

围绕着救国、强国的大议题，知识精英们参考世界上种种思想学说，加以研究、选择，认为其中比较适用的思想学说，拿来向国人宣传，并赢得一部分人的认可。于是互相推引，互相激励，更加发挥，演而成潮。在近代中国，曾经得到比较广泛的传播的思想学说，或者够得上思潮的，主要有以下几种：

（一）进化论。近代西方思想较早被引介到中国，而又发生绝大影响的，要属进化论。中国人逐渐相信，进化是宇宙之铁则，不进化就必遭淘汰。以此思想警醒国人，颇曾有助于振作民族精神。但随后不久，社会达尔文主义伴随而来，不免发生一些负面的影响。人们对进化的了解，也存在某些片面性，有时把进化理解为一条简单的直线。辩证法思想帮助人们形成内容更丰富和更加符合实际的发展观念，减少或避免片面性的进化观念的某些负面影响。

（二）民族主义。中国古代的民族主义思想，其核心是"非我族类，其心必异"，所以最重"华夷之辨"。鸦片战争前后一段时期，中国人的民族思想，大体仍是如此。后来渐渐认识到"今之夷狄，非古之夷狄"，"西人治国有法度，不得以古旧之夷狄视之"。但当时中国正遭受西方列强的侵略和掠夺，追求民族独立是民族主义之第一义。20世纪初，中国知识精英开始有了"中华民族"的概念。于是，渐渐形成以建立近代民族国家为核心的近代民族主义。结束清朝君主专制，创立中华民国，是这一思想的初步实现。第一次世界大战爆发，中国加入"协约国"，第一次以主动的姿态参与世界事务，接着俄国十月革命爆发，这两件事对近代中国的发展历程造成绝大影响。同时也将中国人的民族主义提升到一个新的层次，即与国际主义（或世界主义）发生紧密联系。也可以说，中国人更加自觉地用世界的眼光来观察中国的问题。新生的中国共产党和改组后的国民党都是如此。民族主义成为中国的知识精英用来应对近代中国所面临的种种危机和种种挑战的一个重要的思想武器。

（三）社会主义。社会主义作为一种模糊的理想是早在古代就有的，而且不论东方和西方都曾有过。但作为近代思潮，它是于19世纪在批判近代资本主义的基础上产生的。起初仍带有空想的性质，直到马克思和恩格斯才创立起科学社会主义。20世纪初期，社会主义开始传入中国。当时的传播者不太了解科学社会主义与以往的社会主义学说的本质区别。有一部分人，明显地受到无政府主义的强烈影响，更远离科学社会主义。直到五四新文化运动兴起之后，中国人始较严格地引介、宣传科学社会主义。但有一段时间，无政府主义仍是一股很大的思想潮流。中国共产党的成立，从思想上说，是战胜无政府主义的结果。中国共产党把在中国实现社会主义乃至共产主义作为自己的奋斗目标。此后，社会主义者，多次同各种非科学社会主义思想的信仰者进行论争并不断克服种种非科学社会主义思想的影响。

（四）自由主义。自由主义也是从清末就被介绍到中国来，只是信从者一直寥寥。直到五四新文化运动兴起，具有欧美教育背景的知识精英的数量渐渐多起来，自由主义始渐渐形成一股思想潮流。自由主义强调个性解放、意志自由和自己承担责任，在政治上反对一切专制主义。在中国的社会条件下，自由主义缺乏社会基础。在政治激烈动荡的时候，自由主义者很难凝聚成一股有组织的力量；在稍稍平和的时候，他们往往更多沉浸在自己的专业中。所以，在中国近代史上，自由主义不曾有，也不可能有大的作为。

（五）激进主义与保守主义。处于转型期的社会，旧的东西尚未完全退出舞台，新的东西也还未能巩固地树立起来，新旧冲突往往要持续很长的时间，有时甚至达到很激烈的程度。凡助推新东西成长的，人们便视为进步的；凡帮助旧东西排斥新东西的，人们便视为保守的。其实，与保守主义对应的，应是进步主义；与顽固主义相对的则应是激进主义。不过在通常话语环境中人们不太严格加以区分。中国历史悠久，特别是君主专制制度持续两千余年，旧东西积累异常丰富，社会转型极其不易。而世界的发展却进步甚速。中国的一部分精英分子往往特别急切地想改造中国社会，总想找出最厉害的手段，选一条最捷近的路，以最快的速度实现全盘改造。这类思想、主张及其采取的行动,皆属激进主义。在中共党史上,它表现为"左"倾或极左的机会主义。从极端的激进主义到极端的顽固主义,中间有着各种程度的进步与保守的流派。社会的稳定,或社会和平改革的成功,都依赖有一个实力雄厚的中间力量。但因种种原因,中国社会的中间力量一直未能成长到足够的程度。进步主义与保守主义,以及激进主义与顽固主义,不断进行斗争,而实际所获进步不大。

(六)革命与和平改革。中国近代史上,革命运动与和平改革运动交替进行,有时又是平行发展。两者的宗旨都是为改变原有的君主专制制度而代之以某种形式的近代民主制度。有很长一个时期,有两种错误的观念,一是把革命理解为仅仅是指以暴力取得政权的行动,二是与此相关联,把暴力革命与和平改革对立起来,认为革命是推动历史进步的,而改革是维护旧有统治秩序的。这两种论调既无理论根据,也不合历史实际。凡是有助于改变君主专制制度的探索,无论暴力的或和平的改革都是应予肯定的。

中国近代揭幕之时,西方列强正在疯狂地侵略与掠夺殖民地和半殖民地,中国是它们互相争夺的最后一块、也是最大的资源地。而这时的中国,沿袭了两千年的君主专制制度已到了奄奄一息的末日,统治当局腐朽无能,对外不足以御侮,对内不足以言治,其统治的合法性和统治的能力均招致怀疑。革命运动与改革的呼声,以及自发的民变接连不断。国家、民族的命运真的到了千钧一发之际,危机极端紧迫。先觉分子救国之心切,每遇稍具新意义的思想学说便急不可待地学习引介。于是西方思想学说纷纷涌进中国,各阶层、各领域,凡能读书读报者,受其影响,各依其家庭、职业、教育之不同背景而选择自以为不错的一种,接受之,信仰之,传播之。于是西方几百年里相继风行的思想学说,在短时期内纷纷涌进中国。在清末最后的十几年里是这样,五四时期在较高的水准上重复出现这种情况。

这种情况直接造成两个重要的历史现象:一个是中国社会的实际代谢过程(亦即社会转型过程)相对迟缓,而思想的代谢过程却来得格外神速。另一个是在西方原是差不多三百年的历史中渐次出现的各种思想学说,集中在几年或十几年的时间里狂泻而来,人们不及深入研究、审慎抉择,便匆忙引介、传播,引介者、传播者、听闻者,都难免有些消化不良。其实,这种情况在清末,在五四时期,都已有人觉察。我们现在指出这些问题并非苛求前人，而是要引为教训。

同时我们也看到，中国近代思想无比的多样性与复杂性呈现出绚丽多彩的姿态，各种思想持续不断地展开论争，这又构成中国近代思想史的一个突出特点。有些论争为我们留下了非常丰富的思想资料，如兴洋务与反洋务之争，变法与反变法之争，革命与改良之争，共和与立宪之争，东西文化之争，文言与白话之争，新旧伦理之争，科学与人生观之争，中国社会性质的论争，社会史的论争，人权与约法之争，全盘西化与本位文化之争，民主与独裁之争，等等。这些争论都不同程度地关联着一直影响甚至困扰着中国人的几个核心问题，即所谓中西问题、古今问题与心物关系问题。

中国近代思想的光谱虽比较齐全，但各种思想的存在状态及其影响力是很不平衡的。有些思想信从者多，言论著作亦多，且略成系统；有些可能只有很少的人做过介绍或略加研究；有的还可能因种种原因，只存在私人载记中，当时未及面世。然这些思想，其中有很多并不因时间久远而失去其价值。因为就总的情况说，我们还没有完成社会的近代转型，所以先贤们对某些问题的思考，在今天对我们仍有参考借鉴的价值。我们编辑这套《中国近代思想家文库》，希望尽可能全面地、系统地整理出近代中国思想家的思想成果，一则借以保存这份珍贵遗产，再则为研究思想史提供方便，三则为有心于中国思想文化建设者提供参考借鉴的便利。

考虑到中国近代思想的上述诸特点，我们编辑本《文库》时，对于思想家不取太严格的界定，凡在某一学科、某一领域，有其独立思考、提出特别见解和主张者，都尽量收入。虽然其中有些主张与表述有时代和个人的局限，但为反映近代思想发展的轨迹，以供今人参考，我们亦保留其原貌。所以本《文库》实为"中国近代思想集成"。

本《文库》入选的思想家，主要是活跃在 1840 年至 1949 年之间的思想人物。但中共领袖人物，因有较为丰富的研究著述，本《文库》则未收入。

编辑如此规模的《文库》，对象范围的确定，材料的搜集，版本的比勘，体例的斟酌，在在皆非易事。限于我们的水平，容有瑕隙，敬请方家指正。

《中国近代思想家文库》编纂委员会

目　录

导 言

王韬的多面人生

一

王韬，1828年（道光八年）11月10日（十月初四）生于苏州府长洲县甫里村，初名利宾，又名畹，学名瀚，字兰卿。因上书太平军，被清廷缉捕，逃遁香港后改名韬，字仲弢、紫诠，号天南遁叟。其父王昌桂，字肯堂，著籍学官，长期在家乡设馆授徒，邃于经学，王韬九岁即随父馆于本村施氏书塾，遍读群经，旁涉诸史、杂说，奠定了一生学业之基。十五岁就读于新阳县贡生顾惺开设的青萝山馆，十九岁金陵考试落第后即无意仕途，一度仿效其父，以塾馆授徒为业。王韬一生的转折点发生于21岁时的第一次上海之行。那年他赴上海省亲，时其父名为在上海延续开馆生涯，实则暗自协助传教士翻译西书，通过父亲的关系，他得以参观英国伦敦会开设的墨海书馆，对活字版机器快速印刷的高效率留下深刻印象。1849年，王昌桂突然病故，家道中落后的王韬不得不再赴上海谋生，从此就和这个中国最繁华的大都会结下了终身不解之缘。

王韬入墨海书馆的主要工作是协助麦都思翻译《新约圣经》，旧本《新约》翻译均出自传教士之手，最早的中文译本由英国传教士马礼逊和米怜维琳合译，第二个译本则出自麦都思与德籍传教士郭士立之手，但此两个版本的中文表述均不够典雅规训，而由王韬润色编辑的改正本《新约》出版后却广受好评，到1859年已印行了11版，直到20世纪20年代仍在中国教徒中普遍使用。《新约》移译的成功使得王韬的译述生涯获得了一个良好的开端，随后由伟烈亚力口译、王韬笔述的《重学浅说》、《华英通商事略》、《西国天学源流》各一卷相继出版。王韬又与艾约瑟合作译编《格致新学提纲》和《光学图说》等著作，同时协助艾约瑟和伟烈亚力编辑《中西通书》，这部历书性质的小册子，是一本每年以中西日历为主，附带介绍中西政治社会和科学文化的知识普及读物，王韬负责中西日历这部分的编审工作。在《中西通书》序言里，王韬批评"中法每不如西法之密，何哉？盖用心不专，率皆墨守成法，未能推陈出新"，颇能点破国人治学粗疏之弊。

王韬不仅协助传教士直接从西书中移译经典，还与友人合编或亲自编译介绍西方情况的各类书籍，拓展国人认知世界的视野。如与黄胜编译《火器略说》，介绍西方军事技术的基本原理。他自己认为这部书可作营弁施放枪炮的教材，相当简易实用。1881年，驻节福州的方铭山观察一人就买了二百本，令军中兵士习学操演，这也稍稍满足了王韬长期压抑在心底的怀才不遇的经世愿望。再如对西方历史的译述也是王韬著译生涯中十分重要的组成部分。其译述的《普法战记》、《法国志略》、《西古史》、《西史凡》等均对西国史事有自己独到的心得，特别是《普法战记》一书曾风靡日本，直接促成了王韬的东瀛之行。

王韬的一生始终在中西文化的夹缝中寻求生存之道，其言行轨迹既拥有传统士人风流儒雅的一面，又因长期浸淫于西学而拥有豁达开明的胸怀，对中西双向的文化源流均能采持衡汲取、疏而不离的态度。他交往的友人圈子也多奇言异行之士，颇不符时俗对传统士人的想象。比较著名的就有李善兰和蒋敦复。李善兰是算学名家，在某种意义上也是传统教育体制的叛逆者。蒋敦复时称江南才子，以诗文称誉于世，其言行却诡异多变，不但曾进寺庙修行，也吸食鸦片，他一方面熟谙英国历史，曾入墨海书馆协助慕维廉译编《大英国志》，另一方面又撰文大骂基督教，活脱脱一个名士风范。王韬曾与李善兰、蒋敦复等好友一起浪迹花丛，时做狎邪之游，人称"三异民"。王韬的另一个好友龚橙乃龚自珍之子，龚橙表面上是个世家子弟，藏书之富号称甲于江浙，且多为《四库》未收之书。龚橙也是性格怪异，放浪不羁，喜好研读满洲蒙古文字，还没日没夜地吟咏梵诗，"且与色目人游戏征逐"，但坊间又传说他1860年为威妥玛和英国远征军引路，甚至曾暗示导引英人焚毁圆明园，气节为人诟病。王韬说他"轻世肆志，白眼视时流……世人亦畏而恶之，目为怪物"，最终发狂病而死。在王韬交往的少数官员中，也有知己式的人物，如曾任江苏巡抚的徐有壬，精于历算之学，经王韬介绍至墨海书馆参观，得识慕维廉、韦廉臣等教士，王韬还曾三次上书徐有壬，纵论"防海"、"弭盗"、"通商"之大计。徐有壬回信予以褒奖，赐以吕宋银三十饼作为养母之用。

王韬言行之"奇"还表现在他逃匿香港后，协助理雅各把《尚书》、《春秋左传》、《诗经》、《礼记》等中国经典译成英文，开启了中西经典"对译"的新篇章，其自身也成为中国同时参与中西经典互译的第一人。

在港期间，王韬还创办了《循环日报》，发表大量时论，其中《论各省会城宜设新报馆》、《论日报渐行中土》、《论中国自设西文日报之利》等文，均言及日报对新闻信息传播之功用。1884 年，王韬自香港返回上海后，即被聘为《万国公报》特约撰稿人和《申报》的编纂主任，并自办弢园书局，继续在舆论界产生影响。王韬还出任新设格致书院山长一职，格致书院延请中西教师课读，自西国语言文字之外，授以格致、机器、象纬、舆图、制造、建筑、电气、化学等课程，均偏于实用之学，其规制迥异于传统的书院体制，每年分四季为课期，由王韬请于地方官员，出题课士，视其优劣，评定甲乙。列前茅者例拨经费予以奖励。① 书院教学内容也多有更新，如英国教士傅兰雅每周六晚上进行幻灯教学，亲自编辑《格致新编》供学生阅读。王韬还主持有奖征文比赛，获奖论文汇编成《格致书院课艺》一书以广流传。②

二

王韬作为非典型意义上的中国文人，长期游走于传统和现代之间，其活动空间也主要集中于现代大都市如上海、香港之中，自然与乡间士绅的见识有异。柯文称其游动轨迹为香港—上海走廊，与王韬生活于同一时代的一批中国知识人，都有和王韬相类似的经历和世界观念，如何启、唐景星、伍廷芳、马建忠、马相伯等人，这个群体往往被称为沿海最早的思想启蒙者。③ 他们之间常常相互援引渗透，张开的是一张奇特的交游网络。王韬作为其中的一员，和他们的观念互有交集但又颇具差

① 参见王韬：《格致书院课艺序言》。
② 参见张志春编著：《王韬年谱》，168 页，石家庄，河北教育出版社，1994。
③ 参见柯文：《在传统与现代性之间：王韬与晚清改革》，雷颐等译，南京，江苏人民出版社，1994。

异。这批人自幼生长在西学影响浓厚的背景中，受到教会教育的浸染过深，缺少对中国经典的训练和领悟，而王韬所受的教育则恰好兼备旧学薰陶与西学视野，具备一种复杂的双重认同特征，身处夹缝中的独特阅历也使他的言行不时露出自相冲突与犹疑杂糅的特质。

王韬一生从事过的职业种类十分庞杂，曾经拥有编辑、译者、报人、出版商和通俗小说作家等数重身份。除参与编纂大量的中西"对译"著述外，他的政论一般都发表在香港《循环日报》上，一般所称的"洋务"言论和大量涉及时政的议论也统一汇编进《弢园文录外编》、《弢园尺牍》和《续钞》之中。加上其他各类著述，总数多达 36种。由于其对中外政局变化的分析，王韬常常被视为中国近代变革思想的先驱，但他的变革论往往呈现出一种新旧杂糅的特色。如在《禁游民》这篇文章中，王韬提出的建议包括鉴于官、士、医、僧道游堕无根，应该设法把他们驱赶回"四民"的行列，这只是一种古老治术的思路，谈不上与现代变革有什么关系。又如他谈及废科举、废时文的主张也多为前人屡次提及，似乎未见新意。但是，如果把这些言论串接起来，置于清朝当时危机频现的语境中观察，即可凸显其先驱的意义。比如他认为"今国家之予士也，取之太多，简之太骤，人人皆可为士"，导致"民"与"士"身份难分，故考试取士，亦当减其额，远其期，减慢考试频率和录取人数，在当时应是明智之见，即使放在今天也有警示意义。

与一般从事举业的士子所走的人生路途相对平缓不同，王韬一生经历奇诡多变，从一名乡间正统儒士转变成为洋人佣书的雇员，难免会承受舆论的巨大压力。如他曾自嘲说："今人得温饱便不识名节为何物，可嘻可惜。我今亦蹈此辙，能不令人訾我短耶？"其佣书的身份甚至到了"物议沸腾，难以置喙"[①] 的地步。他虽深浸于儒术，却又未以此为谋生之本，虽有经世之志，却终生未有机会踏上践履之途，故其思想与行为始终是脱节的，表现出一种驳杂含混的气质。

同时，王韬拥有的复杂身份却又使其拥有远高于普通儒生的双重视野，在传统与现代观念之间纵横游弋，时发警语奇论。即使对于炙手可热的洋务人才，王韬也加以针砭，如说："须知稔悉洋务者，未必皆通西国语言文字之人，是在能逆探其情耳。迩来之知西学者，类多骄矜自

---

① 张志春编著：《王韬年谱》，24 页。

负，其料事粗而疏，其观事轻而易。未得西国之所长，而偏陷溺于西国之所短。一旦任之以事，未有不偾者也。"① 语气中透着自信。

王韬游弋于传统与现代的双重身份，亦使他在观念择取上始终抱持一种微妙的均衡态度。他既不是如腐儒一般素拘于僵化守旧的立场，亦非一味专发愤激之辞博取关注。如在《原道》、《原学》、《原才》这类属于旧体裁的文论中，其议论多不出传统经世的话题范围，如认为人伦乃是"道"承载的真义，"道"是本义，而"器"只是"道"的工具。"道不能即通，则先假器以通之，火轮舟车皆所以载道而行者也。"他同时又认为，东西圣人在探究"理"的方面是相通趋同的，所谓"盖人心之所向，即天理之所示，必有人焉，融会贯通而使之同"。不过其结论却是泰西诸国挟以凌辱我中国者，中国圣人皆已"烛照于胸"，甚至认为犹太史书都是由东而西传递过去的，所以中国当为西土文教之先声，这不由让人想起"西学中源说"这类流行的陈词滥调，其中多少透露出意淫的味道。

针对以上诸论，我们也可换个思路加以理解，晚清张之洞提出保存国体，并以之为本，通过引进西方器技之学以固本正源的主张，实与王韬的思路相近。如果不做苛求的话，王韬的"体"、"用"论已经初步具备了晚清"中体西用论"的雏形，据此推测说王韬的"道器之辩"是晚清体用论的先声似不为过。

王韬年轻时即遭逢太平军起事和咸同清廷启动变革转轨计划，他是最早倡导洋务的思想者之一，但其抒发言论的价值恰恰不在流俗意义上的倡导西学，而在于他对盲目倡导洋务的批评，如他有如下议论："今沿海各直省皆设有专局，制枪炮，造舟舰，遴选幼童出洋肄业。自其外观之，非不庞洪彪炳，然惜其尚袭皮毛，有其名而鲜其实也。"② 解决此弊端的方案是，先治民再治兵，总纲领则是储材，所谓："诚以有形之仿效，固不如无形之鼓舞也；局厂之炉锤，固不如人心之机器也。"③ 也就是说，"器变"只是更新其表，内变须在人心。欲变人心，须知沟通上下之情才是关键。这就涉及"制度变革"这一核心问题了。

王韬对政治体制变革的表述是先得民心，并把"开矿筑路，行轮

① 王韬：《弢园尺牍续钞·呈郑玉轩观察》。
②③ 王韬：《弢园文录外编·变法》。

车，设机器"视为与民共其利而代为之经营的事业。治民的要诀在于上下之交不至于隔阂，从经济层面上讲，就是一定要让民众分享到政府的利益，而不能仅仅让少数人加以垄断。比如应该在开掘煤铁五金矿藏时，允许民间自立公司，"计分征抽而不使官吏从中掣肘"，制造机器，修筑铁路轮船，官民出资，贫民殚力，达到利益均沾的目的。朝廷有大兴作、大政治，也必须让民众预先知道，也就是说政治运作一定要透明，才能达到君与民共治天下之意。要保证政治透明，达到沟通上下之情的效果，就需要在政治体制变革上有所抉择。王韬在介绍西方政治体制类型时，认为大致可分为"君主之国"、"民主之国"和"君民共主之国"三种选择。前两种各有利弊，因为君为主，则必尧舜之君在上，而后可久安长治，对君主个人的品性要求太高，一般朝代难以企及。民为主，则会造成"法制多纷更，心志难专一"的局面。只有"君民共治"这条路能做到上下相通，"民隐得以上达，君惠亦得以下逮"，颇能体现出"三代以上之遗意"，也可与中国古代的清明政治接轨。在基层官员的设置上，王韬也强调依凭民间的塾、庠、校等机构监督官员的言行，使得"上无私政，则下无私议"，官员受到震慑，不敢轻拂民意，以免身家不保，这强调的仍是复三代的古风。

从表面上看，王韬的言论像个复古的冬烘，很跟不上形势，其实事情并非如此简单。比如他很赞美英国的议会政治，把它视为君民上下互相联络的典范制度。[①] 他说"英国之所恃者，在上下之情通，君民之分亲"，同样得出了有"三代"遗意的结论。他特别提到"国家有大事，则集议于上下议院，必众论佥同，然后举行。如有军旅之政，则必遍询于国中，众欲战则战，众欲止则止。故兵非妄动，而众心成城也"[②]。与之相比，"中国则不然，民之所欲，上未必知之而与之也。民之所恶，上未必察之而勿之施也"。

在王韬的著作中，有数处提到议会的功能，虽然不像郑观应那样曾专门讨论议会的具体运作程序，但仍充分肯定了议会在政治机构中所起的枢纽作用。如他认为有议会政治，"故内则无苛虐残酷之为，外则有捍卫保持之谊，常则尽懋迁经营之力，变则竭急公赴义之忱"[③]。于是把这套政治运作提升到了中国欲谋富强不必别求他术的高度加以认知，

---

① 参见王韬：《弢园文录外编·重民》。
② 王韬：《弢园文录外编·纪英国政治》。
③ 王韬：《弢园文录外编·达民情》。

其评点虽有失简括，却也不失为政治改革的警世之言。

王韬观点之新奇复杂的一面还表现在其无论是在宗教信仰还是在政治立场上都时常处于左右摇摆的境地，几无定见可寻。他时出激说之论，时又呈泥古之态。如王韬在墨海书馆为传教士佣书时即已受洗入教，虽然他在各类文献中均讳言此事，却毕竟有确凿证据证明其教徒身份的真实性。也许其忌惮此举触及士人的伦常道统，生怕沦为异类而遭诟病。可是就其自身而言却始终没有表露出恪守信仰的心迹，反而在给地方官员的上书中直指耶稣新教与天主教"二者皆足为人心风俗之大害"①，甚至给清廷出谋划策，以编纂教民户册、赐以匾额、异其服色的手段禁绝耶教异端的传播，或在各处以宣讲圣谕善书为名对抗耶教的流行，以维系传统风教之根基。这类行径似乎不仅越出了基督教徒所应恪守的戒律，而且更像是个异教徒的所作所为。由此举动很难判断其信仰动机的真确性。

王韬也曾在太平军和清廷两方阵营之间摇摆不定，一度给人以首鼠两端的印象。他一方面献计地方官，为诱杀太平军不惜嫁祸民众，他拟订的办法是选择团练头目假扮成百姓向太平军献物，然后设伏聚歼，以后即使有投贼献物之人，也必蒙疑忌而遭杀害，这样民众就不会投奔太平军，最终只有一条路可走，就是齐心协力，杀贼保境，虽死不怨。②可随后王韬又以黄畹之化名上书太平天国苏福省民务官刘肇钧，为太平军攻占上海出谋划策，时人即戏称他为"长毛状元"。如此纵横捭阖，两面献词，真给后人解释其行为动机陡增难度。唯一可以成立的解释可能是王韬始终没有放弃传统士人的经世抱负，为达此目标不惜两面斡旋，变通行事，耶教信仰不过是应时点缀的工具而已，无法彻底根植于心，成为规范其人生的言行基石。这种经世之志远大于宗教信仰力量的情形曾经频繁发生于时代转型的士人当中。王韬对身处此境也是牢骚满腹，如他云："世之名公巨卿，未尝不知韬也，然未肯劳其一手足之力，以拔之泥涂者，将俟其哀号迫切而拯之乎？抑或竟听其沦落终身也？"因此他自认用世之志日趋淡漠，故自嘲说："然则韬虽欲出而用世，其何能为？不如以著述自见，托之空言，传之后世。圣人有作，必验吾言。"③　这又属无奈的感叹了。

---

①　王韬：《弢园文录外编·代上广州府冯太守书》。

②　参见王韬：《弢园尺牍·续陈管见十条》。

③　王韬：《弢园尺牍·与邹梦南观察》。

三

王韬在以往的研究谱系中往往被作为接受西学思想的标志性人物加以定位，其时论和译书生涯也是被反复聚焦讨论的热点。目前已出版的王韬文论选集也多注重收录这方面的文章。其实王韬的一生经历相当丰富多样，他个性张扬不羁，经年冶游欢场，纵情声色。《淞隐漫录》文思自由，想象丰富，写妖异梦境、外国美人，皆有声有色，更有《花国剧谈》，搜罗近日之娇娃，采辑四方之名妓，编为《艳史丛谈》之一。他表示要传承唐代《教坊记》、《北里志》的猎艳传统，"纪丽品，摭艳谈"，称"美质良才，岂以古今殊，南北限"。《海陬冶游录》更声称乃一时游戏之作。揽读此书可于"沪上三十年来南部烟花，北里风月，略见一斑"。对此种猎艳之作及私人生活一面，学界向来避忌免谈，或偶然逢此段落，必板起道学家面孔，直接冠以"低级趣味"之恶评。实际上王韬的这一面是当时新旧知识人所拥有的常态，把这部分从其人生经历中硬性切割出去，或粗暴地贬之以道德批判的严辞，实无助于理解王韬的复杂人生际遇。①

王韬对此不是没有自我意识，在给傅兰雅的一封信中，他坦陈自己的行为早已为时论所不容，自述说："韬生平所好，在驰马春郊，征歌别墅，看花曲院，载酒旗亭。""窃以为此特风流游戏之事，本无庸讳之于人前，深恐执事不察，或有以小节进言者，则韬固不任受也。……彼迂腐者流，韬方欲避道而趋，当亦非执事之所喜也。"② 王韬的经历也颇可验证此言不虚，在青萝山馆跟随顾惺读经时，王韬就开始与顾惺的女儿谈恋爱。他与顾惺女儿顾慧英、女友曹素雯等夏日在唐代诗人陆龟蒙隐居遗址斗鸭池中观荷斗鸭，在池心清风亭成立诗社，集裙屐之雅流，开壶觞之胜会。③

他十五岁与某女早恋，与之共读《牡丹亭》、《西厢记》，有"人在西风正惆怅，又吹落叶上阑干"之诗句。十九岁的王韬于金陵应试时，即始作狎邪之游，与文漪楼两妓女任素琴、缪爱香来往甚密，荡

---

① 参见王尔敏：《王韬生活的另一面——风流至性》，载《中央研究院近代史研究所集刊》，第 24 期上册（1995 年 6 月）。

② 王韬：《弢园尺牍·与英国傅兰雅学士》。

③ 陈尚凡等校点：《漫游随录·野沼观荷》，45～46 页，长沙，湖南人民出版社，1982。

浆秦淮。当嗜酒恋女人的习性遭到妻兄杨醒逋的劝诫时，他回答说：
"至于绮靡障碍，未能屏弃，亦是文人罪孽。然称艳风华，乃其本色，
儿女之情，古贤不免。此亦只与瓯茗炉香，供消遣而已，不足为学业
累也。"① 这年他才二十岁。后来在《〈浮生六记〉跋》这篇奇文中，
王韬更系统揭示出有关男女关系的特立独行之论。在文章中，他论才
女之命云："而妇之有才、有色者，辄为造物所忌，非寡即夭。然才
人与才妇旷古不一合，苟合矣，即寡夭焉何憾！正惟其寡夭焉，而情
亦深；不然，即百年相守，亦奚裨乎？呜呼！人生有不遇之感，兰杜
有零落之悲，历来才色之妇，湮没终身，抑郁无聊，甚且失足堕行者
不少矣，而得如所遇以夭者，抑亦难之。乃后人之凭吊，或嗟其命之
不辰，或悼其寿之弗永，是不知造物者所以善全之意也。美妇得才
人，虽死贤于不死，彼庸庸者即使百年相守，而不必百年已泯然尽
矣。造物所以忌之，正造物所以成之哉！"② 如此议论令人拍案称奇，
真乃当今文人见识所远远不及。

　　以上这段议论虽是品评才女之运，实则有自况的意味在。王韬一生
坎坷，虽才华横溢，终身有经世之志，屡次上书当道建言献策，却屡不
见用。他在《自传》里也有一段自嘲文字说："老民固极思感激驰驱以
报知己，而忧患以来，精气消亡，才华零腐，既不能上马杀贼，下马草
檄，又不能雕琢文字，刻画金石，以称颂功德，徒为圣朝之弃物，盛世
之废民而已。"③

　　以今人观之，王韬那些纵横捭阖之论虽不尽是"空言"涉政，却也
很少能真正为当道者所重视，甚至有的书信根本未抵达书写对象，大多
变成了自我期许和消遣的游戏文字，所以对王韬言论的价值我们似应做
些理性的考量。其言论部分有先知先觉的谠论之气，他对时势的议论既
不系统，也难谈深刻，虽有灼见，却也不时陷于书生意气的拘囿，大多
难见实行，多少给人以纸上谈兵的感觉。我们今天仍珍视这些文字的原
因，乃在于王韬呈现出的是一幅中国遭受前所未有之变局时，传统文人
向现代知识人过渡的标准图像。这幅画像中的王韬形象并不完美，甚至
瑕疵毕现，但并没有妨碍其展示出近代知识人身份角色转型的艰难、困
窘与辉煌。

---

① 张志春编著：《王韬年谱》，14 页。
② 王韬：《〈浮生六记〉跋》。
③ 王韬：《弢园文录外编·弢园老民自传》。

本书的选编参考了汪北平、刘林整理的《弢园文录外编》（中华书局，1959），李天纲编校的《弢园文新编》（中西书局，2012），方行、汤志钧整理的《王韬日记》（中华书局，1987），陈尚凡、任光亮校点的《漫游随录·扶桑游记》（湖南人民出版社，1982），张志春编著的《王韬年谱》（河北教育出版社，1994），光绪纪元孟秋申报馆印的《翁牖余谈》等。

与韩绿卿孝廉

钦迟隆名，匪伊朝夕，承风遥羡，时切溯洄，引领于九峰三泖之间，曰庶几惠然肯来乎？去冬文轩至沪，藉挹芳徽；惜以残腊匆匆，未及畅诉衷曲。然晋接周旋之际，蔼然可亲，觉和厚温穆之风，浸淫大宅间。别后辄思作书，奉讯动止；继闻公车北上，不果。昨于壬叔处得见手书，知近刻几何，已将蒇事。天算之学，西人精于中土十倍，几何又为算学之渊源，第利氏有缮译未全之憾，今伟君为补成之，功当不在利氏下。足下为之锓版传世，功亦不在徐、李下。况足下博雅好古，于格致一端，已窥其奥，凡见测天仪器，不惜重价购求，是以动析物理，穷极毫芒，倾吐之余，佩服无量。粤东近事，备战六合丛谈中；不日定可奉呈，作荆州下酒物也。饯岁杯盘，定多清兴，灯明荥荥，帖写平安，自然百事如愿，以视王戎龌龊态，相去天壤矣。近得五茸逸志二十余卷，载松郡轶事颇详，未识此书曾锓版否？暇当细加校雠，去复删繁，证以他书，参以胜迹，务使鼍山、鹜岭之间，可以卧游而得之。倘能付之手民，得偿心愿，即当驰寄台端，请如椽之笔，一为厘正也。

与杨醒逋

　　伏处海陬，见闻日陋，蓬藋荒庐，名流绝迹。倮然客中，藏书无几，暇惟出门征逐，夜或秉烛咿唔。结习未忘，聊翻简册，以昔所知，命笔志之。

　　吾里为陆天随所隐处，流风余韵，犹足以兴起后人。因思方隅咫尺之地，岂无人文可以并传，而绝无好事者为之搜罗，以作轺轩采风故事。里志又经数十年未修，前辈风流不几湮没无闻乎？是则深可惜也。况其间名祠古刹，琐事闲情，采厥新奇，可为佳话，书其梗概，足供谭资。旧闻补松江丈拟辑里志，不识何以中止？今吾里人士，类皆役于饥寒，不能有远大之谟。后进少年，儇薄侈放，不足与言。况又跬步不出闉闾，日见夫夆鄙龌龊之态耶！昔人谓出门交友，不如闭户读书，固也。然读书尤在识足以副之，今人辄谓不明世故者为读书人，此实大谬。所贵乎读书者，具有经济，洞达事理，并非贸贸于交游酬酢间也。然则存轶事，志遗踪，以发潜德而阐幽光，非吾辈责哉？

　　子贞前辈殉难之事已确，二月十有六日邸抄云"督役围捕，拒伤殒命"，第不闻议恤，未免阙典。而其临难直前，大节弗隳，殊足为吾里光已。

　　前与竹安同舟至沪，篷窗多暇，剧话里中旧事，谓曾躬逢其盛。于时马自如志操清介，潘恕斋文学华赡，陈舒堂、潘子升雄视坛坫，周硕卿昆弟翩翩竞爽，为一时之秀。而山民父子，避难来里，与雄友尤民相倡和，诗酒留连。若以帖括著者，则潘云门、刘爱余、陈蓉圃、曹醉六诸太夫子，皆为文场之飞将军。而侨寓吾里者，则有惕庵外祖父、苣汀外舅、筑生太夫子、凌午桥先生，造进后学，有声于时。乃不谓不二十年中，风流阒寂，而文章学问，无一能比肩往哲，并轨前贤，良可叹也。

曩在里中，足下已以读书自负，诗古文词卓然异人。今阅十载，造诣当不可限量，知不为习俗所囿，蹈彼覆辙。足下沾沾于科第，尝谓吾里不登贤书者数十年，而亟以功名相勖勉。韬时灰心任进。在山小草，已无远志。伏枥驽马，不解腾骧。视人世浮荣，曾不足当一瞬。今淮海之间，皆为盗窟。金革抢攘，靡有宁处。鼓鼙震地，烽火连天。报国儒生，何以自见？目击时事，无可下手。迩惟隐于曲蘖，并废诗歌，恐愤世嫉俗之词，无益国家，适以招祸耳。

往见吾吴诸生鲁颂进三无疏，谓无兵、无官、无财也，今益不可问矣。师劳饷竭，上下相蒙，不亟为之图，后将不可治。吾谓天下当去三虫：一曰蠹虫，胥吏是也；二曰瘵虫，雅片是也；三曰蛊虫，僧道是也。天下之利只有此数，而此三者各耗其一，民安得不病？国安得不贫？虽然，骤欲去之，乌乎能？是必有道以处此。

当今之世，为天下计者，必以强兵为先，足财为务，而我谓在方面之得人。军兴以来，已及数载，兵额日增，征调日烦。攻战者动以万计，堵守者动以千计。团练乡勇，互相扞卫，不可谓无兵。劝捐劝纳，无户不征；抽厘加税，无微不至。铸大钱，行钞法。凡可以生利者，无不举行，不可谓无财。然而弹丸小邑，动劳大员，经略督抚以得罪去者不知凡几。是在驾驭之无方，节制之无常耳。

况乎贼未至之先，则募勇修埤，运大炮，利器械，备之非不至，虑之非不周。迨贼一至，则尽委而去之。则我之所欲用者，反为敌用，我之欲用以攻敌者，敌反用以攻我。此所谓藉寇兵以赍盗粮也。是反不若毁城郭，去甲兵，绝粮饷，徙富户，以待贼至，使彼野无所掠，城无所守，不俟三日而走矣。今贼之守金陵、镇江也，官军攻之两载未下。上海褊小之邑耳，兵至二万，围之十有八月而始克。而贼之得我地也，曾不数日；九江至险之门户也，一鼓而踞矣；金陵至坚之城堞也，四日而破矣。凡我所防堵之具，守御之策，无非为贼经营，我不能有而贼有之。然后足以守我地，抗我师。是不如烧而后走，犹不为失计也。

顾所云然，乃有激而谈，为杜牧之《罪言》，非孙子之《兵法》也。至欲有备无患，有战必克，可攻可守，可进可退，则必以得人为先，故鲁颂之所谓无官者，诚无官也。君子居是邦不非其大夫，况民之父母乎！我非敢侈谭当世之务，痛诋牧民之长，诚惜夫尚可有为之天下，而将败坏决裂于全身家、保妻子、窃位苟禄之臣之手也。

海氛虽恶，尚可羁栖，惟他日退步，不得不预为之计，买田故乡以毕此生。今天下无可居之地，但当随遇而安，则身心俱泰。前汤雨生都督赠友人诗云：“逃儒逃墨难逃世，见说桃源也战场。”慨乎其言之矣！后日倘能归来，息影蓬庐，得偿素志，则摭拾旧闻，采辑逸事，使吾里诸人不随兵燹俱灭，不独吾里之幸，亦九京诸人之深幸也。足下谅有同心，故敢奉告。暇幸裒集所闻，觅便驰寄，想必有以广我之见也。

《中西通书》序

　　泰西文史之邦，夙称犹太。自开辟至今，五千余年，历历可稽。其最古老之书曰《旧约全书》，所用历与今历大异。古时犹太人定年月以太阴为准，于历法疏而于月验密。常居山候月，以初见月为月第一日。余谓古犹太历与中国夏、商之初不甚相远，特彼有《旧约》书可证，而中国载籍自毁于秦火后，几无完书。古史之可信者，莫如《尚书》所纪之月或日哉。以再生魄为月之一日，或曰以旁死魄为月之十六日，或曰既望，或曰蚀，亦多从月测验而罕用朔日者，如《大禹谟》之"正月朔日，允征之季秋月朔"皆系伪书，乃东晋梅赜所撰。班固《汉书》所引《伊训》十二月朔，乙丑或系固所私增，亦未可为据。其有书日食者，则系以朔，如周幽王时，乙丑冬十月朔，日食。《诗经》云"十月之交，朔日辛卯"是也。且犹太古时，分日为朝、午、暮三时，又分为十二时。分夜为三更，略与中国古法相同。三代以上，分昼夜各为十时。昼多辨暑以测时，夜多望星以验候。如《书》所云"日中昃"，《春秋传》所云"日旰"，《诗》之"三星在隅"，《传》之"降娄中而旦"是也。

　　后世历法渐密，于是在朔言朔，在晦言晦。汉、魏以来，渐以十二支纪时，始见于《南齐书·天文志》"夜则自甲至戊为五"。《颜氏家训》谓"斗柄所指，凡历五辰，故曰五更"是也。犹太三年一置闰，所置闰月有一定之时，皆在亚华月后，与《春秋传》所云"归余于终"，汉以前多置闰月于岁终者，其法相同。由是观之，中外算术，古时皆未造其精，而至于今，中法每不如西法之密，何哉？盖用心不专，率皆墨守成法，未能推陈出新。今西士航海东来，与海内畴人家讲以新法，绅绎各书，明古今历算之源流，代有沿革，嘉惠后学不浅。艾迪谨所著中西历已阅七年，今岁暂返英国，继其事，伟烈亚力先生也，见予所说有足与犹太古历相发明者，将刊己未历，即命以是说为序。

与周弢甫征君

　　弢甫通人足下：睽旷三年，邂逅一旦，寓斋清话，移暑忘倦。闻足下将入都应诏，作出山之想。此鄙人闻之，私心窃幸，喜而不寐者也。今天下方多事，"安石不出，其如苍生何？"岂仅韬一人汲汲为足下劝驾哉！以足下怀此厚实，副是盛名，其所设施，当有远出寻常万万者。韬何敢赞一辞？特以愚者千虑，尚有一得。齐桓公于九九之数，犹且见收。又何敢嘿而不言？用献刍荛，足下察焉。

　　夫天下大利之所在，即大害之所在。有目前以为甚便而后蒙其祸者，当时以为无伤而久承其弊者，如今西人之互市于中国是也。

　　西人工于贸易，素称殷富。五口输纳之货税，每岁所入不下数百万，江南军饷转输，藉以接济。此海禁大开，国用以裕，一利也。西人船坚炮利，制度精良，所造火轮舟车，便于行远，织器田具，事半功倍。说者谓苟能仿此而行，则富强可致。西情既悉，秘钥可探，亦一利也。西人于学有实际，天文历算，愈出愈精。利氏几何之学，不足数也。且察地理，辨动植，治水利，讲医学，皆务析毫芒，穷其渊际。是以有识之士乐与之游，或则尊之曰西儒。中国英俊士子，诚能屏弃帖括，从事于此，未必无实用可裨，则又一利也。

　　然识者以为中外异治，民俗异宜，强弱异势，刚柔异性，溃彝夏之大防，为民心之蟊贼，其害有不可胜言者矣。

　　西人素工心计，最为桀黠。其窥伺滨海诸处，虽非利吾土地，而揣其意，几欲尽天下之利而有之。故商于印度，而印度之王仅拥虚位矣。与葡萄牙通市澳门，久之而专有其利，至葡人虽失利而无可如何矣。本朝以宽大之仁，许其至粤东贸易，乃旋以焚烟之举，逼其贪毒矣。宣宗成皇帝轸念民生，礼崇柔远，特允所求，曲畀五口。是宜若何感激？乃又以睚眦小故，称兵畿辅，而索内地通商矣。推其贪鸷之性，几无所餍足。自以为甲兵之雄，天下莫敌，有所兴举，事无不成。又见中国军事方兴，无暇旁及，而乘机请命，计亦狡矣。昔蓝鹿洲谓：有明中叶以澳门一岛畀葡人，大为失策。何则？海疆门户，断不可与人，以自失其屏蔽也。果尔，西班牙、英、法、米利坚接踵东来，而祸遂烈于今日矣。今者滨海岛壤，江汉腹地，尽设埠头，险隘之区，已与我共。猝有变故，不能控制，此诚心腹之大患也。有豪杰起，必当有以驱除之矣。

然此只就形势言之耳，犹其害之显焉者也。况自西人互市以来，中国无赖亡命之徒，皆往归之，其门一逋逃之薮也。贫而庸者仰其鼻息，寡廉鲜耻者藉以滋事。今只计滨海一隅，出入其门者，已不下万人，他省可知矣。洪杨巨魁，以左道惑众，其始亦出于粤东教会中，洪逆之师罗孝全，米利坚人。藉其说以欺人，流毒几遍天下，此其好异酿乱之明证也。

《传》曰："非我族类，其心必异。"西人隆准深目，思深而虑远。其性外刚狠而内阴鸷，待我华民甚薄。佣其家者，驾驭之如犬马，奔走疲困，毫不加以痛惜。见我文士，亦藐视傲睨而不为礼。而华人犹为其所用者，虽迫于衣食计，亦以见中国财力凋弊，民生穷蹙也。故西人之轻我中国也日益甚，而中国人士亦甘受其轻，莫可如何。夫谋食于西人舍者，虽乏端人，而沉落光耀之士，隐沦其间者，未可谓竟无之也。乃十数年来，所见者，皆役于饥寒，但知目前，从未有规察事理，默稔西情，以备他日之用，而为其出死力者，反不乏人。可谓中国之无人矣。吾恐日复一日，华风将浸成西俗，此实名教之大坏也。特是欧洲诸国由西而东，其来也渐，其志也坚，其势力又当全盛之际。我国在今日又安能骤屏之于境外？况亦不足以昭王会一统之盛轨。

至于天主、耶稣两教，分门别户，同源异流。其入中土，均欲务行其说而后快。天主教入中土虽已三百年，而耶稣教不过近今数十年间耳。向在其国中相争若水火，今欲越数万里而训我华人，亦未见其能必行也。

说者谓西人之利，只在通商。今和约既定，海市宏开，长江贼踪所在，货物往来，彼亦有所不便，不如藉兵平定之，事后酬以金币，亦何不可之有？不知室不相和，出语邻家，可谓通计乎？父挞子，而嗾瘈狗噬之，有是理乎？

说者又谓此迂论也，赭寇之罪，上通于天，假手西人以剪灭之，正可同泄普天之愤耳。此言实未深观大势而熟察全局者也。烛之武告秦穆公曰："邻之厚，君之薄也。"西人于我之损也则喜，于我之益也则忧，方欲逆焰之张，坐收渔翁之获。谓其视我如秦越之肥瘠者，犹浅言之也。即使其果肯藉师，愿辅王室，如突厥故事，而需索酬饷，动以数百万计。或迁延时日，未必成功，或只剿一隅，未能全数肃清。即使果能迅扫妖氛，将请地请城，矜功炫德，飞扬跋扈，不可复制，而中原全土皆侏僇之足迹矣。通盘筹算，朝廷又何必有此举也？前英酋之至汉口也，道经贼巢，曾与贼小有接仗。乃人言藉藉，谓可假其兵威，歼兹群丑，若英师受创志必报复，则长江一带，藉以通行，独韬决其不然。赭寇乌合之众，岂知大义？况既抵官军，又御强敌，亦力有未逮。西人以其同教，方且喜之，何肯遽加以兵？果尔入城通问结约，和好而返，此后各国通商番舶往还，岂无赍送盗粮而以枪炮铅丸售之者乎？是固必然之势也，韬方忧之。即如沪城构乱十有八月，西人不惟坐视不救，且为寇贼筹画，售以巨艘，与以火药，济以米石。其待官兵，则不许持械过洋泾浜一步，是诚何心？其例谓如我国通商其地，遇有君民相争之事，皆不相助，何以不能惩其商人与贼贸易之罪？空援彼例，徒欺人耳。此皆西人有害于中国大势之明验也。

至其器械造作之精，格致推测之妙，非无裨于日用者，而我中国决不能行。请言其故。西国地小民聚，政事简易，凡有所闻，易于邮递。水则有轮船，陆则有火车。万里遥隔，则有电气通标。而中国则地大民散，政事繁剧，若仿西国月报，必至日不暇给。水之大者，海而外虽有江、淮、河、汉，而内地支流，其港甚狭，即轮船之小者犹不能驶。九州之区，半系涂泥，土松气薄，久雨则泥泞陷足，车过则候洞窟穴。而轮车之道，必镕铁为衢，取径贵直，高者平，卑者增，遇河则填，遇山则凿，不独工费浩繁，即地利有所未能。农家播获之具，皆以机掞运转，能以一人代百十人之用，宜其有利于民。不知中国贫乏者甚多，皆藉富户以养其身家。一行此法，数千万贫民必至无所得食，保不生意外之变。如令其改徙他业，或为工贾，自不为游惰之民。而天地生材，数有可限，民家所用之物，亦必有时而足，其器必至壅滞不通。况中国所行水碓风篷，甚易而巧，而用者尚以为贪天之功，省己之力，或致惰而生疾。钟表测时，固精于铜壶沙漏诸法，然一器之精者，几费至百余金，贫者力不能购。玩物丧志，安事此为？其他奇技淫巧，概为无用之物，曾何足重？故韬谓此数者，即中国不行，亦不足为病。苟以为我民救死不赡，无暇讲此，则非通论也。

至于天算推步之学，中法固远不逮西法，今法固大胜于古法，以疏密之不同也。顾韬以为，古法有用，而今法无用。今法易时必变，而古法可以历久无弊。何则？愈新奇故也。新益求新，奇益求奇，必有以别法驾乎其上者，故今法不逾二百年必悉废矣。其间得之实测者，如日月之食，皆有一定不易之时刻。而其言彗星所行之轨道为椭圆，至有定岁，究未全验。无他，依一法以推之，言人人同；各依一法以推之，则千万人之言皆不同。而习一家言者，遂谓此学可以泄天地之秘，探造化之原，穷阴阳之奥，吾弗信也。数者，六艺之一耳，于学问中聊备一格。即使天地间尽学此法，亦何裨于身心性命之事，治国平天下之道？而使天地间竟无此法，亦非大缺陷事也。

若夫鸟兽草木之学，其精者谓能得一骨可知全体，得一叶可辨全株。徒闻其语，未见其人。察地理者，能于地壳中细分层累，得一物即知其时代远近，或辨其在鸿荒之先，或识其在开辟以后，类若中国骨董鬼能言古器真赝，历历可据。第怪其于诸石皆可悉其等次，而独于中国研石、印石、宝石等品，瞠目不识为何物。此非天地间生成之物耶？何以通于此不能通于彼也。是其格致之学有时而穷矣。

然则西法必不可行乎？曰：否。哲人取法于彝狄，孔子学在四裔，亦视其法何如耳。去其不可行者而择其可行者，则始为得矣。

其一曰火器用于战。自古兵凶战危，圣王不得已而用武。流渐至极，至用火器，亦不仁之甚者矣。然既已用之，则又不可不精。以不精之器而教之战，是置之死地也。有明末季已用佛郎机法。今踵而行之，悉心讲求，务勿稍吝工料。命中及远者，有破格之赏。能出新法制胜者，不次擢用。则工奋而物美，兵士有所恃而不恐。

其二曰轮船用于海，以备寇盗，戒不虞。船身高大，则盗舟不敢近，冲涉波涛，便于追蹑。沿海悉置炮台，以联络形势，一旦有事，缓急可恃。盖逻察既严，防守既密，则奸宄无自而生。烽堠要害，必守以健卒，方非虚设。如山之有虎豹，水之有蛟龙，樵叟渔父自不敢狎，至御寇威戎，一举两得。

其三曰语言文字以通彼此之情。今所用通事，半皆粤、浙市井细民，未识立言之体。西人素轻藐之，以犬马相畜，而上之人亦未以此为重也。遇有中外交涉之事，两官相见，数语即去。遂至畏葸无能者奉命唯谨，刚愎自用者败坏决裂。此皆由以己意妄揣而未熟悉其情也。兹必于各口通商处设立译馆，使佐贰杂员入其中，一心讲肄，以备将来或酬对远宾，或绅译月报。西国之学习译官，类能华言，喜同华官交际，屡与往来，可免隔阂之虞。西国月报备载近事，诚为译出，可以知泰西各邦国势之盛衰，民情之向背，习俗之善恶，其虚实了如指掌。

此三者皆吾所取法也。然用之亦出于甚不得已耳。即用其法以制其人，壮我兵威，锄彼骄气，明其定律，破彼饰词，苟非西人远至中国，又何需此？岂非所益者小，而所损者大耶！

说者谓今四海合一，天下大同，自西人入中国，出其新法秘制，开我聪明者不少矣，则中国又何仇乎西人？不知中国奇才异能之士辈出。历观前载，如墨子之筹守具，公输子之刻木鸢，《蜀志》诸葛武侯之木牛流马，《南史》祖冲之之千里船，非不巧夺天工，可施实用，而当时无人习之，死后遂至失传。他如杨太之楼船，戚继光之兵舶，由此加精，讵不如西国之迅捷？近则如粤东潘氏所制水雷，宜于设伏，而卒不一用。盖中国以为用心之精不在于是。韬故曰：形而上者中国也，以道胜；形而下者西人也，以器胜。如徒颂美西人而贬己所守，未窥为治之本原者也。

中国立治之极者，必推三代，文质得中，风醇民朴，人皆耻机心而贱机事。而西国所行者，皆凿破其天，近于杂霸之术，非纯王之政。其立法大谬者有三，曰政教一体也，男女并嗣也，君民同治也。商贾之富皆归于上，而国债动以千万计。讼则有律师，互教两造，上下其手，曲直皆其所主。男女相悦而昏，女则见金夫不有躬，而无财之女终身无娶之者。尚势而慕利，贵壮而贱老。藉口于只一天主而君臣之分疏，只一大父而父子之情薄。陋俗如此，何足为美。夫所贵乎中国者，能以至柔克至刚，至弱克至强也。

说者谓如是则西国不难驱而远之矣，则请一言以决之曰：在德不在力。若遽以力争，则鲜不蹶矣。今中国之力不足以制彼，而彼之力，偏足以制我而有余。不独舟炮之不及也。士卒无敢死之志，将帅无必胜之谋，守御无足恃之方，财赋无可继之用。而彼反易客而为主，变劳而为逸。在我肘腋，据我形胜，扼我要隘。传檄邻邦，则米利坚角其后先，法兰西翼其左右。通问贼党，则捻匪为之北窜，赭寇为之南下矣。

然则以德将奈何？一则静听其然，以待天心之厌乱，一则励精图治，以俟人事之振兴。

盖王政隆而四裔宾，大道昌而异学息。西人之来，亦吾之衰气有以召之也。戎狄侵凌，自古为患。商有鬼方，周有猃狁，汉有匈奴。魏以羌胡错处内地，卒至神州陆沉，海宇腥秽几二百余年。唐则有回纥，宋则有契丹、女真、蒙古与相终始。然皆自为消灭，败亡旋踵，恶积祸盈，理至焦烂。观夫辽、金、元三朝之兴，其兵力强悍无敌于天下，而自入中国，渐至委靡不振。诚哉！自昔无常强之国也。

即以欧洲而论，罗马盛于汉，西班牙盛于唐、宋，荷兰盛于明，而今皆衰矣。英至今日诚为极盛，然盛即衰之机也。计英自通商澳门，渐至粤东，由明中叶迄道光年间，几三百余年，而未尝一得志。何则？以有所待也。明时英尚未兴。乾嘉之际，力可与中国为难而不敢遽发者，以其时国中多事；米利坚义民叛于内，法兰西强邻逼于外，印度未取，国且中弱，故无暇与中国通。道光时，君位已安，民心已固，财富兵强，骎骎自大。今日之英，骄盈极矣。然盈必覆，骄必败，天道然也。英得志于中国日益甚，则与国忌之日益深，耀兵于疆场之间，而伏戎于萧墙之内，未可知也。

至于我所以驭外者，其先在自审，次则料敌。古云"知彼知己，百战百胜"。以我所长，攻彼之短，以彼所优，供我之用。又曰勿推诿。内而在朝臣工，外而督抚大员，知无不言，言无不尽。又曰勿因循。苟有良法美意，务即施行，有行而窒碍者，勿惮更革。又曰善用人。一策一议，有可采择者，必优容以礼之，或即使之自行所言而责其成。

然事有先其所急而后其所缓者，当今要务首在平贼。必以全力制之，贼灭而世治。然后讲武厉兵，训民足食，而徐议其他。所谓体天心以行人事，莫善于此矣。

夫用兵之道，舍坚而攻瑕，避锋而挫弊，观衅而审机。若以积弱之势，当至凶之锋，多故之秋，增莫强之敌，虽智者不能善其后矣。

韬草茅下士，毫无远识，素不愿为公卿大人所知。今与足下略尽区区，诚于知己之前，无所讳也。束装未知在何日，相见尚远，伏惟为国自爱不宣。

上徐中丞第一书

当今天下之大患，不在平贼而在御戎。何则？乱之所生，根于戎祸之烈也。然欲御戎必先平贼，二者盖有相因之势，而欲平贼则请以和戎始。

夫今日彼之所以要求我者，无不至矣，所以凌跞我者，亦无不至矣。据守我省地，俘儡我大臣，残剥我民庶，近且欲驻札神京，通商腹地。如是则我安能一一从之？不从则势必出于战，既战则兵连祸结，不得遽止，而我又无暇专力办贼。是一举而不能兼顾者也。然事固有缓急，有先后，今日之事要惟先其所急，后其所缓而已。彼虽为心腹之患，而在今犹未大决裂，可先以和弭之，而后徐为之图。

曰：如是则屈尊贬节国体卑矣，不几成弱宋委靡之辙乎？曰：非也。彼之与我立约通商，已十有余年，今日之求逞者，亦视我内乱未救而起，我力之弗能及，我势之不足制，彼盖知之稔，筹之素矣。设我不忍小忿或致大忧，不几堕其料中。故量敌而进，知难而退者，圣哲之算也。知退者，如汉高祖不报平城之役，唐太宗和好颉利，纵而不击，宋真宗为苍生而屈许增岁币，皆是也。此皆雄主英君，犹不惜忍一时之耻，以成万世之功，诚以事势有出于不得不然者耳。

方今边事之坏，我谓在朝廷御之之失策。当粤东之启衅也，朝廷必别简星使，专与筹议，不妨面见酌商，两得尽其情意。事有不可行者，则为婉言开导。即委之于叶督，亦必明示意旨，俾知趋向，有所遵奉。奈何庙算弗及，一人是信，任其刚愎浅躁，以致偾事？逮乎粤省被据，叶督见虏，中国之辱，未有如是之甚者，而乃置不一问，若无是事。期年之间，声问寂然，西人于是径驶津门，叩阍请命，至欲遣使驻京，增埠易约。即滨海各省督抚，亦未闻有出一议，建一说，以是事若何处置入告者。若以为此中外军国大计，须得断自宸衷，外省臣工安得一言及之？于是皆禁口卷舌，嘿听其然，惟恐一言而其事及己，并恐言之不善而蒙不测之忧，撄雷霆之怒。其意视粤东一省之得失，无与于朝廷之轻重；朝廷御戎之夕当否，无与于外省之休戚。以至西兵之调集，番舶之出入，何时启行？何日往北？外省之侦缉不告，京师之斥堠不明。突见其至，官民惶骇，城下之盟，大可寒心。顾至今日，约已定矣，和已成矣，腹地各埠，已许割矣，京畿重地，已许驻矣，昭昭纶綍，已遍传天下，中外悉知矣。尚奚言哉！尚奚言哉！

然草野小民，微窥朝廷之动静，今日之约若犹未足为成言者。议和后数日，圣上赫然而诛一耆英。草野妄揣，以耆英固昔日偾事之员，预议和之列者也，然戎祸之及此，则非耆英罪也。事越十余载，而一旦加戮于新易和议之后，即至愚者亦有以识其端矣。西人驶往汉南，将勘定界址，而守土者以未奉明诏，不敢轻许，枝梧推诿。西人早已知盟言之不坚，要约之弗践矣。知而为备，其出愈迟，其发愈厉。窃揣朝廷之意，以为彼以诈力相胜，我何不可以和诳之，使彼退师而整我备？此古者权宜应变之方也。故闻数月以来，津门之营垒固密，士卒简练，器械整利，迥异前时。僧王之所经度，胜帅之所擘画者，方且专意于是。是即曰和，事实未可知也。果如是，我谓朝廷之计左也。堂堂天朝，煌煌王言，抚彝睦邻，讲信修好，而欲以诳终之，毋乃不可乎！胜则失信于外邦，败则示弱于小国。我曲而彼直，彼将有辞于我矣。

且西人之所请于我者，最大者增埠驻京两事而已。以愚度之，朝廷意见：增埠犹可许也，遣使驻京断不可行。中外贵乎隔绝，彼得处辇毂之下，则我一举动，一喘息，彼皆闻知。凡有干请，可自直达，势不容以稍诿，其患有不可胜言者。若之何其可许？

吾谓此二事其患实均。江汉腹地，据上游之势，南控皖、豫，北运关、陕，一旦有变，长江非复我有，黄河以南非我国家所能争。由是观之，埠增则势重于外，驻京则权重于内，皆非我国家之福也。顾吾谓朝廷既可许其增埠，何不可许其驻京？天下事外宁必有内忧，或多难以自强，或无难而弗振。朝廷但当励精图治，改易政令，整饬条教，示天下以更新。敌人方且睹政治之隆，革心向化。天下之人，知朝廷奋发有为，则莫不竞劝。以中国之大，士民之众，甲兵之雄，争先尽力，愿为之用，则亦何强之弗摧，何敌之弗慑？而岂再有弄兵恃诈，凌侮我皇朝者乎！万一有不情之请，非分之干，但当以理折之而已。再有不从，鞭筭笞之足矣。故御之之道，在乎蓄力以待时，审机以应变，权人事以听天心。

今朝廷之上，所以待远人者，漫无成见。来则与之和，去则旋背之。受诳愈大，结怨愈深，衅隙之开，将不可终弭。此草野小民所为日夜忧思也。我知朝廷之意，必曰前者未尝逆料其称兵畿辅也，今为之备，则津门天设之险，必不能飞越。然而兵，凶器也，战，危事也，我即有备，彼岂不武，而能料其必出于胜乎？方英酋之抵沪也，简使约款，可以不至犯阙，而朝廷则曰遣使至沪，旧无此例，乃一旦有创例十倍于此而不惜者。今西人之以驻京请，势在要以必成，朝廷之意又曰西使居京，祖宗之成命所不许，恐一旦有破格百倍于此而不能已者。且朝廷之不许者，将尽驱之乎？抑独不许其驻京乎？独不许其驻京，则彼通商之地固在，其念岂能骤息？况请而不许，彼意犹将强取之，请之而始许终不许，则彼且以寡信责我，而其毒益烈。彼通商于闽、浙、江、粤，海道皆可以抵津，所以调兵运饷图谋北方者，其道甚捷，其来殊便，其扰我必无已时。一战不已，必再战，再战不已，必三战，三战而所请犹不允，则彼之悖心必生，必且尽据通商之地为己有。防之以重兵，守之以战舰，御之以火器，然后驱逐我官吏，征榷我粮税，杜截我漕运，遏绝我邮传。或更外连赭寇，内结奸民，慭之横窜逸出，而闽、粤、江、浙之间，势必不可复问，南北两方亦且中阻。如是，则我将何以应之乎？其势亦惟仍出于和而已。夫彼今日请之，我委曲从而予之，则足以见我宽大之恩，彼亦知所感戴。彼请之而我不予，卒因彼用兵而后许，则彼以为己力之所及，得之于战攻，非得之于恩意，而倨侮桀骜，后必益甚。予夺裁制之间，其关系甚巨也。且今日之将用兵于西人，朝廷之上抑尝熟筹之乎？详议之乎？议之不详也，筹之不熟也，事必无成，咎将是出。咎出悔生，无及也已。

我知朝廷之上，必有贡书生迂谬之识，进少年轻躁之谋，以动圣听者。或谓西人倔强之性，非加以挫辱威慑，不足服其心。是以古者御戎，其利在战，战而与之和，则其和可久，而能一切为我所主。其见虽是，而不识今昔异势，遐迩异情也。或谓伪与之和，出不意而尽歼之，使之受创，则不敢妄有所觊觎，此亦行我权变之一端也。不知此特偏师也，覆之无损于彼，而徒失我信。其酋长之在海舶者，能必其必燔之乎？戎首犹存，祸胎尚在，非所以为安也。或又谓我之待彼，当阳许而阴阻之，迟之以岁月，稽之以文移，卑辞以款之，多方以炫之，繁文缛节以牢笼之，虚声恫喝以羁縻之，彼以刚，我承以柔；彼以急，我承以缓。不知数年来西祸之兴，正坐因循之误耳。与西人约，"是"、"否"决之两言耳。苟不欲和，则于其来京，当明告之曰："拘人细故也，进城微事也，粤督即措置不善，亦当告诸京师，我国家自有斥罚之典。城据官房，而复挟词以求，其理之曲直谁在？尔邦之来中国，在通商不在寻衅。欲立和约，在结好不在修怨。立而不遵，焉用约为？称兵构难，何和之有？将问诸尔国王，以定是议。"而后颁赐诏书，布告各国，特命大臣赴英往诉。如是则彼之所请或有万一之减，而亦可以折酋使骄凌之气。然在我必先有预备之兵，以应其非常之变，而自揣我气足以震慑乎彼方可。否则，毋宁出于和。盖我今日兵卒孱弱，财用空竭，外之国威未振，内之强寇未锄，势固不遑与之战也。和战利害不待智者而知之矣。然则盈廷之谋，毋乃未料其究竟耶？

夫用兵之道，先料彼己。彼言战者，亦尝揣测西情，审观戎势，上下其国之强弱于百年间乎？西人欲遣使驻京，于乾隆时已请之矣。其时我国方际盛强，海禁虽开，各国无不遵约束者。故高宗皇帝赐书斥绝，彼即俯首怵心，毫不敢较。其后英人贸易粤东，屡有龃龉，辄遭地方官挫折，彼卒未敢动也。是岂昔驯而今倔，昔顺而今逆？盖其时米利坚义民叛于内，法兰西强邻压于外，国日岌岌，势且中弱。迨法、米既睦，似可逞矣，而时方竭其心思谋力以图印度。宣宗成皇帝之中叶，经营印度已有端倪。君位既固，国势日强，于是遂有禁烟之衅。然犹未敢多索，恐过难则我之议和未必遽成也。其后用师俄国，平乱波斯，戡叛印度，国方多事。待乎少定，遂有今日之变。是以启衅在丙岁，诣京则在今春。徘徊不进，踌躇而发者前后三载。然后毕力于我中国，举百年来欲成之志，至今日而始酬焉。是其处心积虑，并力蓄谋，为何如哉！而我国家乃欲以靡然积弱之势，晏然无备之形，艰难倥偬之时，寇盗纵横之日，而与之抗。吾诚有所不敢知者矣。

况乎所请驻京一节，在我国为骇闻，在彼邦乃常事。欧洲以行商为国本，凡通商之国，互遣公使，驻居其都，所以总制其事，权归于一，原非有窥伺之心。自吾人以私见度之，则与彼立制设官之意大谬矣。西人通商中国，就目前而观，其志在利不在土地。以欧洲列邦，在乎不兼并人国为义，而亦在我无与之间而已。何则？西人操心坚忍，顾虑深远，善于狙伺，工于计料，初似不欲，而后竟肆志焉，如英人之于印度是也。盖其心非不欲土地，非不欲并兼，其力非不足以亡人之国。而其贾于人国，终不敢出此者，一则莫敢先发，一则互相牵制，一或其国尚足以自立，一或其国无衅可乘。浸假其国或遇外忧内患，兵祸天灾，则必伺隙以图，藉端索请。从之则彼获其利，不从则人受其祸。必使之甲兵顿坏，库藏困匮，政事毁隳，人民耗减，然后起而承其敝，取其全土，不能则取其偏隅。一国不能独取，则联他国以共取。此皆英人百年以来，通商人国之深算长技阴谋秘智也。我奈何堕其术中，为其所簸弄而不悟哉！

近日泰西通商于中国，非止一邦。势均力敌，则英、法、米鼎峙而为三。有事相度，有急相顾。其余诸小国，拱手听命而已。然此三国又互相忌嫉，互相憎害，惟恐彼厚而我薄，彼益而我损，彼有余而我不足，彼利而我不利。是以其致力于中国也，此进而彼亦进，此退而彼亦退，荣辱相同，利害相共，赢绌相分。夫我中国固大国也，譬诸举重，非一人所能胜。是以中国加利于彼，则如投一骨，众犬猘争。其欲得中国一地，如驴蒙虎皮，群兽共逐。明乎此，则知西人之情矣。稔乎西人之情，则知所以待之之道矣。然则自治自强之术，可不亟讲哉！故在今日，惟有严守自固，敛兵弗争，暂屈以允和，待时而后动。

上徐中丞第二书

　　夫当今御戎之法安在哉？吾惟曰蓄力以待时，审机以应变而已。顾时非徒待也，必我日夜有可待之具，然后能时至应之；变非独彼能生也，我亦能乘间迭出。彼之变在我算中，而藉以制其死命。《兵法》云"无恃其不来，恃我有以待之；无恃其不攻，恃我有不可攻"者在也。今西人入处内地，已在我门户之间，一旦有事，真腹胁之患，肘腋之虞也。昔刘备一匹夫耳，寄寓于吴，周瑜尚谓其有如养虎，况乎阴狠强鸷之国，与我共此境哉！独奈何二十余年来，虑之者未尝无人，而备之者未闻有道。所谓有所恃而不恐者果安在？西人虽名为通商，而有公使，有领事，有统师酋目，有驻兵蕃舶，隐然时寓敌国之形，以待不测。有事则文移往还，强以必从，略有牴牾，起瑕生衅。所以然者，皆吾积弱之所致。而积弱之由来，其故有二：一曰武功不振，一曰内患未宁。然则自固自强之术，为不可缓已！

　　夫我之所谓"待"者，非伺敌之有事而后逞我欲也。所谓"应"者，非谓敌之加我而我不得已起而与之抗也。如是则其权仍在彼而不在我。欲权自我操，则以强兵始。通商以来，朝廷大臣动多过虑，若以言兵为大讳，方且雍容文诰，粉饰升平，坐待逆焰之潜消，凶锋之自挫。譬如虎狼屯于阶陛，如尚欲以因果经说，驯其搏噬之性，其可得乎？至于拘牵义例罔识变通者，则执《春秋》内中国外四裔之例，以为荒服之外无非藩属，悉我仆臣，一切干请，概格不行。呜呼！彼诚不知古今之情势者也。

　　四邻之患，屡变愈奇，前在割地，而今请增埠。不知增埠犹之割地，特割地之祸速而易见，增埠之祸缓而迟发耳。欧人以为由争而得者，其利弗能久享。然而其言如是，其所行或未必如是。西人隆准深目，思深而虑远，阴鸷桀黠，其天性然也。其律重商而轻士，喜富而恶贫，贵壮而贱老，厚妻子而薄父母，知俯育而不知仰事。其国地小民聚，事易周知。然所恃不专在国也，属埠之在他地者非一处，皆以舟车为联络。贸迁货物，便于转输，故国易于富。然一旦生事，通商之路绝，即生财之源涸，故其贫亦易。其用兵于中国也，先集臣民，议其可否。若有时或和或战，其说各半，则必进决之于相臣。若无端开衅，亦非其民之所欲。无奈中国积弱之势，久为其所熟窥而审测。以为我特不与中国争强耳，若出于战，必无不胜。故其言曰：我国兵威素著，未尝挫损，凡有兴举，事无不成。是以屡挟其强以凌我。然兵犹火也，弗戢自焚，彼亦岂能常有其强？而今尚非其时也，则亦惟先尽其在我者而已。粤东之衅，曲固在彼，而我亦有不善处者。夫小人之性，衅于勇而嚣于祸，况乎粤民之暗横也，是非国家之福也。

然则为今计者，莫如暂与之和，而一切勿与之较，强兵讲武静俟其时。所谓舍其坚而攻其瑕，避其锐而承其敝也。说者谓前时西人未知中国兵力之强弱，情事之深浅，地势之险夷，财赋之赢绌，犹且纵横冲突，难以捍御如此；今久在内地，稔知虚实，熟察情形，安能复与之敌！不知此特我兵之不善战耳。夫事以激而成，兵以应而勇。不观夫南宋乎，宣和、靖康之间，其兵望风即溃，建炎初，残蘖之余几难自立，及至迫而应之，宋反屡胜而金屡败，是则其效亦可睹矣。诚能练兵择将，备于不虞，敌虽强何患。然在今日，兵果练乎？将果择乎？与前无异也。则如之何其出于战也！一言以决之，曰姑与之和而已矣。

夫今日"待之"之道当如何！一曰审势，一曰察情，一曰观衅。

所谓审势者，不独审彼势而亦以审我势。今者彼强我弱，彼勇我怯，彼盛我衰，彼富我贫，亦已形见。如不欲与和，则必出于战。夫既与之为难，则必先立于不败之地，而预操夫必胜之术而后可。然果能之乎？亦惟曰不甘受侮，斯与之战而已矣。然能幸其一胜也，而不能幸其再胜也，可以幸也，而不可以恃也，则战之不可行也审矣。处今之势，若舍和戎一策，几绝无可以措手者，有志之士，必笑其谋之太疏，计之甚拙。不知惟古之智者，能机变敏速，不惮改为，以柔而为刚，以屈而为伸。斯审势之谓也。

所谓察情者，不独察彼情而亦以察我情。能助我者，斯我可以委任之，不能助我者，则我亦惟牢笼羁縻之而已。前之说者曰：西人通商于中土者非一国，莫若以彼攻彼，以彼款彼，以彼间彼。此三说者，似皆深谋远虑之计，然在今日恐未能行。何则？欧洲列邦皆有外我中国之心，安能为我所用。即有愿为我用者，列国必且群讪笑之。若夫两国相争久而未决，西国之例能劝之和，如不从者，则助弱以攻强，如往年英、法助土以攻俄是也。此皆有关于利害，有系于欧洲兼并之大局，而后为之。泰西之例要不足以例中国。泰西中其最驯者莫如米利坚，然亦以英之胜负为荣辱，以英之利害为去就，则助英者有之矣，未闻有助我而攻英者也。彼与我虽未尝妄相需索，而与英、法二国有益同沾，无役不预。如其诚能维持乎我，岂宜有是？以此揣之，情形略可见矣。

所谓观衅者，非徒观彼衅，亦以观我衅。吾闻为国家者，非有内患必有外忧，二者每相因而起。今日之外忧已在吾腹胁肘腋间，更甚内患，其发不可测，一旦猝乘吾间，我孰能御之。况我甲兵不如彼，财赋不如彼，机械不如彼，机谋不如彼。彼已洞然于我之衅矣，而彼之所谓衅者，我或未之能稔也，则诿之曰：以荒远故。然日报之刊布，邮信之流传，独不可咨访而得之乎！百余年中，米利坚之叛英，法兰西之攻英，皆其危迫之际也。近如印度之变乱，波斯之背约，皆其所有事者也。事变之生，亦至无常，要在我善揣之耳。彼在中国忌法忌米，而今更忌俄，而此三国者亦皆忌之。然因其忌而欲为我所用，藉收以彼攻彼之效，则恐不能。然则所谓衅者何在乎？强邻仇国与之为敌也。

总之，天下无常强久盛之国，而其始之臻乎盛强者，必有术在。我盍用其所长，夺其所恃，我诚与彼同，彼自不敢与我比权量力矣。此即所谓"待之"之道也。呜呼！曷可缓哉。

略陈管见十条

一、两广逃勇必宜设法招回也。广勇素称猛悍，我不用必为贼用，一为贼用则不可复致，将尽力与我角矣。且我不招之来，贼必招之去。现在所至各处，皆有逃勇为之先声，为之壮胆。即平望之贼，如何冠侯、李邦雄、欧才，皆属都司梁麾下者，已授伪官，甘心作贼，遣人四面招罗，勾结邀至，其害不可胜言。且逃勇之心已变，即不作贼，亦无家可归，势必劫夺良民，饱飏远去。必须密遣精敏委员，或精细干役，见有两广逃勇，劝令归营，随机审察；或递贼暗号，诱之使来。心变者即杀之。非过酷也，杀之即所以杀贼也。但机事宜密，为之宜速。

一、贼所胁从之众必当设法解散也。丹、常、苏州等处新裹之民，求生无路，其心日夜求出。我军诚能于接仗之时，以白旗大书丹、常各处地名，从贼百姓倒戈来归者免死，当时即令身无寸铁，稍后即妥为安置。又必缉听到处领兵之贼目，如嘉兴则求天义陈坤书为主，平望则珮天燕萧三发为主，吴江则宁天安赖世就为主，苏州则伪忠王李秀成为主。当于两军酣战之时，以竿挑人首，以白旗大书贼目业已枭首，在此降者免死，亦散众之一法也。在附城各乡镇，亦可立旗招致，即刺字者亦可收，因其非甘心从贼也。至于两广、两湖、江西、江宁之民，从贼已久，一时不肯回心，则当设法以饵之。或责成于兵勇，各以其所稔，招致其乡之人，得一人者赏若干，得十人百人者不次赏擢，则羽翼必日寡矣。

一、巢湖船之散在外者，宜招回以为我用也。贼匪仅能由旱路进，所少者船耳。幸其待巢湖船未有善法，而又杀其船长，以致心怀仇怨。此时我正当急用之，以收其死力。否则迟迟日久，贼必以计笼络，而水道亦复可虞。当急招徕，无以资贼。招徕之后，或助防太湖，或随堵吴淞，自能善为处置耳。或谓巢湖船与枪船皆盗也，从贼劫掠则优为之，从官兵剿贼则断不可恃。不知所言招徕者非竟欲用之也，原冀笼络其渠魁，使不至于助贼耳。

一、江宁难民宜安置妥密也。自癸丑以来，江宁难民之在苏、松各处者，实繁有徒。地方绅士捐资给养，杂处城厢内外，令其无事而食，以至于今，本非善策。闻苏城当焚烧阊门时，难民亦俱随从抢劫。松江之破，难民为前驱。且城将破之先，必有难民群集，非贼先声，即贼侦探。其中岂无良善者？而一时贤愚不分。况为难民，讵有七八年之久者？今地方皆遭蹂躏，民力不堪，当思变通。选难民之壮强可用者，以为义勇，操演火器，随同官军打仗。其家眷则在官给养，以羁縻其心，则不至坐食矣。

一、民团与官军宜分用以责其成效也。自古战守异势，堵剿不同，而能守必先能战，议堵必先议剿，未有坐待其来者。民团与官军必互为犄角，如民团在东则官军在西。何路有虞则惟何路之官是问。官军耻为民团所笑，必竭力抵御；民团欲先官军建功，亦必踊跃从事。然后惕之以威刑，优之以赏赉，自然人尽为用。若其合在一处，必至互相推诿，欺凌诈虞，其弊叠生，故分用则各见所长也。

一、团长宜简有胆智之士，使固结民心，贼至勿却也。近来苏、常一带赶办团练，昼夜巡逻，非不认真。而一到贼兵压境，民情涣散，团长以舟为家，志在一走。诚能激发大义，明告以无处可避，贼来田荒屋焚，岂能卒岁？是斗贼死，避贼亦死。幸斗而胜，尚有生计，苟暂避贼锋欲延残喘，则必无一生。愚民平日习闻此说，临陈自然勇气百倍。而一团中之富者，亦宜思以此财物粮食委而资贼，弗如与民共之。于是团长授之以方略，明之以节制，加之以训练，资之以器械，同仇敌忾，众志如城，有不固结者乎！且乡村非贼所必争之地，见民善自保护，必不敢犯。不犯则各村可全，而贼野无可掠，官军亦易以奏功矣。

一、领兵员弁须用外国武官，藉以箝制也。今官军骄悍者不可用，委靡者不自振。或欲养贼以挟制上官，或不听调遣，或逗留观望，或临陈畏缩，从未交锋，纷然骇窜。刑不畏威，赏不感恩。两广、两湖、四川、江西之兵，皆老于行伍，积习尤坏。中国之法，将在后而兵在先。外国之法，将在先而兵在后。兹以外国武官一员，领兵或数十人或数百人，其上则领数千人数万人，而配以中国官一员，通事一名。每战则外国官首先冲锋，而我军随后奋进。有退缩不前者，立真军法。中国官亦临陈弹压，计其功过，以定赏罚。如是则藉兵少而收功广矣。如外国武官不即允行，则即以今所募吕宋兵华而等七十余人，令一人领四十人。而此四十人须精加挑选。每日饬华而等训练火器，与之相习，出队即率以往。如此七十余人可作三千人之用矣。

一、假冒贼之旗帜衣饰混杀并战，以乘其不备也。贼之装束，惟以红黄绸裹首缠腰；其旗方长尖角者皆有，胸前背后有以蓝白等布书"太平天国后军主将麾下"、"丞相检点指挥麾下"者。查贼所授伪官，有吏、户、礼、兵、刑、工六部正副官。苏州一带，不论何伪官，率以"九门御林真忠报国"八字为冠。其伪官自伪王外，如义、安、福、燕、豫、侯六等，皆僭称大人。今亦假冒其名，入彼巢穴。官军即时进攻，贼目与贼目各不相识，当其盘诘哄乱之时，官军乘机奋剿，必然措手不及。若接仗之时亦可混入，使彼目迷五色矣。

一、饷不可不预筹，勇不可不广募也。上海本财赋之地，而今各路壅阻，货物艰滞，各捐局尽皆闭歇，进款缺乏可知。绅士富户逃至乡村，皆草间求活，不复有远大之虑。然善守者，守在四境，而不在城之一隅也。今查邑中著名富户迁在何处，当遣人激之以大义，惕之以利害，谓城不保则乡村更不可保，毋宁毁家纾难，勿藉寇兵而赍盗粮也。苟其家力能养若干勇者，即责令养若干勇，设立土城于要害处，以阻贼来路。事后给予优赏以示鼓励。此保乡所以保城也。广东、山东、宁波人之居沪者，多有孑然一身，无家室之患，募之为勇，可免滋事意外之变。然宜教而后用，处置近乡，与外国兵相联络，即以笼络箝制之，使远不至于通贼，近不至于劫民。此亦一举两得之计也。

一、闲民客民之新来者，当清其源，或安集，或驱逐，以绥靖地方也。洋泾浜一带，近日逃至者不知凡几。所有江宁难民既已安置各乡，而尚有设摊卖骨董皮衣者。当留心细察，果其久居在此者，则勿禁止以阻其谋生之路。若其形迹可疑，急宜严逐。其被难逃来之民，无论有无家眷，须责各铺户连环相保。大小东门之各船，亦宜一体稽查。进口之枪船艇船巢湖白壳等船，以及近乡之捉鱼贩盐等船，皆当细加搜缉。当此全省皆遭蹂躏，而上海以弹丸一隅，独为安土，固宜来者之众，然鱼龙混杂，辨之不可不早。英、法二国，其妻孥货财房屋皆在于此，固通商之重地，理宜自卫。凡有奸宄，自可会同究诘。内奸不生，外乱不起。加以西兵守城，乡勇捍外，自可措此地于磐石之安。夫善为守者，不在城之大小，而系乎人之轻重。山有虎豹，水有蛟龙，伏乎其中，威乎其外，樵叟渔父犹敢狎至者，未之有也。

续陈管见十条

一、发火器须择胆勇训练之士以挫贼前锋也。军中最重火器，而发火非人，反为贼先；临敌不发，委而去之，反为贼用。官军一闻贼至，每遥为轰击，及贼至前，药弹已尽，势必惧而远遁。今一队之中，须择精壮胆猛者四百人，给以独门枪二百管，力足发猛。二门枪二百管，取其再发甚捷。以七八队互相联络。凡枪队之居前列者，须以三千人为率。平时专令一人须得精敏西人。加意训练，用药若干，远及何处，立竿为准。以地平高弧为准，西人以纪限镜仪测敌远近。药之多少，有一定之法可算。平日能得心应手，临时自然有恃无恐。遇贼已近，一字排列，同时齐发，毋许稍停。贼虽猛悍善扑，未有不受伤急退者。前锋既挫，后队夺气矣。

一、用短刀利镰钩索竹排以截贼马队也。贼之冲锋陷阵，攻城取胜者，率以马队居前。每当铅丸如雨之际，能冒死怒驰，深入吾军。回顾猝见，误以为后队皆走，遂即弃枪而遁。今枪队之后，专用刀镰钩索以及竹排，用长圆木一条，有柄可持，上密钉铦利竹签，不独可戳马眼，兼可作军器。倒截马足，则贼目必不能安坐鞍上。旗帜一乱，后面胁从之众，可不战而走。

一、诱贼深入而设计歼之也。贼未攻城，往往先搜乡。乡民无知，徒能鸣锣持锄乱相哄击，偶伤一二人，已纷骇奔走。此由平时不加训练，而团长无出群之才，足以固结其心。故为义而集者，亦见害而散，不知不能力胜，则以智取。现今稻田多水，贼之马队安能飞渡？乡僻小路，农民必能熟悉，伏机设陷，随在可施。须侦探得实，俟贼逼近，然后布置，尤必搜尽内奸。度贼必由之路，当道多掘深坑，坑中用木板密排铁钉，或用削尖竹签，或地雷炮石火机。坑必预掘地雷等物，顷刻可以布置，时久潮至，恐药线湿烂，不能燃放。贼至，四面声喊，诱贼大众结队来追，俟入坑中，然后突出击之。近河之乡，港汊必多，乡民仅知断桥，不知贼众投石可渡，则有何益？不如决水以淹之，使平地尽为淤泥，此天然大陷坑也。暗中或插铁钉竹箭，或布蒺藜绊索。民当辱骂痛詈以挑其怒，纵火鸣锣以疑其心，逼之使入。吾见其入而不见其出也。更挖沟渠，亦如此法。不必太阔，使人马皆可涉，须当要冲，则贼必入。于是多方以误之，佯北以骄之，遗弃器械以饵之，而不堕吾术中者鲜矣。

一、侦贼出没之时而击其无备、乘其疲乏也。贼每以丑正饱饭出队，抵团防所，仅及黎明。兵勇素无准备，且尚在酣睡中，往往不及措手。各处乡镇遭其焚掠，无一人抵御者，率以此故。勇者自保，弱者藏匿。今早贼一时出队，各人带火药一包，遣胆勇者数十人，密入贼巢纵火，须悄然深入贼巢，分敢死士于两市稍及中段三处，贼馆及空房纵火，倘贼馆有守更之人，难以下手，则多于空房焚起，俟其扑救哄乱时，则密掷药包火罐于贼馆。兵勇围守在外，待贼冒火而出，则迎头截杀。择敢死士，假贼装束，佯为扑救，而暗中混入并杀，一路纵火，使贼不能安身。贼初出时，其队甚整，其气甚锐。兵勇骤撄其锋，力难取胜。可以不战为战，插旗帜以为疑兵，鸣锣纵火以乱其耳目。或布置各种阱陷机械，潜伏暗击之法，令其自陷，以逸待劳。或击东声西。一击即入，使首尾不能相顾。或避实击虚。突出攻之，斩馘一二贼，以激其怒，迭出互入，以牵制其众。俟天晚，贼有归意，然后大众齐出奋击。民众贼寡，可更帮声喊助威，使战士饱饭静待，以养其气。贼败而走，不必穷追，计其归路必由之所，处处设伏以暗击明。弱者但虚张声势，不必与贼遇。此事易而效神，力省而功倍。

一、设空房以焚贼也。贼所至之处，凡乡民与之抗拒者，即恣意焚掠。今侦贼必到之地，令乡民鸣锣集众与之哄斗，杀其前锋一二人，远者遥隔声喊，作力为抵御状，俟贼发枪，则佯奔四散。预备当道空房数间，中实以火药炮石油柴诸物，或放在柴堆中，或藏于地板下。近房四围之地，密埋地雷火炮火机，而药线即通于空房中地板下。板下预设机械，人众践踏则机发，机发则诸处药线皆着。别房须置银物，钢洋假银元宝俱可。以饵贼聚于一处。药发火起，未有不歼者也。

一、焚烧贼船或诱贼至舟而杀之也。小贼皆走陆路，而贼目每乘舟行。贼舟不过四五艘，并无火炮。须择水面宽阔处，设备火船，自苏来之路，如淀山湖、泖湖，多有白荡，可于此准备，遣人四出侦探。实以茅草油柴引火诸物，望见贼旗，由上风撞入，焚烧其舟。初遇贼船，可诈称商贩之舟，贼必招之使近。及傍近时，即用铙钩搭住，即速乘风纵火，兼可抛掷火罐药包。近地用兵船数艘，潜伏芦苇内面，准备杀贼。至乡之贼，并不备舟，多要结网快盐船。捉鱼贩盐之人，多有贪贼利而私载者。官军若缉获后，即可假其船只，仍可至原处，渡贼行至静僻处设计杀之。皆醉以酒之类。或预谋于民团，伏于要道，帮同捉获。而民团亦可买通网快等船，至贼近处以诱之。临机应变，事非一端，但机事宜密则可收效。

一、杜截接济以断贼来路也。赭寇之罪，上通于天，人神共愤，中国人民断无前去接济之理。而青浦、嘉定毗连此地，苏州亦属密迩。贼所短者火器，而是物西人最精。贼方不惜重价以购求，保毋有不法贪利之西人运往贩售者。风闻已有瑞颠国、花旗国无赖之恶商，将洋枪药弹至苏射利。此大干中外两国法纪，西国于前年集议大员会议，若以火器兵船出售于敌者，重则按以杀人之罪。按照西律定例，犯此者，置狱二年，罚银五千圆。而西官置若罔闻，不即惩办者，以无华人告发也。然西律最重证据，枪弹都已售去，真赃无从而得。舟子畏罪，口供必致反覆。若拿获解送，则西官必徇情面，久即安然释放，如前吴道普观察拿送镇江奸商之事可见。今惟一面移文各国领事官，令其严加申禁。一面密发札谕饬团练各长用心稽查，日夜勿懈，遇有外国旗号之船，即行阻截，入舱细加搜查。奸商之舶不过一二艘，其人并无本领，一捉便倒。果有枪弹违禁物件，立即将奸商砍倒，并尽杀舟子以绝口。此等舟子，甘为奸商所用，毫无人心。其舟中所有枪弹火药，即给团局，应用银土等物，即赏给查获之人。密查第一，捉获次之。若遇教门讲书者，则用好言理谕劝回。教门中人为道起见，并无别心。然一放其入，则传递消息，引人效尤，害从此起。至西人所到之处，苏州为多。其所由之路不一。从南黄浦出者，则闵港、莘塔、金泽、同里。绕道太湖必自木渎。其从昆山贼境，则必过唯亭、黄天荡、蔚、娄门外一带民居。过镇必加稽查，乡村则令岸上农民鸣锣报信。其南浔、平望往来亦不少，现尚系正经买丝商人，然岂无奸商错出其间？可于芦墟要道，饬民团立查防之局，稽其出入。查有违禁物件，即照前法惩办。如舟系西国式样者，即焚去以灭迹。严查立办，其弊自杜，而出自民团公愤，西人又安能起衅？名正言顺，方当含愧自禁之不暇矣。

一、佯作村民投贼，诱之使来，而杀贼以坚民志也。近来贼每假仁义以结民，各处遍张伪示，扬称前来贡献，即可相安无犯。有等不法无知愚民，误信其言，以猪羊银物献媚贼目。而贼目又结以小信小义，姑留一二乡镇，长驱竟过，毫不焚掠。于是各团解体，愚民不过欲保身家，罔知大义。民不可用。今择团长之有胆智者，佯馈物为贡献，须度贼必过之乡镇，团长并可侦贼情形。俟贼群过，设机密伏，聚而歼旃。初来数十贼，必加意款待。俟贼众大至，团长可出接见，诱入大屋中款留。四面设伏，猝令火发，尽杀乃止。则以后投贼进献之人，贼必疑而杀之。民知贼之不足恃，必齐心固结，杀贼保境，虽死不怨。

一、饵之以利，误之以形，乱贼队伍，炫贼耳目，而后击之也。贼至乡村，志在劫掠，今使乡民佯作逃避之状，将所携带银物委弃道旁，亦不必真银，包裹箱篋中，可放重滞之物，使其费力。俟其拾取分给忙乱之时，突出攻击。贼兵本无纪律，惟知向前奋进。今选躯干长大之人，持械对贼，如欲战状，而令短小精悍者，立于暗处，从旁突出斜击。村中宽阔处，度为贼要冲，必筑土城，以大茅竹外裹铁皮作假炮，与真炮二三相间排列。树林隐密处，多插旗帜，使贼望见，知准备严密，疑而自走。乘其疑而击之，事无不济矣。

一、保乡即以守城，团民即以壮兵也。现在城中十室九空，各店歇业，米石油烛皆不敷用，则守为难。殷实绅户皆徙乡间，则城虚而乡实。今欲资城保障，壮兵声势，不得不用乡团为外援。则凡练兵筹饷之事，择目分队之方，邀截堵御之法，当官为之主张而详讲矣。团练各款另有章程。苟能众志成城，措施得当，使贼深入，可令片甲不回。然则兵勇可无用乎？曰：兵勇与乡团当分地建功，声势联络，而无相掣肘。此战则彼守，此进则彼退，巡环互应，呼吸相通，处处设机，层层隐互。勇敢者居前，观望者居后，弱者声喊毋与贼遇，怯者遥立以作疑兵。为团长为兵目者，当结之以恩信，鼓之以忠义，体其不能达之情，通其不敢言之隐。使人人皆如子弟之卫父兄，手足之捍头目，安有调遣不前，逗留不进者哉？而其治兵之要法：一曰用众不如用寡。寡则心一而统摄易，费少而事可久。临阵则以一抵十，前队数十人既得力，则后队数百人皆欲见功，所以背嵬五百纵横而难撼也。一曰使智不如使愚。愚则不知利害，但有勇往直前之志，而无趋避狡诈之心。陷贼前锋，鼓气益壮，所以昆仑黑奴赴死而不顾也。

凡所以却贼杀贼之方尽于此矣，如是而贼不灭者，未之有也。

上当事书

日者前后所陈管见，其可见之施行与否，当在洞鉴之中。阁下成竹贮胸，智珠在握。值此危疑震撼之交，而独欲竭其旋乾转坤之力，此其巨任岂易仔肩？

贼之南下，江浙俱遭蹂躏，其势甚锐，所纠合者甚众，其锋不可以骤撄。而于沪上一弹丸地，徘徊而未敢遽下者，非惧我军之蹑其后也，以未深悉西人之情也。顾今日情形，则又迥不如前矣。苏城四乡所练团丁皆为贼所破，数百里内无不从贼苟活，偷生旦夕。贼于各乡镇皆设伪官，立伪卡，密布要害，呼吸可通。其近已无可虑，则将及乎远者矣。

今者贼之所有，无不取之乎苏乡，而苏乡无不取之乎上海。苏乡流民雨集，百货云屯，盛于未乱时倍蓰。奸民出入其间者，皆贼之耳目腹心也。自江浙以达上海，帆樯林立，来去自如，从未有为之稽查者，可谓疏矣。况乎洋泾浜一隅，素为逋逃渊薮，藏垢纳污，已非一日，今尤不可问。西国奸商多以器资贼，必输贼以实情。今守城俱派委员，而所盘诘者不过入城之人，城以外距数十步即置之不问。

窃以为诘奸杜莠，宜在城外而不在城内，而欲制贼死命，莫如以杜贼接济为先。谨就管见所及，用作前箸之陈。

杜贼接济管见十四条

一、城外宜设立巡防总局，与西官相为联络，派委干敏员弁专事讥察，以靖地方而缉奸宄也。城外居民稠密，皆自外迁来，及各寓栈中置货客商，往来如梭织。其中岂无为贼侦伺而赍盗粮者？而尤甚者，所有近日粤人店铺，无非为贼耳目。若漫不加察，未免奸伪百出，于城守大有关系。顾事有除弊而反致舞弊者，是以必须遴选干敏诚实、熟悉洋务之员，专司其事，以专责成于外。更颁赏罚条目，以劝勤惩惰，且宜细心察访，勿捕风影，致累良民。

一、宜设苏昆商贩公所，以安外来客商，而藉以为察奸耳目也。贼用侦探，多以附近土民，以便深入而得确耗。其来办置货物，藉用熟悉之人，即枪弹火药，亦无难杂于南北货中以图混出。然其踪迹诡秘，无端倪可见。今拟专设苏昆公所，凡货客之自苏、昆来者，住居何栈，置办何货，必先到公所报明，给以公所戳记为凭，出入照验。倘不到公所报明者，即作奸匪论。如是则来路之明昧，一询便知；其所往来之人，一察即得；下货到船，一查即露，不待至外缉获矣。其主理公所之董事，宜谙练苏地情形及各乡绅衿，则办事较易。

一、宜设船局总汇。去船宜归船埠，来船宜到局报明，以便来去稽查也。洋泾浜及大小东门一带，帆樯鳞集。埠上仅知到埠收钱，从未有人盘诘。不知凡百奸伪之起，水路尤为紧要，其去必需船运货出浦。今专立船局，刻印局条，另开船捐之例。凡外来之船，到日即至局呈报，注明现所载何货，人数若干，来自何处。分大中小三号，照货捐钱，以贴巡防之费。赢有成数，亦可充饷。凡船私自来往，不到局领取局条者，即系私载，货没入官。船埠放舟，每日亦宜到局报明，回日亦当消号，以免疏漏，以杜影射。

一、陆路宜设卡盘诘，以免匪类溷迹入内也。洋泾浜及大小东门，肩摩毂击，遍察为难。然东南皆濒黄浦，杜奸尚可缓。西北最当冲要，南翔一带已为贼窟。其来必从真如镇。须派委员驻札其地，专缉奸匪。七宝、泗泾之来，必由红桥、龙华、法华。今三镇已有局员查察，宜令加意询问，不妨示以过严。至要者大场、江湾二处，宜设员立卡，过往货物，必令一一稽查。虹口、新闸专设盘查之局，凡形迹可疑之人，概不许入内。则其路自然肃清矣。

一、水路之通苏、昆者，宜设卡要道，以清其源也。计苏、昆之通上海者，其路有六。今惟野鸡墩、黄渡一带已用桩钉断。其出南黄浦从松江城外豆腐浜、泖河者，已有小路三四处可绕道纡避，为官军盘查所不及，不必尽由斜桥浦塘口矣。现豆腐浜已无稽查。此处急宜设卡查舱，勿令轻过。出入船只货物，均可于此抽厘榷税。其至上海，即以捐票为凭，不必再抽。而闵行镇东市梢，亦可委弁用心盘诘。其出淀山湖者，则章练塘为必由之途，查察要不可废。小路则大场、江湾二处，须于市梢立栅稽查。近处虹口为要道，用心咨访，一月之中必屡有所获。盘缉既严，则来者自然闻风惧矣。

一、城外亦宜编设门牌，行保甲之法，而铺户亦可抽提房捐，以贴巡防经费也。自苏、常陷贼后，民之迁徙在城外者，实繁有徒。其中良莠参半，若概驱之去，未免非仁者之用心。而按户查名，连环相保，古法断不可废。今各编门牌，则来无根柢、形迹暗昧者，自然无可容身。其在洋泾浜一带之铺户，已有西国筹防局中贴费，或者未便再为派捐。而大小东门，商贾所萃，利息繁茂，加以房捐，似无不可支持，而民情亦见踊跃。积少可以成多，助者众而经费裕矣。

一、苏民迁至者众，宜举立绅董保结讥察，按数造册，以广抚恤而归划一也。按苏城为贼踞以来，其陷贼中者不少，其从贼逸出者亦不少。顾其中虽非甘心，难保无行私罔利之徒，事久而心变。由贼逸出之语，亦未可尽信。但来者即稽数登册，择一有名望绅董专司是事。如系一无身家游手好闲不数日即去者，即当留心详察。倘有疏漏隐庇，惟该董是问。倘有子女家属之难民，要宜设法安顿，广劝富户，集资周恤，勿使流离失所。

一、各民之住居城外者，闽广浙宁为多，宜令有身家之人出结认保也。前七月初，城外闽、广、宁各帮出迁至乡间，大为乡民所不容。因公议，以后凡各帮中，如有匪类不法、强梁滋事者，即自行究办，所以取信于人。惜无人为之举行，竟寝其议。今拟于三帮中，各令自择首长，以闽保闽，以广保广，以宁保宁。凡内有不法匪徒，准其自行究明，然后送官处置；或不送官，自行递解归籍。则耳目近而根株拔矣。倘有贼之私入，特至沪地开设铺店，为贼侦探，知情不首，及从而隐庇者，则首长不得辞其咎。

一、城外各处客栈宜令逐日记名注簿，以便讥诘查核也。查城外客商住居寓所，现虽只有合义、天宝二栈，以后当必屡有增益，非止一处。他若丝茶布栈，皆有往来远客。今令各栈主取保，询其年貌住址，及何功名生理，来销何货，销后置办何货，来自何日，去在何时，须一一书明，巡防局员每夜到栈阅簿稽查。如有模糊及徇情隐庇之弊，惟该栈主是问。如客私售违禁物件，潜地落船，踪迹可疑者，准栈主报局递信，缉得有赏。

一、各处妓家、烟馆、茶坊、酒肆，宜派干役日夜逻察也。妓家在城外日增月盛，其中最易窝藏奸匪，则缉奸者益宜于此细心查究。今令凡为妓家，其房捐必倍于寻常铺店。谕以如有远来生客，一进不出、撒漫浪用、情迹不明者，须密报局中往察，并令妓女以言相话。果系奸细，立拿究办，而豁免数月房捐并格外给银优奖，以为赏格。其烟馆等处，一体细查。倘该役有藉端索诈情弊，即准指名告局，立予严惩。

一、各码头驳货船宜归官雇，东北两处宜备船查舱，以截其夹带也。凡洋泾浜及大小东门、洞庭山码头等处，皆有舢板船及无锡小船驳运货物。今将小船各编字号，给以船牌，牌上列明船户姓名人数，仍准其在浦揽客出货下货。遇有重滞有异，违禁私带之物，即谕以密地物色告官，以便往勘。如果实有是事，则赏以该船之货十分之一。东于董家渡，北于大板桥，安设两船在彼，专查出船，有犯即行截留，不待出外始行缉得矣。驳船编号之后，每月亦可写抽船捐，以为水路巡缉之费。

一、苏乡各处团局之委员董事，到沪必须晋谒各宪，不得藉以购枪炮火药也。按苏乡遍地皆贼，即有团练，难保非为贼所使。嗣后如遇外来团董，即令到局来会。如有近日贼中情形可以禀陈，及有破贼方略者，不妨谒见上宪。言有可采，格外优以礼貌，藉以结乡团之心。先以空言，后收实效，或可为愚者之一得也。其办货物，仍可准其自便，惟不得购买军装器械。若果有杀贼之志，与官兵联络声势，可以在乡自为制造配合。

一、吴淞口为水路要冲，各处可达，绕道可至刘河，与太仓贼通。远则无锡、常熟，近出大场口，由千墩镇直抵昆城，此处盘察必须加意。西人载枪炮至苏者，至今不绝。皆以粤人为之乡导，非由南黄浦小路，即从吴淞绕道而往。西人狡诈特甚，每以外国大船载枪出口，而以内地小船驳运别处，以便往贼中销售。先以照会与西领事，令禁伊国人往苏贩卖火器，如有所获，即照中国律法惩办，西国不得徇庇。并饬知各处盘查局员，如有西国船出外，可以到舱细查，断不可轻易放过。查得违禁物件，即将该船及人解辕究办。始一二次可以移文领事会商。如经三令五申之后，而犹有犯者，则并不必照会领事，反致疑难。惩一警百，此风当敛矣。其有乘坐小船出外游览者，宜先到领事署领取执照，并道宪护照。开船时亦可委差弁密查。

一、所设巡防总局须与西国各领事衙门及巡捕厅相辅而行也。城外居民以广、宁帮最为凶狠，或至不服稽查。须照会领事官，如设局之后，有恃强抗盘者，即协同西国巡丁，往拿该犯，严行究办。妓家烟馆不服查诘者，亦可照此办理。局员既不能与领事照会往来，恐有误急事。今拟用通事一二名。凡有琐细事件，即与西国巡捕人员会商。大事则局员入城禀请照会。或行变通之法，俾局员与领事信札相通，较为便易。如盘得奸细有行凶拒捕者，即会同巡捕持械往捉。既省设勇之费，又鲜滋事之虞。

以上所拟管见，疑若过于苛细。然近时居民之往来城外者，恃在西国租界之中，几若别有一天，罔所顾忌。此中奸伪百出，不可致诘。非以法律绳之，将益恣放荡。江苏全省只此一隅可恃。财盛物博，贼尤所眈视。所赖善为保持，以收将来全局之功。妄贡刍荛，伏祈垂鉴。

拟上曾制军书

　　吴下部民言：今东南之祸烈矣，贼至一城则一城创残，至一邑则一邑荡溃。是岂贼之能兵哉？皆我备御之无方耳。而其弊，则在州县之职守虽重，而权势素微。况乎上之人赏多罚少，威不足以慑其心；恩重威轻，罚不足以蔽其辜。望风解体，职此之由。故欲平贼者，当由慎选牧令始。计莫如专其任而重其权。

　　数年以来，县令之闻警先逃者，毫不加罪，伴食营中，逍遥局外。久之而捐复保举仍如其旧。夫人谁不乐生而恶死？进有亡身之祸而退无失地之诛，宜其避贼如逃寇雠也。今宜区战守为两大端，各有专司，无可互诿。问谁议剿则责之参游，问谁议堵则责之牧令。凡于有贼省份，必设重兵，扼制要害。其州郡厅县距贼尤近者，必度兵二三日可以径达，以便遥为声援，联络形势。即使贼踪飘忽，而明斥堠，密侦探，亦可先期以得耗。贼所至之处，令凡县令能婴城固守，当有不次之赏。失守地方，虽有下乡劝捐谕团募勇筹饷之说，一概勿信。按律毋赦，庶足以警其余。县令守城限于十日，外则援兵必至，逾十日而无援兵，则失城之罪得从末减。某兵驻某地，闻某城被贼后，限至某日则必往援，能卷甲疾驰立解严围者受上赏，如有观望不前迟回弗进者，即将领兵官治罪。援兵至后而城守仍失，则县令兵弁递分其罪。至于以弃瑕录用、立功自赎之说进者，必其才真有可用，方许在营调遣以观后效。此所以重县令之职守也。

　　自省会以外，一城之中，大者有牧守，小者有令丞，而武职则有提镇、参游。今许县令于参游以下，得以归其节制，褫革奖赏可便宜行事，招募壮勇，筹备饷糈，先事防维，悉无得以掣其肘。平时于演练兵丁，规画营伍，经营城守，皆使其事事亲为阅历，毋得自诿曰"此武员事，非文官所司也"。而尤必使之久于其任，得以见其措施。被贼之区，有能统众练勇，为国杀贼，设远谋奇计，斩逆枭酋，克复城池者，即令官于其地。所以增其威望，养其声势。且其于地方事宜，亦必周知。治之有道，备之有素，贼自不敢轻犯。凡拣择县令，第问其于一邑之事，能办否耳，正不必拘泥向例，动循成格，以地方之近为引嫌，以上官之亲为避谤。此所以重州县之权势也。

盖平贼之要，首在专任州县，而督抚为之居中驾驭。否则顾此失彼，遏此注彼，督抚重臣将疲于奔命之不暇，而贼乃得志矣。夫贼之旁窜四出者，大抵偏队居多，未必其大股也。倘攻十日、一月不下，则其气已馁，强弩之末，势将不能穿鲁缟。又得外援之兵以合击之，靡不走矣。

愚观今日之贼已不足虑。贼失其天时，失其地利，失其人事。兹虽狼顾鸱张，若不可制，而一蹶之后，聚族歼殄，固易易也。

何谓失其天时？国家承平日久，文武恬嬉，人不知兵。咸丰二三年间，楚、豫、江、皖迭被骚扰，几无宁土。是时天下嚣然，若不可旦夕，惴惴惧其将至。六年向帅之亡，十年张帅之殉，江浙皆震动。贼不善乘时，狂奔乱蹿，逞其荼毒，而民始愀然重患苦贼矣。人心之厌乱，正气运之转机，民于是乱极思治，求解倒悬，惟恐或后，而气运亦为之一变。故大乱之后，民气乃静，一切归于平淡。于此虽有煽之为乱者，彼不动也。何则？时为之也。民气静而兵气扬，贼虽众，何能为哉！故言乎时，贼已不足恃矣。

何谓失其地利？江宁虽城垣广固，池堞崇深，而非可守之地。盖有江南者，远必兼蜀，近必兼淮，而后势据上游，足与天下相抗。今贼所争者苏、杭耳。苏、杭地势洼下，民情惰弱，实不可用，虽得之不足以有为。借曰财赋可以取盈，而如贼之苛暴，沟浍之水可以立涸。夫皖省之安庆，豫章之九江，楚之武昌、汉口，为自古战争之所，用兵者必扼险阻，据形胜，恃以为固，今皆弃而不守，争趋下游，以图一快，吾知其无能为矣。为贼计者，当尽弃苏、杭，卷甲束马，力争上游，或可暂缓须臾。否则如兽之陷于阱，鱼之游于釜，脔割烹宰，不亡何待？故曰贼无地利之可据也。

何谓失其人事？天下之民，岂甘作贼？必至于贫困无聊，计无复之而后出。此贼之起自粤西也，于所裹胁者，焚其庐，毁其家，使之无所归，然后从贼之志乃坚。窜扰所至，率以此法，故贼将至之地，即无身家之民，亦无不望风逃遁，以恐为贼所掳也，则其不愿陷于贼可知矣。被胁之众，岂不思自拔来归？第一入此中，去留难以自主，反正之心，时刻不忘，特苦于无间可乘耳。故贼之与官军抗也，可胜而不可败。奔北之余，前列涣散，后队逃亡者不可胜计。贼所破城邑，不留一民于内，比屋错处，无非贼巢，衢市荒秽，有同鬼境。此亦流寇中之创局。所行如是，尚得谓之能收拾人心也乎？至于附贼各乡，亦设伪官，征赋税，无非添厥爪牙，供其屠割。且不旋踵间，而他处之贼焚杀掳劫，已随其后。近时民间衔贼刺骨，无不思争啖其肉，大兵一至，有同瓦解。贼所恃者人耳，人事既失，尚何能为？

然而我之所以平贼者，要当反其道而行之。修省恐惧，振励奋发，以合天时；力争上游，顺流进取，以得地利；抚集流亡，解散胁从，以尽人事。而尤要者则在简立大员，分兵为三道。一由上海以收复嘉、青、太、昆而进攻苏州；一由宁波以联络湖郡，保障杭垣，而进扼嘉兴，堑守广德，俾毋得过浙东西一步；一由安庆以克芜湖诸要害，直抵金陵，捣其巢穴，必当同时并进，合攻夹击，使贼首尾不能相顾，而后贼势孤矣。外贼既除，内贼自戮，羽翼已翦，首领必蹶，江浙肃清之机，将在乎是矣。

草野愚昧，妄贡所知，伏维少宽其罪，俯加采纳，不胜幸甚。

上逢天义刘大人禀

　　苏福省儒士黄畹谨禀九门御林、开朝王宗、总理苏福省民务、逢天义刘大人阁下。敬禀者：畹抱病匝月，疏于趋谒，眷怀负疚，罪何可言。窃以畹承大人推毂以来，无日不以兢惕持躬，以期尚（上）副厚望，下济穷黎为念。伏枕筹思，急于报效。迩闻天兵克杭，额手欢庆，以为自此襟苏带浙，力争中原划江之势成矣。然两省自遭兵燹之后，民力凋敝，元气已伤，尤赖十年休养，十年生息，殷勤抚字，惟为尚（上）者加之意耳。今畹之老母山妻弱息稚胤，尽已迁徙至里。从兹托庇宇下，实望栽培而嘘噢之。

　　沪中风景，虽未甚决裂，而民情惶惧，有刻无可安之势。菁（清）兵驻守在城者，仅有八千，皆系仓猝招募素未习练行阵，所恃者洋人耳。洋人以天兵之至，阻碍通商大局，有必战之志，无议和之说。今议法邦守城，英邦御野，各行洋商各出一人，藉以保卫身家，如中国之团练。西北各城外，皆掘濠沟，筑土城；洋泾浜一带，皆树木栅。夷场设有"会防总局"，海舶所到洋籼不下数百万石。英法兵士，皆从香港至者，约有四千余，间又复络绎而至。兵饷可谓精足，防御可谓周密。英法公使巴学礼、水军提督巴克，从轮舶前诣天京，请诸大臣转奏天王，无加兵于沪，而天王睿衷未可。诸大臣谓："无论前日百里之约，不能从命；即今日加沪之兵，亦必速至，取天下岂能顾通商大局。况中外肯和，则通商之局，亦无所窒碍。"巴公使不悦而去，因此欲战之意以决。

　　畹密察洋人之意，无侵其疆，即可按卒不动，非真欲与我为难也，则我何不可以舍之？

　　说者谓：洋人所恃者枪炮耳，然炮仅能及远，枪队整则能胜；苟有敢死之士，突入其间，令掣其肘，则队伍忽乱，而枪不及发，伙（火）

器虽精，亦何所用？不知兵危道也，能百胜而不可一败。英、法，欧洲之雄邦也，宁万死以洗一耻。夫用兵之道，当舍坚而攻瑕，避锋而挫弊。与我争天下者，菁（清）也，而非英、法也。于今天下未宁，方将经略中原；中原之疆土，十仅克复二三，所欲资兵力者甚多。则我之待夷，宁和而毋战，不宜轻失外援以启边衅。虽王者之政，攘斥四夷。而洋人通商于此，自澳门、粤东，至今已三百余年，尚（上）海尤为其根本重地，恐未易一旦徙其足迹。谚云："知彼知己，百战百胜。"高祖之于项羽，知其轻用其锋也，故忍而不发。养其荃（全）锋，以待其毙。今者洋人调兵筹饷，悉力壹心，其气方张，其锋甚锐，若我兵侵伐其界，岂肯即成和约，而骤然罢兵？若夷人战而败，必思报复。或幸而胜，则我与洋人前日之惠，委诸草莽。

然则尚（上）海必不可取乎？曰，非也。畹请谨献其策曰：明告而严讨之，阳舍而阴攻之，徐以图之，缓以困之。

天朝恢复旧物，尺土弹丸，莫非我有。岂有尚（上）海片隅，独外生成？无他，以洋人在，故缓之耳。乃洋人犹不感激天恩，罔知报称，今忽为困兽之斗，瘦狗之噬，是诚何心！则莫若忠王移文于英、法二邦领事，谓："尚（上）海一隅，为桂（贵）邦通商重地，是以自去年至今，未尝侵及，非度外置之也。诚欲中外和好，无失怀柔之至意。而漏网残妖，募兵敛饷，恒与我为难。是则彼如狡兔，以桂（贵）邦为一窟也。桂（贵）邦凡遇两国（国）相争，例不相助，兹者何以祖菁（清）？岂菁（清）则可以兴入寇之师而我则不能整进征之旅耶？苟桂（贵）邦肯驱而远之，荃（全）为通商境界，则我可以不烦一兵，不折一矢，相安如故，但遣一介行人通问好足矣。黎庶无相扰之虞，商贾有如归之乐，是桂（贵）邦之大有造于士民也。否则两国（国）相争，势必焚戮，在桂（贵）邦固无伤，而子民之受害罹苦者必不少。夫我之至沪，于桂（贵）邦通商大局，实无所关。所欲问罪、致讨者，惟此残妖余孽，釜底游魿（魂）耳。在桂（贵）邦亦何重乎此，而必欲助之？此敝国（国）所未解也。书至，宜有以覆我。"如此明白晓谕，洋人必有变通之法在其间矣。即或不然，我亦有辞于彼矣。彼气已衰，我怒甚烈，畹所谓"明告而严讨之"者，此也。

洋人之兵，皆从各处调集，其势能蹔而不能久。其兵一人月给三十金，费过我兵十倍，则饷必久而难继。今其气壮志盛之时，惟知前进，皆念不及此。我亦勿复骤犯，而转用兵于他所，或其邻邑。缓以时日，有若舍而去之之意。则洋人必以为我慑其威而退，其守必怠，其备必撤。然后令我兵佯作居民，若为事平而仍迁至沪者，得至洋泾浜赁屋潜住，密约日期，同时合举。我之大众，宵夜疾趋，刻期大集。内应之人，四面纵伙（火），声东击西。此谓欲擒先纵，欲急姑缓，待其懈而击之，无不胜者，睌所谓"阳舍而阴攻"者，此也。

江苏荃（全）省，所当急欲用兵者，非独海陬一隅也。近在肘腋，与我共有长江者，镇江也。镇江与江北诸州，土壤毗连，形势相为联络。我今用兵，当由刘河口以攻崇明，递次及海门、如皋、通、泰四处。彼地兵寡土瘠，备御必虚，我取之易如反掌耳。则镇江自危，其势必孤。镇江既取，而长江独为我有。自天京以至苏福，水道大通，各处舟舶，驶行无阻。其要隘所在，可设江北大关，以纳夷税，藉足国（国）用，其利必巨。然后乘锐大举，溯流而上，专萃曾兵。闻翼王雄师累万，已由川界而抵两湖，虎视汉、湘一带。菁（清）之曾郭（国）藩，近患疮痒甚剧，年衰血虚，势难骤痊，其调度必无人。此进攻之时不可失也。能复安庆，克取黄州，然后控九江，争汉口，与翼王通问，合并兵力，长驱大进，黄河以南，非复菁（清）有矣。汉口亦洋人通商之所，我约翼王刻日同取。洋人势必首尾难以兼顾，而尚（上）海之和局，必藉以定矣，有不属我者弗信也，睌所谓"徐以图之"者，此也。

欲取尚（上）海，必先绝其手足，断其门户。奉贤、南汇、川沙、金珊（山），其手足也。松江、宝珊（山）、吴淞，其门户也。此数处者，声气所由通，货物所由接济，帆樯所由出入。今若悉兵以力争，尽取其地亦甚易。所难者，吴淞一口，洋人势必以死守。恐其为我先，筑炮台，置重兵，而我不能骤得，则当叠出以争，使各处货舶不敢入口，而尚（上）海百物可立匮。尚（上）海素不产米，远则苏乡，近则泗泾、闵港，载运以往。今各乡皆闭籴，而民食必不支，乡民皆散，其鸡豚诸物，必无售处，洋人亦必艰于食物。但相持数月之久，内奸必生。闽、粤之民，必乘机起事，强者乱而弱者死。洋人必势不能禁。环马场旁甍栋相接者，必付一炬。洋人虽曰能守，亦必舍之去矣，睌所谓"缓以困之"者，此也。

是则尚（上）海非真不可取也，而睌终以和之之说进者，诚有见于天下大局所关也。请更申其说，幸勿以为罪而加诛焉，则敢毕其所言矣。

睌仰观乾象，见天市垣中，其气尚旺。洋人通商中土，或尚有二三十年之久。然天道远而难信，不若人事近而可凭。洋人自入中土，用兵未尝少挫，始索五口通商，后求内地贸易，江、汉腹地，尽设埠头，险隘之区，已与我共。是已易客而为主，变劳而为逸。退步则有香港、印度。苟其一旦失利于尚（上）海，则必以为大辱，必当厉兵束甲，驾帆驶舶，由长江而抵天京。一则自汉口而通讯妖党，势必与曾兵合攻互战，直趋芜湖。何则？洋人与菁（清），缔结已久；故津门之役，尚欲议和。而我国（国）与彼，恩威未布，不足以结其心。一败之后，称兵反噬，势所必然。是我虽得志于尚（上）海，而于力争尚（上）游之大局，反有所阻，此畹所不取也。

说者谓，如是言之，洋人之在宁波与在尚（上）海，无以异也，何以宁波则拱手而让，尚（上）海则举兵而争？盖以宁波货物少而贸易稀，尚（上）海则荃（全）局皆在，所系甚重。然洋人自守夷场，亦已足矣，何必保城？不知彼与我，性情未相洃，恩信未相孚，倘听我兵入城，而居高临下，开炮俯轰，则势可立爝，唇亡齿寒，深足为虑。此所以必力争也。况宁波因筹饷之艰，遂以罢兵，非真欲让也。

说者又谓，如是言之，凡有洋人通商之处，我兵必不可取乎？何以见王师攻必克、战必胜之威？矧洋人自通商中土而来，欺凌我民人，藐视我儒士，其性外刚狠而内阴鸷，桀骜难驯，隔阂不仁。今藉我锐气，聚而歼旃，庶可以泄众愤而张国（国）威。不知事固有先其所急，而后其所缓者。昔曹操先并袁绍，而后取刘表，以成鼎足之势。明太祖先攻陈友谅，而后克张士诚，遂以混一宇内。方其时表与操势固相远，而士诚地处逼近，似宜先除。而明祖以为士诚自守庸材，不足为虑。友谅雄姿跋扈，诚恐伐张而陈蹑其后也。今洋人特知自守，决不远出一步。曾郭（国）藩之踞安庆，乃真心腹大患耳。

夷人之性，尚势而重利，趋盛而避衰。我苟姑置不问，用兵尚（上）游，一二年间，荡涤腥秽，奠安区宇，削平僭伪，则洋人必稽首称臣，愿世为屏藩，而罔敢贰心。夫王政隆而四夷宾，大道昌而异学息。洋人之来，亦中国（国）之衰气有以召之。今真圣主驭世，阳光普照，群阴潜消。即其教士，睹我王度，亦真知天王为上帝第二子，奉天伐暴，无有异说。盖大者远者既得，而小者近者自克举矣，此用兵先后之道也。

至于围攻尚（上）海，当先为筹及者亦有三：一曰"结援"，二曰"散众"，三曰"储货"。尚（上）海游民不知凡几，而粤东宁波之人，尤多游手好闲，喜于滋事。城外合围，势必无处奔避，而生机将绝，杀机必起；得一人以纠结之，可作内应之资。洋行中粤东人食力者不少，其心未尝甘于为役。可以遍布谣言，谓："粤东人必尽起而应我，食物中已预蓄毒矣。"使洋人疑而自防，粤人危而不安，则变必内生。黄浦中花（华）民海艘，不下千余，皆有枪炮，势急情蹙，亦足与我亡命死抗。不若令其齐出吴淞，藉以解散其势。我苏所资者，尚（上）海货物为多，一旦困阻，则沈、辽、闽、粤之商舶，必至失业。今出示令其麇至白茆、刘河两处，轻税招徕，不必查验，委之以信，结之以惠。则来者必盛，店铺不至空虚，而尚（上）海市面，必然涣散，洋人所得者亦微矣。

　　睕尝欲以此意，尚（上）达忠王，特以陈之而未有路。今恭闻忠王瑞驾在苏，思欲晋谒，以发尚短，未敢轻入。故于大人之前，略尽区区，幸垂鉴察。如蒙许可可以尚（上）呈者，请以为言。特此，恭请咏安。伏维雅鉴不宣。睕谨禀。天父天兄天王太平天国（国）辛酉十一年十二月二十三日。

《火器略说》后跋

此书甫成，余即缮写真本，上呈丰顺丁大中丞，中丞击节叹赏，又见代上合肥伯相书，以为此未易才也。时中丞方有观察苏松之命，亟欲招余一往，余之受知于中丞实自此始。

邹君梦南曾钞是书寄之闽中，余又附以铁甲战舰图说，火镜焚敌积聚法，电气霹雳车攻城法，气球放弹焚毁敌营法，属稿初就，惜为伧父携之横滨，云将代刊于日本，久之则谓已为祖龙攫去，由是此书无底本，转索之梦南亦久无以应也。今春搜诸敝箧，忽得初次草稿，乃厘订增损，付之手民，因叹书之显晦存亡亦有数存焉。

呜呼！迩来，日人狙伺于东，俄人鹰瞵于北，几于玉帛干戈待于两境。苟我国不早自强，则强邻悍敌，方且日伺我之左右，而天下事愈难措手矣。泰西列国所恃以攻城保境者，首在火器，火器之利，无敌于天下，以区区欧洲一隅之地，而横行于三洲间，莫敢谁何，囊括六合，宰割四方，足迹所至，威立令行，故至今日欲办天下事，必自欧洲始。

今日者，我国家虽于天津、福州、上海、广东四处设局制造枪炮船舰，而其法犹未大备，仅能步趋西匠，仿效成规，而尚不能求新标异，以颉颃乎泰西。若夫大炮之制，从未讲求，多以重值购自远邦，以供我用，甚且有以窳窳之物以误军事者，学习西法二十余年来，徒袭其皮毛而已。

夫我中国地大物博，所有诸矿，亘古未开，精华所蕴，历久必泄，煤铁之饶，取之无穷。诚使以之铸造火器，一出于新法，用以防边御敌，安见不能师其所长，而夺其所恃哉？而奈之何至今日而尚有所待也！

间尝论之，国家之患，不患在外侮之凭凌，而患在内治之委靡，武备之废弛，军士之玩愒，器械之敝钝，而后伺间乘隙者因之。今欲整顿军营，练习军制，使兵士转弱而为强，转败而为胜，则必自精造火器始。火器之用，既得尽其所长，而后军士临阵，乃能有恃以无恐。以中国人民之众，甲兵之广，财用之裕，物力之富，更益之以强兵讲武，奋发有为，虽雄长于天下不难，而何虑乎欧洲！况乎智巧心思，人所同具。中国儒者既误于无用之时文，中国兵士又误于无用之弓刀石，遂至所习非所用，所用非所长。若一旦易辙改弦，以其材力聪明置之于有用之地，安见其必逊于西人也哉？上以此求，下以此应，岂独火器一端能与泰西争长竞胜乎哉！

《陆操新义》序

迩来西国战争多用火器。或谓自火器行而兵法坏，则殊不然。观于《陆操新义》一书，何尝不讲兵法哉！

是书著于德国提督康贝固，其国所称名将才也。年七十余，精神矍铄，谈兵之口若悬河，酒酣耳热，犹顾盼自雄，有马伏波之遗风。德国前后用兵，康军门俱在军中，身历行陈，指挥卒伍。是书所言，皆得之于实见，凡一切操演规制，具有精义。书出，泰西军营奉为金科玉律，五经排印，迭有增加。吴门友人得此书，将付剞劂氏，举以示余。余读之而知昔年德之所以胜法也，盖德法之战，皆以陆兵从事。法恃枪队，德恃炮队，卒之枪不及炮之远。法兵屡败，锐气尽挫，是则法之陆军不如德也明矣。德为新兴强国，近始以陆军雄欧洲。法之始意本欲以水师袭德，而不虞未及交锋，德兵已压境上，轮船煤缺不能行，于是不得已专以陆军相角，此法之失计，而德已未战而操胜券矣。康军门著书之时，德势方张，伐喠伐墺，所向克捷，法以骄慢乘之，蹶也必矣。

夫德国陆军所以强者，勇捷精整故也。勇捷由于选择，精整由于训练，习之于平日，用之于临时，斯能杀敌克果，称为纪律之师。一军中有枪兵炮兵骑兵步兵，各有所司者也。统兵之员，有队官行官，主乎调度者也。其临敌也，攻守冲御，变化无方。其接战也，分合聚散，疏密互异，因时因地因人，三者无不各制其宜，此所谓运用之妙，在乎一心也。西兵合围有圆阵方阵，列队有横行直行，总不外乎步伐正齐，志气专一，技艺娴熟，容象猛毅，两军相见，尤能好整以暇，神静而态定，枪炮必近敌而后发，则药弹不至于虚糜，始以一队战，终以一军战，而胜负分焉矣，从未有兵刃未接而纷然骇走者也。德、法蒇土外之战，一日而殒者十万人，实宇宙间未有之血战也。

惟是泰西操演之法，各国不同，名弁宿将，各以其心得之韬钤以训其下。有时军中主者易人，则操法亦变。况各国军士所用枪炮，亦各不同，其所以施放利器者，俱有专门名家。战具既异，战法岂能一致哉？西国操兵，皆作两军相敌之状，用谋出奇，变幻百出，虽曰操演，无异乎身亲行阵，此训练之所以易精也。大抵西国军纪肃，军律严，虽败不挠；甚有队官歼而队兵不乱者，由志定也。

康军门此书言要而不烦，法简而易习，甚见赏于李丹崖星使，盖星使出驻德都，已历年所，凡遇国中阅兵大典，无不往观，亲交康军门而深知其人，故康军门特以是书献也。

今法人毁约败盟，无端要挟，恃其船坚炮利，将猛兵精，意将冲突我沿海疆圉，一战于基隆，再战于马江，薄海人民，无不发指眦裂，疾首痛心，皆愿执戈擐甲，用备前驱，与法人决一战。窃以为战胜之道，在一鼓作气而已。击之于大洋，不如守之于内河，拒之于水，不如持之于陆，可空其地为瓯脱而诱之深入。彼欲攻城掠地，势必登岸，然后预谋以待之，设计以制之，地雷埋器坑阱网罗，层层设伏，四面兜擒，主客异形，众寡异势，劳逸异情，动静异志，虽聚而歼旃，亦易事也。

虽然，兵，凶器也，战，危事也，不恃我有以胜之，而恃我先有以待之，不恃我有以敌之，而恃我隐有以制之。我之陆军虽多，非稔于两国操演之法，则无以制其死命。《陆操新义》一书，德之所以胜法者也，虽不可泥于一定，而参伍错综，神明而变化之，求胜之道在是矣，岂仅御法而已哉！

代上苏抚李宫保书

　　某再拜，上书中丞阁下：阁下经略江左，于今三年。天下莫不重阁下之名，中外莫不震阁下之威，士民莫不仰阁下之惠。克乱以武，用兵如神，求之古今，畴其匹哉！矧又舍己从人，集思广益，网罗贤俊，各尽其才。而复猥照光采于穷窟遐陬之中，过听誉言，辟书远至，将置诸幕府，收其一得。某粤东一布衣耳，才不足为世用，言不足为世采，行不足为世奇，何所见闻，谬加赏拔？闻命骇越，捧檄竦仄。伏自维省，深以不克副盛心所期是惧，是以谨将宪札缴呈。盖一则由自审之素，一则实不敢以不材恩耳。乃日昨丁雨生观察书来，备述阁下拳拳垂注之意，且云士为知己者用为某勖。顾此言乃为其人有可知之实，其才有可用之端，故能得当以报，而某非其人也。然侧闻华岳不舍块壤，江河不择细流，固能成其高深。故刍荛见询于圣人，葑菲无遗于下体，昔齐桓公于九九之数犹且见收；今既幸逢阁下博采兼取，又何敢终嘿，愿竭蠢愚，以渎高听。

　　夫天下大利之所在，即大害之所在，至危之所乘，即至安之所乘。何则？以中国益远人，大害也；以远人助中国，大利也；江左民命，几于泯绝，至危也；阁下拔诸水火，登诸衽席，至安也。然而利不可忘害，安不可忘危。为利害安危之所系，惟在阁下。阁下以不世出之略，成不世出之功，而适会此不世出之机，天盖特委重任于阁下，而将大有造于我中国之民也，夫岂第八府六州六十一县之苍生是赖哉！

　　当贼之方张也，江左所全，仅沪邑弹丸地耳，用兵者几难措手。阁下绝江而来，次第济师，谈笑挥众，从容应敌，则于行军见阁下之律。战无不胜，攻无不取，临阵指挥，亲冒矢石，三军之士莫不愧奋，则于将兵见阁下之勇。战诱兼施，剿抚并用，积悍余魂，崩角请宥，生之见阁下之仁，杀之见阁下之断，此固不世出之略也。

一鼓而覆围沪数十万之贼，以张士气，再战而拔二坚城。期月之间，名都卒复，所克城邑以十数，俾陷贼之民重睹日月，每见阁下之旌旗，无不额手交庆，太息感泣。而又为国为民，不分畛域，出余力以歼嘉城之巨寇桀逆，而扼浙贼之吭。飙驰电扫，奏捷俄顷，事莫速于此，勋莫烈于此，此固不世出之功也。

但是二者犹未足以尽阁下之才，而某之所谓重任者，固不仅在攻城杀贼也。当今光气大开，远方毕至，海舶估艘，羽集鳞萃。欧洲诸邦几于国有其人，商居其利，凡前史之所未载，亘古之所未通，无不款关而求互市。我朝亦尽牢宠羁縻之，概与之通和立约。近闻吕宋、日本又将入请矣。合地球东西南朔九万里之遥，胥聚于我一中国之中，此古今之创事，天地之变局，所谓不世出之机也。

顾或者谓此皆足为中国之害，而不足为中国之利，欲如古王者之说，则必尽驱而远之，不与同中国方可。然而势不能也。欧人自有明之衰，入贾中国，盖将三百年于此，近于中国无处不至，无事不稔，讵能一旦骤徙其迹？且亦不足以彰我大一统之盛也，况乎西人来此，群效其智力才能，悉出其奇技良法，以媚我中国。奈我中国二十余年来，上下恬安，视若无事，动循古昔，不知变通。薄视之者以为不人类若，而畏之者甚至如虎。由是西人之事毫不加意，反至受其所损，不能获其所益；习其所短，不能师其所长。逮乎今日，始有转机，而某又深虑其既转而旋遏之也。能始终持之者，在阁下耳。西人通商大局，昔盛于粤东，而今盛于沪邑。阁下持旌吴会，正值此极盛之时，至艰之日，天特欲阁下一救其祸之烈也。

夫天下之为吾害者，何不可为吾利？毒蛇猛蝎立能杀人，而医师以之去大风，攻剧疡。虞西人之为害，而遽作深闭固拒之计，是见噎而废食也。故善为治者，不患西人之日横，而特患中国之自域。天之聚数十西国于一中国，非欲弱中国，正欲强中国，以磨砺我中国英雄智奇之士。然计自通商以来，利害相较，每利小而害大。岁入饷税千百万，以供军需，俾转输得以有济，此利之小者也。坚舶利器可以购售，外弁西兵可以募集，同仇敌忾，俾攻剿得以相资，此亦利之小者也。粤东之衅几至败坏决裂，凡所要求无不如命，傍海诸郡咸通贾舶，江汉腹地尽设埠头，形胜之区皆与我共，十余年间乘我中国之有事，而纵横凌跞至此，此真可为太息痛哭流涕者也。而犹有可冀幸者，则在今日之一转机耳。去害就利，一切皆在我之自为。日本与米部通商仅七八年耳，而于枪炮舟车机器诸事，皆能构制，精心揣合，不下西人；巍巍上国，堂堂天朝，岂反不如东瀛一岛国哉！

我中国幅员万里，地非不广也。生聚三亿，民非不众也。采山搜海，材非不足也。能自奋发，何求不济？然而有其志，无其机，弗能为也。有其机，无其权，亦弗能为也。有其权，无其人，并弗能为也。今此三者皆举而集之阁下之一身。天亦若迟回审顾，至今日而始委之阁下，阁下不为，谁可为者！而某窃敢以先后之次为请。

从来治远必以近始，治末必以本始。徒知强兵威敌而不知治民，是犹形悍于外，神躁于中，能暂张而不能久持者也。故在今日握要之端，亦惟曰治中以驭外而已，治中急务，首在平贼。贼至今日，已不足平。势蹙情沮，皆无固志，土崩瓦解，顷刻立见。常郡既歼，则金陵亦拔。燖贼巢，俘渠魁，可以奏功于反掌。何则？金陵一城，逼江倚山，四面可攻，飞炮裂弹，势必莫御，况贼之负嵎，已非庚春之比。浙平则外援绝矣，皖清则上游断矣。恶积祸盈，终至焦烂，鱼游沸釜，兽陷穷阱，烹而剥之，不亡何待！然则贼平之后，我可自此息肩乎？犹未也。盖乱所由始，不在乱之日；治所由致，不在治之时，渐摩使之然也。贼之未平，固足为忧，贼之既平，犹未足深喜。治创者贵拔其本，治漏者务塞其源，然则阁下在今日治将何先？亦先尽其在我者而已。在我者有三易治，有三大病，以三易治之时去三大病之积患，庶有豸乎！

何为三易治？江左之民素以赋重为官诟，每兴一徭役，设一捐输，动以为上将朘我以生也。蚩蚩何知，利去怨积，一旦罹贼之酷，剥肤切身，皆非其有，于是始悔前此之不急公奉上，而感念圣朝覆育之恩，则民气静，易治也。江省防兵旧额五万，承平日久，多以老弱充列，虚数冒粮，及至有事，仓卒召募，实不可用。迩来数年，悍寇密邻，大营在近，而城中无可练之精卒，可守之利器，尚可以为固乎？今则百战之余，一可当十，行阵纪律，攻守情形，不教而明，人人自奋。但当感之以恩，怀之以威，无不为我所用，则兵志固，易治也。百度废纵，多由吏惰。西祸之平，人皆苟安无远略。好名者以文事为粉饰，言利者以理财为优劣。庸擢异退，务为因循，盗在门户，晏然高寝。于是贼至乘之，罔知所措。今则久历行间，目击身亲，必能一反委靡之积习，以成振饬之新型，必果必信，毋苟毋简，勿以喜事扰，勿以无事弛，则吏习勤，易治也。

何为三大病？人材者，国势之所系也，国家之有人材，犹人身之有精神。今窃见内外人材习为软熟，其弊之渐，必至委靡不振，其故皆由不喜切直而悦诣谀，以至鲠亮者退，柔媚者进。其间或有有为之材，而阅历已久，过于老成持重，其作事不肯担持大利害，其居位亦无大荣辱，恬缓取容，浸成风尚。人材之罢，厥病曰痿，财用者，国命之所寄也。一国之强弱，万事之成败，恒由乎此。军兴以来，括天下之财赋，削天下之脂膏，不填巨壑。循至民生日蹙，国计日敝，下损而上益瘠。且今日所以取诸民者，皆非正额，所谓苟且不终月之计也。顾贼一日不灭，则此诸弊政一日不可去。是犹饮盐泉以疗渴，服猛剂以治邪，明知其不可而暂行之者也。财用之竭，厥病曰尪。法制者，国家所以驭下也。执法牵制，其蔽必至视为具文。非法制之不善，实心奉行者无人耳。是以一变，而其权不操诸官，而操诸吏，今天下内事动持于部议，外事一由于吏手。以畏葸为精能，以阘茸为历练，以进言为喜事，以言法为更张，朝廷之上，牢不可破。即有良法美意，奇才异能，可施诸实用者，偶不合于成例，辄为部议所格，曰：此旧法不可坏，定制不可更也。即曰破格，仍不可外乎文章科第。即曰求贤，未闻别设一途以取士。登进人材既拘以资格，则不问其才否。外而郡邑诸吏上下其手，颠倒是非，官一切不能问。曰非是，且遭驳斥。持守愈固，蒙蔽愈深，厥病曰痼。

今欲振作人材，增重国势，则莫如风厉在位，开直言极谏之科。欲充裕财用，培养国命，则莫如疏生财之源，闭言利之门。欲防吏弊，扫积偷，则莫如变通新法，行法得人。顾此虽关乎天下之计，至于江左一隅，亦不外求才立法、兴利除弊数大端而已。

江左既已久罢科场，许行荐举，则所以荐举者仍在语言文字乎？抑将在政事军旅乎？或采之虚名试之实效乎？此数者虽足以召才，而但举其所能知，不能及其所未知，则真才仍或不出其中。今请分八科以取士，拔其尤者以荐诸上。一曰直言时事，以觇其识。二曰考证经史，以觇其学。三曰试诗赋，以觇其才。四曰询刑名钱谷，以观其长于吏治。五曰询山川形势军法进退，以观其能兵。六曰考历算格致，以观其通。七曰问机器制作，以尽其能。八曰试以泰西各国情事利弊、语言文字，以观其用心。行之十年，必有效可见。

江左既经创巨痛深之后，户版衰减，殷富散亡，已万不如前，而所以镇抚善后一切之事，其费且什百于前。欲征之于民，民力不堪，不取于民，费将安措？顾所难仅目前而已，招集流亡，抚恤灾困，俾各归其所。给之牛种，课之耕作，无主不垦之地，许以其所出半归于官。减赋损捐，勿再多取，令其重困。其他裁冗去烦，革奢崇俭，开源节流，次第举行。不出三载，其病可苏。然后我有余力，以作泰西田具织器，教之耕织。夫天下之大利在农桑，其次在商贾。诚使农不惰于田，妇不嬉于室，商不重征，贾不再榷，各勤其业，争出吾市，则下益上富，其财岂有匮乏哉？不知藏富于民，而动言小利。开一捐，设一局，徒饱此辈之溪壑。所谓怨归于上，利归于下，非计之得也。

昔者江左之敝，坏于官者一，坏于吏者三。其最大者，曰漕政，曰讼狱。一邑之粮，握其权者为漕总，其余以次递分其羨，至于官者十之六七而已，至于京师者十之四五而已。一郡之胥役，大邑数千，小邑亦数百。魁其曹者曰管班，出入裘马，僭侈无度，非朘诸民，何以为生？今请一劫，尽革其弊。清漕慎狱，勤政恤民，去贪黜，汰冗杂，稽核无私，委任得当，又济之以实心实政？庶乎可已，于是巨者既举，乃治其小者。曰清盗源。江、浙之间，小艇千百，淫博聚众，名为枪船。此辈不耕而食，不织而衣，游惰无业，藉博为生。良弱者被其所欺，凶暴者倚之为党。出没水乡，白昼劫夺，除之忽散，缓之复聚，贼至则为贼用，贼衰则去贼以媚官。今有法于此，焚其船，夺其械，驱其众，使归农，杀一惩百，勿为民害。盖及今除之，力省而害小，酿之至他日，力费而害大，势必然也。曰锄悍族，恃众附贼，假势济私者是也。曰除莠民，充伪官以虐良民者是也，是二者于事后虽不当深究，但其果有实迹，亦必摈之远方，毋使溷我善类。是亦古者去恶扶善之意也。治中之规模略具此矣。

请更进言夫驭外之法。其大端有二：曰握利权，曰树国威。

西人之与我通商，不过日嗜我利而已，顾中国之利只有此数，曩者在五口，西洋各货自有华商购贩，捆载往北。今虽设多埠，但夺华商之利，未必遽为西人之益。况争利者非一国，通商者非一地，费增而利薄，则亦岂能有赢哉！计西人与我，以货易货，彼购丝茶，我售呢布，出入略相等。漏卮之最大者则在鸦片。或者谓西人之嗜茶，亦犹吾民之嗜烟。今西人于各处遍栽茶树，数十年之后，可以不赖中国之茶而自足。烟禁既开，且榷其税，势已难禁。与其岁靡数千万以益西人，曷若自我栽种以收其利？徒爱惜损国体之虚名，而不顾敝国本之实祸，是亦一偏之见也，且榷烟税于国体独无损乎！与其冒不韪以收利百之一，孰若全收利之百。况裁烟与禁烟可以并行，禁兵而不禁民，禁新吸而不禁旧食，禁内而不禁外。其后裁烟日广，吸烟日减，西人贩烟之利日渐微，其来必不禁而自止，而我亦可渐用我裁抑之法。所谓将欲夺之必姑与之，原非以害民之物许民，盖有大不得已之苦心在也。西人近时亦兴蚕桑之利，特其地多寒，稍不相宜，然可见中国之利薮，西人无不欲攘为己有，其用心实精而胜。而我中国于自有之材且不及念，诚可谓不善谋利者矣。木棉我所自出，丝斤我所本有，所少者火机之纺器织具耳，而可购求制造也。先去数万金以购之来，试行有效，然后精心仿制，用以教民，十家一具。纺线织布，一具可兼百人之工，则一家可享数十家之利。西国田具，如犁耙播刈诸器，力省工倍，可以之教农，以尽地力。货舶轮船运载及远，可以之教商，以通有无；有事官用，无事商雇，各获其便。盖西国于商民，皆官为之调剂翼助，故其利溥而用无不足。我皆听商民之自为，而时且遏抑剥损之，故上下交失其利。今一反其道而行之，务使利权归我，而国不强、民不富者，未之有也。

今者之兵，有队长日加教练，有西人日为指授，有悍贼日与接仗，发炮用枪，其法尽明，攻城结垒，其律已整，已成可用之兵，而深虑贼平之后，日就废弛。所设火器各局，经数易督抚以后，或以惜费裁，或以无益罢。不见昔时西事之兴，人人自以为知兵，人人自以为稔西务，人人自以为能制洋炮，一旦议和，绝不一讲。其故辙可知也。不知延盗于门，养虎于室，其备安可稍弛？贼之既平，正当讲演武事耳。一曰练兵。额无取增而取精，人无取智而取敢战，按期训习，无稍间惰。二曰精铸枪炮。有胜兵必先有利器，无斋财而致窳，必加料以求良，临阵有恃，战气自倍。三曰建筑炮台。沿江滨海一带，当于要害设立炮台，一准以西人新法，所以扼险制变，猝遇有事，缓急可恃。四曰用轮船。开设船厂，雇匠构造。巡缉洋海，备御盗贼，用之于捕务；运载粮米，邮递文札，用之于国事。如是则有备无患，可战可守，不至一有变端，仓皇无措。夫水之有蛟龙，山之有猛兽，伏乎其中，威乎其外，渔樵自不敢狃至焉。明乎此，则兵不可废矣，是在得人而已。

或者曰：如是言之，轮船用于江海，枪炮用于军旅，田器织具用于农妇，历算格致用以取士，语言文字用以通彼此之情，不几率中国而西人之乎？我中国先文教而后武功，重德性而轻诈力，不以近功易远略，耻机心而贱机事。视之若甚拙且钝焉，采之若可狃而侮焉，而久之为其所化而不知，或阴中其病而罔觉。是实能以至柔克至刚，至弱克至强也。自古仁义为国，其敝也衰，甲兵为国，其亡也蹶。是以泰西诸国，其兴勃然，而亡亦忽焉。不见罗马盛于汉，荷兰盛于唐，西班雅盛于宋，葡萄牙盛于明，而今皆衰矣。就在中国而观，商之鬼方，周之猃狁，汉之匈奴，晋之拓跋、五胡，唐之吐蕃、回纥，宋之契丹、女真，其种类或存或亡，而所谓中国者，数千年以来如故也。政事法令未尝改易，土地人民未尝损失。且唐时回人之散居天下，至今何如？宋时犹太人之入处河南，至今何如？奈何欲以暂来之西人，易数千年之中国？用夏变夷则有之矣，未闻变于夷者也。

不知如或之言，所谓主人枯槁、客自弃去之说也。如是则中国必先自受其敝，且势必需之穷年必世，而非目前权宜补救之方也。况我之所效西人者，但师其长技而已，于风俗人心固无伤也。如谓既师其长，则中外交固而情洽，或将久处中国。不知西人以有利而来者，安知不以无利而去？机器既设，货出必多，波毕既栽，烟来必贱。彼之利薮且为我所夺矣，何虑之有？夫及今尚可有为之时而为之，先事预图，先机远虑，因治以防乱，居安以思危，则可享长治久安之利，是亦古人谋国者之深心至计也。

某草茅微贱，罔识忌讳，辱承知遇，敢竭区区。伏惟进而教之，不胜幸甚。外呈所著《火器略说》一卷，译自西书，间参管见。窃见西人入中国，凡历算舆地医学格致之书，无不遍译，独于制器造炮一事未及一言。岂以是为不传之秘哉？或者不欲以所长示人也。明人所辑汤若望《则克录》，专讲炮枪制造之法，颇为赅备，然较之于今，间有不同，盖近时用心日细，制器极精，视昔已远过之矣。至于用炮，先在用兵，则非空言纵谭所能者也。求赐训言，以增光宠，干冒尊严，主臣主臣。某再拜谨上。

代上丁观察书

　　五月二日，邮舶已驾，海帆将扬，时小史缮录《火器略说》亦卒业矣。兼闻是役也，有省垣局吏送炮至吴，书邮之便，无逾此者，因裁尺一，并附拙著一册，上李大中丞书正副本各一通，由蔡君处递呈。书去之后，又值令兄从吴门来，出示手毕，相知之雅，相招之殷，虽古人无以多让，循讽再三，感荷无量。某不揣梼昧，前书妄有所陈，片蠡测海，寸莛撞钟，自知见哂有识之士；然而不敢不告者，恃惠子之知我也。

　　旬月以来未奉翰教，方深企止，忽闻阁下有观察苏松之命，聆音欢忭，距踊三百。窃以上海虽介在瀛壖，固江左之剧邑，天下之重镇也。其地居南吴尽境，去海不百里，吴淞其门户也。全疆险堑，实在于此。自吴淞至黄浦，估舶虽可直达，而能据其险以扼之，固可缒而沉也，筑其浅而阻之，势固不能飞越也。宋末设市舶提举及榷货场，百物辐辏；元明以来，遂成壮县；国朝乾嘉而后，益增繁庶，近得西人通商，税务日旺，货物充牣，财力富裕，几甲天下。数年之间，所系于江左者尤重，进兵于此，筹饷于此，一举而收剪寇之功亦于此。苟无上海，是无江左也，是上海一隅，几握江左全局之关键。此固由地势今昔之不同，而治之者亦既事繁而任剧矣。

　　论其财赋所出，全倚于商，地虽濒海，物产远不逮闽、浙，鱼盐之利，两无所居，古所称穷海也。其民多以种棉织布为恒业，居奇者多涉沈、辽、燕、齐间，逐什一之赢，今其利薮已失，恐土著无常富者矣，此亦如沟浍之盈，不可久恃者也。

　　他若外来之民，踵接趾交，肩毂摩击，金气熏灼，巨商远贾，望羶而附，官斯土者辄乘肥鹤飞去，顾利所在，则人争趋，任既重则为之益不易。中外错处，倨侮习成，殊州群哄，犷悍獠疾；柔则亵体统，刚则生事端，急之致变，宽之酿祸，此难于抚驭者一也。南北人才，近以此为孔道，持温卷挟荐书以干者，日不知其凡几；酬之则为无益之费，不应则生觖望之心，此难于接纳者一也。城外东北两区，西人之居日廓，藏垢纳污，诘不胜诘。近时劫夺频闻，其盗无可踪迹，实皆粤、浙莠民倚西人为逋逃薮也；我往捕之，动辄掣肘，是以益肆然无惧，此难于扩清者又一也。

某谓此皆小焉者也，所重者在悉西人之情而为我所用。顾今日所以待之者，惟有画一以示之信，宽大以示之礼，或是或否，以行我之权，无诈无虞，以布我之诚，与之行事，必简必速，与之相接，不亢不卑，师其长技以失其恃，明其所学以通其意。如此而犹有或乖者，吾弗信也。宣尼有言曰：忠信笃敬行乎蛮貊，诚为万事驭外之不易之要法也。

阁下邃于西学而务归诸实用，固非谭天画地空言格致者所能。兹当此有为之时，得为之权，不得不为之势，则凡昔日阁下所有志欲为者，今皆可次第举行之。苟有所问，某不敢以不敏辞。抑某鄙愿所在，以西人入中国所译之书，如伟烈氏之历算，艾氏之重学，合信氏之医学，皆无可议；若慕氏之地理，裨氏之国志，均嫌疏略，未臻纯备；近人作者，如徐继畬之《瀛环志略》，魏默深之《海国图志》，彬彬乎登述作之林矣，然核其时地事实，不免讹脱。窃不自量，欲以一生精力，辑成《续海国图志》一书，以备国史四裔志之采录。能遂斯志而总其成者，在阁下而已。猥蒙厚爱，敢贡愚忱，并抒欣贺之私，以颂升迁之喜。溽暑方蒸，伏维为国自重不宣。

答包荇洲明经

荇洲明经足下：书来屡以中外时事为询。经年旷隔，未措一词，非竟缄口卷舌也，以时事实无可言耳。小为弥缝则无从下手，大之则必更张改革，丕然一变而后可。星使西来已浃岁矣，往返跋涉，漫无成说。其有以江都一役藉口者，伪也。

欧洲列国，今俱辑睦无军旅事，所欲力为经营者在我中国。火轮车路，乃其一端。许之则创千古以来未有之变局。所谓严中外，控戎狄，守险阻，制要害者，我无其一，而权自彼操矣。不许则嫌隙已构，衅患将开。西国好事之徒，言利之臣，必有以勉强从事之说进者。兵端一启，势难骤弭。和戎之议，又需筹饷数千万缗，无异输将。此蹈海孤臣一念及此，不禁太息痛哭流涕者也。愤懑郁烦，致婴心疾。入春以来，羌无好怀，忧国念家，万虑坌集。

西国和约以后，每年随事酌更，视为成例。以时局观之，中外通商之举，将与地球相终始矣，此时而曰徙戎攘夷，真迂儒不通事变者也。原其厉阶，一坏于葡萄牙之请濠镜，再坏于利玛窦之入内地。呜呼！自明社之屋，仅二百四五十年，而疆事之坏至于斯极！此诚非作俑者所及料，然亦由积渐而来。濠镜既予，列国至者，自然踵接，而通商之局开。内地既入，于是招徕继起者，如水赴壑，而传教之风炽。故有心人于康熙初年已深虑而倡言之。我圣祖仁皇帝亦有以后泰西诸邦中必有为吾患者之谕。远哉皇言！早烛于几先矣。其由印度而南洋，由南洋而东粤，由东粤而内地，岂一朝夕之故哉！履霜坚冰，可不早戒？孰知势至剥床，尚犹宴然。三十余年来，夫谁能握奇制要者？至今日而措施犹未尽善也。所可惧者，中国三千年以来所有典章法度，至此几将播荡澌灭。鄙人向者所谓天地之创事，古今之变局，诚深忧之也。

　　盖天心变则人事不得不变，读《明夷待访录》一书，古人若先有以见及之者。"穷则变，变则通"，自强之道在是，非胥中国而夷狄之也。统地球之南朔东西将合而为一，然后世变至此乃极。吾恐不待百年，轮车铁路将遍中国，枪炮舟车互相制造，轮机器物视为常技，而后吾言乃验。呜呼！此虽非中国之福，而中国必自此而强，足与诸西国抗，足下以为然乎？否乎？所望豪杰之士及早而自握此一变之道也，今者英国相臣格崇朴俭，仰慕中朝，务欲同归辑睦，而通商中国之绅士每事龃龉，媒蘖其间，以致所议新约，其臻美善者尚有所阻，则此机会之失，亦殊可惜也。

　　此间天气尚寒，故国春风，想已嘘枯荣悴，远处异方，曷禁凄恋。伏冀珍重无既。

送日本八户宏光游金陵序

日本八户宏光，余海外文字交也。宏光姓八户，字顺叔，为日本国都江户人。祖若父皆有位于朝，固东瀛贵胄也。顺叔少读儒者书，顾不乐仕进，喜留心当世经济，慨然思为汗漫之游。曾遍历欧洲诸国，习其文字语言，揽其土风俗尚，辨其舆图形胜，皆一一罗列胸中。非所谓当今有志之士哉！乘槎东还，始识余于香海。顺叔方以书法震耀一时，索字求书者户外屡满，无不以得其片楮尺幅为荣。及游羊城，公卿大夫皆折节与交，敬礼优隆，情文渥挚，一如在港时。顺叔之为人倾倒也如此。今春别余之春申浦上，当道名流争相延致。月杪，邮书告余，将偕其国东诸侯数陪臣往游江宁，特索一言以壮其行。

余维江宁旧号金陵，为六朝建都胜地，明代列于陪京，称为南畿，其尤为重地也可知。繁华名胜，甲于他郡。自遭赭寇之乱，遗踪古迹百不存一。湘乡节相、合肥宫保，前后节制其地，力为整顿，于是毁者建，圮者新，藉以点缀名区，顺叔于此，当摅怀旧之蓄念，发思古之幽情，凭吊兴嗟，慨焉今昔，又必选胜探幽，穷其佳境，访俦觅侣，交结贤豪，与之笔谈往复，彼唱此赓，当不寂寂也。况顺叔于书无不工，能左右手把笔作字，并皆佳妙，或以口运笔而书，疏密有致，别饶丰韵。具此绝技，何患不倾其流辈，所至倒屣。闻顺叔偕行诸友中有工于画者，每涉历佳山川，辄命笔摹写，状其景物，而志其道里之险易远近。其友图之，顺叔记之。然则其游也，岂徒娱目骋怀而已哉？

江宁寓公如李壬叔、张啸山、魏棨仲、汤衣谷诸君，皆余友也，并天下奇士。湘乡节相特罗致之幕府，俾各得尽其所长。顺叔盖往见之，庶几不负此游。

　　呜呼！顺叔胸中包并灵汇，别具怀抱，固弗局于承睫间也。即其为人所钦慕也，亦自有真学问在，非假虚声以动众者矣。顺叔其勉乎哉！

《法国图说》序

　　同治九年庚午春，余从泰西归。丁中丞以其所纂《地球图说》邮寄粤中，命余增辑史事，裒益近闻，著为定本。其书自米利坚人原本译出，识小略大，多所遗漏，遣词命句未极雅驯。余因先从事于法志，为之甄削繁要，区分体例，增损改置，条系件分。凡六阅月，始得蒇事。其间改析原书者六卷：首为《法兰西总志》三卷，次为《法京巴黎斯志》一卷，又次为《法兰西郡邑志》二卷。此外就见闻所及，或采自他书，或录诸邮报，益以《广述》八卷：首为《法英婚盟和战记》二卷，次为《拿破仑第三用兵记》二卷，次为《普法战纪》三卷，又次为《琐载》一卷。区画疆域，指述山川，民风物产，具陈粲然，为《总志》上；政分今古，纲举目张，规模渐备，首在富强，为《总志》中；旧三十三部，新八十九府，缕析条分，属藩后附，为《总志》下。宅中建都，纲维全土，负海阻山，为其门户，为《法京志》。瓜畴芋区，经理宜详，居民度地，此界彼疆，为《郡邑志》上下。昔攻今合，比附相安，一或不竞，唇亡齿寒，为《法英婚盟和战记》上下。因势窃据，遂逞枭雄，外强中槁，卒召伏戎，为《拿破仑第三用兵记》上下。盈覆骄亡，祸机倚伏，弗戢自焚，身禽国蹙，为《普法战纪》上中下。学术不同，器艺足述，旁谂敌情，无遗纤悉，为《琐载》。叙述大指略具于此矣。

　　曩余初抵伦敦，即致书法国学士儒莲，谓宜撰成国志，俾二千年以来事迹，犁然有所发明，得以昭示海内，此亦不朽之盛业。儒莲未有以应也。

　　余三年中往还皆取道于法境。故得两经法都，览其宫室之雄丽，廛市之殷阗，人民之富庶，兵甲之盛强，未尝不叹其外观之赫耀也。及徐而察其风俗之侈靡，习尚之夸诈，官吏之惰骄，上下之猜忌，亦未尝不虑其国不可以为国，而初不料一蹶不振如是之速也。

呜呼！法在欧洲，为千余年自立之国。喜选事，善用兵，欧洲全局视之以为安危。列国于会盟征伐诸大端，无不遣使集议于其都，而法为之执牛耳，其国威兵力之足以慑人，盖积渐使之然矣。盛极而衰，此其变也。日中则昃，月盈则魄，此理之常，法奈何不悟哉！

虽然，莫谓法无人也。一二老成人，盖有太息痛哭流涕，以私相告语者，徒以职位不尊，事权莫属，虽言而不见用。

自古事势一去，智愚同尽，运会所乘，才庸共奋。夫亦准诸天道而权诸人事耳，岂由一朝一夕之故哉！论者但知法之所以盛，而不知法之所以衰，固不得为探本穷原者矣。法之盛，法固有以致之；法之衰，法亦自有以取之，并不得为弱法者咎也。吾愿欧洲诸国以法为鉴焉可也。特余志法之意更有进于此者。

法通中国已三百余年，于泰西诸国为独先。名流硕彦，接踵东来，无非藉天算格致以阴行其主教，其势几至于上动帝王，下交卿相。有明之季，靡然从风，实足为人心学术之隐忧。流弊至今，亦缓通商而急传教，中外龃龉之端率由此起。即其国之政权，亦半为主教者所把持。今之法王拿破仑第三溺之尤甚，至称为护法宗师。失邻国之欢，召兵戎之衅，未始不由乎是，然则彼之所谓主教者，曾何益于人家国哉？况乎国中讲堂相望，教师如林，习教传徒，遣人四出，民间每岁糜费金资不下巨亿万，此即法削弱之所由来也，奈之何法犹不自知。法不自知而尚欲强行之于人国，不亦慎乎！

呜呼！天生烝民，作君作师。君也者，无异政，与民同欲；师也者，无异教，为民立命。政与教不相统而适相成，此世之所以治也。泰西诸国政教一体，互相维持，而卒亦治者，有治人也。其循至于乱者，无治法也。且为教之故，至于父母兄弟相杀，独何欤！特是言主教于今日欧洲诸国，久已深知其非，其势亦将渐衰，不足为患，惟法独承其弊耳。然则法其可不改弦易辙，急自振励哉？吾方为后日之法望之矣。

《普法战记》代序

国家之兴，虽曰天命，岂非人事哉！是不徒在土宇之广，甲兵之强，士民之众也，在乎得人而已。昔者汤以七十里，文王以百里，夏少康以一成一旅之师，朝诸侯而有天下。秦始则以关中一隅之地而灭六国。以德若此，以力若彼，固不必跨州连郡，兼坼拓土也。

普之于法，其始大小强弱迥不相侔。普中欧洲而立国，西有法而东有俄，皆强邻也。曩者为法所制，几于一步不可复西。一旦发奋为雄，摧陷剔攘，飙驰电扫，鸿功骏烈，前无往古，后无来今，呜呼！岂不伟哉。

然而普在此时，地不加广，民不加众，徒以区区义愤，联络南北日耳曼诸邦，同心并力西向以与法争。兵锋既交，所至辄捷，几于战无不胜，攻无不取，于是普强法弱，遂为欧洲大局之所关。而揆其所以致此者，则由乎有俾思麦以为之相，世子郡王以为之将，毛奇以为之谋主，栾尚书以为之转运，士颠密士、福坚士、田蛮雕、飞窝得以为之折冲行陈。或拔诸俦人之中，或擢自百僚之下，或即收之于宗潢骨肉间。故能左右辅弼若心膂，前后驱使如指臂。臣民戮力，士卒效命，以兴此小邦普。呜呼！谓非得人之效哉。

是故有国家者，得人则兴，失人则亡；得人则弱可以为强，小可以为人，振兴之机捷于影响。否则，以普观之，仅抵中国粤东二三省耳，至于生齿殷繁，则又远不能及也，而卒能盟长欧洲，高执牛耳，则人为之也。国之有人，如山泽之有虎豹，江湖之有蛟龙，伏乎其中而威乎其外，渔夫樵叟自不敢狎至焉。普既伐哔、胜墺，而今又蹶法，欧洲诸国皆拱手环视，莫敢谁何。非有人焉，安能如是哉！

我尝旷观夫普法战争之际，而求其盛衰升降之故、成败胜负之端，而恍然于国之不可不有人也。然其计之得者，则又在东和强俄，西制暴法。盖与我者，我可结之以为援；好我者，我可和之以为用；然后敌我者，我可合全力以制其死命。故在今日握欧洲变局之枢机者，惟普而已。弱法，和俄，孤英，亲墺，此即变局之所由成也，向者持论尝如此，今观于王君紫诠广文所著《普法战记》而益信。王君之能实获我心也。

王君之为此书也，载笔于庚午八月，而断手于辛未六月。网罗宏富，有非见闻所及。序述战事，纤悉靡遗，若观楚汉巨鹿之斗，声情毕见，而尤于近日欧洲形势，了如指掌。其书虽未付手民，而抄本流传南北殆遍，湘乡曾文正公称之为未易才，合肥相国李公许以识议闳远，目之为佳士，丰顺丁中丞则谓具有史笔，能兼才、识、学三长者。当今名公伟人皆誉之不容口，则是书之足传于后也可知矣。

噫！王君向固尝有志于富强之术矣，其论以为莫如师其所长，持此说阅二十余年而不变。观其《弢园文录》中与周弢甫征君书，言及练兵、制舰、造枪炮、肄习语言文字，今当事者皆一一行之，而考王君所言，时固在咸丰初元也，可不谓灼然有先见哉！王君旅寄香海，一星将终，虽伏处菰芦，流离僻远，而忠君爱国之念未尝一刻忘，恒思得当以报国家。尝曰：熟刺外事，宣扬国威，此羁臣之职也。然则王君此书非其滥觞也哉！

余为王君悲其遇，哀其志，重惜其才，而犹幸此书之略足以表见也。王君述撰等身，于文多经济之作。生平尤邃于经学，大抵皆从阅历忧患中来。呜呼！天之所以厄之者，其即所以成之者欤？于王君何憾焉。是书也出，愿与天下有心人共读之可也。

特余意更有进者。夫天下大矣，人才夥矣，轶群之材，殊尤之姿，世当不乏其人耳，特恐瀫落于荒烟瘴雨之乡，偃蹇于僻壤遐陬之外，而物色之者有朱至也。况乎我中国地非不广也，材非不足也，人非不众也。幅员三万里，北至于朔漠，南至于滇、粤，东至于浙、闽，西至于西藏，版章恢廓，前此之所未有。陆以长城为屏藩，水以大海为襟带，包江阻河，控辽引越。以此险固，长驾远驭，足以鞭笞天下而有余。丝絮出于江、浙，茗荈出于闽、豫，药石材木出于蜀，金铁谷米出于粤，岁以供天下之用而不见其不足。闽、粤之人，帆樯往来负贩于东南洋者，凡数百万。类皆于其地购田园，长子孙，衣冠典籍无改我制，习俗方言不易我素。虽居处二百余年之久，无不奉我正朔，慑我王灵。即远至于美洲之嘉厘符尼、夏华那、秘鲁，无不为我中国人足迹所至。生聚既盛，其间岂无为之魁、为之杰者，有若虬髯故事？前者朝廷两遣使臣乘槎远出，此后岂无奉命绝域、立功徼外，如班定远、傅介子其人者？呜呼！此盖天之特欲兴我中国，故使东西之交由渐而合也。中国之兴，沛然天下莫之能御。普之强，云乎哉！因序《普法战记》，纵论之如此，有心人当不河汉斯言。

《普法战记》后序

呜呼！观于普法之战，而知天下之变已极也。

自古兵凶战危，圣王不得已而用之。流渐至极，至用火器，亦不仁之甚者矣。西国行兵，专恃火器，其制独精于天下。自有火器之用而良、平无所施其谋，贲、育无所逞其力，苴、武、起、牧无所行其法。凡所谓修陈固列，编伍补阙，坐作进退，骑射击刺，尽举而废之，而惟收功于一发。两军交轰，万马腾蹴，雷激电骇，骨灭肉消。须臾之间，数十里之内，百余万之众，无不糜烂摧崩，同归于尽。极其所至，几不难胥人类而歼之矣。其不仁何如哉！普、法两国，火器之精甲欧洲。蔑士外之战，一日而丧者十万，嗣后普之所以胜法者，无非假火器以为功。隳城垣，焚室庐，郡县榛墟，生灵涂炭。以此毒法民，而法民从，割地酬饷，几于一蹶莫振。然则同一火器也，而优劣胜负悬殊，至于如此。自是而诸国效之，变本加厉，将来火器之惨烈，必至无所底止。噫！此非仁者之所忍言也。杀机肆，生理绝。天心仁爱，必当穷而有转机，则火器之废将必不远。

然今日泰西诸雄国行军之道亦极其变矣，大者带甲百万，小者亦控弦数十万。按其舆图，仅抵中国一二省。考其版籍，不足当中国一大郡。名曰寓兵于农，而几尽驱通国之民而为兵。一旦有事，无不披坚执锐，奔走疆场，为国家犯难冲锋。此其所以兵数日多，为战愈亟。或不幸而大侵小，强并弱，仗义之邦起而相角。于是裂山岳，沸波涛，不难杀人盈城，积骨填海，轻性命于虫沙，消万有于一炬，欧洲危亡之机可以立见，故曰火器之废不远也。

子舆氏有言曰："善战者服上刑。"况乎造不仁之器，岂有不得不仁之报？火器之入中国自法始，故名神机之铳曰"法郎机"。是在欧洲中始作俑者，法也。恃其利以毒他国，而卒以自毒，谓非天道报施哉？前鉴未远，来轸方遒。普亦可据以自警也，徒恃利器，亦蹶而已矣。

我尝博考西国载籍，默验其盛衰强弱之故，而慨然矣。欧洲列国，虽长航海，其通东南不过三百余年，其互相雄长亦仅在欧洲一隅而已。百余年来，吞并印度，跨有东南洋，其势骎骎日盛，然犹未能遽逞也。待舟车既创，枪炮弥精，长驾远驭，力乃有余。至于今日，欧洲列国辙迹几遍天下，鹗视鹰瞵，龙骧虎踞。诸国无不拱手交让，莫敢撄其锋。不知彼今日所挟以陵蔑诸国者，即他日有圣人起，所以混同万国之法物也。夫彼既割据日多，则争竞迭出；欲以夸强而侈胜，遂不得不增兵而益防；舟车枪炮之技，尽人皆同，遂不得不更出新法，思驾其上。顾彼能然，此亦能然。日后必至斗智斗力之俱困然后已。盖智巧至是几莫能加，未有物极而不反者也。

呜呼！不以大德宰之，元气安能久长也哉？曩者欧洲诸邦，两国用兵，仅以万计，国中兵额亦仅数万。后则出师渐至数万，额兵渐至数十万。然拿破仑之战称为古今所仅见者，诸国之兵亦只有十五六万而已。以视今日，殆不及十之一也。故以今日大势揆之，人但见其事事讲求，物物精审，似若雄视一切，不可限量，而不知智巧愈极，机诈愈深，情伪相感，利害相攻，祸患之来，气机已召。人皆谓其强之至者，吾正谓其衰之始。即彼自以为速胜于古者，而残杀之惨，吾正谓其远不古若。盖徒讲武备，尚兵力，刻鸷奋厉，以相倾轧而慑制，则必有一蹶者矣。即使鲸腾虎掣于一时，而寻起而摧灭之者已乘其后。强弩之末难穿乎鲁缟，承雷之缏终溃于悬溜，天道循环断不或爽。

呜呼！自开辟以来，历观前史，有如今日之奇巧已极，地力已极者乎？天地生人之变，至于如斯，而尚听其流而不返，造物亦恐无以供其镌劙。然则去雕琢而归醇朴，屏诈力而尚德行，将在此百余年间矣。

察微知著，惟明者智者能之耳，而英国远识之士已能见及乎此。一日英廷臣集论于议院，一绅起而言曰：欧洲诸国，今以英、俄、普、墺为巨擘。然英有迥不如俄、普、墺者，观于国中兵士多寡一端已可见矣。俄兵一百四十余万，墺一百七十八万，普亦一百六十余万，而英仅十万而已。而如比利时、瑞士、土耳机、嗹国等，皆藉英力以资保卫。设使一旦有事，或俄欲取苏夷士，普、墺欲取邻近各小邦，则英将何以处之？即曰英以水师战舶称雄海上，而有时无所藉于水师者。区区十万之众，曾不能当其十一，则英于此将奈何？于时，总理外部大臣置之未有以应。

不知天下大势，惟理可以持之，岂徒尚力哉？苟以力凌人，则鲜不蹶矣。法之已事其明验也。夫欲辟土疆，广财赋，以厚自封殖，此私也，非公也。恃其力而纵横自恣，适足招邻国之怨而已。即使力不能敌，一旦必有群聚以起，丛而毙之者矣。若夫睦大国，保小邦，以期相安于无事，维持于不败，此公也，非私也。一旦苟有敌国外患，虽力不足以与之相抗，而理足以胜之。理之所在，众自助之，能集群力以为力，能合众心以为心，则又何兵寡之足虑？俄之欲兼并土国，普、墺之欲蚕食邻邦，其所为者惟一国而已。俄益大，则普、墺不愿也。普、墺益强，则俄亦不欲也。明其情势，审其利害，辨其公私，正其所为，理与力之间，英虽以十万众横行于俄、普、墺三国间，可也。顾英此时方亟亟乎严边防，增兵额，筹饷糈，自为支持计，则以时尚未可也。

盖以普法之战观之，天下大势不极其变，则不能复。将来天下各国，必至舟车之致远同，枪炮之利用同，兵力之战胜同，机器之制造同。一切巧术视为长技，而后彼乃无所恃以骄人。混同之机于是乎在。故曰：普法之战，其变之极者也。在欧洲诸国当必有惨然不乐见闻者。夫惟能览其弊而反之，则欧洲之民之福也。设或竞心侈而争念胜，犹以此为未足，而务求其精，以至愈变愈及，逞厥凶残，未始非欧洲之民之祸也。

生灵之杀运不亟，则天地之生机不复。呜呼！观世变于今日，安能以一端尽哉。

《瀛环志略》跋

近来谈海外掌故者，当以徐松龛中丞之《瀛环志略》、魏默深司马之《海国图志》为嚆矢。后有作者，弗可及已。以视明季所出之《坤舆图说》、《职方外纪》，其详略为何如哉？此诚当今有用之书，而吾人所宜盱衡而瞩远者也。

此二书者，各有所长。中丞以简胜，司马以博胜。顾纲举目张，条分缕析，综古今之沿革，详形势之变迁，凡列国之强弱盛衰，治乱理忽，俾于尺幅中，无不朗然如烛照而眉晰，则中丞之书，尤为言核而意赅也。

呜呼！中丞之作是书，殆有深思远虑也乎？其时罢兵议款，互市通商，海寓晏安，相习无事。而内外诸大臣，皆深以言西事为讳，徒事粉饰，弥缝苟且于目前，有告之者，则斥为妄，而沿海疆圉，晏然无所设备。所谓诇远情、师长技者，茫无所知也。况询以海外舆图乎？

中丞莅官闽峤，膺方面之寄，蒿目时艰，无所措手。即欲有所展布，以上答主知而下扶时局，而拘文牵义者，动以成法为不可逾，旧章为不可改，稍有更张，辄多掣肘。中丞内感于时变，外切于边防，隐愤抑郁，而有是书，故言之不觉其深切著明也。呜呼！古人著述，大抵皆为忧患而作。顾使中丞不得行之于事，而徒见之于言，为足惜已。

方今光气大开，西学日盛。南北濒海各直省，开局设厂，制造舟舰枪炮，一以泰西为法，而域外之山川道里，皆能一一详其远近夷险。未始非中丞为先路之导也夫。

《地球图》跋

　　大地如球之说，始自有明。由利玛窦入中国，其说始创。顾为畴人家言者，未尝悉信之也。而其图遂流传世间。览者乃知中国九州之外，尚有九州，泰西诸国之名，稍稍有知之者。是则始事之功为不可没也。

　　近时西学日盛，其图愈精，经纬纵横，勾稽度数，朱墨粲然。各国疆域，瓜区豆分，界画犁然。即一览间，而举五大洲已了然指诸掌。然而深山大川，殊方异域，民生其间者异俗，因土之宜，以别其性。其间情伪相感，利害相攻，强并弱，众暴寡，不知凡几，而莫能有以一之。不知一之者，理而已矣。

　　综地球诸国而观之，虽有今昔盛衰大小之不同，而循环之理，若合符节。天之理好生而恶杀。人之理厌故而喜新。泰西之教曰天主，曰耶稣，皆贵在优柔而渐渍之。于是遂自近以及远，自西北而至东南，舟车之制，至极其精，而遂非洪波之所能限，大陵之所能阻。其教外则与吾儒相敌，而内则隐与吾道相消息也。

　　西国人无不知有天主、耶稣，遂无不知有孔子。其传天主、耶稣之道于东南者，即自传孔子之道于西北也。将见不数百年，道同而理一，而地球之人，遂可为一家。今世之览《地球图》者，当以是说语之，此之谓善观《地球图》者。

重刻《曾文正公文集》序

我朝曾文正公，近代之伟人也。勋业文章，彪炳天壤间，虽在遐陬绝域，无不异口同声。日东，同文之国也。冢达行藏得其集，将重付剞劂，而请序于余。

呜呼！余何足以序公文哉。余于公虽有一日之知，而未尝有一见之雅。当公驻节徐州，屯军安庆，余亦从戎沪上，曾上书辕门，论贼可破状。旋余以谗废，宜见公而初不得见。同治庚午，返自泰西，时普法战事起，七阅月而后定。余摭其前后事实，勒成一书。有以缮本上公者，公亟称善，拟招余至幕府。余辞之卒不往，宜见公而终不得见，而公亦以明年春薨于位。

呜呼！公之勋业，自有史官书之方策，余何庸赞一词。至公之文章，其致力所在，固可得而言焉。大抵公于文主庐陵，故体裁峻絜，而不尚词藻；于诗主昌黎、山谷，故词句崭新，而不蹈袭故常。公又湛深经术，宗法汉学，出入服、郑，于高邮王氏尤为服膺。盖公具海涵地负之才，出其余力为词章，已足以弁冕群贤，推倒一世。近代英绝领袖之士，且皆退避弗遑，必得公一言以重于九鼎。而公亦时以提唱风雅为己任。虽军书旁午，而文人诗客名士雅流以行卷干者，无不即时延见。幕府所征，多才略之彦。节钺所至，风尚为之一变。虽兵戈扰攘垂二十年，而武功既耀，文事并隆。公之势位，又足以奔走天下而有余，以是虽经丧乱化离，而斯文不至于澌灭者，公之力也。江南甫定，书局即开。海内著述，渐次勃兴。郁郁彬彬，比美嘉、道。然则公之功业，岂不盛哉！

论者谓公行军所至，虽军谋武略默运于一心、取资于群力，而从不侈谈经济、高语事功，以摈斥一切，示人以不广。海内儒者，益服公度量之高。彼峻门墙而高崖岸、轻士类而蔑儒冠者，皆公之罪人也。

又公之麾下，虽偏裨将校，亦知藏庋图书，敬礼贤俊，有轻裘缓带、雅歌投壶之风。其被于公之雅化也如此。

盖公之相业似韩、范，公之勋名似李、郭，公之文学足以并孔、邢、欧、曾而无愧色，不独一代之完人，亦一时之全才矣。余何人斯，乌足以序公文哉？聊就所知而言之如此，俾世之读公文者，知公学之梗概可也。

送西儒理雅各回国序

三百年前，中国人士罕有悉欧罗巴诸邦之名者。自以大利人利玛窦入中国，与中国儒者游，出其蕴蓄，著书立说，然后上自卿大夫，下逮庠序之士，群相倾倒，知有西学矣。继而接踵来者，皆西方名彦。凡天文历算，格致器艺，无不各有成书，其卓卓可传者，均经采入四库，以备乙览。其言教之书，曰《天学初函》，著录附《存目》中，览者已叹为西儒述撰之富。然余尝得其书目观之，不下四百余种，知当时所采进者，不过蹄涔之一勺而已。

自是以来，欧洲各国航海东迈，史不绝书。而英国独以富强雄海外，估舶遍天下，特来中国者多贵官巨贾。嘉庆年间，始有名望之儒至粤，曰马礼逊，继之者曰米怜维琳。而理君雅各先生亦偕麦都思诸名宿橐笔东游。先生于诸西儒中年最少，学识品诣卓然异人。

和约既定，货琛云集，中西合好，光气大开。泰西各儒，无不延揽名流，留心典籍。如慕维廉、裨治文之地志，艾约瑟之重学，伟烈亚力之天算，合信氏之医学，玛高温之电气学，丁韪良之律学，后先并出，竞美一时。

然此特通西学于中国，而未及以中国经籍之精微通之于西国也。先生独不惮其难，注全力于《十三经》，贯串考核，讨流溯源，别具见解，不随凡俗。其言经也，不主一家，不专一说，博采旁涉，务极其通，大抵取材于孔、郑而折衷于程、朱，于汉、宋之学，两无偏袒。译有《四子书》、《尚书》两种。书出，西儒见之，咸叹其详明该洽，奉为南针。夫世之谈汉学者，无不致疑于《古文尚书》，而斥为"伪孔"。先生独不然，以为此皆三代以上之遗言，往训援引，多见于他书，虽经后人之裒集，譬诸截珥编苫，终属可宝，何得遽指为赝托而摈之也？平允之论，洵堪息群喙之纷争矣。

呜呼！经学至今日几将绝灭矣。溯自嘉、道之间，阮文达公以经师提唱后进，一时人士禀承风尚，莫不研搜诂训，剖析毫芒。观其所撰《国朝儒林传》以及江郑堂《汉学师承记》，著述之精，彬彬郁郁，直可媲美两汉，超轶有唐。逮后老成凋谢，而吴门陈奂硕甫先生能绍绝学，为毛氏功臣。今海内顾谁可继之者？而先生独以西国儒宗，抗心媚古，俯首以就铅椠之役，其志欲于群经悉有译述，以广其嘉惠后学之心，可不谓难欤！然此岂足以尽先生哉？先生自谓此不过间出其绪余耳，吾人分内所当为之事，自有其大者远者在也，盖即此不可须臾离之道也。

先生少时读书苏京太学，举孝廉，成进士，翔历清华，声名鹊起。弱冠即游麻六甲。继来香港，旅居最久，盖二十四年于兹矣。其持己也廉，其待人也惠，周旋晋接，恂恂如也。骤见之顷，俨然道貌，若甚难亲，而久与之处，觉谦冲和蔼之气，浸淫大宅间。即其爱育人才，培养士类，务持大体，弗尚小仁，二十余年如一日也。粤中士民，无论识与不识，闻先生之名，辄盛口不置。呜呼！即以是可知先生矣。

今以有事返国，凡游先生之门，涵濡教化者，无不甚惜其去，而望其即至。余获识先生于患难中，辱以文章学问相契。于其归也，曷能已于言哉。是虽未敢谓能识先生之心，而亦略足尽其生平用力之所在矣。愿与海内之景慕先生者共证之可也。

与英国理雅各学士

　　雅各先生执事：韬生不辰，以非才而值乱世，横被祸灾，窜流绝峤。乡关遥隔，北望悲来，岁月不居，西归何日，每一念及，未尝不辍箸而歔欷，废书而叹息也。

　　窃念韬少时禀承庭训，十八岁入邑庠，十九试京兆，一击不中，遂薄功名而弗事。于是杜门息影，屏弃帖括，肆力于经史。思欲上抉圣贤之精微，下悉古今之繁变。期以读书十年，然后出而用世。不意天特限之，己酉六月，先君子见背，其时江南大水，众庶流离，研田亦荒，居大不易。承麦都思先生遣使再至，贻书勖劝①，因有沪上之游。缪厕讲席，雅称契合，如石投水，八年间若一日。麦君返国，仍与雠校之役。

　　庚辛之际，江浙陷贼，焚戮之惨，所不忍言。辛酉冬杪，母病在里，仓卒奔视，旋以兵阻，雪窖冰天，道途梗绝。韬里去吴门尚四十里，盖皆民居而非贼窟，固沪、苏之通道也。壬春方拟回沪，忽闻官军缉获贼书，指为韬作。当事不察，竟论通贼，忌毁者众，百喙莫明。然而韬竟冒危往沪者，诚以区区之心可白无他。盖进甘蒙阽首之诛，而退不甘受附贼之罪；退则犹可缓死，进则必无一生，而韬竟舍生取死者，其志亦断可识已。幸而麦领事、慕西士曲鉴其愚，力为斡旋，不至徒死而被恶名。逃死南陲，得逢执事，授餐适馆，礼意优崇，俾羁旅之人弗至失所，感激之私，沦肌浃髓。

　　韬遭罹巨衅，沦落异方，已同没世之人，并少生人之乐。去家万里，欲归则无可归之家；避地一隅，欲往则无可往之地。旧朋无一字之来，新知乏半面之雅，所恃者执事一人而已，执事学识高邃，经术湛

---
　　① 勖劝：癸巳本作"劝行"。

深，每承讲论，皆有启发，于汉、唐、宋诸儒，皆能辨别其门径，抉择其瑕瑜。兹也壁书已竟，又将从事于葩经。不揣固陋，辑成《毛诗集释》三十卷，缮呈清览，庶少助高深于万一。始于去岁五月，而成于今岁三月，将周一载，凌晨辨色以兴，入夜尽漏而息，采择先哲之成言，纂集近儒之绪语，折衷诸家，务求其是。韬承知遇之恩，于束修之外，馈以兼金。辞受均难，感愧交并，耿耿于心，未有以报。伏思世间一切食用服御，皆先生所固有，且贫者不必以货财为礼也。惟此笔墨之事，贡自愚衷，或可少为先生所许耳。临书竦仄，无任感怀。

与法国儒莲学士

吴郡王韬再拜。震铄隆名，十年于兹，愿见之怀，无时或释。特以韬居震旦之东，君处欧洲之北，地之相去数万余里，云水苍茫，徒深驰慕。韬昔至上海，获交于艾君约瑟、伟烈君亚力，继旅香港，获交于理君雅各、湛君约翰。此四君子者，皆通达渊博好学深思之士，时时称述阁下，盛口不置，则阁下之穷经嗜古，壹志潜修可知矣。今者应理君聘，航海西迈，道出贵国京师巴黎斯，未悉所居，未由奉谒，纡轸之情，难以言状。

侧闻阁下虽足迹未至中土，而在国中译习我邦之语言文字将四十年，于经史子集靡不穷搜遍览，讨流溯源。呜呼！此岂近今所可多得者哉。始见阁下所译有腊顶字《孟子》，想作于少时，造诣未至。其后又有《灰阑记》、《赵氏孤儿记》、《白蛇精记》，则皆曲院小说，罔足深究。嗣复见所译《太上感应篇》、《桑蚕辑要》、《老子道德经》、《景德镇陶录》，钩疑抉要，襞绩条分，骎骎乎登大雅之堂，述作之林矣。癸申以来，知阁下潜心内典，考索禅宗。所译如《大慈恩寺三藏大法师传》、《大唐西域记》，精深详博，殆罕比伦；于书中所载诸地，咸能细参梵语，证以近今地名，明其沿革。凡此盛业，岂今之缁流衲子所能道其万一哉！

窃慨梵学之失传久矣，一曰经旨，一曰音韵。今中土之披剃者，类不能诵读原文，而印度之黄教、红教，佛皆摈之为外道。即锡兰一岛，为佛祖始生之地，不佞尝过而游览焉，见其人皆蠢然如鹿豕。慧光将潜于支那，而净土又滋以他族，盛衰之感，岂有常哉，则佛所谓象教三千年而灭者，或在是欤？

曩知阁下以《西域记》前后序文，请艾君西席丽农山人细加诠释。

其人固尝祝发为僧者，颇工诗词，特序文奥衍，详核为难，或恐不免空疏之诮。夫西域一隅，在前代以为绝徼者，在今时已属坦途。我朝于乾隆年间平定西域，扩地二万里外，龙沙葱雪，咸隶版章，列成开屯，画疆置郡，每岁虎节往来，雁臣出入，耳闻目见，为得其真。钦定《皇舆西域图志》，赅括融贯，谈西域掌故者当奉为依归，然于五印度之俗尚风土，犹未之能及也。

自昔以来，兵力之强，莫如元代。蒙古成吉思可汗，始居阿尔泰山麓，出师征伐中亚西亚，飙飞电埽，直捣里海，经窝瓦河。于是兵威所至，如俄罗斯、波兰、匈牙利、西里西各国，莫不震慑，爰遣使臣通问于元。以大利人加比尼约翰奉罗马教皇之旨，实始是行，道由里海而北，谒帝于行帐。其经里海东陲也，触目萧瑟，髑髅塞空，盖即元太祖用兵处，可见战功伟焉。嗣后贵国皇帝路易第九，诏遣比利时人路布路几斯前诣蒙古，讲好修睦，中间渡敦河，环乌拉，周游朔漠，经历阨隘，往返二载有奇。继此而往者踵相接，而威内萨人波罗马可曾仕于元，洊升显宦，后兴首邱之思，解组隐遁。计其在中国历寒暑二十有四。此三人者，各著有成书，备述闻见，惜韬未能得而读之焉。苟得有心人辑译出之，大可补《元史》之阙。

蒙尝谓前朝幅员之广，莫元代若，而史官之阙略疏谬，亦以元代为最。中国笃志之士，未尝不思起而为之，而参之他书，纪载寥寥，无可考证。至其疆域所暨，尤多茫昧，邱处机《西游记》所载，略见元太祖师行之远。若《元史》所称遇角端而班师者，则徒贻西国博学者笑耳。前宝山毛岳生著有《元史后妃列传》三卷，近仁和龚公襄重辑《元史》藏于家，顾其卷帙转损于旧。韬亦有志而未逮。若得阁下采择西国各书，裒集元事，巨细弗遗，邮筒寄示，俾韬得成《元代疆域考》；更次第其事，实仿厉鹗《辽史拾遗》之例，为《元史拾遗》，匡谬纠讹，删繁去复，书成当列尊名。此千古之快事，不朽之宏业也。阁下岂有意哉？

抑韬更有请者。自泰西诸儒入旅中国以来，著述彬彬，后先竞美。如天算、格致、地理、律法，以逮医学、重学、化学、电气、航海、制作、机器，靡不辑有成书，言之有要。而其中尤切于事实者，则若慕维廉之《大英国志》，裨治文之《联邦志略》。即以其国之人言其国之事，不患其不审，而实可以供将来考索。特闻西国向无史官，半出私家纪录，故往往识小而遗大，略远而详近，且其作史体例，诸多未备。是草野之私书，非朝廷之实录。然迁革源流，实赖以明，不可谓非史家之鸿宝也。迩来之志欧洲国乘者，如徐继畲之《瀛环志略》、魏源之《海国图志》、西洋玛吉士之《地理备考》、英国慕维廉之《地理全志》，非不犁然昭晰，而终惜其语焉不详。贵国之列在欧洲，不独为名邦，亦可称古国，而千余年来纪乘阙如，俾中国好奇之士无以鉴昔而考今，良可慨叹。阁下宏才硕望，备有三长，曷不出其绪余，纂成一史，以诏后来？蒙虽不敏，愿执铅椠以从阁下之后，是所望也，谅无哂也。

韬今偕理君译订《春秋左氏传》，断手之后，继以《易》、《诗》、《礼》。大抵三年，厥功可葳。返棹时，当经贵国，藉挹芳徽，一吐悃款，愿作平原十日之留。《春秋》中有难以意解者，一为朔闰，一为日食。必朔闰不忒，而后所推日食始可合古。顾群儒聚讼莫息其喙，不独论置闰者不同，即言日食者亦各异。非得西国之精于天算者，参较中西日月，而一一厘正之以折其中，不能解此纷纠也，不佞实于阁下厚期之矣，幸垂启示，用豁愚蒙。

迩来专力译经，颇鲜暇晷，倥偬之中，率作此纸，词不宣意。倘获鳞鸿，殷祈覆我，此外惟万万为道自爱。

与杨莘圃

读足下手毕，感甚。然有不能已于言者，足下何教我之深，知我之浅也。三复循省，罔知所裁。足下视仆为何如人者？仆方谓稽古之儒，世不概见，即有一二有志之士，特立独行，举世又从而排挤之，诽笑之，无怪乎流俗之不能识人，而古学之卒不复也。韬之所学，不过经史诸子与历朝诸君子文而已，未尝与今异好也。即所著述，亦为笔墨所偶托，岂欲藏之名山大都，传之其人，垂之后世哉！且亦非以著述自名也，事本与读书相辅耳，有一日之读书，即有一日之著述。后日功稍深，学稍进，或见己之所言为古人之所已言，并书可以不作。以视乎章句俗士，咋舌伸眉，望而却走，没世不敢下笔者，其得失为何如哉？

家藏典籍不富，即残编断简，韬且未能遍阅，奚敢以为博雅好古自命耶？足下谓科名者士子之进身，非得之不足为孝，以是为仆劝，其意不可谓不厚。然仆闻有一时之孝，有百世之孝。吾人立天地间，纵不能造绝学，经纬当世，使天下钦为有用之才，亦当陶冶性灵，扬榷今古，传其名以永世。若不问其心所安，博取功名富贵，以为父母光宠者，乌足道也。

足下历观古传作，皆自少时崭然露头角，及壮能文章见知于世，而其始未必不如仆。横览西海，生才盖寡，仆目虽不越几席之间，而心尝驰宇宙之外，何以有识者渺不得觏，方自叹叹不已，甚至泣下，复顾而自惜，谓不遇一有识者，与之上下古今，议论兴废事，其次以古文词相质证，诚以非有识者不能知我文也。况士各有志，仆不能强足下为古，犹足下不能强仆趋今也。豪杰自命不凡，岂可苟阿世俗，仆之不才，何足辱齿颊，足下之过虑甚矣。足下名益高，志益奋，而业益精，以掇青紫而无愧，若仆则何敢望。仆年二十有一，足下年二十有五，而仆足不出里闬，足下游蜀中，遍历山川风土人物之异，所遇若岷坡、宗望辈，非皆当世才也，所交接者，更有胜于仆者乎。夫圣贤维伦常，豪杰怀经济，文人贵学问，足下意谓即不能相圣天子以辅盛治，出为百里宰，亦可泽及黎庶，功被当时，而名流后世。不知今之为方面者，日耽娱乐，于属吏则悉索无艺，虽使冉季复生，亦将以聚敛为急，况不逮冉季者哉！嗟乎！于时文中求经济，吾未见其可。足下勿挟尺寸之见，令人堕实而废时，则幸甚。

代上广州府冯太守书

日者进谒崇阶，获亲颜色，纡尊降贵，略分言情。伏念某草茅疏贱，梼昧无知，而乃屡承侧席之求，虚衷下问，又何敢嘿而不言。昔齐桓收九九之数；燕昭以郭隗进说，方且不惜千金买骏骨。若某之所陈，辽东白豕耳，而辄敢以之献于左右者，芹曝之忱，拳拳独矢，故谓之不自量可也，谓之非爱则冤矣。犬马之报，惟力是视，虽蹈赴汤火所不辞。夫天下所难者，感恩知己耳。今遇阁下则兼之矣。一昨节相忘其尊严，旌钺下逮，此固因阁下之一言，顿使其重于九鼎，顾某之期所以副望者，自此益复难耳。今就管见所及备陈如左：

一曰广贸易以重货财。

贸易之道广矣哉，通有无，权缓急，征贵贱，便远近，其利至于无穷，此固尽人而知者也。抑知古今之局变，而贸易之途亦因之以变。

古之为商仅遍于国中，今之为商必越乎境外。何则？他国之贩运于我国者，踵趾相接也。东南洋之通于中国，则自明始。由是其国愈众，其路愈遥，而所为贸易者，其术亦愈精。曩东南洋之在汉，所重者贡献而已，初不在利也。唐则乃行榷税之法，利入于官。至宋以来，钱币泄漏，始以为患。盖彼所来者奇瑰珍巧，只足以供给上官，而缗钱银币输于外洋者，反以有用易无用。中国漏卮之弊，实源于此。迨自明季，西洋诸国以兵力佐其行贾，于是其利日巨，而其害日深。嗣后加以鸦片之鸩毒，日耗无算。而中国所与交易者，无非中国之所固有钟表等物，等诸奇技淫巧可耳。

顾彼能来而我不能往，何能以中国之利权仍归诸中国？西国之为商也，陆则有轮车，水则有轮船，同洲异域，无所不至。所往之处，动集数千百人为公司。其财充裕，其力无不足，而其国又为之设官戍兵，以资保卫。资虽出自商人，而威令之行，国家恃以壮观瞻致盛强，此古今贸易之一变也。

中国于此，虽不必尽行仿效西国，但事贵变通，道无窒滞。今诚能通商于泰西各国，自握其利权，丝茶我载以往，呢布我载以来。至于中国内地，当以小轮船为之转输济运。如是则可收西商之利，而复为我所有，而中国日见其富矣。

且夫通商之益有三，工匠之娴于艺术者得以自食其力，游手好闲之徒得有所归，商富即国富，一旦有事，可以供输糗饷，此西国所以恃商为国本欤？

英人计虑深远，智巧日出，制造愈精，以中国絜之，何遽不如？特上未之重焉耳。苟有大力者以开其端，潜移默化，安见风会之不可转移？如上海等处所设船局，其船皆出自华匠之手，既成之后，华人皆自能驾驶。枪炮药弹并能仿造新法。若论贸易之道，无区小大，皆能获利。物料既充，而工耐勤苦。十余年来西商之为华人夺其利者，亦已不少。即如东南洋诸岛，以及新、旧金山，华人皆自运货物至彼，西商之利为减十之八九。今彼所售于我者为呢布，我所售于彼者为丝茶，利数仍为彼据。华人之所以不能往彼者，惮于风涛，未能涉远，始事维艰，无人为创。今招商局中轮船日多，由渐而及于远。船上驾驶之人，工同而价廉，而我国之人，皆可往彼学习艺术，操舟之技，不患不明。一变之效，岂不系于是哉。

二曰开煤铁以足税赋。

今中国设机器，立船局，创行招商轮船公司，在在均需煤铁二宗以资利用。顾中国各处山矿所产本自富饶，原不藉资于外地。惟中国自塞其利源，非惑于风水之谬谈，即慑于舆情之中阻。朝廷亦鉴于前弊，言利之臣多不敢议及乎此。不知有明矿务之坏，在乎专任内官，致滋骚扰。而当时所有承充矿务者，类多纨袴龊茵，不识矿苗之衰旺，所估漫无把握，以至预其事者动辄倾家。局外之人，遽引以为戒。今欲因是而停止开采，俾天地自然之利闷而不宣。此无异于因噎而废食也。

夫英国不过海外弹丸三岛耳，而富强甲于欧洲。其岛素无所产，一切皆取诸他国。惟煤铁二矿独饶，不仅足用于国中，且贩运于境外。诸所制造机器枪炮舟车，独精于天下。迩来其国垦掘渐艰，价值日昂。精于算学之士，曾遍历其境而筹核之，在矿未出而易采者，仅足以支一百数十年。然则英国之富强，自此已臻止境。自余泰西诸国，类皆斫削其精华，匮竭其膏髓，以为能事。

惟我中国所蕴独全。曾有西人足迹遍历各省，就其所测知产煤之所，略见一端：湖南六万三千方里，山西九万方里，直隶、山东、满洲之南境二十五万二千方里，四川二十一万方里，陕西七万五千方里，甘肃六万方里，河南三万方里，贵州四万二千方里，广西三万九千方里，广东六万九千方里，湖北一万五千方里，福建七万五千方里，江苏四万二千方里，浙江一万八千方里，江西十万五千方里，安徽一万二千方里，云南六万方里，总计之约得一百二十五万七千方里。其所产多于欧洲，不啻二十倍有余。况产煤之地，亦必产铁。盖铁矿煤矿自必同蕴于一山，共出于一处，珍石玮宝亦错杂于其中。此在乎人之善采耳。

开采之始，当先善其章程。愚见以为官办不如商办。官办费用浩繁，工役众夥，顾避忌讳之虑甚多，势不能尽展其所长。商办则以殷实干练之人，估价承充。初开之时，由商禀请委员督理矿务，设兵防卫，费由官助。试办一二年，然后按其多寡，加征矿税。以其初未必遽能获利也，而尤必专其任，远其期，行之以十年二十年为率。试办一二年间，矿苗之衰旺可测而知。其始必由国家给帑助之者，由煤在矿底，非深入不能取。西人开煤机器非重金不能购置。故试办之时，当用人力，既获利益，则购机器。

顾此数者，皆浅而易知，最要者莫如官商相为表里。其名虽归商办，其实则官为之维持保护。盖承充之商非巨富重资不能为，而地方大吏往往于两三年间升转迁移，法令每多更张，商人虑其掣肘，不乐于一试。今欲矿务之畅行，莫如酌仿轮船招商之例，而小为变通。招商局中集众非一，虽封疆方面皆预其间，而隐为之规画，于是各富商无不踊跃，咸尽其心力，所以其事易集。苟矿务亦能仿此以行，衙署差役自不敢妄行婪索，地方官吏亦无陋规名目，私馈苞苴，而委员与商人自能和衷共济，不至少有挟制。今粤东山矿所产煤铁之处亦复不少，或可试行采办。于省垣新设机器局，亦大有所裨。

矿务之兴，亦宜责成于董事，俾得分其赢余。为董事者必品行夙优，身家素裕，为众所仰望。然后能顾名思义，上体大宪之心，下察小民之隐，而亦不至于始勤终怠，不计久长。能如是，而不弊绝利充者，未之有也。

三曰设保险以广招徕。

西商贸易之利，首在航海。顾风波之险，有时不可测料，于是特设保险公司以为之调剂，于百中取二三。无事则公司得权微利，有失则商人有所藉手，不至于大损。此其法诚至善也。

中国既设轮船招商局，虽主于运粮北上，而客商货物亦赖以转输，其中岂能尽占利涉？则招商、保险二者，要当相辅以并行。夫运粮不过在春时数月耳，其余专恃载客附货以相流通，则必有取信于货客者，乃可行之久远。不有保险，则货客且为之中馁。今惟赖西人保险，则徒寄人篱下，权自彼操，无以独立门户。且其言曰，必以西人为船主，则保险乃可行。是则将来不无多所挟制。今当轴者业经奏准轮船招商遍行各处，官商踊跃入局众多。中国富强之机或基于此。保险公司例可二三年间创行。以中国之人保中国之货，不必假手于外洋，而其利乃得尽归于我。

况夫轮船之所至，想不至徒囿于中国一隅也。将来以中国之货物运行于外洋，以外洋之土产销流于中国，足迹所及，愈推愈广，则保险之设，亦由中国而外洋，随地立局，与轮船公司相为左右。宜于其地简华人之名望素著、洽于舆评者司理其事，而亦藉为耳目。今华人之流寓于外域者，殊为不少，近者如新嘉坡、槟榔屿、东南洋诸岛，远者如嘉厘符尼亚、厦华那、澳大利，无不身在遐方，心乎本国。所冀天朝威德之届，足以为之庇翼。特惜其中无人为之经营而擘画，遂致声教不通，情形迥隔，向慕之怀，无由自达，有事则不能为之保卫。有若我中国将数百万之生灵，弃之于海外。若能于华人轮舶通商所至，创设保险，以保华人往来之货，有失立偿，用示之信。凡华人一切所需，固由我中国自为运往，而其地之所有，我亦可以采购。中外消息从此无所隔阂，虽在万里之外，犹同衽席。此即将来设立领事之渐也。盖轮船保险二公司之立，虽以申贸易之权，而国体之尊，国威之张，未必不由乎是。异日朝廷简遣领事，统驭远商，此辈皆可供臂指之用。

要之，轮船保险二者，即英国昔日之东方贸易公司也。英国雄于海外，始在开垦亚美利加一洲。及美国既兴，余土仅存，乃始措意于印度。印度通商之旺，乃由设立东方贸易公司始。中国变通其法而行之，其兴可立而待也。以中国财力之富，人民之众，材质之赢，智巧之生，操作之勤，制造之精，何遽出西国下？

或以为招商保险，商出资而官预其间，是官与商争利也。不知此实以助商而非病商。凡事皆商操其权，商富即国富，并出一途，非与商背道而驰也。英国所设轮船公司，每岁度支公帑资助商人不下数十万金。

为公司舟师者，例得以金缘其冠，等诸武弁。盖荣以头衔，则彼乃乐尽夫心力。向来中国之为商者，官从而抑损之，今中国之为商者，官从而翼护之，其间相去何如哉？故招商局启，轮船可至于远方；保险局开，货物可通于异地。

四曰改招工以杜弊病。

招工之患甚矣哉！其陷阱我华人，荼毒我华人者，前人论之详矣。今欲绝其源流，穷其薮穴，当必以索还澳门为先。

葡萄牙之踞澳门，在有明中叶。其入我朝，未有盟约，而鹊巢鸠居，视为固有。始犹设立前山同知驻札其地，岁输地税五百缗于官。边衅既开，并此而废之。我朝宽大之恩，怀柔之德，侔于天地，容其并处域中，未遑深究。顾招工之设，势在必禁。何则？非是则不能杜拐贩之源，而绝出洋之路。向来谈者，皆以澳门一隅为畏途，诱鬻掳勒，无所不至。其居人为奇货，辗转贩售，视同豕畜。迹其行为，几至暗无天日。莠民所聚，积弊已久，恐不能一旦扫除，惟首撤其招工之馆，则鬼蜮狡狯之技，自无所施。况此一端，为泰西各国所深恶而痛绝，名正言顺，不患其不从。盖招工者，雇农民以备开垦，英国所已行设于省垣者是也。此则托名招工，而实则隐行其贩鬻。在西国久干例禁，犯者船没入官，人寘于狱。惟葡萄牙、西班牙、秘鲁诸国冒禁而为之，英、美诸大国以其在中国境中也，不能为越畔之谋。然则彼之所为，其藐视我中国也，亦已甚矣。

顾必待索归澳门，谕绝招工，未免有稽时日。管见有可以即行而勿缓者，则杜绝之权固在我也。澳门孤悬海外，船舶之自内地往者，四处可以止截。况我之炮艇轮船，驶行迅速，巡逻杜遏，势所甚便。前之设立洋药抽厘税厂，巡洋缉私，而澳门之私贩以绝，此其明验也。夫鸦片箱箧可藏尚难偷漏，况人乃堂堂七尺躯乎？顾何以缉鸦片易而缉贩人难，则由于赏无如此之重也，而莠民之狡辩求脱者，其计百出也。今之截止私贩者，有线人，有赏格，利之所在，众共趋之，且不惜以性命博锱铢。若查缉贩人，亦以此法，则其弊可以立除。

始事之时，当以轮船一二艘横截澳门海口，而必先与英、美诸大国酌商，合同办理。特派官绅总司其事，必其人夙著名誉，不避嫌怨者。此外宜简公正诚实之西人为之协辅，兼谕附近税厂为之赞襄其间，藉作耳目。当其任者，重其俸糈，专其事权。侦探四出，线索通神。至此而犹得飞渡者，未之有也。其在省澳轮船藏匿之处，定在火工房水手房。

船大人众，为时甚暂，稽查之人，何能至于细微曲折？因之漏网者殊多。英例：贩人出洋之船，不得在香港修葺；而其形迹有毫发可疑者，可以随时具控衙署，立传鞫讯。在港有专司讥察者六人，始由华人绅董捐资请设，继而英官自发帑项。盖贩人出洋，固公愤之所同嫉也。省垣系属内地，权自我操。省澳之船，果有获藏匿携带贩鬻出洋人口者，船主知情故纵，立即移文英领事，请其封禁，以其所悬者固英国旗帜也。此事税关洋人亦当分任其责，能者叙功纪绩。至于设员司理，不以贿溺职，不以私扰民，则在乎得人而已。

说者谓葡萄牙之在澳门，未尝不托词于招工，今必骤为谕绝，则彼必指省垣招工为藉口。则将应之曰：果欲招工，则将如英、美一例设馆于省垣，由华官司理其事。英不设于香港，而葡必设于澳门，此其中情弊不问可知矣。况乎省垣招工之法，亦当请西官别改其章程。凡人愿往西国耕种者，再当由官宪详加咨询，书其姓氏里居，刻期往返，以若干年为准，书明簿册。至期不归，则向招工馆询问其若何下落。招工馆中专设一人司理其往来信札银两。有往彼而物故者，即由招工馆处报闻。其在彼工役生死之籍，每半年一为查核。凡此皆由华官主之。如是，则彼知我国之于子民，其爱恤保护为倍至，必不敢加以无端之凌辱矣。他日我民足迹益远，生聚愈多，通商所至，彼为前驱，安知不能坐收其效哉？

五曰杜异端以卫正学。

天下之变，愈出而愈奇。杨、墨、庄、老，自内而勃兴者也；佛、回、景、祆，自外而流入者也。子舆氏距杨、墨，昌黎氏辟佛，何则？以其害于孔子之道也。至回、景、祆诸教之进中国，无一人斥其非者，以其道不足与辨也。

明季西洋人之来中国，假其天算舆图格致之学，以隐行其主教。上而倾动王侯，下而结交宦竖。一时与之游者，或则尊之曰“西儒”。于是天主一教，几遍宇内。至于耶稣一教，虽与天主教各立门户，互相诋谋，其争几同水火，因之而同壤为仇；构兵酿乱，祸患相寻，至今不解。而按之其教宗旨，亦复大同而小异。其来也，则自近今数十年始。二者皆足为人心风俗之大害。

杨、墨之徒不敢与孔子为敌，而孟子犹且距之。佛生西土，其道虽悖孔子，而不敢毁孔子。今天主、耶稣二教，居然以孔子为不足法，圣教为不足遵，昌言于众中而莫敢谁何。此真生民以来所未有也。顾出自西人之口，犹可言也。甚有儒冠而兽行者，一为衣食所驱，遂至随声吠影，恬然不知耻，悍然罔所顾。此不独名教之罪人，实民心之蟊贼，为王法所必诛。然而官不之禁，民不敢斥者，何哉？以通商传教，载在和约故也。

通商英为急，传教法为重。天主、耶稣两教之徒，不仅英、法两国之人也。以目前言之，耶稣之害尚轻，而天主之祸尤烈。今西人足迹殆遍中原，其教几于无所不至，肆行簧鼓，其志非浅。然究信之者一，非之者百。人心风俗，犹未至于转移。间尝推究其所由来，而知其教之不能遽行者，盖有故在。中国之人，每好异而喜新，一若教中之理，事事皆可从，而惟弃绝祖宗，停斥祭祀，为子孙之心所不忍出。设使西人一旦有见及此，稍复圆通其说，则恐为其教所蛊惑者，无难播于各省。此实吾人之殷忧也。

当今之世，而欲使正学光昌，异端衰息，则请以明许暗禁之说进。一曰别编教民户册，二曰贻以扁额，三曰异其服色。此三者，皆所以彰其羞恶之心，而绝其招徕之路。

或虑西国传教之士将阻之不能必行，是或不然。盖在我必先有说以折之，然后彼乃无辞以拒我。入教之人，必求表异于众，如承之于教会之前，而不承之于群众之地，是为耻教。耻教者心不诚，西士所不许也。入教之人，与众无所区别，地方官虽欲保卫之而不能。是故编户册以阴识之，给扁额以明旌之。服色既异，则人人一睹而便知。且此法可使教民激励其所为，而果于为善，人人将钦服教民之不暇，而足为教中光。不然，对牧师入会堂，则自命为入教，而一转瞬间作恶为非，无所不至。人或诘之，必讳匿而不言，甚且以为大辱。西士又何贵有此入教之人？此皆所以折西士而行其说也。

要之，此法一行，既入教者可以戢其肆凌，未入教者亦将惮而不敢前。迩来中外交涉，民教龃龉之事不一而足，皆由此辈喜事生非，从中播煽所致。苟得地方官秉公严讯，有犯必惩，此辈未尝不稍敛。奈有恃为护身符者，不论是非曲直，必为之请于官，曲庇私袒，终得逸于法外，而此辈之胆愈张。西国之例，教士不得竿牍公庭，何独于中国而哓哓干预其间？且彼之所谓教民，独非我国之子民？以我国之法治我国之民，何为多所掣肘？故区异教民一法，亦在我毅然行之耳。此外宜在各处宣讲圣谕善书，仿古者读法悬书之意，尤宜与天主、耶稣教堂比邻鼎峙，用以维持风教。如是十余年之后，患其可少息也。

夫凡此五端，固今日之急务也。鄙意之所谓兴利除弊者，即系于此。贸易之利开，则公私并裕。上而仕途游宦，下而商贾工匠，皆不惮于远出，而将视溟渤如康庄，越环瀛同衽席。于泰西各国之山川城郭，俗尚民情，兵力之盛衰，国势之强弱，一切情状，无不了如指掌。然后有事之秋，缓急可恃。煤铁之利开，则不独机器船舶局中自饶于用，即以供诸国之用而无不足。每岁西人自其国中载运煤炭前来中国通商各口岸，供应轮舶所需者，计不下一千数百万金，铁亦不下三四百万。矿务既兴，其利皆归之于我。有铁以制造机器，可推之于耕织两事。或以为足以病农工，不知事半功倍，地利得尽，而人工得广，富国之机权舆于此。保险之利开，而商贾之航海者，无所大损，且华人之利仍流通于华人中，而不至让西人独据利薮。至于改招工，杜异教，亦惟去其甚害者而已。

愚昧之见，明知无当高深于万一，倘得容其尽言毋隐，进而教其不逮，不胜幸甚！干渎严威，悚惶无地，区区依恋微忱，伏维垂鉴不宣。

与友人

　　大千世界，无量众生中，而有一我虱于其间，虽至爱如父母，至亲昵如妻子，不能喻我心之悲忧惨怛，代我身之疾痛困苦也。所堪自喻者，耳目口鼻知想意识也。

　　天地间有一我，人不为多，无一我，人不为少。朋友交游，亲戚昆弟中，有一我不足奇，无一我不足异。即知我喜我者，亦不过为我悼惜数日而已。即至爱如父母，至亲昵如妻子，亦不过痛哭丧明，哀恸失声，呼天抢地，愿随泉下而已。我在世间见人忽而生，忽而死，忽而长，忽而老，或漠然置之，或有时动于心，一哀而出涕。我于人如此，人于我可知矣。

　　我父母死，我不能与之俱死，饮食衣服如故也，游戏征逐如故也，而光天化日之下，已无我父母之声音笑貌矣，即索之幽冥杳渺亦不可得。人生则气聚，死则气散，既死后之有无，不得而知。佛氏所云轮回之说者，谬也。

　　我妻死，我不能为之不娶，琴瑟好合如故也，闺房宴笑如故也，而茫茫万劫，永无相见之期，悠悠廿年，并无入梦之夕。命绝缘尽则死，夭殇短折亦数之莫逃。佛氏谓人深于情者可结再生缘，亦妄也。

　　人生事事可以身亲尝其境，独至死之一境，断不能亲尝而告人。见人死则幸我之尚生，而又惧我之必死。自生人以来，死者不知其几那由他，几恒河沙，从未闻有自死重苏者。即有之，皆言如梦初醒，言或至冥中者，则由心所造也。盖一切幻境，都由心造。佛氏入中国，有天堂地狱之说，世间无智无愚皆坚信不变。生时常存此境，于心病剧时，即现此境。故为冤孽索命而死者，非真有鬼也，平时馁气之所乘，良心之所发也。人生行事，善恶不能自知，但有歉然于良心者即为恶。盗窃奸杀，其始皆知其不可，而易一念仍为者，良心昧也，然昧者必有时而明，死时即以其良心自讼矣，一切刀山剑岭，焰坑血湖，皆其良心自刑也。人生不能无死，壮岁而死与百年而死，等死耳。

快哉！东坡之言曰："猪羊蒜韭，逢着便吃；生老病死，符到便行。"此老胸中固空洞无一物也。世间自促其死者多矣，非顺受其正者也。每念人生忙迫一场便休，为之三叹。呜呼！世之营营不息，奄奄旋没者多矣，殊未达耳。愚人以死为悲，圣人以死为休。夜台冥漠，我与共息。

上丁中丞书

前者旌节小驻汕头，即拟凫趋就道，仰属车之清尘，瞻伟人之懿范。只以闻信稍迟，德辉遂远。自阁下之入都门，驻析津也，虽南北相遥，川涂迥隔，而中外日报时时称道盛德。盖以阁下诚信格豚鱼，德行孚蛮貊。以大贤之出处，系时局安危。以明廷之用舍，关民生休戚。朝野之所倚赖，士庶之所倾心，而言之不觉其剀切详明也。逖听之余，良深颂祷。兹闻恭承简命，特授船政局大臣，下车伊始，整饬宏纲，规维全局，经纶在手，机杼从心，其谟猷制度，迥出于寻常万万。夫岂章句小儒，空疏末学，所能仰测高深于万一哉！

伏维阁下于泰西之法，洞微知著，精心默运，久已灼知其利弊之所在。窃以为迩来枪炮船舶一切机器，皆当讲求新法。商艘与兵舰固异，而旧制与新式迥殊。否则虽日事制造，亦复徒事虚糜，无济实效。至于火器之用，亦日新月异而岁不同。英之廉明敦，法之霎士钵，美之士乃达，所称为命中致远者，今其法已屡变，凡此皆当时为讲求。而所延西匠，亦当取材于各国，以极一时之选，而后所制者，乃能各师其所长，以收效于戎行。而此外有二事，要当亟为举行者。一曰肄习舟师馆，一曰翻译西书馆。

今我中国轮船所以往来南北者，其船中管驾之舟师，大抵系西人为多。船政局中虽有西人教授，而经录取者，或非尽出类拔萃之姿、均足与西国舟师颉颃，且复人数无多，不足以敷用。一旦中外有事，西国舟师例须退撤，则一时管驾者将何所属，其事有不至于棘手者耶？况即平日无事时，驱遣调拨，亦或似有掣肘。其于糈禄之奢，供给之费，犹其次也。《传》有之曰："不备不虞，不可以师。"我国既尚轮舶，制造者有人，则驾驶者亦必有人。庶不至仓卒之间，而受制于人耳。可简拔闽、粤、浙三省之舵工水手，预为练习，以充其选。而专设一馆，以西人为师，使聪明壮健之俊秀少年，日夕肄习，务期堪于其任，庶得升授厥职。严加甄别，精为考核，以鼓舞而督励之，将见不及十年，而人材自出矣。

上海制造局中所译之书，无所不备，实足以开风气之先声，而变儒生之积习。有志之士，诚能钻研乎此，则西学不难大明。福州经费充裕，局中深通西学者当不乏人。专设一馆以备翻译，于西国各种典籍，著有成书，尽探阃奥，使阅者知西人制作之精，具有来历，非徒以空言构造，而枪炮船舶军法营制，俱可得其门径。所在寻流溯源，以至于深造有得，于讲求西学大有所裨。故翻译一端，人或视为不急之务，而不知收效之远，著功之广，足以转移人心，实有不可少缓者也。

此二者，管见以为必当行之者也。至于泰西诸国其与我立约通商者，全局枢机又为一变。

英国贸易之旺，雄于各国，其与我中土关系尤巨，几以贸易之盛衰为国之强弱。盖英之立国，以商为本，以兵为辅。商之所往，兵亦至焉，而兵力之强，全在商力之富。以商力裕兵力，二者并行，而乃无敌于欧洲。至今日，英之货物，销售于中土者为大宗，设使一旦有衅，闭关绝市，则商力必因之骤绌，而兵力亦必为之不扬。此其所系岂浅鲜哉！人但知中国与泰西诸邦结好缔交，其进退之间颇艰筹画，而不知英国于此时，与我中国情形正复相似。

方今之时，处今之势，英正当联络亚洲大小各国，以厚集其力。如合土耳机、阿富汗、波斯、暹罗、缅甸，以驭俄罗斯而保印度。亚洲之中，中国地广而日本俗强，然可相联者，莫如中国。英欲联之以拒俄，则莫如强中国，而断不可弱中国。此其故英人早知之矣，所以屡以自强之说进，即火器战舰，彼皆肯悉心相授。盖欲我朝廷之威克振，则可藉以服众。彼所患者，不在我之兵力，而在我之商力，盖恐我国以商力与之争衡耳。前时制造局设于上海，船政局设于福州，近则金陵、天津、广州相继以兴，而彼绝无所猜忌。独至招商局一设，而群议蜂起。然此不过商力之滥觞耳，而已鳃鳃然顾虑之。如是，诚以中国材用之广，物产之繁，人民之众，实足以包举欧洲诸国而有余也。英知中国在今日可强而不可弱。盖强则足为英国助，而弱则欧洲诸国将乘之而起以从而觊觎者，不独一俄也。英今日之所请于我国者，实欲增广其贸易而已。彼知中国时值艰难，要求必遂。至于肇事启衅，俾俄人得以伺间肆志，则非英国之所欲也。

顾我中国亦宜早自为计。窃以为商力兵力，要当兼行而并用也。盖练兵以保商，而国威之振，国体之尊，即系于是。英国通商之局，有进而无退。设使一旦通商之利为我所夺，则其煤铁机器之用，布帛制造之物，销流日狭，而工贾必多失业。外既不振，内且有变。而印度一隅，不几势成孤立，或恐作瘐狗之噬、困兽之斗，且奈何？是则兵力之不可缓，其明征也。或者但以为整顿兵伍难为力，经营商贩易为功。不知二者固不可偏废哉！

且我国之自强亦正在此十余年间耳。何则？欧洲诸国方有事也。法蹶而英孤，普强而俄炽。所幸者法不能为英援，而时思报普；普即欲与俄合，而恒思备法。若普法释嫌，而英俄结好，则为欧洲之福，而天下事将不可言矣。欧洲诸国深思远虑之士，方虑日后以争教启衅，然其祸止于欧洲而已。英俄皆可为中国患。说者以为俄近而英远。而不知印度之接壤于东南，较西北之地旷人稀，其势为尤逼。特英人之不敢为中国患者，其心不欲以资敌耳。俄今志在印度，英方备之不暇，而奚暇他顾？所谓两虎竞食，而我得以从壁上观也。我国不乘此时，以修我戎备，励我兵行，改纪军制，整饬营规，制造战舰，训练水师，演习火器，以并峙于英、俄、普、法之间，用收保中驭外之功，则恐后日或有所不及也。英、俄、普、法知欧洲战争之不可遏，因而悔祸言欢，是岂我中国之福哉？

欧洲大势所系于我中国者如此。聊贡所知，伏祈采纳。此外惟冀崇护维时，为国自爱。

与唐景星司马

昨蒙文旆枉过，知有福州之行，上谒丁大中丞。闻之喜甚，惜以韬小病甫瘳，不获追附骥尾，殊恨恨尔。

今岁日报一役，已延洪干甫茂才代为捉刀。拟以闲中日月，将生平著述略为编辑。见在已付手民者，计得四五种。暇维留心于欧洲掌故，拟将十余年来事实汇成一书，亦职方氏之所不废也。

中丞镇抚百越，绥靖八闽，庆海水之不扬，知岩疆之有恃。韩、范在军，强邻相戒以动色；龚、张出治，诸岛自远而来同。特近日所系尤重者，则在台湾一郡，内之辟地理财，外之治兵讲武；生番狡悍性成，久外王化，恃其巢窟，遂肆凭凌，必当剿抚兼施，宽严互用，使其畏威怀德，乃克就我范围。以中丞办之，绰然有余裕。此韬所喜而不寐者也。

韬也不才，揣摩洋务已二十年。不揣谫陋，于近今中外交涉之端，微窥其利弊所在，而叹隔阂之为患大也。中外语言文字判然迥异，不能自通，而情意遂以之不孚。其国执政大臣又远隔重瀛，惟凭其使臣邮传之疏牍而已，而于我国之往来文移，应答辞命，则未之见、未之闻也。

鄙意以为宜设西文日报，每岁汇刊中外官牍，俾传遐迩。滇南之役，所索七款，当日即宜以西文刊布。议者谓请入紫禁城一款，疑非出自英廷之命。云南贸易或由英廷所授意耳，然英京日报犹或非之，谓与和约之旨攸乖。盖以乘滇事苛索，未免意存挟制，道近窥伺，无怪中国之拒之也。英京日报但谓请中国严办凶手，力守和约，将滇事宣示于邸报而已。日报所言与英使所请，抑何不符？岂彼由英廷之密寄，此由民间之清议耶？使以当日英使所请，与节相辩论之言，译寄欧洲诸国，当必有主持公论者窃议其后矣。

见在泰西通商各口岸，驻扎领事，奉公循法者虽有其人，而僭分越权者殆亦不鲜。推其弊之所从积，盖由总理衙门与各直省官员未能一意相敷也。且也外官但知揣摩上官之意旨，小事未敢遽以渎闻，故王公大臣于外省西情犹未尽洞知而灼见。夫西国之所以上下相通者，每岁将地方官往来文牍汇辑成书，颁示外国使臣，由此各省人才吏治可睹一斑。我国家亦宜仿而行之，则通商各口岸领事之优劣公私，了然如指掌。

侧闻朝廷特欲简拔贤才，登崇俊良，以备出使泰西诸邦。将来驻扎使臣，设立领事，由此其选，诚千古之盛举，当今之急务，特恐一时未易行耳。近日出洋人员，学习艺术，采访见闻，因时得与绅士辩论，纳交其贤豪长者。如伍君秩庸，得预禁烟公会，发议抒词，亦非无裨于国是者也。

所言虽小，所系者大，敬敢略言之，乞为代陈中丞之前，以作愚者之一得。韬年来多病善忘，精神渐铄，气体不充，潦倒颓唐，日形晚境。壮不如人，自惭烛武；老犹作客，敢比冯唐，深惧将来不能供知己驱策耳。南云遂远，意与俱驰。

与余谦之大令

不佞三吴之鄙人也，梼昧不学，弇陋无文，窜迹遐裔，十有五年于兹矣。方惧为世人所唾弃，匿影销声，自甘沦废，又何敢以不祥名字，妄自达于贵官显宦通人名士之前。乃蒙执事不以垢累，轻苔鱼网，烂然先贲，谬采虚声，猥加奖誉，初何敢当，主臣主臣。不佞于此间，日以煮字为活，日报一局，谬主裁断，久已辞之不获，去春特荐番禺洪干甫茂才以自代，不佞仅观厥成而已。生平述课，略有数种，要皆馌窗覆瓿之物，了不足存。近自《普法战记》外，《甕牖余谈》、《瀛壖杂志》、《弢园尺牍》已次第付之剞劂氏，均以一分奉上，籍尘清诲。尚有《遁窟谰言》一书，出自游戏之作，窃未敢为执事所见也。经学诸书，卷帙繁重，无力付梓，容俟异日，怀璞独赏，享帚自珍，文人结习，大抵皆然，想不值执事一噱耳。来书许以大著见示，极欲先睹为快，想见鸿词钜制，足悬日月而不刊，游夏何人，敢赞一辞；特既承雅爱之殷拳，或有所知，不敢不告，比诸献芹贡曝，聊竭微忱而已。夫涓壤何益于高深，萤烛何增乎光耀，而有所弗遗者，正以见其大也。执事厚德虚衷，夐绝千古，眺首临风，弥深钦挹。至于欧洲之学，要非一端，或娴于掌故，或熟于舆图，或旁及乎格致艺术象纬历算。近者上海制造局中繙译各书，逞妍抽秘，几于美不胜收，别纸缮呈书目，统希垂鉴。久欲裁答，疏懒病废，惮于笔墨，竦仄殊深，幸勿为罪。日来阴雨廉纤，薄寒中人，伏冀摄卫咸宜，为国自重不宣。

代上丁大中丞

曩在都门，获挹芳徽，得聆绪论，指陈形势，洞烛机宜，于中外之情，瞭如指掌，恭闻默识，钦佩弗遑。中间曾拜宠嘉之贶，辞受均难，感愧交并，祗承孔厚，铭镂衷言。某自承简命，衡文远方，于役稍闲，追维畴昔，魏绛和戎，羁縻于前，江统著论，愤激于后，近拓旁规，陶士行之所经画；高瞻远瞩，刘越石之所低徊，不禁慨然，别有所会。用是不揣冒昧，聊贡所知于阁下，藉为前筹之陈，敢作运筹之助。明知挟裸壤以炫龙章，过雷门而持布鼓，不免为旁观所窃哂，特以谬与阁下有一日之知，弗敢终嘿。

窃谓中外之情，今与昔异。昔者惟在崇尚西法，立富强之本，以为收效即在目前。今沿海各直省，皆设有专局，制枪炮，造舟舰，遴选出洋幼童肄业，自其外观之，非不庞洪彪炳，然惜其尚袭皮毛，有其名而鲜其实也。夫枪炮则在施放之巧，舟舰则在驾驶之能，行阵之器，固不可不利，而所以用利器者，则在人也。今公使简矣，领事立矣，皇华之选，络绎于道，或恐有仪秦其人，逞游说以恣簧鼓者，故今日我国之急务，其先在治民，其次在治兵；而总其纲领，则在储材。诚以有形之仿效，固不如无形之鼓舞也。厂局之炉锤，固不如人心之机器也。

鄙意朝廷设官西土，郑重其始，一切当以正途人员，苟流品太难，恐亵国体，其有掣肘之处，则先以西人副之，为之披榛辟莽。至若通商口岸，所有中外交涉案牍，往来文移，宜汇辑成书，颁示遐迩，一旦有事，当局者可援别案以为折辩之地，而此中亦有所主持，此亦讲求洋务之一道也。总之，凡事必当实事求是，从未有尚虚文而收实效者。翻然一变，宜在今日。

夫治民必由牧令始，治兵由团练始。牧令之实否，则先在慎简督抚，甄别才能，考察勤惰，才者不次迁擢，不才者立予罢黜，此固督抚之事也。若夫治兵，则难言之矣。宜先改营规，易军制，汰兵额，异器械，必如李光弼之临阵，壁垒一新而后可。然论者必议其更张。愚则谓练兵若不以西法从事，则火舰火器亦徒虚设耳。不独水师当变，即陆军亦当变也，不独绿营当变，即旗丁满兵亦无不当变也。

储材之道，宜于制科之外别设专科，以通达政治者为先。即以制科言之，二场之经题，宜以实学，三场之策题，宜以时务，与首场并重；庶几明体达用，本末兼赅。此寓变通于转移之中，实以渐挽其风气，而裁成鼓励之。肄习水师武备，国家宜另设学校。如司炮驾舟，布阵制器，俾其各有专长，习之于平日，用之于临时。其遣发至泰西者，尤当不专在一国，以示兼收而并效。以上皆宜力求整顿，勿作具文。民心既固，兵力既强，而后所有西法，乃可次第举行。

今日简公使，设领事，岁糜朝廷数十万金，议者或论其太骤，或惜其徒费。不知中外隔阂，非此不能消息相通，未始无裨于大局，特不在其事而在其人也。焜耀敦槃折冲樽俎，必有郭隗、毛遂其人，敬倾耳以聆之。聊贡狂谈，藉资抚掌。闻阁下近日移旌台郡，大有设施，训民察吏，丕布嘉猷，行政理财，首资硕画。而辟地开矿两大端，尤关至要，一以西法行之，定可事半而功倍。土番生聚数百年，兹虽蠢动，如触网之兕，决藩之羝，环攻深入，烈山泽而焚之，聚族歼旃，或亦易易。某知阁下以仁爱为心，体上苍之好生，为黔黎而立命，断不忍出此也。是亦惟有剿抚兼施，恩威并济而已。逖听风声，距踊三百。某不日束装入都，敬奉芜函，渎呈台座。伏维起居曼福，不罄欲言。

《浮生六记》跋

　　余妇兄杨醒逋明经曾于冷摊上购得《浮生六记》残本，为吴门处士沈三白所作，而轶其名。其所谓六记者，闺房记乐、闲情记趣、坎坷记愁、浪游记快、中山记历、养生记道。今仅存四卷，而阙末后两卷。然则处士游屐所至，远至琉球，可谓豪矣。笔墨之间，缠绵哀感，一往情深，于伉俪尤敦笃。卜宅沧浪亭畔，颇擅山水林树之胜。每当茶熟香温，花开月上，夫妇开尊对饮，觅句联吟，其乐神仙中人不啻也。曾几何时，一切皆幻，此记之所由作也。

　　余少时读书里中曹氏畏人小筑，屡阅此书，辄生艳羡，尝跋其后云：从来理有不能知，事有不必然，情有不容已，夫妇准以一生而或至或不至者，何哉？盖得美妇非数生修不能，而妇之有才、有色者，辄为造物所忌，非寡即夭。然才人与才妇旷古不一合，苟合矣，即寡夭焉何憾！正惟其寡夭焉，而情益深；不然，即百年相守，亦奚裨乎？呜呼！人生有不遇之感，兰杜有零落之悲，历来才色之妇，湮没终身，抑郁无聊，甚且失足堕行者不少矣，而得如所遇以夭者，抑亦难之。乃后之人凭吊，或嗟其命之不辰，或悼其寿之弗永，是不知造物者所以善全之意也。美妇得才人，虽死贤于不死，彼庸庸者即使百年相守，而不必百年已泯然尽矣。造物所以忌之，正造物所以成之哉！顾跋后未越一载，遽赋悼亡，若此语为之谶也。

　　是书余惜未钞副本，旅粤以来，时忆及之。今闻醒逋已出付尊闻阁主人，以活字版排印，特邮寄此跋，附于卷末，志所始也。

与唐景星观察

开平煤矿之旺，讲西学者争相传说；惟自北运南，必藉轮船，窃以为宜先贩之天津、牛庄、烟台三处，则费省而价廉。至山路崎岖，尤须一律砥平，或筑铁道，庶几转输可速，近矿之处，河道可通，必当浚深，使轮船得以直达。凡此皆矿外之要务也。

迩来泰西通商之局日开，轮船日多，其所往来者，不过通商各口岸而已。竞减价值，与我争先角胜；而吾国轮船亦惟在沿海，不能直入内地。此轮船贸易所以不能日见其扩充也。窃以为宜许中土之船得入内地，载客运货各处可至。况长江亦为内地，而其利已与我共，惜当日立约之初，不能计及至今，遂不能裁撤耳。

夫中土所以胜于西国者，以值廉而力勤。今局中百事周备，惟少学习驾驶一门，如能于浙、闽、粤三口专设学塾，令年力壮健，材质明敏者，入而肄业。苟有能充舵师舟长之任者，试之船事以尽其能。至岁给俸薪亦宜有定则；凡明于西国之语言文字者，似亦毋庸过予以重资，惟在奖进头衔以激励之而已。如是则一切度支必少于西人，出寡而入多，行之十年，定有成效可观。此外则内地之利亦惟我中土所独擅而已，西国不得以此为藉口，而断断然与我争也。试观泰西之例，别国进口之船，惟得至通商口岸而已，而己国之船则无处不可到也。此例何以能行于泰西，而不能行于中土耶？亦惟在中国自行其权而已。

上郑玉轩观察

　　近者威公使星轺在道，将旋中土。闻拟先莅印度，与英商筹酌洋药厘金一事，盖以烟台之议未臻妥协也。窃以为洋药既许贩售入中国，则厘税之轻重增减，亦惟自我操之耳；矧乎此乃鸩毒，更当示之以限制。今英京中断断然争禁洋药者，夫独非英人也哉！我国家在此时，虽不能禁，亦当以正理责之。以管见所及，不过一转移间而可岁增饷需数百万金，正当乘威公使议定厘金之时而言之，此不可失之机也。

　　羊城近设煮膏公司，抽收烟膏经费，岁输二十万于官，仿照港例，行之已数月矣。而被抽各家，啧有烦言，谓其滋扰；虽经当事者三令五申，其谤卒不可弭也。愚以为煮膏公司非不可行，特在善立章程，不事琐屑耳。香港为洋药总汇之区，凡由印度装载以来而入中土沿海各口岸销售者，一年之中例有定额，分售各省亦复有数可稽。今统到埠全数以观，一年之中，走私漏税不知凡几。鄙意不如在香港设立洋药总行，其名曰中国粤省洋药公司。即以广东一省先行试办，既有成效，然后遍行之于各省。其法凡洋药载人粤省销售者，则由洋药公司购买，成箱交易，不得零数私售于别人。有洋行犯此例者，严行议罚。凡洋药由印度载至，船一到埠，即在英国船政厅报明洋药总数，此单交洋药公司以备存查。如有印度至港中途私售者，查出，船货充公。如是，印度既有清单在港，又有总数归入洋药公司，购买者按日按月具有报章，即有走漏，何从施其伎俩？每日计数，装入省垣，到关循例输纳厘税，涓滴归公，风清弊绝。现在近港所设各厂，可以尽撤；一年中所省委员薪水，巡船经费，约数十万金。且此举不独于时局有裨，而于中外亦两有所益。

　　盖英商于中国所设六厂，时有怨咨，屡禀其国驻京公使及伦敦通商大臣，辄谓阻其贸易；今与之约，裁厂购土，务秉至公，彼必喜而从命。英国贩运洋厘各商，总来总售，既少揽问之烦，又无拖欠之虑，随到随销，悉以现银，一岁中获息无算，英商又何乐而不为，而中国每年厘税增益，必难以悉计。其近今所设煮膏公司，亦可并行而无害。

　　盖载土至省之后，或照前代榷酤之例，悉归公司煮膏发售；或无论远近，一律领土抽费。以广东全省计之，当岁可得数十万圆。此无病于民而有益于官，且绝无骚扰，与近今煮膏公司章程大相悬绝，一举而数善备焉。广东既属可行，各省均可循例以起，皆于香港总购洋药，而载至别处，招商局轮船又可独擅利薮。窃见近今理财之大且易者未有若是也。事若可行，当由总理衙门与威公使筹商，照会印度、香港两处总督，经粤省海关简派殷商承充，到港开办。所设六厂，许以办有成效之后，乃行撤销。此固裕饷之一端，而韬特为藉箸之筹者也。

上郑玉轩观察

日者在英购办兵船四艘，闻已抵津，惟西人论此，谓是守船而非战船，盖以之防御内河则有余，以之纵击大洋则不足也。是船之制，凡有四弊。船身甚小，而船首之总重三十五吨，弹重七百磅，其炮尚是旧制，从口进纳药弹，弹出其远仅十二里，施放之时，船小炮重，船身必至颠簸，设使敌船之炮从而乘之，再一着弹，恐至沉溺于洪涛巨浸中，此一弊也。

船首之炮，虽以机器转旋，而但能进退高下，不能左右咸宜，设遇风涛汹涌，船身欹侧，测量施放，必至难有定准，此二弊也。船身四周所包铁皮，仅厚数分，不能当敌人之巨炮，且无事之时，船身必日事刮磨，华人每多惮于操作，日久锈生，损坏必速，反不如木质之可久，此三弊也。

是船名为蚊子，谓我往攻人而不能受人之攻，故其行贵速，一点钟必行四十五里，庶几易避敌船之轰击，今是船于一点钟许仅行三十里，过于迟钝，易为敌船所追袭，此四弊也。

是船制度，虽皆仿铁甲战船之式，烟筒并可倒放，首尾具有机器，进退可行，惟直行一点钟仅三十里，却行一点钟仅二十四里。而遇战之时，船身不能入水，避弹无从，是虽有摧敌之利，而已少御敌之长。是船曾在英京施放五炮，颇觉船身震撼异常，当时经曾星使观阅，见其行驶重滞，已不慊意，惟两旁四炮皆系新式，从后纳弹，左右进退，无不如志，虽炮轻弹小，而其远亦可十二里许，差为可取。论者谓如此材质，苟在厂中自制，一切经费只需七八万圆已为至昂，嗣后当轴者若再购置兵舰，当取乎船大炮轻而行迅速。必若此始可操胜券。谨献一得之愚，惟少加采纳焉。

《花国剧谈》自序

予辑《艳史丛钞》，凡得十种，皆著自名流而声腾艺苑者；不足，因以旧所作《海陬冶游录》三卷附焉。嗣又以近今十余年来所传闻之绮情轶事，网罗荟萃，撰为附录三卷，余录一卷，而后备征海曲之烟花，足话沪滨之风月。顾有地非一处，人非一时，芳踪胜概，足以佐谈屑，述遗闻，为南部侈繁华，为北里表侠烈。其事则可惊可愕，其遇则可泣可歌，宜汇一编，以传于世。

《花国剧谈》即以此作，大抵采辑所及，剿撮居多，孟坚纪史半袭子长，扬云作文多同司马，斯固不足为病也。盖此不过为文章之外篇，游戏之极作，无关著述，何害钞胥，以渠笔底之波澜，供我行间之点缀，不亦快欤？况乎删其繁芜，乃能入彀，润以藻采，始可称工，本异巧偷，非同攘美。而是编命意所在，别有怅触，隐寓劝惩，慨自才媛薄福，易致飘零，名妓下梢，多嗟沦落。琼渚兰苕，徒艳同心之影；瑶台桃李，无非短命之花。或亦有将嫁而渝盟，已成而绝好者，妾徒有意，郎本无情，埋愁黄土，孤生前蝴蝶之魂，寄恨青磷，筑死后鸳鸯之塚，其可悲者一也。

其有绿珠风貌，碧玉华年，彰花月之新闻，占湖山之胜地，弹彻鼙婆，暗传心事，照来镜子，自惜容颜，方期订三生附茑之缘，谢十载飘蓬之苦。乃情缘易尽，好事多磨，嗔莺叱燕，忽乖杜父之慈云，打鸭惊鸳，尤愧召公之阴雨，娟娟此豸，渺渺余怀，谁以十万之金铃护百千之红紫，其可悲者二也。

又有鸾栖枳棘，凤锁葳蕤，藏娇无地，宿非瑇瑁梁间，觅梦谁家，踏遍茱萸湾口，狱称香粉，迹溷风尘，已柳怨以桃愁，复蜂狂而蝶浪。或至流离自悼，老大徒伤，虽洞可迷香，而台难避债，杨柳楼边，问名日少，枇杷巷里，买笑谁来，因是忍参红蘗以逃禅，愿著黄绦而入道，其可悲者三也。

别有柳枝已嫁，为大妇所不容；桃叶空迎，恨良人之见弃。贫户名姝遽降青衣之列，豪家侍史误为红拂之投，文君新寡，别抱琵琶，小玉多愁，难谐琴瑟。因辞金屋，遂下瑶台。其或长自侯门，生来丽质，爰求鸳偶，致误鸠媒，叹独处之无郎，令藉端之有自，奸谋既售，末路谁依，因之逐水随波，落藩堕溷，其可悲者四也。

呜呼！世并愁城，地多苦海，此花国中悲玉容之无主，恨绮约之难完者，当不知凡几，今所记特须弥界中一粒芥子耳。然则作艳游者不当思及此而废然返欤？顾世有绳趋矩步之士，莫不呵嫱、施为祸水，斥妍藻为淫辞，以陶情于醇酒妇人为非。夫以娱志于歌楼舞席为伧父，不知西曲繁华无非元气，东山妓女亦是苍生，彼之记教坊而志曲院者，畴非唐代之名臣欤？仆身无艳福，而心郁古凄，仅品评名花于三寸之管，要亦空中色相而已。具大智慧者何容征实，请事观空，则以《花国剧谈》为苦海之航也可，为愁城之筏也亦无不可。

《海陬冶游录》自序

　　夫《海陬冶游录》曷为而作也？将以永既去之芳情，追已陈之艳迹，寄幽忧于香草，抒蓄念于风怀。沧桑变易，麻姑见而伤心，开、宝繁华，宫女说而陨涕。抚今感昔，写怨言愁，则使经过曲里，尚识旧人，搜辑闲编，犹存轶事。伤红颜之已老，嗟黑海之多惊，谁肯买俊骨以倾囊，孰不谈劫灰而变色哉？则此编也，聊作寓言，附诸野史，非故为妖冶之词，甘蹈泥犁之警也。

　　顾或谓昔赵秋谷《海沤小谱》、余曼翁《板桥杂记》、西溪山人之《吴门画舫录》，皆地常通都，时逢饶乐，其事可传，其人足重。今一城斗大，四海氛多，既无赵、李名倡，又少崔、张侠客。染黛研朱，药叉变相，坠鞭投辖，猾虏争豪，未闻金屋之丽人，能擅玉台之新咏。矧又不能抽白刃以杀贼，取谥贞姬，着黄绝而参禅，证名仙籍，绮罗因而减色，脂夜于焉为妖，是人肉槃，是野狐窟焉尔，而子犹逞其艳谈，为之瞑写，不亦惧乎！然而善言儿女，未免痴情，自古英雄，每多好色。花天酒地亦为阅历之场，红袖青衫同是飘零之客。伽女散花，何妨遍著，维摩入道，先以钩牵。戒淫为法秀之妄诃，忏绮乃休文之恶习。恨寄绿阴，无损牧之之豪岩，篇名锦瑟，宁识义山之缠绵。铅华宝髻，不讳言情，浊酒残灯，乌能妨节，与其高谈耸听，毋宁降格求真也。况乎奇节仅矣，冶容暂耳，必貌皆苏小，诗比薛涛，比下玉京之慧心，配段东美之雅操，则香国中竟无下乘，章台内悉属才人，青泥世界尽放莲花，碧柳楼台遍镌珉玉，是情之所必无，亦事之所罕有也。

　　余观古来文人失职，荡子无家，偶托楮毫，遂传风雅，晓风残月，不尽低徊，淡粉轻烟，岂无点缀，本非实录，有似外篇。则余今日之所编，逞妍抽秘，尽许荒唐，水有镜花，无嫌空彻也已。且也，由盛观衰，大有乱离之感，因今念旧，弥兴身世之悲。溯自丙午之秋，余年未冠，勾留白下，寻访青溪，春藏杨柳之家，人闭枇杷之院，任姬、素姬此中翘楚，既识一面，遂订同心，毷氉归来，音问中绝。己酉大水，橐笔来游，宿疴未瘳，烦忧正剧，有梦非春，拥孤衾而听雨，看花懒出，虽晴日而闭关。辛亥春间，稍作绮游，狂名顿著，选花开尊，征歌按拍，题裙索扇，间有篇章，抹月批风，任传薄幸，于是沾泥之絮遂为逐水之萍矣。癸丑之夏，杜门养疴，追念旧游，援笔以记。其时赭寇纵横，金陵陷没，珠帘碧瓦，荡作飞灰，舞袖歌裙，惨罹浩劫。而此间亦烟沉雨坠，月缺花残，人往时非，哀多乐少。迨乎贼去城空，春回燕至，旧巢已换，香梦难寻。叹生死之无闻，嗟飘泊于何所。凄迷烟月，谁解伤心，而妆点池台，复开艳窟。曾几何时，城中已复旧观，城外环马场左右又成妓薮矣。惟是良辰难再，美人不来，时局苍凉，消息茫昧。今过其地，则故钉犹在，檀点依然，芳树鸟栖，画纱萤点，乱塚荒堤，今日之粉影脂香之地，颓垣败壁，昔时灯红酒绿之家，境易回肠，事如转烛，其为怆怀又乌能已，岂非事无可纪而情有足悲哉？特以此中人镜才安，忽然远徙，香名甫著，辄复私更，萧郎再至，已怅踪迹于风前，徐娘重逢，错乎窈窕于月底，倘欲按图而索骥，窃恐觅路而迷花也。更有叹者，俗流胜则雅会稀，朱颜贱而黄金贵，乍羞觌面，已解淳于之襦，未及盟心，遽荐宓妃之枕，继以色荒而钱尽，遂至情断而恩离，此亦情天之变态，幻海之沸波也。余也虽堕绮因，自传真宰，偶抒感慨，专写幽离。或观此篇者，遂以为此间佳丽何异迷香，是处笙歌正堪荡魄，则亦未识余心者耳。若其鄙为轻薄，讥以纤靡，为高厚之绳诗，作到溉之投地，以为意无寄托，旨乏劝惩，见斥于礼法之儒，遽指为文字之障，则亦姑听之而已。呜呼！沪虽偏隅，固泽国之要津，海疆之险堑，艳风相扇，极盛难继，有心人能勿深惧哉！

谈　艳

上

　　沪上为繁华渊薮，城外环马场一带，杰阁层楼，连甍接栋，莫不春藏杨柳之家，人闭枇杷之院。每至夕照将沈，晚妆甫罢，车流水，马游龙，以遨游乎申园西园之间。逮乎灯火星繁，笙歌雷沸，洒肴浓于雾沛，麝兰溢而香霏，当斯时也，其乐何极。于中绮罗结队，粉黛成云，莫不尽态极妍，逞娇斗媚，皆自以为姿堪绝世，笑可倾城。盖偻指计之，其拔艳帜而饮芳名者，固不知其凡几矣。昨诣芙蓉城中，得觇戊子夏季花榜，仅列十有六人，恐其挂一漏万，所遗者多矣，岂沧海之明珠，未入于珊瑚之铁网欤。

　　余自道光末季，以迄于今，身历花丛凡四十年，其间岂无盛衰之感。而以今证昔，觉欢场之非故，花样之重新，殊令人望古遥集，慨想低徊而不能置焉。顾曲无人，红牙绝响，知音谁是。蓝本已亡，嗟乎此曲已成广陵散矣。至于人材之升降，似可勿计。美人同于名士，必代有英绝领袖之者，前如褚氏、花氏，今如马氏、张氏、吴氏、王氏，遴才选资，代擅艳名。余于褚金福、褚桂福犹及见之。己卯自粤归来，尚得见花春林、孙文玉，招之侑觞，屈为席纠。文玉尤旖旎温存，色艺双绝。不意数年间，文玉则玉碎香消。春林虽适人，闻为大妇所不容，仍堕风尘，亦足悲已。

　　王氏四香，皆后起之秀，次者尤无双。一曰兰香，已有所属。一曰菊香，姿态明秀，丰韵娉婷，月靥藏娇，星眸流媚。有六如后人者颇眷之，终成啮臂之盟，意欲贮之金屋，未果也。然每赴绮筵，必携与俱，一日不见，驰召者相属于道，菊香亦愿侍巾栉，早经心许，凌水芙蕖，当出淤泥而不染也。

一曰逸香，粉输其白，雪逊其妍，玉骨冰肌，丰神俊逸。有某太史一见怜之。曰，观其一笑百媚，真可惑阳城迷下蔡矣，不如将来谁家郎得消受也，由是名艺鹊起，枇杷巷底，宾从如云，作绮游者，辄以不得见逸香为憾事。

一曰琴香，姊妹花中，独秀一枝，戛然自异。其容较之逸香，在尹邢嫱旦之间，然酬应弗逮也。惟琴心善变，香韵犹饶，留情话于琴南，对清芬于香北，为足供雅人赏识耳。吴新卿以当湖之风月，隶沪渎之烟花，色艺推此中翘楚，二分春色，已属东风。一棹秋波，遂离南浦。

自新卿去，后继起而张艳帜者二人，一曰兰卿。玉颊清盷，纤疏细骨，小蛮腰瘦，樊素脂香，华岳生尝邀之观剧，其时年仅十三四也，含情蓄意，别具灵心，评足品头，别饶妙解。曾有座客索其佳处所在，余以一字评之曰清。一曰佩香，妩媚生怜，窈窕善冶，娟然而静，嫣然无言。余虽于新卿家素所往来，然但识兰卿而犹未知有佩香也，一夕雾里看花客在座，飞红笺召之，姗姗而来，容光离合，一座皆眙，余以一字评之曰秀，赠以一诗云："雾里看花分外明，吴娘容貌可倾城。洛妃解佩欣初遇，韩掾留香感凤情。玉骨自怜梅并瘦，水心好与月同盟。年来懒向花丛顾，今日低头总为卿。"雾里看花客旧有所眷，曰蕴香。楼主王玉雯已从人去，玉玲珑馆主林韵梅，近时踪迹稍疏，故于佩香颇昵云。

昔有自吴门来者，曰李佩玉，曾附庸于吴新卿家。雾里看花客亦尝征之侍酒，态度靡曼，举止娴雅。其容仿佛新卿，琵琶一曲，响可遏云，其艺尤不可及。顾以门前冷落，遽尔一棹天涯。今春忽遇之于申园，则容貌较肥，真觉出落得精神，别样的风流，玉润花嫣，别饶情思，惜未询其所住香巢也。

马氏自失去双珠，芳声顿减，其藉以支持半壁者，则巧珠也。长短适中，纤浓合度，惟鼻准微高，殊损其媚，至于肌肤之白腻，亦不逊于堆雪凝脂也。其妹曰云飞，亦工酬应。张氏巨擘，旧推书玉，早已自立门户，后得所归。继之者，曰书昭、书金。书金年止十五六，后起之秀，尤为矫然特出，以雅丽称于时，性爱文人，喜亲书史。时以疑字问客，一过辄不忘。其容媚而不佻，静而不滞，端庄流利，兼而有之。其尤足动人处，在临去秋波一转耳。

　　书昭年齿稍长，虽弗逮其妹，而一段风情，亦足以消魂而荡魄。花氏自多福、桂福外，则有十全、宝龄，尚未脱籍。十全如袁宝儿，颇有憨态，齿牙伶俐，善与客谈。客虽剧狎之，亦无忤色。宝龄圆姿斗丽，丰颊扬芬，皓齿明眸，自饶丰采。与余相逢于席上，几不下十余次，余屡询其香名，宝龄笑谓其客曰，是可称眼中有妓心中无妓者矣，诚道学中人也。余之老而善忘，亦复自笑。敬亭仙史，尝誉其美于罗浮逋客前，招之宴于陈家小阁中，极为倾倒。

　　顾余最为惋惜者，莫如湘云。湘云年甫破瓜，容堪媲玉，纤腰一搦，媚眼双波，细骨轻躯，真可践尘无迹。晚霞生极所眷爱，尝狎抱之，举其体悬空而起，几可作掌中舞，凌风仙去。患咯血疾，不肯延医服药，曰此余命也，愿以干净身还大罗天上。没后置枢于荒郊。晚霞生思欲买地葬之，未果也。仓山旧主诸诗人，多有诗词吊之。余尝谓湘云当瘗于申园左侧，树碣其旁曰名妓花湘云之墓，四围环植梅花三百树，使诸美人驱车而过者，徘徊凭吊，想见其风流。呜呼，深深葬玉，郁郁埋香，黄土青山，谁能免者。湘云临没之言大彻大悟，世间一切美人薄命者，皆当作如是想。

　　李氏姊妹花有湘舲、云舲者，初自吴门来。以艳色称于一时。始至，犹未著名，居于会香里，赁室一椽，藉延宾客，然所谓佳客者弗至也。湘舲颀身玉立，丰韵自饶，粲齿生嫣，明眸善睐，一里中无出其右者，矫然如天半朱霞，云中白鹤。旋有赏识之者，曰此一朵能行白牡丹也，奈何屈居此中哉。遂令徙居肇富里，得入章台队中，一登龙门，声价十倍。湘舲故有夫，至是啖以佛饼四百枚，遂与离异。余固未识湘舲，淞滨水云客绳其美，偕往访之，果信。茶磨山人见之于绮席，以为胜于姚蓉初，则吾弗信。自此辄一招之，适有贵人自远方至，款之于园亭。诸美人翩然群集，贵人于众中睹之，目注而神凝。余笑谓之曰，君其意有所属乎，愿以让君。湘舲亦善伺贵人意旨，曲意奉承，所以媚之者无弗至，啮臂盟成，欢爱臻至，诸姊妹俱啧啧叹羡曰，湘舲有福哉。顾自贵人游西冷而湘舲病作矣，盖怀珠遽陨也。自冬徂春，缠绵床蓐，兰摧玉折，促其芳龄。自来红颜薄命如湘舲者，其尤哉，其尤哉。

　　云舲貌虽弗逮其姊，而憨态娇姿，自足动人怜惜。贵人因眷湘舲，遂及云舲，湘舲亦愿进妹以续欢。云舲年甫及笄，尚未破瓜，贵人遂为之梳栊。虽未知情趣，然见金夫不有躬，固此中常态也。每至酒阑宵永，犹陪侍弗去，贵人以为情深，益赏识之。及去，前后缠头费七百圆，仅作二夕淹留也。别有宝树胡同谢家者，于勾栏中另开生面，别树一帜，以烹饪之精美，屋宇之华敞，陈设之美丽胜。一时名流巨贾高官贵阀，趋之者如鹜。群以为韦陀厨中，护世城边，不是过也。一曰谢兰香，体态苗条，言词蕴藉，一曰谢月韵，丰硕修整，玉润珠圆。一曰谢秀英，素面呈妍，不假妆饰，工唱昆曲。虽并皆中人姿，而颇自矜贵，位置自高。诸呼侑觞者，又率皆富贵中人，不琐琐计较钱帛。姊妹行中，亦并意存攀附。推求其故，为房老之谢玉珍，固拥有厚资者也。呜呼，即作秦楼楚头生涯，亦必乞灵于阿堵，以增其气势，天下事不益从可知哉。

此外有桂馨里之陆氏，固屡经高昌寒食生为之提唱者也。素云虽已退为房老，然能舞双剑，颇具侠气。二爱仙人尝书楹联赠之云："却嫌脂粉污颜色，闻与仙人扫落花。"所蓄雏姬，本有数人，如小红、小青、黛云、斐卿，皆群中杰出者。今死者紫玉成烟，白花飞蝶，去者莺迁空谷，燕觅雕梁。尚存大者一，幼者三。一曰小宝，肌肤白皙，体态丰腴，待客以诚，不知人世有机械诈伪事，不堕北里积习。一曰黛玉，一曰梦蕙，一曰诵琴，年仅十龄许，皆所谓人与琵琶一样长者也。嗟乎，卅年梦醒，弥深瘗玉之悲；十里花明，尽是销金之窟。聊宣一指之偈，以当九迷之诗。

中

沪上为烟花渊薮，隶籍章台中者，皆非一处之人，以苏帮为上。糜台土艳，芜草皆香，茂苑春浓，名花有种。土著则亦能效吴语，学吴歈，歌浦水温，自饶丰韵，泖峰山秀，妙擅风流，皆窃附于苏，如大国之有附庸焉。其次则为扬帮。邗上繁华，二分月色，竹西歌吹，十里花光，固夙昔著名焉。其来自金陵者，亦附于其间，不独树一帜也。然细腰纤趾，举体若仙，花貌雪肤，尽人如玉，名更出扬帮上。至江北则下于金陵一等矣。又其次曰宁帮。罗四明之奇芬，采十洲之新艳，亦于此中别创一格。湖州一帮，以妆束胜，今则不复著闻。又其次曰湖北帮，神女解佩，来自汉皋，洛妃赠枕，渡从江浒，其有巴蜀之秀，路远而稀至，豫章之英，境接而独多。所谓江西帮者，不独以色著，兼以艺称，能唱大小曲，擅长各剧。人家有喜庆事，亦招之往，锣鼓喧天，笙箫聒耳，于侑觞中别开生面焉。凡此十者，溯厥来源，别其流派，尽于此矣。

　　林芝香，云间人，性情靡曼，举止风流，尝为萸庵退叟所赏识，赠以新诗。余尝小宴其阁中，殷勤倍至，寿萱馆主颇眷之，每赴绮筵，则招芝香为觞政录事，或与张姬、书金迭主侑觞。余为之语云，芝草无根，香闺有美，书帘惊艳，金屋藏娇。妹曰书香，亦堪媲美。少室山人曾于席上赠以诗云："楚腰纤细掌中春，浅笑微颦别有神。一种深情谁得似，香君毕竟是前身。"郑云芝，维扬人，工唱满江红，兼擅昆曲。音韵悠扬宛转，一波三折，饶有余情。能于氍毹上演楼会偷诗诸剧，态度神情，无不毕肖。琴溪子在邗江，即与相识，继来沪上，缱绻弥深。某公子见之，诧为尤物，遂与定情，颇倾心焉。有姊曰云舫，艺亦与之等，色似弗如。然以丰腴胜，不知者不敢以肥婢目之。王水香、王醉香，皆金陵人，各张旗帜，自立门户。水香能唱大曲，亦工小调，珠喉骤发，响可遏云。曾学《捉放曹》一剧，于曲师声情逼肖，虽登台扮演者，自叹弗如也。惟立品未高，辄有疑似之谤。醉香年仅及笄，初学梳拢，容虽中人，而肤理作玉色，亦可取也。余友梦萱室主尝昵之，去夏招余，宴于其家，调冰雪藕，沉李浮瓜，极为欢乐。无何梦萱化去，余步经其地，辄为腹痛。

　　自甬中来者，推吕翠兰为巨擘。徐蕙珍先张艳帜，著名最早。传闻有铁笛仙者，能舞剑，曾在蕙珍席上，小试其技，万道寒光中，微见一缕人影。蕙珍欲传其术，未果。此事想莫须有。呜呼，今世岂有铁笛仙其人哉。且蕙珍亦何必学剑，腰下寸铁，足以杀人已。其妹曰兰珍，亦楚楚有致，汤姬蕉林，擅长词曲，遏云裂帛之音，能令听者忘倦。善弹琵琶，有时铮鏦作铁马声，有时抑扬宛转，如大小珠之错落玉盘也。以是容虽中人，而门前车马，颇不寂寥。旋有忌之者，嗾人讼之公庭，事后仍改新名，重张旗鼓，仅一夕即败。姬平日颇为萸庵退叟所许可。是夕高烧红烛，设宴香巢，将畀以百金，谋片刻欢，姬婉辞以谢，意盖别有所属也，而翌晨即就逮。退叟笑曰："此正所谓天夺之魄矣。不然护花铃在，岂令其遽入瓮中。"

　　金香、玉香，吴氏之秀，而楚北之翘楚也。二香身材皆短小，并如香扇坠，年皆十五六，肤白于雪，貌娟于花。金香妩媚，尤出玉香上。惟抚其肌，时疑起粟，不能作凝脂之滑耳。予偕陶朱君至棋盘街，偶于途猝睹二香，艳之，尾之入深巷中，盖与赵玉卿同居者也。玉卿为么二局中魁首，体比环肥。而容同燕艳，与二香堪称嫦旦。余遂与缔好，于酒旗歌板间，辄折红笺召之。座客俱啧啧称赏，由是声名鹊起，未几即移居荟芳里，身价顿增矣。金香已随人去，玉香尚在，近有妹曰小香，亦后起之秀。

郑桂卿为江西班中领袖，所称为四先生者也，后不屑为，自营香垒，一时名噪北里，结驷其门者，皆名流巨公。癸未秋季，竟魁花榜。桂卿秀骨珊珊，玉容奕奕，顾盼之间，自饶风韵。然位置自高，偶见生客，殊嫌冷峭，以是不为逐热者所心许。今年近徐娘，而尚未能自拔于风尘，或由此也。尚忆甲申夏初，二爱仙人甫自江右来，云谷主人觞之于桂卿家，并招及余。桂卿蹀躞往来，酬应甚至，神情旖旎，吐属风流。几于独秀群中，曾几何时而色衰矣，如花美眷，似水流年，其足恃哉。

徐凤琴，江北之绝伦超群者也。桐花阁中，湘帘棐几，迥绝纤尘。晚霞生特眷之，几于非凤琴不乐，不得少离左右。久之，赁屋别居，惟晚霞生得至，余俱不许问津焉。凤琴含睇宜笑，媚眼流波，固一顾而堪以销魂荡魄。性沉静，工刺绣，不屑与院中人伍，故晚霞生尤为之心赏。或将来晚霞生为金屋之贮，未可知也。

黄幼娟长身玉立，窈窕多姿，虽处江北，而肤理洁白，抚不留手，洵尤物也。兰月楼主人与之定情时，一段风光最称旖旎。逮为某军门所眷，则已在豆蔻舒葩芙蓉结实后矣。始住尚仁里，与陆月舫同居。余昕夕相见，极所属意，惟为蓝桥所阻，不得捣玉杵于元霜，亦一时恨事。姬貌亦可人，所微不足者，眼下留有疤痕一簇，须觅獭髓以灭之，庶称全美耳。

刘金枝亦标艳名于北里，纤秾合度，短长适中。时有友人呼其侑觞，邂逅于席上，不及询其家世也，但知为淮扬间人而已，雅善南词，而弹琵琶，亦能入妙。

金彩娥，一字翠梧，海门人，名妓汤爱林养女。授以昆曲，颇有会心，按拍依腔，独饶情韵。长筵广席之中，偶度一曲，听者无不抚掌称妙。尤擅长楼会、琴挑诸剧。后出赀畀鸨母自赎，移居清河坊，自树艳帜，其年甫十七也。潜溪问梅山人，最与之昵，每值赋闲，辄造访焉。梁溪潇湘侍者，极力为之提倡，以是声名鹊起。题其所居曰惜余春馆，猊鼎鸭炉，位置精雅。尝两宴天南遁叟，皆未往。一日于酒楼见之，颇加青眼，顾谓问梅曰："此即所谓一朵解语花也，何不携归画屏作梅妻伴哉。"问梅笑而不语。未几即有人以千金为之脱籍。明月不常,彩云易散,为足慨已。

武迎芷。自称为邗上人。先隶苏台,后来沪曲,与姊武赛仙同居。铁城仙史尝招余宴于其室,酒间顾曲,花下征歌,别饶情兴。余见其体态轻盈,言词情妙,问其年,十五不足,十四有余。一段妖娆,实足为此中领袖。乙酉春杪,余薄游金阊,遇迎芷于留园,似曾相识。迎芷亦屡顾予。高君在旁谓予曰:"此迎芷也。"余乃恍然悟。时已开筵席于画舫,遂招迎芷往。

仇如意,亦名金瑞卿,同在园中游戏,容光焕发,玉润珠圆,与迎芷堪称双璧,因亦折笺召之。二姬同唱双挑、吃醋二阕,声调悠扬,神情宛转,同座无不悉心倾听,击节称妙。今如意尚滞濡风尘,而迎芷已为有力者量珠聘去,或曰归于延陵公子云。

菊卿陈姓,白门新柳也,年十二。即来海上,双髻初盘,香簪茉莉,四条乍试,韵发梅花。貌固出群,技亦不弱。尝于名花幼品中置第三。评曰:"落花无言,人淡如菊。"瑶华阁主以其娇小聪明,极怜爱之,尝偕余往访,设宴枣花帘底。酒酣,以楹联请。余时已醉,为拟数联。一曰:菊秀兰芳人第一,卿云丽月世无双。一曰:菊清梅瘦同标格,卿惜侬怜见性情。一曰:菊花影比梅花瘦,卿壻情由爱壻深。末一联云:菊花孤雁同寒冷,卿意侬心两寂寥。则戏言其芳龄尚稚,不足以动心也。阅日往观,三联皆已张诸座间矣。后闻其别营香径,另易新名云王翠芬,以称艳称于世。枇杷门巷,车马如云,所得缠头,动盈箧笥,籍隶维扬,而名不出三吴诸姊妹下。惟其矢志随人,事多磨折,六张五角,辄叹命之不辰。先适叶君,以丧资潦倒。后随某甲,营金屋于城中。甲虽宦家子,而挥霍已尽,将于翠芬取偿,所蓄皆为甲所干没。致涉讼庭,仍理旧业。比之汉苑人柳,三眠三起。粤中小饕居士公车北上。见翠芬,眷之。翠芬亦倾心焉。余赠以楹联云:"翠黛尚知怜国士,芬芳原自冠群花。"八咏楼主从山左来,与余遇于申园,翠芬亦在。指谓余曰:"此余五年前旧好也。"名媛而遇才士,赏识固有真哉。

李星娥为绿杨城郭间人。余初与之遇,尚未梳拢也。二爱仙人以其丰韵娉婷,颇加眷盼,每遇绮筵,必嘱余征之,为觥录事。初与朱蕊卿同居,二爱仙人旧时所识也,每往辄与二爱仙人俱。时二爱仙人病足,星娥必欲一见,乃脱袜与之观,竞作攒眉俯视状,以为笑乐。星娥媚行烟视,秋波微睐,殊足动人。名誉不甚著,座客无多。余每至其室,辄有一少年子，见余避去。后询之人，知为七十鸟所生云。

下

余自己卯春间，将游东瀛，道经沪渎。诸友以余远来，群置酒为余寿，每宴必招名花侑觞，且举所知以荐，为席间佐饮。凡得二人。一曰张小凤，甬上人。一曰李金铃，维扬人。小凤年甫及笄，尚未梳拢。容仅中人，并乏媚态。其姊则颇著艳名于章台，然亦凡鸟耳。金铃体态轻盈，神情靡曼，亦能效吴语。然举止酬应间，终觉时露生硬状。一夕开宴其家，拇战飞觞，催花击鼓，倍极其乐。将行而雨作，檐溜如注，遂留宿焉。是虽滴沥声为之作合，而香衾独拥，终夜无所染云。秋七月，自东瀛返棹，同人觞余于徐氏未园，翠绕珠围，群芳毕集。余于众中一人独加赏识。询之杏花仙史，则曰孙姬文玉也。初名赵文翠，已为俗子量珠聘去。旋以失爱，仍堕风尘，时犹未久。观其静坐不语，若有所思。与之语，旖旎温存，吐词霏玉，吹气胜兰，态冶情柔，香温玉软，洵尤物也。仙史遂怂恿作撮合山，乃与订好。晚即小宴其阁中。席间有谬誉余能文者，出扇索书。酒后涂鸦，不嫌其拙，其重风雅如此。临别，余解海南伽楠香串赠之，代系胸前，曰："以此聊志余情"。壬午重来征歌。觅间别墅，急招之至，问之曰："别四年矣，尚识余乎？"文玉即措胸前香串曰："见此如见君面，妾岂善忘若君哉。"视其容，丰艳更胜于昔时。余已有朱月琴、朱素贞二人，迭主觞政，与文玉踪迹稍疏，尝赠以楹联云："文字诵教樊素口，玉容艳夺女贞花。"盖隐寓素贞二字于中。或有告之者，梅子梢头，颇含酸意。姬善积财，数年已逾钜万，产后误服人参，竟至香消玉殒，惜哉。

朱素贞，吴门人，居西公兴，与朱月琴、朱竹卿并在一家。素贞淡妆素面，不事涂泽，而独以幽静娴雅胜。文孝廉偕陈氏昆季自粤来，一见遽垂青眼，屡宴其室中。壬午夏季花榜，独列三人，一素贞，二竹卿，三月琴。评素贞云："临风芍药，出水芙蓉，不言自芳，凌波独立。"余俱弗录，一时颇招物议。余有小诗调之云："城北喧传花榜开，文陈并是出群才。朱家姊妹花争艳，贞木含葩独占魁。素馨岂是无颜色，贞木由来有性情。十万名花齐俯首，文陈毕竟擅才名。"后余每逢绮席，必飞笺召素贞作觥录事，三年来从未格外索一缠头，亦个中人不可多得者也。卒嫁一米贾，两相心许，仅以二百金脱乐籍，布衣蔬食，甘淡泊焉，其志可嘉己。

朱月琴籍隶琴川，颇工词曲，广额秀眉，清眸玉颊。所不足者，其下稍削耳。后姬改名周逸琴，徙居清河坊。仙荨楼主访美于影像铺，意将按图而索骥。独艳月琴像，购之归。出以示余，夸为心得。余曰此余旧好也，可偕往访焉。既至，方令曲师教授，嚼徵含商，用志不纷，余听一曲后别去，近日闻已嫁乐工云。甲申春间海外归来，定居沪上，去天南之遁窟，筑淞北之寄庐，拟自此不复出雷池一步矣。二爱仙人亦自江右来，载酒看花，颇多雅集，余拟选名媛与缔欢好。乃自文玉死而素贞嫁，风流歇绝，到眼差可者，卒无一人。仙人以李星娥荐，未慊余意也。赠以楹联云："星辰昨夜疑谁伴，娥月前身问凤因。"盖别有寓意云。

铁城逸史为绳李凤宝姊妹之美，代为招致。凤宝琐骨纤躯，婀娜有致，人或比之李香君。久与之狎，娇憨温柔，媚态百出。某太史自京师来，颇眷之，几于一月而费千金。其妹曰金宝，年止十四五。盈盈竞秀，亦殊可人。肤色稍次，而妖冶动人。余与缔好，屡佐觞政。丙戌春间，以事涉讼庭，姊妹花风流云散。闻金宝尚在善堂，择人而嫁，然落花犹未有主也。金宝年虽稚，而醋娘子惯吃杨梅，含妒拈酸，出词尖刻。尚忆余在胡宝玉家小宴，秀林固为主席。余兼招月舫、金宝。月舫迟至，颇为所厄。胡秀林为宝玉养女，前依宝玉时，常相缱绻。姬性憨而慧，天真未漓。虽与之剧狎，亦卒无忤色。此所谓尽人调戏觯著香肩者也。后出资自赎，改名姜小玉，别树一帜。太痴生优赏之，谓他日得志，必贮之金屋。近为佩璆所昵，几于跬步弗离。姬亦殆有终焉之志，他人不敢问鼎矣。甲申秋杪，得识朱素真。先是以同姓名误招素真，素真未至。继余游朱桂卿家，闻隔房为朱素真所居，试往观之。果与朱素贞截然为两人。素贞淡雅自喜，而素真秾艳有余，眼含秋水，颊晕朝霞，肤润肌丰，自饶玉色。酒量殊豪，一举十觥，终无醉意。余恃有素真在座，酒胆轮囷，亦不甘为小户。初居西公和，继迁百福巷。室近通衢，凭栏俯瞰，车流水，马游龙，无日不在目中，殊足以畅襟抱也。

姬室中鼎彝帷幕，位置雅洁，不着纤尘。颖川公子雅爱之，缠头所掷，何啻千金。后虽卒归颖川，未及半载，即有违言，屏声伎而开阁，终放杨枝，抱琵琶而过船，有同商妇。旋闻为菊华生所得，西施一舸，同泛沧波，虽系凤情，亦具有前缘也。

甲申春间，陆月舫年仅十五，已来沪上，居于同庆里。其假母陆五官也。本娄江武弁妾，至是乃为房老。先是月舫本琴川人，名二宝，随其同乡顾阿招在吴门画舫时，年十四。月舫初来，名誉不甚著。是年冬迁居西合兴里，余初往访之，见其慧心丽质迥异寻常，招致殷勤，见于词色，遂缔新欢。自此征歌侑酒无虚日，遍处揄扬，极力提倡，香名骤起，而艳帜亦高张。至今屈指计之，已五年矣。

王莲舫名菡，本字蟾香，不知谁为之更名易字。乙酉季夏，年甫二八，尚未破瓜。余初见于公阳里，腼腆含羞，尚有闺阁态度，淡妆旧服，涂泽不加，愈形其色之真。余誉之曰："此泅足以领袖群芳矣。"未十日，妆束已焕然改观，亦赴客招，侍坐侑酒，周旋有序。尚忆双星渡河前一日，余招二爱仙人小集于海天酒楼。佩兰素为二爱仙人所赏识，余招莲舫、月舫佐觞政，当时称为三绝。俄而仙人羽蜕去，莲舫亦将有所属，追维往事，曷禁怅惘，爰作一律："记否去年同乞巧，海天闲话寄相思。花娇月媚称三绝，酒渴诗狂又一时。痛哭玉楼真见召，深悲金屋已无期。由来世事都如此，曷禁当筵泪满卮。"丁亥七夕，重忆曩愫，凄然有感，因填洞仙歌两阕，写向天涯，俾知余一段愁绪也。其一：秋风凉矣，又黄昏庭院。今夜双星渡河汉。记前时悄地，镜约香盟。终不信，竟有而今分散。朱阑围栅，何处卿家，渺渺云山梦魂断。纤月度墙来，一半流光，倘照见那人凄怨。料此际香闺寂无人，怕红袖单衣，泪珠偷满。其二：啼螀四壁，又沉沉更转。如此星辰有谁伴。算庭虚泼水，烛冷摇花。还尽我，一缕离魂先断。罗衣寒恻，心怯归眠，风露中宵几曾惯。负了好时光，可惜楼高，望不见天边人远。记并影雕兰说心伤，怎抵得而今，零星幽怨。是年八月十五团圆之夕，莲舫僦居鼎丰里。重理旧时生活，盖所欢弃之也。

先是莲舫之从所欢也，不索一钱。但谓之曰，以尔车来，以我贿迁。继为大妇所知，誓不相容，猎语哮声，日焉三至，所欢颊上时有爪痕，又不能供阿堵物，一切皆莲舫自为支持。卜居闸北，为祝融所厄，所有悉付一炬，以是不得已而出此。是夕莲舫招余往饮，乃折简召诸友。第一夕第一筵。余特为之倡。别箓姓曰姚，易名曰芬，更字曰蓉初。门前车马，仍如往时。自佩兰嫁而兰荪去，蓉初独步勾栏，首推巨擘矣。

吴慧珍，胥台人，从其母至沪。自幼时已见之，长益美丽，两颊如海棠著雨，惟短同扇坠，而肥若玉环。终乏娉婷之态，梳拢未几，为云间人以一斛珠易去。

　　吴金香，湖北人，行五。工唱南词，如新炙莺簧，花阴百啭，清脆异常，一洗筝琶俗耳。余时招之为席纠，最为云林后人所心赏。

　　王云香，良家女，雪肤花貌，皓齿明眸，不似寻常俗艳，少时为浪蝶狂蜂所诱，遂堕风尘。定安里王四姬见之曰："此奇货可居也。"立畀四百金，使居曲院。声价虽高，而入苦海自此始。余久爱其丰丽，思欲作顾家肉屏风。关石道人屡呼之侑觞，益与之稔。逮姬居百福巷，往来遂密。惟姬丁孃十索，颇无厌期。虽时有投赠，不足以供其挥霍，因与之疏。旋姬徙近桂馨里，遣人殷勤招致，于是重寻旧好，为之赎鸂鶒裘于典阁，不久故态复萌，遂不敢往，人亦少问鼎者。乃嫁一优伶，当必倡随相得矣。

　　张凤珠，吴人，双眸朗若秋水，丰容盛鬋，亦自可人。余初与相逢，尚未破瓜。后居肇富里，芳誉遂胜，旋易姓章，不久即从人去。

　　朱素芳居西公和里，粱溪瘦鹤词人最为倾倒，谓姬三分憨态，一点灵心，为申江名花十品之一。与余同饮酒楼，遽招之来，宛转随人，殊可人意。词人客山左，寄二诗忆之云：削肩媚眼楚宫腰，天许生成绝代娇。曾记画楼西畔醉，黄金十万买春宵。三千里外飘萍去，十二时中结辖来。寄语玉人须自爱，夜深花径莫徘徊。可谓情深一往矣。此外新相知者，曰张月娥，曰张素云，合之凡十有九人。月娥、素云别有传。

《日本杂事诗》序

　　海外诸邦与我国通问最早者，莫如日本。秦、汉间方士，恒谓海上有三神山，可望而不可即，而徐福竟得先至其境。宜乎后来接踵往者众矣，然卒不一闻也。隋、唐之际，彼国人士往来中土者，率学成艺精而后去。奇编异帙，不惜重价购求。我之所无，往往为彼之所有。明代通商以来，往者皆贾人子，硕望名流从未一至。彼中书籍，谈我国之土风、俗尚、物产、民情，山川之诡异，政事之沿革，有如烛照犀然，而我中国文士所撰述，上自正史，下至稗官，往往语焉而不详，袭谬承讹，未衷诸实，窃叹好事者之难其人也。

　　咸丰年间，日本定与美利坚国通商，泰西诸邦先后麇至。不数年而日人崇尚西学，仿效西法，丕然一变其积习。我中朝素为同文之国，且相距非遥，商贾之操贸迁术前往者，实繁有徒。卫商睦邻，宜简重臣，用以熟刺外情，宣扬国威。于是何子峨侍讲、张鲁生太守实膺是任，而黄君公度参赞帷幄焉。

　　公度，岭南名下士也。今丰顺丁公尤器重之，亟欲延致幕府，而君时公车北上，以此相左。既副皇华之选，日本人士耳其名，仰之如泰山北斗，执贽求见者，户外屦满。而君为之提倡风雅，于所呈诗文，率悉心指其疵谬所在。每一篇出，群奉为金科玉律。此日本开国以来所未有也。日本文教之开，已千有余年，而文章学问之盛，于今为烈。又得公度以振兴之，此千载一时也。

　　虽然，此特公度之余事耳。方今外交日广，时变益亟，几于玉帛兵戎介乎两境。使臣持节万里之外，便宜行事，宜乎高下从心，而刚则失邻欢，柔则亵国体，所谓折冲于樽俎之间，战胜于坛坫之上者，岂易言哉？今公度出其嘉猷硕画，以佐两星使，于遗大投艰之中，而有雍容揖让之休。其风度端凝，洵乎不可及也。

又以政事之暇，问俗采风，著《日本杂事诗》二卷，都一百五十四首。叙述风土，纪载方言，错综事迹，感慨古今。或一诗但纪一事，或数事合为一诗，皆足以资考证。大抵意主纪事，不在修词。其间寓劝惩，明美刺，具存微旨，而采据浩博，搜辑详明。方诸古人，实未多让。如阮阅之知袁州，曾极之宦金陵，许尚之居华亭，信孺之官南海，皆以一方事实托诸咏吟。顾体例虽同，而意趣则异。此则扬子云之所未详，周孝侯之所未纪。奇搜《山海》以外，事系秦汉而还。仙岛神洲，多编日记。殊方异俗，咸入风谣。举凡胜迹之显湮，人事之变易，物类之美恶，岁时之送迎，亦并纤悉靡遗焉，洵足为巨观矣。

余去岁闰三月以养疴余闲，旅居江户，遂得识君于节署。嗣后联诗别墅，画壁旗亭，停车探忍冈之花，泛舟捉墨川之月，游屐追陪，殆无虚日。君与余相交虽新，而相知有素，三日不见，则折简来招。每酒酣耳热，谈天下事。长沙太息，无此精详。同甫激昂，逊兹沉痛。洵当今不易才也，余每参一议，君亦为首肯。逮余将行，出示此书，读未终篇，击节者再。此必传之作也，亟宜早付手民，俾斯世得以先睹为快。因请于公度，即以余处活字板排印。公度许之，遂携以归。旋闻是书已刻于京师译馆。洵乎有用之书，为众目所共睹也。排印既竟，即书其端。若作弁言，则我岂敢！

与盛杏荪方伯

薄游东瀛，路出金阊，与诸故人重拾坠欢，往涉留园，泉石清幽，花木静远。侧闻园主人为天下风雅士，华族蝉嫣，家门鼎盛，文章节行，照耀宇内，即心志之弗敢忘。旋在雨之方伯座中获挹芳徽，恨相见晚，辱承缪加推奖，誉不容口，盛德虚衷，世所罕觏，自惭谫陋，无任主臣。

韬于日本之行，得友五人焉，何星使子峨侍讲、黄参赞公度太守、廖枢仙教授、吴瀚涛少尉、沈梅史别驾，皆当世才也。文字性情，并相沆瀣。旅居江户，昕夕聚首。往往击钵哦诗，看花觅句，东游之作，颇有豪气。临行，日本诸文士设祖帐于中村楼，自星使以下，至者百有余人，歌舞迭陈，管弦并奏，新柳二桥之粲者，一时毕集，异方之乐亦可云盛矣。

放棹归来，得与阁下重晤于徐园，于时小宴初开，名花列侍，絮谈别况，重入欢场，既看东园繁华，复听南吴丝竹，移情悦耳，夫岂有殊。阁下于役金陵，正当多士云集之时，金凤扇候，玉尺量才。大江南北为人才所荟萃，惜一为帖括所困，虽有殊材异能，不得不俯就有司绳尺耳，此豪杰之士所以痛心扼腕也。秦淮画舫，可似往时，莫愁桃叶间，尚有流风余韵否耶？一追忆之，忽忽有今昔盛衰之感，况乎阁下身历其境者哉！

韬香海回帆，已邻秋杪，重阳节近，又往揭阳。潮郡数邑，绿水环城，青山绕郭，殊有江南风景。日人封豕长蛇，方思荐食，灭琉改县乃其肇端。曩者日人驻兵台湾之役，韬曾致书召民观察，指陈形势，先事防维。使如韬言早为整顿，日本决不敢觊觎琉球，取之如寄矣。追维前事，曷禁三叹。呜呼！是役也，我国家酬款五十万金，乃始罢兵归国，

然较之烽燧照于疆圉,肝脑涂乎郊野,则所费省矣。当轴者方庆无事,
而边防一切置不复讲,故不数年间,复有琉球之役。是盖窥朝廷务以宽
大为怀,遂敢出此也。窃闻当轴者于此,若以前事为鉴,反复诘责,几
于操之太蹙,特未知我之所以备日本者仍未有也,其情亦与前日同,此
草野小民一思及此,所以痛哭流涕长太息者也。夫台湾切于琉球,生番
重于属土,前事之失,后事之师,及今而图之犹未晚也。聊言所怀,以
博一粲。树云在望,慨想而已。

上何筱宋制军

今年三月中，以养疴远游，遂有日本之行。道经沪渎，谒见郭侍郎。告以日本狄焉思逞，夷灭琉球，降为郡县。我朝廷仗义执言，移文日本政府，令其改冲绳之名，而还琉球国土。夫琉球为我中朝藩属，已二百余年，普天率土罔不闻知，今一旦举而翦灭之，日人之心殊为叵测，情同貔玩，志挟侮凌，薄海臣民，无不痛愤，我朝廷移文相诘，名正言顺。况乎琉球为千余年自立之国，载在职方，登于王会，用以备我屏藩，保障我东海，今日翦焉倾覆，我中朝即欲置之不问，亦所不能。夫存小邦，保弱国，兴灭继绝，此天下之公义也。故今日所争者，为大义非为虚名，为将来非为见在，我中朝岂贪此弹丸之片土哉！

韬至日本后，居神户者九日，旅东京者十旬，与何星使子峩侍讲，黄参赞公度太守偶及此事，未尝不踌躇太息。屡与政府折辨，开诚布公，而益增其横，知此事非可徒以口舌争。惟汶阳之归，东人为之气索，盖彼方幸俄人与我有事，而彼得以乘间而起也。

日本自步武西法以来，无事不加仿效，自以为能尽西人所长，急欲轻于一试。兹于船舰枪炮日事制造，陆兵水师日事演练。然核其实，则火轮战舰仅二十四艘，而良窳参半，陆兵止三万，水师止数千，而尚须募人以足额。长门险要之所，守兵单薄，则行三丁抽一之法。各处炮台半多损坏，惟东京者尚属巩固可恃。东京为其畿疆重地，兹特新制炮艇五十艘以资防御。自与泰西诸国通商，每岁输出之银凡七八百万，国中见银日绌，民间惟行纸币，而实不足取信于西人。地小而物寡，民穷而财尽，几于国不可以为国，而尚欲用兵域外，启衅邻邦，多见其不自量也。正恐兵动于外，民变于中，乱生肘腋，祸起萧墙，深为日人危也。

顾日人之情形如此，而我之自备者要不可亟整顿。沿海水师非一时所能集事，要必尽除旧法，悉改新章而后可，军舰既成，水师既精，然后可以言战，可以言守。诚以日人豕突狼奔，逞其无前之锐厉，先发作难，沿海之地在在堪虞，是在我贵有坚忍不拔之志以待之，勿以小胜喜，勿以小挫惊；必先破其恫喝之阴谋，夺其骄凌之伪气，我怒彼怠，彼骄我奋，然后能一战以制其死命。虽然，东顾之虞其小焉者也，西事之图其亟焉者也。

近日欧洲情形又将一变。普、奥既联，法、俄又合，英居其中，势成孤立，土耳机又以德为怨，纠不逞之国与英为难，英前既用兵于阿富汗，近又将进讨缅甸，波斯向为印度之屏蔽，今复贰英而助俄，是英于欧、亚两洲皆将有战事。设使藩属诸小国环起而叛英，则俄人必将乘间以图印度，盖俄知欧洲之不易图，亚洲之尚可为，与其争名不如争实利，故舍西北而事东南，舍土耳机而谋印度。设又知印度之难谋，舍之而他顾，则将惟弱是兼，择肥而噬，亚洲大局正为可危。英自失法之援，持盈保泰，不敢轻启衅端，即曩者出全力以助土，亦仅虚声而已。欧洲诸国慑于英之素强，故莫敢先发以与之抗。其实兵力之强弱，兵额之多寡，今昔相判，早已攸殊。彼普、澳、俄、法带甲或数十万，或百数十万，而英倾国之师不过十五六万，虽用兵贵精不贵多，然相悬太甚，胜负之数究未能必之操券也。英、俄将来必出于战，两雄之中当有一蹶，然后欧洲之局可定。

要之，我国家在此时要当奋发有为，亟图振作为自强计。我中国虽不以欧洲之治乱为祸福，欧洲之盛衰为忧喜，而当其多事之秋，正我励精图治之日，忧盛危明，古圣王之所不废，况乎叩阍互市，越境通商，虎视鹰瞵，环而俟我者之不一其国哉！无如步武西法，仅得皮毛，讨论治功，但在眉睫。而其患尤在因循苟且，玩愒废弛，怠惰偷安，拘泥不变；浅近者甘于自域，远大者务为自满，虚骄之气中于人心，而其害遂至；于国是又复各执一见，互相诋諆。不知至于今而犹不知变通，是却行而求及前人也。

夫中国，天下莫强焉，在乎能自奋兴耳。今日要务先在取士储材，简官选吏，以治我之民；次在练兵教众，制舰厉器，以治我之兵。至于改易营制，讲求海防，演习枪炮，搜辑军实，一切须以西法从事。然后内可以睦邻，外可以御侮，而天下事自无不举矣，而何患乎日？又何患乎俄？

与日本冈鹿门

　　横滨揖别，已八阅月矣，日月荏苒，殊不可恃。两奉瑶华，欢喜无量，临风雒诵，如挹芳徽。入春以来，羌无好怀。曩者小住江都，颇得友朋之乐，山水之欢。追随诸君子之后，开樽轰饮，击钵联吟，画壁旗亭，征歌曲里。振衣上野之皁，泛棹墨川之滨，买醉忍冈，追凉柳岛。曾几何时，而已不可复得矣。每一回思，辄为怅惘。蒿目时艰，无可下手，强邻日迫，又有责言，既西顾之堪虞，益东瞻而兴喟。

　　今日亚洲中惟中与日可为辅车之相依，唇齿之相庇耳。试展舆图而观之，东南洋诸岛国，今其存者无一也。五印度幅员袤广，悉并于英，其存者亦仅守故府、拥虚名而已。阿富汗已为英所翦覆；波斯介于两大之间，将来非蚕食于英，即鲸吞于俄耳。异日越南必灭于法，暹罗、缅甸必灭于英。其余大小诸邦，尽为欧洲诸国东道之逆旅，建埔通商，设官置戍，视作外府。此不过三百余年间，而亚洲诸国已蚕食至是，宁不大可危乎？闻贵国有志之士，近日创设兴亚会。此诚当务之急，而其深识远虑，所见之大，殊不可及。长冈护美、渡边洪基，皆与韬相识，而为是会长。昨比睿兵舰自东抵港，驾舶长官伊东祐亨、海军中秘书福岛行治皆来就见。其奉使波斯者，为吉田正春、横山孙一郎，其执兴亚会中牛耳者，为曾根俊虎、伊东蒙吉，咸纳交于韬，通缟纻而结苔岑焉。要之，贵国多慷慨激昂之士，国未有艾焉。

　　呜呼！当今积弱之弊，莫甚于夸张粉饰，苟且因循，文武恬嬉，上下蒙蔽，拘墟成例，罔知变通，仿效西法，徒袭皮毛，而即自以为足。此犹却行而求及前人也，叔向怀宗国之忧，张趯居君子之后，每一念及，未尝不辍箸而兴嗟，停箸而弗御也。世事日非，时局孔亟，韬惟有读书遣日，慨慕黄、虞而已。芳序已阑，春寒犹厉。伏冀万万为道自重。

跋日本《冈鹿门文集》后

　　日本固东瀛之强国也。当未与泰西通商之先，刀械之利，甲兵之强，战阵之猛，亦复虎视一时，鹰扬六合，而为东洋诸国之领袖。且其臣民忠义，风俗醇良，莫不各勤其职，各乐其业，无殊于世外桃源，令有心人不禁闻而神往，以为是固羲皇上人，无怀氏、葛天氏之民也。古所谓海上三神山，其即此欤？

　　乃自美国和约既定，互市遂开，远近诸国皆接踵俱来，扬帆并至，舳舻相接，羽集而鳞萃。日本执政者，又复崇效西法，振兴西学，尽弃其旧而新是谋，甚至于改正朔，易服色，冠裳制度，礼乐政刑，俱为一变。而民俗亦渐浇而黠。向之所谓敦厚者，一旦荡焉泯焉。自不知者观之，以为富强著效，骎骎乎驰域外之观。其知之者，或以为失之于太骤，或以为失之于太似。其实所学西法，亦徒袭其皮毛，未得其精，而已嚣然自足矣。

　　夫日本地小而瘠，民寡而贫，其外庞然，而其实则外强而中槁。日东有识之士，未尝不知其弊，咨嗟太息，往往形之于文字之间。

　　吾友冈君千仞，当今豪侠士也，沉思而远虑，博学而多闻，尝见其送人赴法国博览会，而知其意之所属矣。其言曰：

　　近岁欧人创火轮舶，驾风破浪，万里比邻，往来如织，举地球为一大市场。平居和好，使命交通，有无相济，若无复足虑者。一旦遇利害，作于眇忽，蹶起而忿争，蹀血千里，苍生涂炭，竟不免于弱肉强食矣。

　　盖国之亡，非必易其主失其地之谓也。国体不立，受制于异邦，非亡乎？国力不赡，仰给于异邦，非亡乎？今夫制度文物，一模拟于彼，法制禁令，为彼所掣肘，谓之国非其国。譬犹世农之家，释其耒耜，从商贾之业，去朴就侈，自以为得计，徒取市侩之笑耳。既不能为农，又不能为商，非亡家而何也？高其屋，华其室，衣服器用皆资之于异邦。工艺未兴，产物未盛，而金货滥出，府库已空，上下为此告穷。譬之东家之女，羡西邻之妇，不度贫富之相悬，学其盛服，以饰外观，不蚕不桑，资费无所出，终之不过沟中之瘠耳。智者防祸于未然，宁可不早为之所乎。

法国有博览会，我邦之人多往，友人某亦与焉。余谓之曰：吾闻博览之会，天地之所出，人工之所制，搜罗万国，莫不皆有。观之者足以增智力，发巧思；购之者足以诧新创，弋奇赢。故竞技者必于是，争利者必于是。我邦所赍货物器具，不为不多，或有驾于彼者，则声价百倍，而得赢之盛，从此始，其利于邦不亦大乎？

抑余更有进焉者。夫巴黎斯者，欧洲大都也，是会坤舆万国皆造焉。子试观于其市，绿眼紫髯气扬扬而视眈眈者，皆虎狼也。子既得而与之交，归而告于吾君吾相曰：市有虎焉，白昼群行，脔人之脑，不毙不已。我宁为管庄子，勿为鱼肉。彼不出刀而我自割，彼不出薪而我自烹，以饱其腹，非计之得者也。若吾君吾相，由子之言知所戒，国体以加巩，国力以加强，则子之于此行，其利于我邦不益大哉。

观此文，则知吾友之志虑深远矣。孰谓日本无人哉！

夫日之变法，志在自强，初不谓其弊之至于此也。夫西法非不可学，而其所以治民生立国本者，要自有在。且日本之于中国，昔则可以闭关绝使，画疆自守。今则万国来同，舟车毕集，以亚细亚洲之大局而论，方当辅车唇齿之相依。且以地势观之，日本之在东洋，譬诸中国之门户也。其在东南洋诸岛国，既为泰西列邦蚕食鲸吞，印度广土，又为英踞。屏藩尽撤，险阻不完。越南、暹罗、缅甸，又皆为英、法之所制。朝鲜蕞尔，不足与图。波斯、阿富汗，则又僻在远方，介于两大，亦几危弱不能自存。是则中国之外，惟日本而已。乃日本徒以能效西法，侈然自大，凌侮中朝，急欲轻于一试，是直不明利害之端，而昧于维持之义者已。想日本有识之士，当必为之痛哭流涕而长太息者也。

上郑玉轩观察

俄人之欲开边衅久矣。近知欧洲之不能逞，而思注力于亚疆；知印度之未可图，而欲耀威于中土；以为制胜之法，在舍坚而攻瑕；用兵之道在避实而击虚；与其争空名，不如收实效。伊犁一隅，俄人久已垂涎，设使中朝大度包容，置之不问，则彼即据为己有。逮乎特简重臣，亲往索取，彼欲不与，则于理弗顺，迳以畀我，又于心有所不欲，故特设数难端，名还而实否，冀相牵制。今崇宫保因使获谴，俄人岂无耳目，恐责言之至，朝不逮夕。俄人处心积虑殆非一日，一旦有所藉口，其发必速，况整顿水师，调集战舰，在我则难而在彼则易，在我则迟而在彼则捷，彼之启衅，必若迅雷之不及掩耳。何则？彼知我兵备久弛，边防未固，战具未齐，兵卒未练，而后彼乃得惟所欲为也。

论者谓俄主好大喜功，严刑峻法，国人久所弗喜；俄后专制揽权，宠任大臣玛理辅，玛理辅喜开边衅以邀功，日事兵戎，求逞其志，必斥退之而俄国之乱始可弭也。国中之为叛党者，皆希利尼人，以教事不同而起，各立门户，互相水火，而俄主未免偏袒虐待，此祸变之所由始也。

西报讯俄主宫闱浊乱，秽德彰闻。其是否虽不可知，而父子不和，上下交怨，穷兵黩武，财匮饷绌，小国憾之，大国忌之，强邻悍敌环而伺之，俄几势成孤立，故即使用兵于中国，亦无所患。美邦前任总统赫兰之言曰：中、日之患在英、普而不在俄。土耳机之战，俄已财殚力痛，目前必不能为患。

今兹英、普、澳三大国相联，大有虎视万邦之势。英人已据有阿富汗而灭之矣。阿之疆宇隶入版图，而英又修好于波斯。以势揆之，暹罗、缅甸将来皆可虞也。法于越南志在必取，恐不三四年，阮宗不祀忽诸，深可悲也。亚洲大局岌乎殆哉！普自胜法之后，飞扬跋扈，航海东来，尚无一片土为其逆旅，藉以停战舶，驻兵旅，设官守，以卫商贾，以壮声势，此固普人日夕图维者也，特此时未有可乘之机耳，要不可不虑也。

虽然，俄为欧洲之巨擘，诸国皆视如无道之虎狼秦。今一旦与我为难，实我国之殷忧，况乎我又先与之间也。崇宫保因使得罪，传闻邻国，莫不悚然动色。台官论列至，连上四十七疏。窃谓此役也，当郑重于未行之先，不当弹劾于既还之后。崇宫保之能胜重任与否，举朝之人岂无一知之，而无一言之者。此所未解者一也。

既未廷受密旨，岂枢府大臣亦绝不潜授机宜，预示方略乎？如俄人自恃强大，索而不还，则将如何？或仅还其半，将如何？或还而索重酬，此外更有所要约，将如何？廷议所及，于未行之先，要当胸有成竹，岂如是重大之事，绝不先为筹画，而听宫保之一行，即为了事？此所未解者二也。

左侯帅之驻师新疆，与崇宫保之出使俄国，互为枢纽。当宫保之行，何不取道于新疆，面见左帅，商酌事机；不独伊犁之情形洞悉于胸中，即俄人之情伪亦如掌上螺纹。乃彼此绝不相通，各自为事，判若秦、越。此所未解者三也。

至于今日事后所论，人人能言之，殊不足以折服崇宫保之心也。然则崇宫保宜若无咎乎？是又不然，我国虽不若泰西诸大邦，所论一有不合，一递电音，水师战舰可以朝发而夕至，使臣于舌战之外，继之以兵战，所谓不能折之以词而可慑之以势也。泰西使臣奉命人国，往往二者互相为用，故论者谓为西国使臣易，为我国使臣难。然崇宫保以特简之重臣，宣朝廷之威命，所恃者有万国公法在，全权使臣职居一等，别国待之有加礼，其可否是非之间，不妨面折廷争，彼必不敢稍形侮慢也。

试观南北宋时，其屡弱为何如，辽、金二国，其鸱张狠戾为何如，犹且争岁币，争名分，争一字以持国礼，为使臣者，虽受幽囚凌辱而不顾。今我朝幅员之广，人民之众，财力之富，何遽不如俄，虽积弱之势为其所窥，而持理以折之，彼亦未敢倔强也；惜乎崇宫保之自馁也。顾一误岂容再误，崇宫保之还，要当不动声色，其和约之可从者从之，不可从者从容与之辩论，俄未必遽尔发难。今则反予俄人以有辞耳。

朝廷治崇宫保之罪，雷厉风行，四邻闻之相顾色骇，以后徒增轻视使臣之心，而以使臣之言为不足凭。一也。所举未必有裨时局，断不能

使俄人闻之因此而不复追问前约，且恐益以增俄人坚持践约之心。二
也。此与日本争论琉球一事不同。日本之事其直在我，今日之事其直在
彼。盖俄得以立约所言，与我相周旋也。特此二事，愚皆惜其操之太
蹙，使人得以因此而窥我。子贡曰：有伐人之心，而使人先知之，此危
道也。故我于此，窃惜枢府计之左也。日本之事，且置勿论，而俄则劲
敌也。境壤毗连，于北方为尤近。俄人若因此启衅，近必不进攻新疆，
远必不直捣天津，当由乐州、洆河绕道而进。前日英、法之船聚泊登州
海面，其明验也。故山东登州一带，当设重防，盛京三省之地，亦宜实
之以兵力。特以大局计，要当以不战为上。

与黄公度太守

鸿仪久隔，鲤讯遥通，伏读瑶华，心长语重。古之人初无一面之雅，而未见则相思，既见则相契。苔岑不能闳其性，金石无以渝其诚，如阁下者，斯近之矣。何意暮年得此至友，东瀛之游屡不虚矣。阁下品质醇粹，学问宏深，矫然如天半朱霞，云中白鹤，令人可望而不可即。及久与之交，亲与之接，乃觉温乎其容，蔼乎其言，而其情固一往而深也。

范季韩自游夏岛归，樊桓此间，殆将匝月。聆其缅述岛中土风俗尚，不禁神往。此真世外桃源，想不数十年趋者如鹜，厚者浇，醇者漓矣。

闻西印度群岛棋布星罗，类多未属于欧洲诸国，其民人既无君长，亦无酋目，不识不知，自乐其天，捕鱼弋鸟，自食其力。虽近赤道，而亦有山水清嘉，气候温淑者。苟徙中国贫民于此，教之开垦，教之树艺，更教以中国之文字语言，设塾教其子弟，训之以孝悌，示之以礼义，加意为之，经营不十年，其效有可观已。是虽黑子弹丸，亦海外之扶馀也，特惜中国无好事者耳。

俄事尚无确音，但闻沿海各省纷纷备兵耳。窃谓平时宜先之以淬厉，临事宜应之以从容，否则草率苟且，不独无补于战务，反恐贻误夫大局。俄人近日调兵选将，遣舶备师，艨艟绎络乎海上，旌旆飞扬乎境中，几于如火如荼，不可逼视，此兵志所云先声以夺人也，要亦恫喝之故智耳，战未必成也。即出于战，亦未能若是之速也。盖朝廷已重简使臣前往议约，俄虽倔强，要必静俟其至，以所议之从违，决此时之和战；安有使未出境而敌已称兵，揆之万国公法，有是理乎？此欧洲列邦之所不许也。即使兵戎相见，当在明春，杞人之忧正无已时。

呈郑玉轩观察

迩来泰西近事，无足述者。英未能安阿兰之反侧，法未能戡端尼之梗顽，俄尚思逞其雄图，日时欲施其狡计。俄不免于贪，而日则有类于狂矣。贪者众怨之所聚，狂亦众嗤之所丛。俄已有成约，不四五年弗能渝也。日灭琉球，目中先已无我，盖其原由于侵台湾，攻蕃族，我国家豁达大度，过示之以宽宏，且委曲酬之以五十万金，于是彼遂得以窥我之微矣。

其实日本国小而民贫，外强而中槁，自改封建为郡县之后，法令日新，变更太亟。悍族强宗，多有未服者，设使外衅一开，内变必作，观其前时官民自相战攻，有可知已。琉球一事，我国前日已有诘问，日人粉饰夸张，益增其横，彼已势成骑虎，我亦事类遣蛇。浸假我国于此仍以度外置之，彼固不敢先行作难，然其如四方之观听何？小邦之仰望何？平时纳共球，受贡献，一旦竟任其不祀忽诸，充耳秦廷之哭，绝怀曹社之墟，揆之于心，实有所未安。且恐数载之后，日之狡焉思启者，又将有事于我中朝也。

今日者，自强之术固不可不讲。何如以防俄之备，转而防日。器械必铦利也，船舰必坚捷也，士卒必精练也。既有物力，又有人材，内以治民，外以御侮，日人虽狡，其尚敢肆哉！特恐俄事既平，日事亦置之不问，因循玩愒，蒙蔽苟且，一切狃于故习，则我不知之矣。泰西诸国入贾中土，其于我之作为举动，了然若洞垣一方，而我于彼事，如隔十重帘幕。此数十年来张弛举措，所以未能一当也。

须知稔悉洋务者，未必皆通西国语言文字之人，是在能逆探其情耳。迩来之知西学者，类多骄矜自负，其料事粗而疏，其观事轻而易，未得西国之所长，而偏陷溺于西国之所短。一旦任之以事，未有不偾者也。平日专对，亦未识立言大体。国家之任用之者，在乎善驾驭之、裁抑之耳。聊作放言，以供抚掌。天气将寒，西风多厉，伏维万万为国为民自重不宣。

弢园老民自传

老民姓王氏，素居苏州城外长洲之甫里村，即唐陆天随所隐处也。老民以道光八年十月四日生，初名利宾。十八岁，以第一入县学，督学使者为秦中张筱坡侍郎，称老民文有奇气。旋易名瀚，字懒今。遭难后避粤，乃更名韬，字仲弢，一字子潜，自号天南遁叟，五十后又曰弢园老民。

老民世系本出昆山王氏，有明时巨族也。族中多有位于朝。明末兵事起，吾家阊门殉国难，始祖必宪，甫在垂髫，逸出存一线。自此至晋侯、诒孙、载扬，居昆凡四世，并读书习儒业，有声庠序间。载扬讳鹏翀，品端学博，尤为士林所推重。以早世，子尚幼，戚串中有觊觎者，乃迁甫里。大父讳科进，字敬斋，习端木术，笃厚慎默，见义勇赴，乡里称善人。父讳昌桂，字肯堂，一字云亭，著籍学官，邃于经学。九岁尽《十三经》，背诵如流，有神童之誉。家贫，刻苦自励，教授生徒，足迹不入城市。老民上有三兄，十日间，俱以痘殇。祷于武林，遂生老民。

老民幼时，屡梦浮屠佛像，魂自能从泥丸宫出入，十余岁后始止。自少性情旷逸，不乐仕进。尤不喜帖括，虽勉为之，亦豪放不中绳墨。既孤，家益落。以衣食计，不得已橐笔沪上。时西人久通市我国，文士渐与往还。老民欲窥其象纬舆图诸学，遂往适馆授书焉。顾荏苒至一十有三年，则非其志也。沪上虽为全吴尽境，而当南北要冲，四方冠盖往来无虚日，名流硕彦接迹来游。老民俱与之修士相见礼，投缟赠纻，无不以国士目之。中如姚梅伯、张啸山、周弢甫、龚孝拱，其交尤密。西馆中，时则有海宁李壬叔、宝山蒋剑人、江宁管小异、华亭郭友松，并负才名，皆与老民为莫逆交。惟是时事日艰，寇氛益迫，老民蒿目伤心，无可下手。每酒酣耳热，抵掌雄谈，往往声震四壁，或慷慨激昂，泣数行下，不知者笑为狂，生弗顾也。

金陵既陷为贼窟，而沪上亦以闽、粤会匪起，戕官据城。老民思出奇计以复之，卒不能。发愤抑郁，患咯血疾，几殆。咸丰八年，徐君青中丞开府吴中，与老民固有文字之契。老民以和戎、防海、弭盗三大端进言，前后上书十数通，皆蒙优答。十年，金陵大营溃，贼窜吾吴，常、镇、苏、太同时俱陷。东南半壁至此糜烂，四郡村乡亦蹂躏无完土。老民于是志愈孤，心弥苦。方捧上官檄督办诸乡团练。老民知其贪诈畏怯，万不可恃，屡上书当事，代画方略。言过切直，当事外优异而内忌嫉之。顾所言颇见施行，能多见效，其最要者以西人为领队官，教授火器，名曰洋枪队。后行之益广，卒以此收复江南。然用其言而仍弃其人，并欲从而中伤之。此老民之所以扼腕太息痛哭流涕长往而不顾者也。

惟时贼于苏乡遍设伪官，立董事，皆土著人，暴敛横征，伪卡林立。老民固素识诸董事，密相结纳，说以反正，言曾帅善用兵，只以方剿上游，未遑兼顾。今安庆已复，援军旦夕必至，不可不自为计。因激以忠义，勉以功名，令诸董事入贼中说头目结内应，皆有成说。其黠者亦从而徘徊观望。老民密纵反间，使贼党互相猜贰，自翦羽翼。诸内应者多急欲见功，势颇可乘。而当事者遽以通贼疑老民，祸且不测，闻者气沮。老民急还沪上，犹思面为折辨。顾久之，事卒不解，不得已航海至粤，旅居香海。自此杜门削迹，壹意治经，著有《毛诗集释》，专主毛氏，后见陈硕甫《毛氏传》、胡墨庄《毛诗后笺》，遂废不作。

同治二三年间，李宫保方次第克复吴中郡县，老民代粤人某上书宫保，陈善后事宜，并言诹远情，师长技，自致富强之术，颇蒙采纳。

六年冬，西儒理君雅各招往泰西佐译经籍，遂得遍游域外诸国，览其山川之诡异，察其民俗之醇漓，识其国势之盛衰，稔其兵力之强弱。道经法都，得瞻其宫室之壮丽，士女之便娟，廛市之骈阗，财物之殷阜，与英之伦敦并峙称雄，同为欧洲巨擘焉。既至英土，居苏格兰之西境。其地近北极，少燠而多寒，春夏之交，彻夜有光，而山水清淑，岩壑秀美，游屐所至，殊足娱情适志。九年二月还粤。此三年中，老民以孤身往还数万里。尝登舵楼以眺望，决目极天，荡胸无际，波涛消其壮志，风雨破其奇怀，未尝不感怆身世，悲悯天人，击碎唾壶，泪涔涔堕也。

老民既还自泰西，当事颇有知其冤者，或贻书劝其出山，或欲托人招致幕下。老民俱谢不往。丰顺丁公，一代伟人也，尤赏识老民，谓当今通达时务，熟稔外情，莫若老民，为之揄扬于南北诸大僚。于是诸大僚始稍稍知有老民者。呜呼！此老民生平第一知己也。老民固极思感激驰驱以报知己，而忧患以来，精气消亡，才华零腐，既不能上马杀贼，下马草檄，又不能雕琢文字，刻画金石，以称颂功德，徒为圣朝之弃物，盛世之废民而已。

辛未秋，普法战事起，七阅月而后定。老民综其前后事实，作《普法战纪》。是书虽仅载二国之事，而他国之合纵缔交，情伪变幻，无不毕具。于是谈泰西掌故者，可以此为鉴。惟仓卒秉笔，或患冗芜，尚有待于异日之重辑，而老民自知其必传于后无疑已。癸酉，香海诸同人醵赀设印局，创行日报，延老民总司厥事。老民著述乃得次第排印。

光绪五年己卯，老民作东瀛之游，藉以养宿疴，涤烦虑。取道沪渎，放棹金阊，得重见故乡风景。阔别二十年矣，真觉城郭则是，人民则非，有"丁令威化鹤归来"情况。及身而重阅沧桑，生还枌梓，固老民初念所未及料者也。

既至日东，遍历崎阳、神户、浪华、西京诸名胜。居江户者十旬，遍交其贤士大夫。一时执贽请受业者，户外屦满。壶觞之会，坛坫之升，无日无之。唱和诸作，颇有豪气。中又为日光山之游，遍览诸瀑布，穷其幽邃。老民将归，日之贤士大夫饯别于中村酒楼，星使参赞以下至者百有余人，日人谓自开国数千年来所未有也。

老民久居粤东，意郁郁不欢，恒思归耕故乡，卜居于莫厘、邓尉之间。筑三椽之屋，拓五亩之园，藏书数万卷，买田一二顷，徜徉诵读其中，优游卒岁，以没吾齿。顾是愿卒未能遂，岂非天耶！

呜呼！老民虽流徙遐裔，僻处菰芦，而眷怀家国，未尝一日忘。尝言此十数年中，时局一变。发、捻、回、苗，悉数荡平。左帅用兵新疆，扩地数万里，功震寰中，威行徼外，赫然见中兴盛烈。然而泰西大小诸邦叩关互市，辄以兵力佐其商力。所至各埠，设官置戍，艨艟相望。每挟其所长，从而凌侮我。来必应，请必遂。一旦龃龉，环而伺我者数十国，腹心肘腋间遍布森列，几于国不可为国矣。嗟乎！此盖误于羁縻之说，而驾驭未得其宜也。近者日并琉球，俄据伊犁，我国家并持节往问，而时虞失和，势且岌岌。老民外感于时势之艰难，内愤于措施之颠倒，旧疾陡发，诚使祈死得死，亦复何憾？

老民有弟曰利贞，字叔亨，一字咨卿，读书未成名而卒，年仅二十有七。有姊曰媖，字伯芬，嫁吴村周氏，癸酉六月先老民而逝。老民妻杨氏梦蘅，名保艾，字台芳，娶仅四年没于沪。续娶林氏名琳，字怀蘅，一字泠泠，经历患难中与老民同甘苦。老民无子，有女二。长曰婉，字茗仙，归吴兴茂才钱征，早殒。次曰娴，字㮣仙，生不能言。呜呼！老民既无子矣，而复夺其女。不解造物者所以待之抑何刻酷至斯哉？

自始祖必宪至今二百四十余年，七叶相承，五代单传，仅得男子十有五人。老民以下有从侄三人，相继夭没。于是自明以来，巍然硕果，仅存老民一人而已。天之所废，谁能兴之？天不独厄老民，而或将并以毒王氏也，恐王氏一线之延，至老民而斩矣。噫嘻！不大可痛欤！尤可异者，曾王父娶于沙氏，大父娶于李氏，父娶于朱氏，其家并无后。老民弟娶于夏氏，髫龀俱亡。老民先娶于杨氏，危乎不绝如缕，继娶于林氏，亦已不祀。祖姑嫁于汪，伯姑嫁于曹，宗祧并绝。老民族党无存，密亲盖寡，侧身天地，形影相吊，岂天之生是使独欤？老民每一念及，未尝不拔剑斫地，呵壁问天也。

老民少承庭训，自九岁迄成童，毕读群经，旁涉诸史，维说无不该贯，一生学业悉基于此。自后奔走四方，无暇潜心默识矣。父在未尝尽一日养。奉母居沪上，扁舟道路，甘旨缺如，而母氏绝无不豫色，但勖以忠义节廉而已。老民母固知书识大体，四五岁时，字义都由母氏口授，夏夜纳凉，率为述古人节烈事。老民听至艰苦处，辄哭失声。因是八九岁即通说部。吴门既乱，母氏忧形梦寐，逮老民遭罹奇祸，母氏竟以忧殒其生。老民以此积惨终身，痛欲剚心，赎难縻体，虽仍偷息人世，不可复为人矣。

老民于诗文无所师承，喜即为之，下笔辄不能自休。生平未尝属稿，恒挥毫对客，滂沛千言。忌者或訾其出之太易。至于身遭谗谤，目击乱离，怀古伤今，忧离吊逝，往往歌哭无端，悲愉易状，天下伤心人别有怀抱也。

老民迩来潦倒颓唐，百事俱废。去冬咯血，至今未愈，日在药炉火边作生活。深惧一旦溘然，平生著述，必为人拉杂摧烧。因先将《诗录》八卷检付手民。其余藏于行箧者尚多，不足供糊窗覆瓿，因病得闲，聊自料理。所著有《春秋左氏传集释》六十卷、《春秋朔闰考》三卷、《春秋日食辨正》一卷、《皇清经解札记》二十四卷、《瀛壖杂志》

六卷、《台事窃愤录》三卷、《普法战记》十四卷、《四溟补乘》三十六卷、《法志》八卷、《俄志》八卷、《美志》八卷、《西事凡》十六卷、《瓮牖余谈》十二卷、《火器说略》三卷、《乘桴漫记》一卷、《扶桑游记》三卷、《海陬冶游录》七卷、《花国剧谈》二卷、《老饕赘语》十六卷、《遁窟谰言》十二卷、《淞隐漫录》十六卷、《弢园文录》八卷、《弢园文录外编》十二卷、《蘅华馆诗录》八卷、《弢园尺牍》十二卷、《弢园尺牍续钞》四卷，都二十有六种。

生而作传，非古也。老民盖惧没世无闻，特自叙梗概如此。

杞忧生《易言》跋

　　杞忧生，初不知其何许人也。继乃知其居铁城，氏荥阳，足迹遍南北，而旅处沪渎最久。其地为冠盖之往来，商贾所辐辏。杞忧生居其间，不仕不隐，亦吏亦儒，日交其贤豪长者而与之纵谈天下事，时或慷慨泣下，击碎唾壶。今湘乡郭筠仙侍郎、吴川陈荔秋司宪皆赏识之，屡欲加以拂拭，拟招佐星轺以备咨访，而杞忧生悉坚辞弗往。日惟寄情缃素，肆志林泉，慨慕黄、虞，读书自娱而已。

　　沪虽弹丸一隅，而金气熏灼，诡幻百出。花月之光迷十里，笙歌之声沸四时。而杞忧生萧然一无所好，以圣贤宅衷，以豪杰立命，眷怀大局，蒿目时艰，每欲以一得之效献之当事，久之成《易言》一书。然未敢出以示人也。

　　去年春杪，余将有东瀛之游，杞忧生之友忽以书抵余，谓："当今有杞忧生者，天下奇士也。胸怀磊落，身历艰辛；上下三千年，纵横九万里。每当酒酣耳热之际，往往举杯问天，拔剑斫地，心有所得，笔之于篇。此《易言》上下二卷，固其箧里秘书，枕中鸿宝也。非先生则不敢就正焉。"余乃受而读之。于当今积弊所在，抉其症结，实为痛彻无遗。而一切所以拯其弊者，悉行之以西法。若舍西法一途，天下无足与图治者。

　　呜呼！此我中国五帝三王之道将坠于地而不可收拾矣。古来圣贤所以垂法立制者将废而不复用，用夏变夷则有之矣，未闻变于夷者也。诚如杞忧生说，是将率天下而西国之也。此书出，天下必将以杞忧生为口实。

　　呜呼！是不知古圣贤之在当时，天下事犹未极其变也，而今则创三千年来未有之局。一切西法西学皆为吾人目之所未睹，耳之所未闻。夫形而上者道也，形而下者器也。杞忧生之所欲变者器也，而非道也。同一航海也，昔以风帆，今以火轮，舟楫之制不同矣。同一行地也，昔以骡马驾车，今则火琯风轮，顷刻千里，是车制不同矣。同一行军也，昔以刀矛，今以枪炮，而枪炮之制又复日新月异而岁不同。同一邮递也，昔以传驿，今以电气通标，瞬自往还，恍如觌面。车以达同洲诸国，舟以通异洲诸国，电标以联五大洲而为一。此外如舆图、象纬、医学、算学、重学、化学、光学、格致、机器，皆昔之所无，而今之所有，彼之所有，而我之所无。试问此数者，使彼与我较，其为迟速利钝，固不可同日而语矣。顾使彼仍居西海，我独据东土，如风马牛之不相及，又复何害？无奈其日逼处此，日出其技而时与我絜长较短也。且恃其所能，从而凌侮我，挟持我，求无不应，索无不予。我于此时而尚不变法以自强，岂尚有人心血气者哉！故杞忧生之书，大抵发愤之所为作也。

杞忧生参内外之消息，瞭中西之形势，深悉天时人事，倚伏相乘，道不极则不变，物不极则不反，否极则泰至，思极则惝生。诚能如杞忧生之言，自强之道在是矣。而独奈何杞忧生言之谆谆，而听之藐藐也。况乎前事之不忘，后事之师也，前车之既覆，后车之鉴也。彼之厄我者非一次矣，在当时非不人人能烛外情，人人能明西务，未尝不思奋发有为，讲求孔亟，以图攘剔，以奋武卫，及一旦事平，则悉忘之矣。此杞忧生所以发上指而笔有泪也。诚使竭我之心思材力，尽我之智慧经营，以仿效其所长，安知不能出乎其上也？毋袭皮毛，毋甘苟且，毋域小就，毋惮艰难。内以治民，外以治兵，将相极天下之望，督抚极天下之选。储贤材，举牧令，裕财用，凡筑路、开矿、铸币、讲艺、制器、行军、防边、备海，一切悉加整顿。自然事变之来，从容应之而有余，安见天下事无所措其手也？

当今之世，非行西法则无以强兵富国。故西人在今日所挟以轻藐我中国者，即他日有圣王起，所藉以混同万国之法物也。孔子，圣之时者也，于四代之制，斟酌损益，各得其宜，曰："行夏之时，乘殷之辂，服周之冕，乐则韶舞。"诚使孔子生于今日，其于西国舟车枪炮机器之制，亦必有所取焉。器则取诸西国，道则备自当躬。盖万世而不变者，孔子之道也，儒道也，亦人道也。道不自孔子始，而道赖孔子以明。昔者孟子距杨、墨，功不在禹下，昌黎辟释氏，功不在孟子下。今杞忧生《论教》一篇，功不在孟子、昌黎下。呜呼！窥杞忧生之意，尤在睦邻御侮。夫树国威，尊国体，必先由自强始。自强非可徒托之空言也。诚能采杞忧生所言而行之，则得其半矣。

我国家幅员之广，财用之富，人民之众，泰西诸国皆所不逮，苟能自强，何向而不济？若平时未能整作，斯临事不免张惶。议战议和，莫衷一是，盈廷聚讼，筑室道谋。或虞邻国之难以侥幸于万一。夫邻国之难不可虞也，或以多难兴，或以无难亡。今者强邻悍敌日从而环伺我，非我国之祸，正我国之福。我于此正可励精壹志，以自振兴，及时而黾勉焉，而淬厉焉。耻不若西国，尚可有为也。夫诚耻不若西国，则自能及西国而有余矣。否则，夸张粉饰，玩愒因循，蒙蔽模棱，拘墟胶固，于西国之情昏然如隔十重帘幕，又安望其言之入哉？

杞忧生此书，盖救时之药石也。上之人苟欲恢张四境，绥辑四邻，就我范围，破其狡诡，师所长，夺所恃，消桀骜于无形，著振兴之有象，则当必采而行之焉。惟是言之匪艰，行之维艰，尤赖上有人焉以实行其言也。其行之要，则在乎实事程实功，实功程实事。去伪，去饰，去矜，去蒙，去苟安，去畏难，去养痈，去营窟，则天下事犹可挽回也。

时天南遁叟久病垂死，长夜无聊，于药炉火边，倾汁磨墨，伸笔作此，以抒愤懑，俾我杞忧生知天下尚有伤心人也。呜呼！一息犹存，尚思报国，十年徒长，深幸同时。苟此书出，而世尚不知杞忧生其人而行其所言者，则请杞忧生以后缄口卷舌，勿复谈天下事矣，且并以此书拉杂摧烧之可也。

与方照轩军门

日昨三肃手毕，付之邮筒，指陈形势，规恢时局，首在防海，尤在练兵，抵掌狂谈，亮邀荃鉴。窃以为今日天下大势，在治中与驭外而已。盖必先安内乃可以攘外，亦惟外宁乃可以消内忧。然二者亦有所偏重，不偏于内则偏于外。今日者，于外似有偏重之忧，国之强弱安危，在能治外而已，外治则内忧亦可不作。中外通商四十余年，而所以驭外者，其局已屡变。英、法合则强，分则弱。

自道光以来，英始跋扈。咸、同之间，因土以敌俄，于是英、法合矣，合则愈强。自普伐法，而英不能救，于是英、法始离。今通商中土者，英、法、德、美、俄五大国而已。贸易之多，英为上，德、美次之，法则不藉乎是也。俄之贸易多在北方，然其心不止为货财而在土地，真心腹之巨患也。其间英则持盈保泰，似少懦矣，然守信知礼，志在助我中土，特未明言耳，今我莫若结英以制俄。普则外似守礼，而内实叵测，其意欲割取一地，为东道之逆旅，特不能遂其所愿耳。法之来亦彼有以基之也。美固民主之国，仅务自守，不勤外略，姑且勿论。

要之，今日之泰西，犹春秋时之列国也。和则为邻好，变则为寇雠；和则为冠裳，变则为甲兵；玉帛干戈，待于二境，视我先有以制之而已。制之道，莫如自强，非徒诧之空言也。必实能振作有为，励精图治，而后彼自靡矣。盖我之虚实，彼已尽知，我之举动，彼日窥伺其旁，隐测而逆探之，我苟能实事求是，彼岂有不顾虑也哉！

今我所以治内而驭外者有八，一曰通商口岸督抚司牧宜得人也。泰西诸邦，通商所至之地，设立马头，简遣领事，驻札兵舶，隐然若待敌国，有事则文移往还，强以必从。若得深明洋务之督抚，任用得人，执和约以与之周旋，何尝不可挫其气焰。惜乎柔懦者畏事，刚愎者偾事，待之未得其平，而彼益肆其欺凌矣。苟任事者公正廉明，折之以理，谕之以情，又何患之有？

一曰专设海军以固边防也。自来有水战而无海战，长江水师之设，已为整顿于格外。粤、闽、沪、津四处，均有轮船，只可巡缉海盗，而不能与欧洲各国纵横驰骋于洪洋巨浸之中，故海军尤不可缓也。海军既设，必先广造战具，铁甲战舰火轮兵舶水雷鱼雷大炮排枪皆是也。既有战之具，尤必有战之人。船舶则重在驾驶，枪炮则重在施放。而尤必熟识风云沙线，经纬测量，虽经风涛颠簸，烟雾溟蒙，而仍能操乎命中及远之术，藉以制胜，是则艺术一科，断不可少也。当于沿海各直省，设立兵政衙门水师学堂，以为平日储材之地。

一曰宜改营制而重武科也。海军既有所专重，陆军亦宜专重枪炮，军中但需两队；一曰炮队，一曰枪队，炮以击远，枪以击近。武科考试之法，别立数门，废弓刀石而不用。天算、舆图、制造、建筑、机器、格致，皆行军之所不废也，武科诸生，要宜肄习。则为有用之学矣，又何至所习非所用，所用非所长，临阵漫无所把握哉！

一曰宜造铁路而为内运地也。泰西铁路之设，意美法良，可以通有无，济缓急，调兵平乱，赈荒递信，可取效于顷刻。今河运万不能复，海运一有变故，即不能行，故筑轮车铁路者，以备他日不时之需。其事可众力共举，而其权则操之自上，何惮而不为也哉！

一宜设洋文日报以挽回欧土之人心也。近来西人在中土通商口岸创设日报馆，其资皆出自西人，其为主笔者，类皆久居中土，稔悉内地情形，其所立论，往往抑中而扬外，甚至黑白混淆，是非倒置。泰西之人只知洋文，信其所言，以为确实；如遇中外交涉之事，则有先入之言以为之主，而中国自难与之争矣。今我自为政，备述其颠末，而曲直自见，彼又何从再逞其鬼蜮哉！

一曰延西国律师以为折衷也。每年中外交涉之事，均有案牍可稽。要当以中西文字，刊刻成书，颁示中外，他日即可援以为例。我国既于交涉之事，延请律师，则鞫问西人，即可参以西法。他日西人犯事，可以归我办理，彼自无所援为口实矣。

一曰宜遣材干之员游历各国，以探消息而通声气也。泰西各国，通商中土，所有翻译人员，无不通悉中土之语言文字。此外如牧师神父，俱识方言，遍至各处，土风俗尚，城邑山川，悉皆了然于胸。衙署中所有文移案牍，有外未及知而彼先得耗，或则径刊诸日报。察其从何而来，皆由中国莠民为之耳目，良可叹也。我国所遣之人，至其国中，要当与之联络，务得其情，则办交涉事宜者，亦有所把握矣。

一曰宜厚待所用西人，使尽心力于我也，楚材晋用，自古有之。今自税务司以至教习翻译工匠，率皆任用西人，有至二十余年之久者，是宜推心置腹，待之优厚，俾其知无不言，言无不尽，以西人测度西事，当必明于华人数倍，平日诱之使尽言无隐，善则采用之，以供一得之用，谚云：兼听则明，偏听则暗。如是并收博采，遍访广诹，当必有效可睹，而彼亦必乐于殚心竭力矣。

此外，宜保护朝鲜为屏蔽，联络日本为唇齿，俄则佯亲而阴备之，英则隐相结好以为我用。要之，和不可恃，亦不可久，语曰：毋恃其不来，恃我有以待之，能坚持于未和之先，斯能固好于既和之后，然后可久安长治而不变也。欧洲多事，则中国之福也；至于在我者，储人材，招贤士，材能者不次擢用，毋拘资格，毋徇私情，重操守之士以尚气节，表品学之儒以淳风俗，取士务期有用，用人不拘乎一长，端重士习，澄肃官方，开矿取材，设局铸钱，谨身节用，以开源而节流，则庶乎其尽之矣。天气已寒，伏冀为国自重不宣。

与越南官范总督

震铄隆名，良深钦挹，迢遥云树，清觏莫申。日昨伻来，道达盛旨，猥蒙虚衷下询，安敢不竭所知，用献野人一得之愚，以冀采择。窃以十余年前，韬曾作通商御侮说，使节在此时行之，或可挽回于万一，而今则已晚矣。夫法虎狼之国也，蚕食鲸吞，志在叵测。通商中土，以西贡一隅为东道之逆旅，顾其心犹以为未足，将来之事难以逆睹。贵国如欲绝其觊觎，莫如亟图自强。内则治民，外则治兵，振刷精神，以期得当。然此亦老生常谈，或知之而不言，或言之而不行，盖能坐而言，起而行者，在乎得人而已。而有时事至于无可如何，国虽有人终莫能救。

子舆氏素以王佐才自负，其平日之言曰：汤以七十里而兴，文王以百里而王。及其策五十里之滕，不过曰避地图存，效死勿去已耳。究无计以免强齐之逼。夫东南洋诸岛国，欧洲诸邦实尽之，今所存者，贵国与暹罗、缅甸鼎足而为三，皆我中朝之藩服也。贵国之缔好于法，犹暹罗、缅甸之受制于英。虽由其外观之，法严而英宽，法暴而英仁，而其处心积虑则一也。法以贵国为己私，犹英以暹罗、缅甸可独据也。然则虽使欧洲列邦尽与贵国通商立约，其不能以宾夺主约束法之所为可知已。

暹罗、缅甸境中，岂无法人，英与二国有事，一举一动，法不能问也；易地以处，亦皆然矣。事至今日，万不获已，惟有尽人以听天。港中素有贵国商人船舶往来，为贵国计，先遣重臣抵港，谒见港督，请在港设立领事以理贸易事宜，港督喜广招徕，必无不许。领事既设，然后情意可以渐浃，而商务或有起色，英人通商贵国，由此可行。若一旦有事，即可乞之居间排解。此一道也。

惟事关创始，一切规模必当扩大，所以尊国体而树国威。试观日本通商港中，贸易甚微，物产亦寡，而犹特设领事，与诸国交相往来，不惮遥远，不惜经费，居然列于诸国中，揖让周旋，初无少逊。贵国土物，何处不如；况桂楠沉檀，尤为珍异。他日商务之兴，可卜之操券。所为藉箸之筹者，如此而已。

拟上当事书

窃闻天下事，有备乃可以无患，治内乃可以驭外。戎狄侵凌，自古已然，驭之别无善法，在我有以待之而已。毋患敌强，毋虞敌暴，我自有以制其强而战其暴者，立乎其先也。惟是，昔之与我为敌者，近在乎肘腋之间，今之与我为敌者，远在乎寰瀛数万里之外；昔止境壤毗连一二国而已，今则环而伺我者，大小数十国；昔之书于史者，曰来寇，曰入犯；今之来者，曰求通好，曰乞互市。今昔异情，世局大变，五洲交通，地球合一，我之不可画疆自守也明矣。

是以彼来而此亦来，彼进而此亦进，其藉言则曰，有益均沾，其实则皆欲损耗我以益彼，设我不善为之处置，龃龉立见。泰西诸国，与我通商立约，四十余年矣，时挟其所长，肆其凌侮无厌之诛求，非分之干请，恒出而尝试。我许之则损国体，不许则害起于须臾，变生于仓猝，易玉帛为干戈，转冠裳为甲兵，顷刻间事耳，虽有和约，其实未足恃也。

和约始立于道光年间，我朝惟以仁义为结纳，礼义为羁縻，惠爱为抚循，度量为包容，犬羊之性，浸久生骄，不以为德，反以为怨，其间背和蔑约者，已非一次。论者以为制彼之道，莫若师其所长，而夺其所恃，此诚为第一要着。或谓我之艺术，即能如彼，亦不过与之度长絜短，比权量力耳，未能遽驾乎其上，而制其死命也。虽然，我惜其言之太易也。

今泰西诸国，所为恃以自强者，曰舟舰，曰枪炮而已，战船始不过有夹板而已；火轮之制，不过五六十年耳；铁甲之兴，不过二十余年耳；火器始不过有佛朗机而已；后膛之炮，快捷之枪，七八百磅之弹，不过十余年耳。而我国自仿效西法以来，虽不能制求其精，法求其新，而已能略得皮毛，制取其格式，安知数十年之后，不能与之并驾齐驱，争先恐后也哉？是在为上者有以鼓舞之，上以此求，下以此应；是在上有以振兴之耳，上之所好，下必有甚焉者矣。我国家苟真能自强，不徒托之空谈，而一切征之于实事，吾知数十年之后，泰西诸国，必且失其为强，而悉俯首以听命。何以见之？盖即见之于法事。

法人志在越南，无端而称兵于海疆，甘为戎首，先发难端。其初意必谓欲踞沿疆片土，易如反掌。不料进攻台湾，相持半载，而未得建尺寸之功，虽取基隆，袭澎湖，仍不敢深入，时虞我兵之乘瑕蹈隙。马江之役，不得谓之战，其人口也，以诳词诱我，形同偷窃，其得出也，行险以侥幸。逮后薄我甬江，屡攻而不得进，徘徊海上，技无所施，则彼水师之兵力，亦可知矣。其他，不过大言不惭，虚声恫喝，虏截商船，逞其暴戾而已，乌得谓堂堂之阵，正正之旗哉！

观法人今日情形，仅能游弋往来于大洋，而不能深入内河；但能斗于水，而不能横于陆，是则彼之飞扬跋扈，因有时而穷矣。我之行军制器，所以效彼者，不过得其一二，而较之于昔，则已大相悬绝；若使我一旦尽得其所长，岂有不能禁彼者哉？事惟于始则见其难，诚能与之一战再战，则胆气已张，智勇必生，乘其锐而用之，何畏乎法人！宜法人之不得已而出于和也。

用兵之道，在乎审己料敌，语云：知彼知己，百战百胜。近年以来，我国家之所以整顿边防，讲求武备者，亦已反复图维，不遗余力，惟长江则有水师，而大海则无战士，所有巨舰战舶皆不能冲涉波涛，所以不能邀截法船，而任其去来自如，此我之逊于法人者一。

法人虽久在我中土通商，而船中水手舵工，皆调自外洋，未习水道，欲进海口，必觅引水，浙海港汊纷歧，岛屿错出，势不能尽悉，若诱之入我内河，进我陆地，彼必至失其所恃，而我得以操夫胜券矣，此法之逊于我者一。况法现据越南全境，而又进扰闽、浙，处处需兵，其国内有乱党，外有强邻，境上之师不可调，外募之卒不可用，财殚力痡，外强中槁，再与我国久持，益形支绌，议和之说，必易行也。惟我之所虑者，不难于和，而难于既和之后。励精图治，所以备敌于外，教民于内者，要不可不亟请也。法事之终，兵事之始，诚哉药石之言也，前事之不忘，后事之师也，前车之既覆，后车之鉴也。不揣冒昧，敢贡所知，以为刍荛之献，或当葑菲之采。请得而缕析条举之：

一曰练兵。我国家兵力之强，超越前古；兵制之美，前代莫之比伦。既有满营，又有绿营；既有陆军，又有水师，各省悉有驻防兵丁。岁中督抚巡阅，严定赏罚，以昭大典，甚盛举也。今一旦而欲以西法练兵，恐骇听闻。惟事必求夫实效，必也以实事程实功，而兵乃可用。何则？近日行军，专尚火器，则弓箭刀矛，已为无用之物，而营中排队出师，犹以此当前列；其将以之饰观瞻、耀威武乎？抑或尚欲收夫实效乎？愚以为陆路之兵，莫若分两队：一曰炮队，一曰枪队。炮以击远，枪以攻近，枪也者所以护炮，而兼济夫炮之后者也。炮手枪手，俱必专于其事，命中及远，身具绝技，练之于平日，斯能用之于临时。否则，所习非所用，所用非所长，欲求其胜，盖亦难矣。

陆兵之外，则练水师。水师宜分为二：一曰长江，一曰大海。大海中第一为司炮。此与陆路稍异：能于烟雾溟濛、波涛激荡之中，而仍能胆定神闲，心灵手敏，纵击敌船，百不爽一，斯为高手，且也船在大海，颠簸不定，而仍能测以纪限镜仪，远近适合，变化无方，斯非熟于算法者不能，非由肄习有素，又安得哉？此其人当于平昔预为储用者也。

二曰造船。既有水师以战于大海，则非艨艟巨舰驰驶于洪洋巨浸中不为功。所造之船有四等：一曰铁甲战舶，二曰火轮兵舰，三曰蚊子船，四曰炮艇。皆必设厂局，雇工匠，自行制造，而勿购置于外洋，假手于外人。其选材命料，必精好美善，则造之巩固，不独冲涉波涛，无虞失事，即偶经一二炮弹，亦不至遽沉。始造铁甲，不妨稍小，则工料省，费用廉，驾驶亦易，设遇敌船，可以尽出环攻。惟行驶最宜迅捷，一遇不得利，亦易于逃避。俟小者用之既熟，然后造大者，以与敌相持于大洋。

三曰制器。既有水师，又有海舶；既有陆营，又有劲旅，则军器不可不精。其用以火器为先，一曰大小各炮，一曰远近各枪。皆宜设厂自制，枪炮当悉以新法。枪须连发数十响，管仍不热，少顷即可持用。炮亦必一秒许发不绝声，悉从后膛进药弹，便捷非常，如此可以收环攻迭击之效。器用既精，施放能准，军士临阵，自然有恃而无恐矣。

四曰选士。有船矣，须驾驶之人；有枪炮矣，须施放之人；否则坚舶利器，亦同虚设耳。船上舵工水手，须选身体充实、年力强壮、心思灵敏者为之。此其人，闽、粤、浙海舶之人俱可募用，盖彼地濒大海，岁必出洋数次；又渔船中人，日夜皆在水中，风涛猝至，亦无所畏，亦可以重价招徕。舵工水手，既已得人，管驾之人，尤当首重。一船之内，上自管驾，以至大伙二伙司理机器者，皆由平时精选，缺一不可。船一出洋，与敌舶互相纵击，全船性命，俱在其手，不独胜负可以立见也。把舵之人，具有把握，能占据上风者，自可转败为胜。其人平日辨识风云沙线，推量经纬度数，又能熟稔舆图，然后其船乃有用也。施放枪炮，具有定准，其人须在平时演习，斯临阵乃能命中及远，百不一爽，譬如一营之中，所用新式之枪，尽行一例，每铸一炮，即专立一司炮之人，如是熟极巧生，断无误事。

五曰储材。天下岂无人才，患所以求之者未至耳。首重将才，其人必须深明韬略，晓畅戎机，知地理之险要，审敌情之强弱；其次则为艺术之才，必有奇巧异能之士出焉，其人能造舟舰，制枪炮，建筑营垒，仿作攻守战阵之具，用以出奇制胜。于沿海通商口岸，设立三大书院：一曰武备院，所以收将才也，司理枪炮，教习战斗，演试阵图，胥在其中矣。一曰艺术院，所以收艺能之士也。制造一切工程，胥统诸此矣。一曰水师院，专收驾驶战船，明习海道之人，预备于平日，方能用之于临时。

六曰重艺术。今宜创设学院，专重艺术，教习成童。夫人之造端，贵乎始基。少成若天性，习惯如自然，所谓先入者为之主也。幼学而壮行，家修而廷献，其所系于自少教习者，岂可缓也哉？西学所重，岂徒在语言文字之末，象纬舆图历算格致机器制造，以及化学光学电学重学医学律学，皆艺术也。于沿海各直省通商口岸，皆需设立学塾。选心性敏慧，身体充实之子弟，入而肄业。以重币延聘各西人，为之悉心教习，务使之专心致志，以底于有成。三年一加考核，列于前茅者，例有奖赏，以示鼓励。技艺既成，则加录用，因材器使，各当其长。将见不数十年间，各处厂局，皆我中国之人主理其事，不必假手于西人。凡有学成绝技，独出意表，造成之器，可资实用者，得膺上赏，并许获沾其利；如是则人人自奋，而所学自不至徒袭其皮毛也。上以此求，下以此应，中国人心之巧，安见不如泰西；将见驾乎其上且不难，而何必葸葸焉退让为哉！

七曰开垦各矿，广采五金。盖以厂局之设，首重煤铁。如必尽取诸西国，则其利悉归于外。今沿海各处，虽皆创设厂局，制造舟船枪炮药弹战具，而一切机括精妙各物，非购求之于西匠，则不能成事；煤铁偶有不足，亦皆来自外洋。有自制之名，无自制之实。不独尺寸长短，悉由大匠之指挥；规矩模范，尽出工师之传授；一旦离之，机巧丧失。今请以实事程实功，实功求实效，先由开采各矿始。近日所设开矿公司，积弊已深，势难整顿，当必一埽而空之；另议新章，或由官办，或由商办，专其责成，重其赏罚，严其条款。或有侵渔偷漏，疲软贪黩，挪移奢滥，亏蚀虚冒，欺罔蒙蔽，于其中为利薮者，立予重惩，法无徒赦。开垦之始，必先发帑金。由国家聘请诚实精敏之矿师，与之反复订明，必具有把握，然后施行，断不可鲁莽以从事。国家借支之项，于开矿获利后，递年分缴。开矿既有实效，则船厂炮局机器所，何患鼓铸之或绌，而富强之效在是矣。

八曰筑路。近日我国既已创行电线，用以传递军情，而电线之所达，又必有火轮铁路以副之，二者盖相助为理者也。西国于电线所至之地，水则有轮舶，陆则有火车，相辅并行，一开警信，调兵转饷，顷刻可集。我国何不仿而行之。择其尤要者，先行与筑，其他各省通行要路，先筑官道，务须广阔平坦，此即古者司空以时平易道路之遗意也。又自苏以达山东、直隶一带，漕米河运不便者，改行陆运，可赶造火轮铁路，以备有事之时，可由内地转输，无忧敌人之截取。此宜绸缪于未雨者也，办善后事宜者，勿以为不急而忽之。

九曰理财。有国家者，以财用为第一，故富国强兵，二者不可偏废。今所谓开源节流者，皆于厘税二事，殷殷致意，是不过取之于民而已。愚以为取之于民，不如取之于天地自然之利。何谓自然之利？山含其辉，地蕴厥宝，开凿五金煤铁诸矿是也。开矿一事，近来其弊繁多，论者有鉴于此，不复置议，几同因噎而废食。今请一切罢之，另招矿师，随地察视，据实陈明，无参以一毫私意。其费暂由帑发，经理此事者，须务实开消，一有侵渔蒙蔽，虚浮不实之处，立置重典，一二处矿务兴旺，则继之而起者，自然接踵，又何患用之或匮哉！

十曰慎遣使臣。西国使臣，具有全权，其出也睦邻修好，一国之乖和，胥系于是矣。西国使才之选，不綦重哉！使臣至其国中，岂特雍容于文告之词，周旋于敦槃之会，揖让于宴享之间哉！无事须默探其官民之向背，上下之从违，习俗之好尚，国势之盛衰，兵力之强弱，民情之顺逆，财用之赢绌，外邻之乖和，而随时以为之备；有事则以一身折冲于樽俎，此使臣之所以可贵也。我国今与欧洲诸大国互相交际，所简使臣，必极一时之选，或负老成硕望之重臣，或休戚相关亲信之旧臣，又必平日深明洋务，洞悉外情，始可膺此重任，否则徒贻笑于邻封耳，于国家初何裨益哉！

十一曰厚待外人。维楚有材，晋实用之，杞梓皮革，则知取之于异方，独于贤才而昧之乎？今我国家所用西国之人，亦复不少，上自税务司，教习翻译，以至工匠，无一非西国之人，相助为理。彼于泰西各国情形，岂不知之，平日议论所及，于我中国当行急行之事，亦已了然于胸中，言之实为明了，岂有一旦有事，而反昧之者，特彼不能与我国官吏质言之耳。今当于平日间，与之深相结纳，使其感我恩膏，尽言无隐，或有可设计代谋，亦可试之于实事。盖我之待彼，既已推心置腹，开诚布公，彼安有不感激知奋，自效于明时也哉！

十二曰固守邦交。今之与我通商立约者，不下十余国，如其国不设领事者，则其权悉归诸英，凡遇中外商民交涉之事，听英领事为之审断焉。顾中外之交，今昔情形，已有不同。英于中土商务最为繁盛，与国皆有阴相忌之者，昔者英与我疏，今者英与我密，英之意盖欲以我为援，而并力以拒俄也。俄与我土壤相连，实为后日心腹之大患，特此时尚未露其端倪，则我亦唯与之固守凤好而已。总之，泰西诸国，其意不过通商为重，我亦以此羁縻之。或于使臣之外，另遣材干之员，往来其国，馈问聘会，以通彼此之情，讲信修睦，原古者之所不废。诚如是，则一旦有事，彼自出而折衷，毋虞其窒碍而扞格矣。

以上十有二条，皆善后事宜所当亟行者也。而富国强兵睦邻备远，亦不外乎是矣。他如储人材，招贤士；材能者不次擢用，毋拘资格，毋徇私情；重操守之士，以尚气节；表品学之儒，以敦风俗；取土务期于有用，用人不囿乎一长。端重士习，澄肃官方，开矿取材，设局铸钱，谨身而啬用，开源以节流，则庶乎其可矣。愚昧之见，是否有当，惟冀采择而施行之，不胜幸甚。

与英国傅兰雅学士

　　韬与执事为海外文字交。曩旅香海，景仰盛名，时欲修士相见礼，以人事羁绁不果。恒偕执事高足弟子游，稔知执事文章经济、学问德业，为举世所钦慕。往岁执事同郭侍郎回中土，获一见颜色，觉和霭之气，溢于大宅间。时读大著《格致汇编》，未尝不叹执事用心之细，命意之深，而诱迪后学无穷也。

　　韬居粤二十有三年矣。壬、癸、甲三年，三度言旋。鹏飞思息，鸟倦知还，寄迹淞南，结庐沪北。日惟闭门觅句，仰屋呫书，绝不问户外事。猥蒙执事不弃，偕景星观察高轩枉顾，惠然先施。辱承中西董事公举韬为格致书院山长一席，此何敢当？向日于泰西一切实学，虽讲求有素，而仅涉藩篱，能知其略，而不能言其详，能明其浅，而不能达其深，恐犹不足以为人师。受命以来，时虞陨越。然近自沪上长官，远至海外星使，知韬谬膺斯任，折简相投，辄加奖誉，而为书院庆得人。声闻过情，实深愧恧。惟窃自幸者，登诸荐剡，实由执事始。以此时交口所称，可不累执事知人之明。故敢为执事告，非自誉也。特虑执事既知韬之所长，而犹未知韬之所短也。

　　韬生平所好，在驰马春郊，征歌别墅，看花曲院，载酒旗亭，此固骋一时之乐事，快平日之豪情，踪迹多在张园、徐墅间。窃以为此特风流游戏之事，本无庸讳之于人前，深恐执事不察，或有以小节进言者，则韬固不任受也。泰西主道，究亦与中土儒理殊涂而同归。况乎道统与学术分门，文苑与儒林异趣。彼迂腐者流，韬方欲避道而趋，当亦非执事之所喜也。

　　山左之行，病尚未能，姑待徐丞先发。黄花开后，当着祖生之鞭。夏首春余，薄寒犹劲。伏冀餐卫维宜，为道自爱。

法国儒莲传

儒莲先生通中西之学，今之硕儒名彦也。生于一千七百九十九年，卒于一千八百七十三年，寿七十有五。欧洲之人，无论识与不识，无不同声悼惜，以为山斗之望，自此而倾矣。欧洲学人又弱一个，承学之士将何所问津耶？

按先生世系，本出自犹太，而隶法国籍，世居京师巴黎。父某，精制造机器，有名于艺苑间。先生少即嗜学，于各国语言文字，深所笃好。天资警敏，学无不通，希利尼古文语不由授受而能，人皆惊为圣童复出。及长，文名噪于国中。当轴者以重币征聘，延为法京藏书楼副监督，继又为法国翰林院掌院学士。翰林院者，群儒荟萃之所在。其中讲德修业者也，凡闻望之士，始得预焉。欧洲惟法国有此名。

院中藏书三万卷，皆中国典籍也。别国之书，几于连楹充栋。先生于华文有癖嗜。既入院，穷昼夜之力，研摩考索，不一年遂造其奥。于是手握铅椠，日事翻译。先著腊顶字《孟子》。继译《灰阑记》、《赵氏孤儿记》、《白蛇精记》，虽皆曲院小说，而抉剔入微，明畅通达，人见之一览即解。旋译《太上感应篇》、《蚕桑辑要》、《老子道德经》、《景德镇陶录》，钩疑抉要，擘绩条分，骎骎乎登大雅之堂、述作之林矣。咸丰癸甲以来，潜心内典，考证禅宗。所译则有《大慈恩寺三藏大法师传》、《大唐西域记》，精深详博，殆罕比伦。于书中所载诸地，咸能细参梵语，证以近今地名，明其沿革，非今之缁流衲子所能道其万一也。

他若《汉学指南》等书，乃撰以训导后学者，具有精意。以是四方负笈从游者自远毕集，户外屦满，皆以得出先生门下为荣。先生诱掖奖劝，亹亹不倦，其训诲有序，指授有方，因材授学，各有专科，从不躐等而进。凡经先生诲示者，率成名而去。先生既造就人材，乐育后进，为国家储才待用，而又谦德自持，虚怀能受。人有一材一技之长者，必为揄扬恐后，誉之弗容口。爱贤下士，有可知已。

先生躯干肥硕，精力充裕。自少迄老，无一日释书不观。虽年逾古稀，而丰神矍铄，步履如恒人。无子，止一女，知书媚学，以不栉才人称于时，先生爱之不啻掌上珍，同治七年以微疾遽殒，年仅十有六龄。先生哭之，逾年而哀。妻年亦相若，白首齐眉，有倡随之乐。家虽中资，而服御饮食务以俭啬。普围城时，先生幸得无恙，至是以寿终里舍。

余耳先生名久矣，至英土后，乃以书札通问讯。承先生奖誉过甚，时以文字相折衷。言旋时，道出巴黎，始得一挹丰采。方谓重晤有期，不谓先生遽归道山。呜呼！先生足迹虽未至中国，而在其国中译习我邦之语言文字将四十年，于经史子集靡不穷搜遍览，讨流溯源，岂近今所可得哉！特拾撮其生平行谊，略述梗概如此。如先生者，谓非穷经嗜古之儒哉？

英医合信氏传

西医合信氏，英之伦敦人。明于医理，于十三科咸所精究，而尤能以新意变通。在英伦医院考列超等。后欲行其道于中土，遂至粤东，设院于羊城西关外金利埠，曰惠爱医馆。舍药施医，至者甚众，无不应手奏效，而去求医者几于其门如市，户限为穿。于是合信氏之名遂遍粤东人士之口。

在粤时，著有《博物新编》，词简意尽，明白晓畅，讲格致之学者，必当由此入门，奉为圭臬。以中国向有铜人明堂图，辨窍穴之方位，证脉络之流通。华医家皆以此为金科玉律。合信嫌其语焉不详，挂漏殊多，未足为法，乃别撰《全体新论》一书，外而筋骸节干，内而腑脏络包，无不精详赅备，洞见要处。潘君仕成特为之刊入《海山仙馆丛书》中，一时脍炙人口。

咸丰六年，中外交涉事起。西关之人喜于生衅，选事者集众举火遽焚其馆，医书图画绘于石版者悉成灰烬。合信避兵至上海，公余之暇，著书自娱。时金陵管君小异方旅寄邓尉，西士艾约瑟偶游其地，一见悦之，载之至沪，偕合信翻译各书。两年间著有《西医略论》，专讲疮疡，外科之正宗也。其次有《妇婴新说》、《内科新说》，于后附以《西国药石》，亦泰西本草之别行本也。

合信自至中国，二十余年，活人无算，艺术之精，近日罕埒。其为人谦逊和蔼，谨默肫笃，有古君子风。以咸丰九年春，言旋梓里。游橐中所蓄无赢资，家居况味萧然，门可罗雀。旋患牙风，几毁其半面，而自以药石治之始愈。顾其脑受病已深，每遇事若有所忘，或无端独自笑语。同治十二年正月二十一日，以疾终于家，寿六十有四。

噫！合信氏虽寂寞于当时，必显扬于身后。其所著五书，今已风行海内，不胫而走，没世之称可为操券也已。

潘孺人传略

呜呼！我友管君秋初，盖世之深于情者也。秋初之室潘孺人，贤而慧；娶仅四年而逝，没逾五六年而哀不能忘，此寻常人之所难能也。

秋初遍征海内诸名士赋诗悼亡，积数百首，将付剞劂氏，冀有以不朽之，乞传于余，三年未有以应。时余往还于吴山粤水间，秋初觌面，必申前请。余知孺人平日之德容才艺，必有大过乎人而足以传者，不然何以系于秋初之心若是其专且久也。

余与孺人同里闬，潘氏又属世交，忝附戚谊末，知孺人莫余若。特余久旅天南，与故乡闻问隔绝，间有书来述琐屑事，谓闺阁中女子，既慧且贤，既贤且孝，莫如潘氏姝。旋闻适我友管君秋初，窃幸其得所归也。方谓瑶质琼姿，互相辉映，乃不意玉折兰摧，不转瞬间，已作轻尘堕雨耶！宜乎秋初之叹息弗置也。

孺人姓潘氏，名珠，一名媚兰，字素五，甫里人，为焕卿先生第五女，恕斋解元从妹。少出诗礼之家，一门群从，俱娴翰墨。孺人尤静好幽闲，慧中秀外，灵警异常。六七岁即不肯与诸女伴嬉戏，弄笔砚，亲文字，见碑帖辄欲摹仿，必求其肖而后已，尝执卷问字于兄，一二遍后即已琅琅上口；于唐、宋诗词尤若素所诵习，时参异解，别有会心，诸兄咸叹其敏慧。使充其学力，何难继响蕙、芬而追踪谢、鲍也哉。于是里中有女博士名，咸称为慧女子。庚申赭寇之乱，随父母避居乡落，孺人年甫九岁，已如成人，茅檐蔀屋，安之若素，泊如也。闲则习女红，刺绣织组无不工，佐母持家政，井然有条理，臧获辈不知其出自孺人也。避寇同居者咸羡之，谓生女如潘家娃，可无憾矣。事亲能先意承志，以是尤得母氏怜。无何，发逆搜及村僻，长兄葵生少尉以拒贼死，昆弟姊妹相继夭亡。父母以乡落不可居，仍还里中，然积蓄以是一空。

辛酉初夏，母氏患疡，势频于危，昼夜呼号，孺人侍汤药，问医卜，焚香祷天，愿减己算以益母寿，支持内外，足无停趾，身无宁息，如是者两阅月，而母竟没。既伤兄难，复痛母丧，哀毁逾常，骨立形消，里中咸称之为孝女。孺人生平无疾言遽色，忧喜不见于面，端婉谨慎，能识大体。家中人有涉于争者，必曲意排解之曰：门庭有福，惟和气乃能致之也。嫂氏不能善事翁，携子隔户别炊，焕卿先生衰年多病，服食起居悉孺人为之调护。外综家政，内侍严亲，更周旋于姑嫂之间，其事弥劳，其心独苦，里中人咸啧啧称孺人为贤。顾家益贫，赖孺人十指以供菽水。世家名族知孺人者争求婚焉，孺人愿效婴儿子故事，撤环瑱以养父，以是至年二十有五犹待字也。

我友管君秋初，方求嘉耦，素闻孺人贤，曰：得妇如此足矣。遂以玉镜台行聘。光绪二年九月，篱菊花开，嘉礼乃成。孺人奉姑以敬，相夫以顺，处妯娌以和，一家中上下无间言。

秋初家贫，幕游以糊其口，春秋佳日，始得一归。孺人时援大义以相箴勉，每曰：人子远游，使老母倚闾，非所以为孝也。若得布衣蔬菜食，乐道安贫，卜居于近城佳山水处，半村半郭，宜读宜耕，洁甘旨以奉高堂，课诗书以教门下士，斯亦可尽天伦之乐事矣，何必疏定省，旷晨昏，而仆仆为饥驱哉！管君虽韪其言，而终不能共挽鹿车归隐于衡门、泌水，则境为之也。孺人不慕富贵而淡于荣利，不已高于人一等哉！

孺人故知书识字，自归管君，中馈操劳，未暇时亲笔墨；然当月夕花晨，尚与管君阄题角胜，或作一二绝句以写当前清景，亦复斐然可诵，惜随手弃置，绣箧中未尝存稿也。

丁丑季秋，忽患目疾，右目视物不甚了。每延医，辄不许曰：久必自瘥，何烦乞灵于药石哉！是冬，举一子，仅两月，得惊疾殇。己卯春，又举一子，逾月又殇。兰梦两征，方共欢庆，乃不意玉碎珠沉，不得一全，以此郁荃怀，伤蕙抱，卒至于不起哉。孺人既以殇子得疾，数谒名医，终阁见效。病未剧，犹明粧净服，强自起坐。卒之前一日，泫然执秋初手而告之曰：余病殆不能生矣。堂上年高，幸勿远离，缺于侍奉。君尚无嗣，望孙綦切，我死，其早续琴弦，毋拘小节，虽在九原，亦所瞑目。秋初涕不能抑。越夕竟逝，得年仅二十有八，时光绪己卯六月三日也。

以上皆秋初过余淞北寄庐，酒阑茗罢为余缕述如此。适当暮春三月，花落鸟啼，宵深风雨，檐溜滴沥，与秋初伤离叹逝之声相应答。呜呼！我固知秋初深于情者也。虽然，奉倩神伤，黄门肠断，自古闺闱笃志，伉俪同心者无不如是。以潘孺人之清俪能文，婉娈可念，固世所难得者，乃竟使之憔悴抑郁，致不永年，亦足悲已。余窃叹天何厄之甚也。

余亦二十三岁早赋悼亡，杨硕人梦蘅年盖亦仅二十有四，与秋初有同悲焉。今为潘孺人作传，追念前事，重触老怀，哽咽摧藏，不能自已。急道写录，以付秋初，毋再使余泪涔涔堕也。

光绪十年岁次甲申季夏三月下瀚，余方还自粤东，小住春申浦上，养疴杜门，颇有余闲，因秋初力索，援笔而为此传。

创建东华医院序

呜呼！地之兴废何常哉？系于人而已。得其人则兴，而百事以治。入其境者，见夫太和翔洽，庶汇举欣然有自得意，知其地必大有人在。盖如山泽之有虎豹，江湖之有蛟龙，伏乎其中而威乎其外。是故贤人君子羁旅人国，其足系于地方之重轻者何莫不然。其所以默化潜乎风俗者，自有其道，初不以其陋而弗居也。

香港蕞尔弹丸，孤悬海外，向者为盗贼之萑苻，飞走之原圃。辟榛莽，平荦确，建屋庐，不过三十余年间耳。梯航毕集，琛货远来，今且视之为重镇。始而居是邦者率以财雄，脱略仪文，迁嗤道德，甚至放佚于礼法之外。贫而无赖者，强则劫夺，弱则流离，卒无所归，宛转于沟壑。侨居诸彦愁然以为深忧，谓是不可不引之使进于道。计不如以善机为启发，善气为感通，俾其鼓荡变化于无形。顾善非一端，在措其大者而已。恤贫拯病以全其生，纳棺瘗土以安其死，尤其卓卓当先者。因咨于众，佥曰可。

太平山侧，固有所谓广福慈航者，为寄停棺椁，垂死病人迁处之所。特当事以其措置不善，已谕撤除。梁君鹤巢、陈君瑞南请于当事，因其旧址扩而新之，暂为施医治病之地。于时捐赀集事者凡百二十人，特是经费无所出，事可暂而不可常，因群请于前任督宪麦公，麦公慨然曰：是固地方之要务，敢不为诸君成斯盛举。赐地给帑，奖励甚至，前后拨公项至十余万。一时草偃风行，倾囊解橐者，无不输将恐后，岁捐之数，亦盈八千有奇。于是医院大功告成，可垂之于不朽。谓非南州诸君子盛德事哉！院中章程周密，规模宏敞，弊绝风清，固无可议。盖天下事可以厌众心行久远者，要惟公而已矣。

始事诸君，既观厥成，奉身而退，抑然不敢自以为功，而惟冀后来者勉勉焉以臻于勿替，此尤世所难能也。梁君鹤巢以院成颠末索序言于不佞，将泐诸石，用志经始。自维贱且陋，不敢以不文恩，屡辞弗获命。余观迩来江、浙间兵燹之后，百善具举，义塾善堂乡邑相望，是岂不谓慈怀足以造福，善念足以致祥，诗书足以消乖戾，弦诵足以召平和哉？登一世于仁寿，纳斯民于绥康，固仁人长者之用心也。然则善也者，有裨于地方岂浅鲜哉！

香港光气渐开，民俗日厚，今昔之异，盖有一变而不自知者。丁卯之冬余往游泰西，遍历英、法诸国，及余挂帆东还，岁在庚午，顿觉港中气象迥殊，人士多彬郁谨愿，文字之社，扶轮风雅，宣讲格言，化导愚蒙，率皆汲汲然引为己任。知其间必有人以为之倡。逮往观医院之设，而恍然于其故矣。

医院落成，锡名东华，其命意固有显然可见者。况以东也者，生气之所发；华也者，万物极之盛。然则宣布阳和阴行，滋长群生，有不咸被其休者乎。噫！以香港渺然一岛耳，僻在炎陬，素非孔道，而一旦为之效，可睹已如此。是则在人而已，固不以地限也。吾言不益信哉！

《淞隐漫录》自序

六合之大，存而弗论；九州之外，置而不稽；以耳目之所及为见闻，以形色之可征为纪载，宇宙斯隘而学问穷矣。昔者神禹铸鼎以象奸，惜其文不传于今。或谓伯益之所录，夷坚之所志，所受之于禹者，即今山海一经是也。然今西人足迹遍及穷荒，凡属圆颅方足，戴天而履地者，无所谓奇形怪状，如彼所云也，斯其说不足信也。麟凤龟龙，中国谓之四灵，而自西人言之，毛族中无所谓麟，羽族中无所谓凤，鳞族中无所谓龙，近日中国此三物亦不经见，岂古有而今无耶？古者宝龟为守国之器，今则蠢然一介族尔，灵于何有！然则今之龟亦非古之龟也明矣。好谈神仙鬼怪者以为南有五通，犹北地之有狐。夫天下岂有神仙哉？汉武一言，可以破的。圣人以神道设教，不过为下愚人说法。明则有王法，幽则有鬼神，盖惕之以善恶赏罚之权，以寄其惩劝而已。况乎淫昏蛊惑如五通，听之令人发指，乃敢肆其伎俩于光天化日之下哉？斯真寰宇内一咄咄怪事。狐乃兽类，岂能幻作人形，自妄者造作怪异，狐狸窟中几若别有一世界。斯皆西人所悍然不信者，诚以虚言不如实践也。西国无之，而中国必以为有，人心风俗，以此可知矣。斯真如韩昌黎所云：今人惟怪之欲闻为可慨也。

西人穷其技巧，造器致用，测天之高，度地之远，辨山冈，区水土，舟车之行，蹑电追风，水火之力，缒幽凿险，信音之速，瞬息千里，化学之精，顷刻万变，几于神工鬼斧，不可思议，坐而言者可以起而行，利民生，裨国是，乃是荦荦大者。不此之务，而反索之于支离虚诞杳渺不可究诘之境，岂独好奇之过哉？其志亦荒矣。

不佞少抱用世之志，素不喜浮夸，蹈迂谬，一惟实事求是。愤帖括之无用，年未弱冠，即弃而弗为。见世之所称为儒者，非虚矫狂放，即拘墟固陋，自帖括之外，一无所知，而反嚣然自以为足；及出而涉世，则忮刻险狠，阴贼乖戾，心胸深阻，有如城府，求所谓旷朗坦白者，千百中不得一二。呜呼！不佞于是乎穷矣。又见夫世之拥高牙、建大纛，意气发扬，位置自高，几若斯世无足与之颉颃者；及一旦临利害，遇事变，茫然无所措其手足，甚至身败名裂，贻笑后世。盖今之时，为势利龌龊诇诐便辟之世界也固已久矣，毋怪乎余以直遂径行穷，以坦率处世穷，以肝胆交友穷，以激越论事穷。困极则思通，郁极则思奋，终于不遇，则惟有入山必深、入林必密而已，诚壹哀痛憔悴婉笃芬芳悱恻之怀，一寓之于书而已。求之于中国而不得，则求之于遐陬绝峤异域荒裔，求之于并世之人而不得，则上溯之亘古以前，下极之千载以后，求之于同类同体之人而不得，则求之于鬼狐仙佛草木鸟兽。

昔者屈原穷于左徒，则寄其哀思于美人香草；庄周穷于漆园吏，则以荒唐之词鸣，东方曼倩穷于滑稽，则十洲洞冥诸记出焉。余向有《遁窟谰言》，则以穷而遁于天南而作也。今也倦游知返，小住春申浦上，小筑三椽，聊庋图籍，燕巢鹪寄，藉蔽雨风，穷而将死，岂复有心于游戏之言哉？尊闻阁主人屡请示所作，将以付之剞劂氏，于是酒阑茗罢，炉畔灯屑，辄复伸纸命笔，追忆三十年来所见所闻，可惊可愕之事，聊记十一，或触前尘，或发旧恨，墨沉淋漓，时与泪痕狼藉相间。每脱稿即令小胥缮写别纸，尊闻阁主见之辄拍案叫绝，延善于丹青者，即书中意绘成图幅，出以问世，将陆续成书十有二卷，而名之曰《淞隐漫录》。呜呼！余自此去天南之遁窟，任淞北之寄庐，将或访冈西之故园，而寻墙东之旧隐，伏而不出，肆志林泉，请以斯书之命名为息壤矣。世之见余此书者，即作信陵君醇酒妇人观可也。

《英语汇腋》序

　　古来为学之道无他，曰语言，曰文字。虽分两端，实由一贯，后世始歧语言文字而二之。西土自小学以至成人，其所为文字者悉根乎语言，诵于大庭广众之中，人人皆知，毋取隐晦，毋尚艰深，犹有中国三代之遗焉。

　　方今朝廷与泰西诸邦通商立约，琛赆远临，梯航毕集，四十余年来光气大开。其间所以交际往来者，曰官，曰商，而皆赖有语言文字以通彼此之情。于是广方言馆之设，自京师以达沿海各省，一律建置，遴选俊秀子弟入而诵习，拔其尤者，以备他日应对之用。

　　顾始之教以语言文字，藉以入门者具有专书，近且卮言日出，人人自矜秘本。容阶邝参军怒然忧之曰："是皆非寻津之宝筏，度世之金针也。今之为西学者有二：一曰由文义以达语言，一曰由语言以辨文字。大抵西国学校之书，重在文义，其所教之童皆已晓然于西国语言者也，故其书以肄习文字为先。若以之启迪华童，教导方言，则有甚难者矣。今必先语音后文义，使之由音以求义，而自能贯通，则方非为枘凿之施矣，然后学乃可底于有成。"参军之言如此，岂非具得其要领者哉。

　　盖西塾之书，乃教已识语言之西童者也。参军新著之书，乃教未识语言之华童者也。先后既殊，难易自别。学习之者，能适其用，则事半而功倍。参军取历来英语各书，削繁甄要，融洽会通，广搜并采，博考旁稽，以成一家言。既断手，乃付之剞劂氏，而名之曰《英语汇腋》初集、二集、三集。由浅以及深，由粗以逮精，由略以至详，取资多而撷意广。西国语言文字之学，至是而始备。不几彰巨观而集大成也哉？其有裨于初学岂浅鲜欤！吾因是书而知参军为今之有心人也。

　　夫御外枢机之所系，在识其情伪而已，而情伪则非通其语言文字不能明。同一语言文字也，而有意内而言外者，有言在此而意在彼者，轻重缓急，刚柔虚实，致有不同。能人人如参军之用心，何难折冲于樽俎之间也哉！若参军之书盛行，则肄习西国语言文字者必多，多则明体达用者必出其中，将必佐国家，寄耳目，以强中而抑外，成专对之才，使于四方，不辱君命。彼西国安得以我所不知而挟制凌侮我也哉？是则参军著书之功，当不在于甲兵战胜者下也。安见将来绥靖边陲、辑睦邻封以控制乎域外者，不由乎此书也哉？因参军请序于余，而备言之如此。非以誉参军也，盖为凡习西学者勉也。

《艳史丛钞》序

余少时好为侧艳之词，涉笔即工，酒阑茗罢，人静宵深，一灯荧然，辄有所作。淞滨老圃见之曰：此黄庭坚所以遭法秀之诃，而泥犁之狱特为好作绮语者警也。余即举而畀之祝融氏。避迹至粤，一意治经，日从事于训诂，岂止悔其少作，方且悲夫老来。既游欧洲归，体衰多病，屏居斗室，日在茗碗药炉中作生活，稍稍流览说部，琢抉诗词，藉以消愁排闷。迩见海上尊闻阁主人集吴门秦淮画舫诸录，付之手民，播于艺苑，而如四明、邗上，则亦有《十洲春语》、《花事小录》并向时之所未见。余维前乎此者，则有三山老人之《板桥杂记》，珠泉居士之《续记》及《雪鸿小记》，后乎此者则有懒云山人之《白门新柳记》，皆足采也。夫芬陀利侍者之于广陵，懒云山人之于白下，皆从兵燹之余，重睹升平气象，患难余生，尤为幸事，是岂徒侈花月之遗闻而作水天之闲话哉？

惟是余虽吴人，自试事外，鲜入城市，山塘泛棹，但作清游，灯舫征歌，只佐谈屑。丙午之秋，应试金陵，曾识任素琴、缪爱香两校书，固是年得魁花榜而为此中翘楚者也。他处则皆游屐所未涉。而侨寓沪中为最久，亦尝问名曲里，浪迹芳丛，月地花天，寄豪情于一醉，灯红酒绿，抒绮思于千言，曾辑《海陬冶游录》三卷，中更流窜，早付劫灰。顾沪曲章台，要以近今为极著，如入群芳会里，如游众香国中，燕瘦莺娇，花明柳媚，各擅所长。向闻山阴悟痴生、苕溪修月楼主人、沪城缕馨仙史将撰《春江花月志》，专记歇浦一隅之佳丽，诚海陬之嘉话，盛世之闲情也。鸳湖信缘生撰有《申江花史》，则又仅见一斑，无从觇其全帙。若余此录，则至今已阅二十余年矣，久为陈迹，空忆前尘，盖譬诸白头宫人谈开、天遗事矣。呜呼！廿年沪渎，阅尽繁华，一枕邯郸，竟成梦幻。无论不能按图索骥，而沧桑变易，几同令威化鹤归来，追溯曩惊，徒增屑涕。况余自同治纪元即来岭表，后此烟花之盛，亦徒得之传闻，虽迩日续有所增，而附录云云半皆耳食，然亦未始非十六七年来遥情轶事也。

昔白香山离杭郡，忆妓多于忆民，杜樊川在扬州，寻春胜于寻友。余去沪滨，一星既终而又半，而梦魂犹时萦绕之。岂少壮之境难忘，欢娱之时足述，故乡风月，易致怀思，海国莺花，可供跌宕欤？而余之所感，要更有深于此者。抚时念事，怀古伤今，悲身世之飘零，嗟天涯之沦落，未尝不叹名士才媛同为造物之所忌也。

近所集花国剧谈，地非一处，人非一时，有得即书，初无诠次。其中要皆红颜薄命者居多，念之每为歔欷，辄生感慨。顾此等笔墨，在有识者多以为导淫而宣欲，百劝而一惩，留意于风俗人心者惧焉。余窃谓不然，境以阅历而始知，情以缠绵而始悟，闭门冀要即在迷香洞中耳。故交红之被不暖，则神鸡之梦不醒也。世有喜于狎邪游者阅之，然后乃知情天之变幻无常，欲海之风波不定，未有不恍然若惊而怅然自失者，则此诸编作百八之钟声、万千之棒喝可也。爰加搜辑，汇成一书，拙著二种，亦附其中，而统题曰《艳史丛钞》云。

书《众醉独醒翁稿》后

呜呼！当今之通达洋务者，盖无有如翁者也。自余所论，虽无不卓然而见灼，超然而识精，渊然而思深虑远，但其心既有所忌讳，其口遂不觉其嗫嚅。夫木必先腐而后虫生，人必先疑而后谗入。子舆氏之言曰："夫人必自侮而后人侮之，家必自毁而后人毁之，国必自伐而后人伐之。"西人之来中土，识者以为我之衰气有以召之，而不知其先我所以待之者失其平也。

西人自明季入贾中国，西班牙、葡萄牙推为东来之逆旅。英、法虽强，亦未敢自尊为牛耳。继而英取印度，尽东南洋之海岛而踞之，遂矫然不可复制。诸西国群推让之，而我国独时加挫折摧辱之。彼其蓄怨积忿已非一日。循至林文忠公焚烟之举，遂不可复忍，是实我之盛气有以致之。继而通商立约，畀以五口，而沿海诸口岸，皆为西舶所出入。然犹未敢轻中国也。惟是每遇交涉之事，动辄推诿，始而不许，终至必许，而于是我国家官场之弊，无不为其所知。因循其积习也，蒙蔽其大端也，粉饰其长技也。无事之时，则其藐视西人，几以为不人类；若一旦有事，则又畏之如虎。凡政治风俗事物云为之出于西人者，必无一可取。心骄志傲，位置自高，绝不肯俯而求焉，降而察焉。性情阂隔，而仇隙日深，于是彼此相轻，而事卒不可为矣。

夫轻人者，必明彼之短，而知己之长。通商三十余年来，读书之儒，问以泰西之国势民情，制器讲艺，皆茫然而不知所措也。而彼于我国之利弊，无所不知。近如所造枪炮舟舶，虽为仿效西法，亦徒得其皮毛，且其中驾驶制造，每多假手于西人。而谈者辄欲凌驾其上，恐不值西人之一嚱耳！

说者谓此徒颂美西人，未窥为治之本原。夫形而下者谓之器，形而上者谓之道。我自有周孔之道，足以治民而理国耳。于是一切所行，率以此为准断，而人莫敢复出一言。呜呼！此皆所谓客气未除也，率天下而出于误国者必此人也。

宣尼不尝言曰忠信笃敬，行乎蛮貊？西人之至我中国，亦惟推诚布公，必信必速，毋区畛域，毋许膜视，尽我之怀柔，竭我之胞与，以示大一统之盛而已。总之，是是否否，其始即决之一言，虽彼强而我弱，彼必不我强也。惟一味模棱延缓，游移趋避，而祸即从此而生。礼有之曰：阃外制自将军。又有云：将在外君命有所不受。故西国设使于数万里之外，必锡以全权之名，俾得所专制。中西交涉之事，奉承周旋其间者，无不互有所诿。始西人以为外省之权不足，必禀命于京师，若至京师，事必易于措手，是以驻京之请，志在必行。乃十余年来，所以委曲迟回者，仍无异于外省。此公使所以愤然欲行欤？否则公使之心，方欲中外之言和，断不欲中外之启衅，有可知也。盖和则两国并受其福，战则贸易之利必先自绌也。此不待智者而知之矣。

要之，内自总理衙门，外自通商口岸，必求熟谙洋务人员，以为之支持，国步当不至于多艰，而外侮断不至于独甚也。呜呼！言之匪难，行之为难，言者谆谆，而听者藐藐，则我末如之何矣。

原　道

　　天下之道，一而已矣，夫岂有二哉？道者，人人所以立命，人外无道，道外无人，故曰圣人人伦之至也。盖以伦圣，而非以圣圣也。于以可见道不外乎人伦。苟舍人伦以言道，皆其歧趋而异途者也，不得谓之正道也。是以儒之为言，析之则为"需人"，言人不可以须臾离者也。

　　我国所奉者孔子，儒教之宗也。道不自孔子始，而孔子其明道者也。今天下教亦多术矣。儒之外有道，变乎儒者也；有释，叛乎儒者也。推而广之，则有挑筋教、景教、祆教、回教、希腊教、天主教、耶稣教，纷然角立，各自为门户而互争如水火。耶稣教则近乎儒者也，天主教则近乎佛者也。自余参儒佛而杂出者也。

　　顾沿其流犹必溯其源，穷其端犹必竟其委，则吾得而决之曰：天下之道，其始也由同而异，其终也由异而同。

　　儒者本无所谓教，达而在上，穷而在下，需不能出此范围。其名之曰教者，他教之徒从而强名之者也。我中国以政统教，盖皇古之帝王皆圣人而在天子之位，贵有常尊，天下习而安之。

　　自西南洋而外，无不以教相雄长。泰西诸国皆以教统政，盖獉狉之气倦而思有所归，高识之士以义理服之，遂足以绥靖多方，而群类赖以生长，功德所及，势亦归焉。泰西立国之始，所以皆有一教以统之者也。

　　天下之人，陆阻于山，水限于海，各自为教而各争其是。其间有盛有衰，有兴有灭，与人事世运互为消长，如道教一变流为异端，佛教流入中国而微，挑筋教、景教、祆教今并无闻焉。回教虽尚遍于天下，而其衰亦甚矣。近惟天主、耶稣两教与儒教屹然鼎峙。天主教中所有瞻礼、科仪、炼狱、忏悔，以及禁嫁娶茹荤，无以异乎缁流衲子，此殆不及耶稣教所持之正也。

今日欧洲诸国日臻强盛，智慧之士造火轮舟车以通同洲异洲诸国，东、西两半球足迹几无不遍，穷岛异民几无不至，合一之机将兆于此。夫民既由分而合，则道亦将由异而同。形而上者曰道，形而下者曰器，道不能即通，则先假器以通之，火轮舟车皆所以载道而行者也。东方有圣人焉，此心同此理同也；西方有圣人焉，此心同此理同也。盖人心之所向即天理之所示，必有人焉，融会贯通而使之同。故泰西诸国今日所挟以凌侮我中国者，皆后世圣人有作，所取以混同万国之法物也。此其理，《中庸》之圣人，早已烛照而券操之。其言曰："天下车同轨，书同文，行同伦。"而即继之曰："天之所覆，地之所载，日月所照，霜露所坠"，"舟车所至，人力所通"，"凡有血气者莫不尊亲"，此之谓大同。

原　学

　　中国，天下之宗邦也，不独为文字之始祖，即礼乐制度天算器艺，无不由中国而流传及外。当尧之世，羲和昆仲已能制器测天，用璇玑玉衡以齐七政。而兄弟四人分置于东西南朔，独于西曰"昧谷"者，盖在极西之地而无所纪限也。当时畴人子弟，岂无授其学于彼土之人者？故今藉根方犹称为东来法。乃欧洲人必曰东来者是指印度，而非言震旦也，不知印度正从震旦得来。欧人之律历、格致大半得自印度，而印度则正授自中原。即以乐器言之。七音之循环迭变，还相为宫，而欧人所制风琴，其管短长合度，正与中国古乐器无殊。他如行军之乐，铙吹之歌，中国向固有之，至今失传耳。当周之衰，鲁国伶官俱怀高蹈，而少师阳、襄则远入于海，安知古器古音不自此而西乎？他若祖冲之能造千里船，不因风水，施机自运；杨么之轮舟，鼓轮激水，其行如飞。此非欧洲火轮战舰之滥觞乎！指南车法则创自姬元公以送越裳氏之归。霹雳炮则已见于宋虞允文采石之战，固在乎法朗机之先。电气则由试琥珀法而出者也。时辰钟则明扬州人所自行制造者也。此外测天仪器，何一非由璇玑玉衡而来哉！

　　即以文学言之，仓颉造字，前于唐、虞，其时欧洲草昧犹未开也。即其所称声名文物之邦，如犹太，如希腊，如埃及，如巴比伦，如罗马，所造之字至今尚存，文学之士必以此为阶梯，所谓腊顶文、希利尼文也。然中国之字，六书之义咸备，西国之字仅得其一偏，谐声之外，惟象形而已。埃及字体散漫，其殆古所称云书而云名者欤？

　　犹太史书纪载独详，上下约略五千年，未必能先于中国也。观其转徙所至，总不越乎亚、阿两洲之间，而文学彬彬称为泰西之豳、岐、邹、鲁。顾得其所译之书观之，其精理微言逊于中国远甚，惟祭祀仪文仿佛相似。其他同者，或亦由东至西渐被而然者也。中国为西土文教之先声，不因此而益信哉！

原　人

　　尝读羲经之言曰："有天地然后有万物，有万物然后有男女，有男女然后有夫妇，有夫妇然后有父子，有父子然后有君臣上下，而知礼义之所措。"《大学》一篇，首言治国平天下，而必本之于修身齐家。此盖以身作则，实有见夫平治之端，必自齐家始。欲家之齐，则妇惟一夫，夫惟一妇。所谓夫夫、妇妇而家道正矣。天之道一阴而一阳，人之道一男而一女，故《诗》始"关雎"，《易》首"乾坤"，皆先于男女夫妇之间，再三致意焉。

　　自后世滕御之制兴，而自天子以至于士，正嫡而外，无不有陪贰。爵位愈崇，妾滕愈众。天子则有三宫、九嫔、二十一御妻、八十一元士；郑康成又益以当夕之说，谓此百有余人，一月之间必使循环一周。然则上古帝王其纵欲以娱情，殆若此欤？殊不可信也。要之书经秦火以后，已无完简，汉儒缀辑于丛残煨烬之中，参以己意。如《曲台记》等，要即出于汉儒之手无疑。降至后世，后宫佳丽至于数千，阿房之建，羊车之游，极欲穷奢不可致诘。而庶人之拥多赀享厚奉者，粉白黛绿列屋而闲居，妒宠负恃，争妍取怜。呜呼！以此观之，几等妇女为玩好之物，其于天地生人男女并重之说不大相剌谬哉？是以历代以来多有女谒之祸：桀以妹喜亡，纣以妲己丧，幽以褒姒殒，吴以西施沼。汉成帝以飞燕戕其身，陈后主以丽华覆其宗，唐之高宗以武氏绝其传，玄宗以玉环蹙其国。其嬖愈甚，其祸愈亟，正后嫡室，至于贬斥而不悔。此皆由乎家之不齐，而天下国家之所以不平不治也。

　　说者以为天尊地卑，地道无成，故夫为妻纲而女下乎男。虽有六宫嫔御奔走满前，而乾纲独断者一人而已，又何伤乎？昔者尧帝釐降二女于沩汭，盖以二女事舜而观其内也。舜父顽、母嚣、弟傲，而舜胥化之，是父子兄弟之伦已可见矣。若使二女同居，志不相得，则夫妇一伦尚有所歉，而于齐家之道犹为未备，此乃尧特以是试舜耳。且舜于娥皇、女英之外，又有癸比，三妃并侍，视若固有。诚使男正位乎外，女正位乎内，妾滕虽多，又何足虑？由国而家，何莫不然。

说者又谓中国风俗异于泰西，况泰西上古如以色列亚伯拉罕大辟皆有数妻。近今美国中如麻沙朱色邦，其妇人多喜为夫纳妾。是则泰西亦有古今不同者，未可以一例论也。

窃以为凡此诸说，皆不必论，而教化之原必自一夫一妇始，所谓理之正、情之至也。试观乡里小民，男耕女织，夫倡于前，妇随于后，岁时伏腊，互相慰藉，虽历辛勤而不怨。推之于一夫一妇者，亦无不然。室中既有二妇，则夫之爱憎必有所偏，而妇之心亦遂有今昔之异。怨咨交作，讪谪旋兴。大家世族，多有因此而不和者。门庭乖戾，必自此始。一家既如此，一国可知矣。论者虽讥泰西诸国于夫妇一伦为独厚，而其家室雍容，闺房和睦，实有可取者。因而知一夫一妇，实天之经也，地之义也，无论贫富悉当如是。

或谓纳妾以冀生育，继宗祧，此甚不得已之事，何不可行？不知纳妾以求子，不如行善以延嗣之为速也。《易》于二女同居之卦，取象于睽，睽者离也。一男而有二女，其不至于离心离德者几希矣！故欲齐家治国平天下，则先自一夫一妇始。

原 才

天下非无人才，患在取才之法未善，用才之志不专。又患在上之人不能灼知真才，其所谓忠者不忠，其所谓贤者不贤，而于是天下之贤才隐矣。

夫贤才者国家之元气也，贤才在上则国治，贤才在下则国乱，至于虽有贤才而无如之何，则国亦随之以亡。贤才之系于国家，不綦重哉！乃世之当轴者，其所为收罗人才之道，则曰：我不用之略示以羁縻，则将北走胡、南走越矣。呜呼！此以天下之人才而概以张元、吴昊目之也。如此，则人才岂为之用？

夫所谓天下之贤才者，往往难进而易退。用之则谨身以进，不用则泰身以退。且用之不得其正，与用之而不尽其才，则宁老死岩穴已耳。故贤才之于世，犹威凤祥麟，景星庆云；天之生贤才，亦若甚郑重以出之。岂有贤才之自待，反敢自菲薄乎哉！士有怀才不遇，而不能见用于世者，往往慷慨悲歌，牢骚抑郁，促其天年而致殒其生。楚屈原之怀石自沉，贾长沙之赋鹏自悼，皆是也。千载而下，凭吊人才者，犹为之歔欷累叹而不置。呜呼！此非长国家之咎欤？夫天地生才，而国家非惟不能用，又从而摧残屈抑之，以自斫其元气，国家何由而盛欤？

今国家取士，三年而登之贤书，升之大廷，称之曰进士，重之曰翰林，以为天下人才在是矣。不知所试者时文耳，非内圣外王之学也，非治国经野之道也，非强兵富民之路也。率天下之人才而出于无用者，正坐此耳。乃累数百年而不悟，若以为天下之人才，非此莫由进身，其谬亦甚矣。败坏人才，斫丧人才，使天下无真才，以至人才不能古若，无不由此。每一念之，未尝不痛哭流涕而长太息者也！

然则用才当如何？曰：凡有拔擢人才之责者，当随时随地以留心。

有才堪大任者，有才可小受者，有才能胜艰巨者，有才克远到而能宏济于艰难者，一一志之而弗忘，悉收之于夹袋中。因才器使，各当其任。其有才不能招致者，则屈节以求之，弓旌之召，缥帛之加，虽穷巷蔀檐而亦至焉。如是，天下亦安有遗才哉！

夫上以真才求，则下以真才应，其有饰貌矫情，鬻奇炫异，以惑天下之耳目，以乱天下之聪明者，自不敢至前矣。

世有真才，亦有伪才。伪才之与真才，犹碔砆之于宝玉，鱼目之于珍珠，久之而后知，而不能猝辨也；试之而后见，而不能空说也。为上者若不能兢兢致权乎此，但震于其外之应对捷给，言论纵横，自以为能仔肩天下之重，而负一时之望，则未有不误及苍生，祸流赤紧者，如王安石之于宋是也。

是以治世而人才盛，都俞吁咈于堂陛之间，拜手扬言于朝廷之上，上尽用之而弗遗也。乱世而人才亦盛，或躬耕于陇亩之中，或诵读于草野之内，上虽弗之用，而衡门泌水固有以自乐其天也。若人才而处亡国之际，不惮捐躯绝脰，毁家灭身，以求挽既去之天心，而扶已衰之大局，决不肯策名新室，拜爵兴朝，有宁蹈东海以死而已。由此观之，人才何负于国家哉！

其有一不见用，即生怼上之心，怨咨谤讪，致形诸言语而见之篇章，此其才则秉天地之戾气而生者也，不得谓之真才。夫所谓真才者，与国家同休戚，共患难者也。国家培养人才数百年，至此乃食其报，用与不用一也。

原　士

　　余尝闻何君镜海之言曰：天下之治乱，系于士与农之多寡。农多则治，士多则乱。非士之能乱天下。托于士者众，则附于仕者亦众，而游惰者且齿甘乘肥。三代下之国家，所以有岌岌之势矣。五行百产不能给生人之用，生齿繁则杀戮相仍，此天道之当然也。耽于逸，极于欲，斗于巧，百族万类，元气剥丧，而倾折夭札随之。此人事之自然也。大难初平，百物凋敝，人安耕凿，而无竞无求。极盛之时，文治昌明，而诈伪日生，杀机潜匿。此又历代之盛衰相为倚伏者也。汉举孝弟力田，与策贤良并重。此其制犹近于古。后世以文取士，以资为郎，以级纪功，皆以黠民御朴民耳。虽欲治，其可得哉？

　　呜呼！何君之言，其即余欲以简治天下之意也。返朴还醇，正在今日。

　　夫今之所谓士者，皆有士之名，而无士之实者也。其实民而已矣，安得窃名为士哉！今国家之于士也，取之太多，简之多骤，人人皆可为士。数年间，一邑之称士者，已至数十百人。按其中皆贸然无知者居多。由是士习日坏，士风不振，而士遂为人之所轻，因而叹天下之无士。呜呼！岂通论哉。譬如采珠于渊，采玉于山，取既竭则以泥沙代之，人见泥沙，并咎珠玉为无用，而士遂无以自见其长。

　　为今计者，当废时文而以实学。略如汉家取士之法，于考试之外，则行乡举里选，尚行而不尚才，则士皆以气节自奋矣。至以考试取士，亦当减其额，远其期。与其多取而贤不肖之皆多，毋宁寡取而贤不肖之皆少。且士既少则下知贵，而为上者，教养皆有实用。学中廪饩，书院膏火，养数百人不足者，养数十人而有余。于是士不为非，而廉耻懋焉。且士既不为时文，其心思智慧，咸磨砺以成有用之学。何至所习非所用，所用非所长，问以钱谷不知，问以兵刑不知，出门茫然，一举步即不识南北东西之向背哉？

或曰：有明之以时文取士，盖欲其废书不观，使之囿于一隅之中，而莫能出其范围。往往有髫龄就学，皓首无成，而士之受其愚者不少矣。呜呼！此徒以功名富贵，鼓舞其心志，虽有奇材异能，非是莫由进身，其愚黔首之心，实无异乎祖龙之一炬也！乃后世仍复因循不改，明知其无用，而绝不思为之变计。岂以在廷诸公皆由时文以进身，一若舍是并无良法欤？夫书，取其足以记姓名而已。宣圣有言曰：辞达而已矣。是即文字尚不必求其甚工，况于无用之时文。即曰时文所以代圣贤立言。顾圣贤之前言往训，昭然具在，固在乎身体力行，又何烦乎口为摹拟，作优孟之衣冠？夫学时文不成，则竟成废人耳。设以学时文之精神才力，专注于器艺学术，即不能出而献诸大廷，而终有一技之长，一材之擅，足以终身用之而有余者。故时文不废，人才不生；必去时文尚实学，乃足以见天下之真才。

或又曰：时文中何尝无人才，本朝之功烈彪炳，才德彰闻者，何一不由科第中来？即今时曾、李、左三相国，亦以时文为进身之阶，是安见时文之足以害人才也？不知此即吾向之所谓非时文之能出真才，乃真才之不囿于时文耳。

吾请一言以蔽之曰：今日之徒能时文而嚣然自足者，皆不得谓之士；此乃民之实，而窃士之名者也。况乎今日之士，即异日之官，巍然身为民上者也。时文中果有治民之谱欤？昔者取士之途宽而用士之法严，今者取士之途隘而用士之法滥。乳臭之子，朝登科第而夕握印绶矣，不必试而后用也，而乌得不病国而殃民？故时文不废，天下不治。

吾今请开数科以取士，即以其虚言而征之以实效。取之宽，则人才皆入吾夹袋之中，而自无或遗；用之严，则自不得以空文徼幸于一时。士习既端，而民俗亦厚。将见尚气节，懋廉耻，敦品行，而无实之士，自转而归于农工商贾，以各遂其生。今日风俗之弊，在好谀而嗜利。欲反其弊，莫若闭言利之门，而开谏诤之路。故停捐纳所以伸士气，奖直言所以坚士节。如是而官方有不澄，仕途有不肃，不足以扬郅治之休，而臻于汉代文、景之隆者，未之闻也。

变　法

上

泰西人士尝阅中国史籍，以为五千年来未之或变也。夫中国亦何尝不变哉！巢、燧、羲、轩，开辟草昧，则为创制之天下；唐、虞继统，号曰中天，则为文明之天下。三代以来，至秦而一变。汉、唐以来，至今日而又一变。

西人动讥儒者墨守孔子之道而不变。不知孔子而处于今日，亦不得不一变。盖孔子固圣之时者也，观其答颜子之问为邦曰："行夏之时，乘殷之辂，服周之冕。"于三代之典章制度，斟酌得中，惟求不悖于古，以宜乎今而已。于答子夏之问，则曰："殷因于夏礼，所损益可知也；周因于殷礼，所损益可知也；其或继周者，虽百世可知也。"此孔子盖言其常也，而非言其变也。言其常，则一王继治，有革有因，势不能尽废前代之制而不用；言其变，则未及数百年而祖龙崛起，封建废而为郡县，焚诗书，坑儒士，乐坏礼崩，法律荡然，亦孔子之所未及料者也。汉承秦弊，不能尽改。自是以后，去三代渐远，三代之法不能行于今日。如其泥古以为治，此孔子所谓生今之世而反古之道者也。由此观之，中国何尝不变哉！

即欧洲诸国之为治，亦由渐而变，初何尝一蹴而几，自矜速化欤？铜龙沙漏，璇玑玉衡，中国已有之于唐、虞之世。钟表之法，亦由中国往。算法藉根方得自印度。火器之制，宋时已有。如金人之守汴，元人之攻襄阳，何尝不恃炮火？其由中国传入可知也。其他如火轮舟车，其兴不过数十年间而已，而即欲因是笑我中国之不能善变，毋乃未尝自行揣度也欤！

吾知中国不及百年，必且尽用泰西之法而驾乎其上。盖同一舟也，帆船与轮舶迟速异焉矣；同一车也，驾马与鼓轮远近殊焉矣；同一军械也，弓矢刀矛之与火器胜败分焉矣；同一火器也，旧法与新制收效各别焉矣；同一工作也，人工与机器难易各判焉矣。无其法，则不思变通，有其器，则必能仿效。西人即不从而指导之，华人亦自必竭其心思材力以专注乎此。

虽然，此皆器也，而非道也，不得谓治国平天下之本也。夫孔之道，人道也，人类不尽，其道不变。三纲五伦，生人之初已具，能尽乎人之分所当为，乃可无憾。圣贤之学，需自此基。舍是而言死后，谁得而知之？亦谁得而见之？况西国所谓死后获福者，其修亦必裕于生前。然则仍是儒者作善降祥，作不善降殃之说耳。故吾向者曾谓数百年之后道必大同。盖天既合地球之南朔东西而归于一天，亦必化天下诸教之异同而归于一源。我中国既尽用泰西之所长，以至取士授官，亦必不泥成法，盖至此时不得不变古以通今者，势也；而今则犹未也。今如有人必欲尽废古来之制作以遂其一时之纷更，言之于大廷广众之中，当必以其人非丧心病狂，决不至是。呜呼！世人皆明于既往，而昧于将来。惟深思远虑之士，乃能默揣而得之。

天心变于上，则人事变于下。天开泰西诸国之人心，而畀之以聪明智慧，器艺技巧百出不穷。航海东来，聚之于一中国之中。此固古今之创事，天地之变局。诸国既恃其长，自远而至，挟其所有以傲我之所无，日从而张其炫耀，肆其欺凌，相轧以相倾，则我又乌能不思变计哉。是则导我以不容不变者，天心也；迫我以不得不变者，人事也。如石之转圜于崇冈，未及坠地，犹谓其难，而不知其一落千仞也。况今者我国已自设局厂，制造枪炮，建置舟舶，一切悉以西法从事。招商局既建，轮船遍及各处，而洋务人员辄加优擢。台湾、福州已小试电气通标之法，北方拟开煤铁诸矿。所未行者，轮车铁路耳，则或尚有所待也。此皆一变之机也。

惟所惜者，仅袭皮毛，而即嚣然自以为足，又皆因循苟且，粉饰雍容，终不能一旦骤臻于自强。不知天时有寒暑而不能骤更，火炭有冷暖而不能立异，则变亦非一时之所能也，要之在人而已矣。尽人事以听天心，则请决之以百年。

中

《易》曰："穷则变，变则通。"知天下事未有久而不变者也。

上古之天下一变而为中古。中古之天下一变而为三代。自祖龙崛起，兼并宇内，废封建而为郡县，焚书坑儒，三代之礼乐典章制度，荡焉泯焉，无一存焉。三代之天下至此而又一变。

自汉以来，各代递嬗，征诛禅让，各有其局，虽疆域渐广，而登王会列屏藩者，不过东、南洋诸岛国而已，此外无闻焉。自明季利玛窦入中国，始知有东、西两半球，而海外诸国有若棋布星罗。至今日，而泰西大小各国无不通和立约，叩关而求互市，举海外数十国悉聚于一中国之中，见所未见，闻所未闻，几于六合为一国，四海为一家。秦、汉以来之天下，至此而又一变。

呜呼！至今日而欲办天下事，必自欧洲始。以欧洲诸大国为富强之纲领，制作之枢纽。舍此无以师其长而成一变之道。中西同有舟，而彼则以轮船；中西同有车，而彼则以火车；中西同有驿递，而彼则以电音；中西同有火器，而彼之枪炮独精；中西同有备御，而彼之炮台水雷独擅其胜；中西同有陆兵水师，而彼之兵法独长。其他则彼之所考察，为我之所未知，彼之所讲求，为我之所不及，如是者直不可以偻指数。设我中国至此时而不一变，安能埒于欧洲诸大国，而与之比权量力也哉！

然而一变之道难矣。以今日西国之所有，彼悍然不顾者，皆视以为不屑者也。其言曰：我用我法以治天下，自有圣人之道在。不知道贵乎因时制宜而已。即使孔子而生乎今日，其断不拘泥古昔，而不为变通，有可知也。

今观中国之所长者无他，曰因循也，苟且也，蒙蔽也，粉饰也，贪罔也，虚憍也。喜贡谀而恶直言，好货财而彼此交征利。其有深思远虑矫然出众者，则必摈不见用。苟以一变之说进，其不哗然逐之者几希！盖进言者必美其词曰：中国人才之众也，土地之广也，甲兵之强也，财力之富也，法度之美也，非西国之所能望其项背也。呜呼！是皆然矣。特彼知人才之众，而不知所以养其人才以为我用；知土地之广，而不知所以治其土地以为我益；知甲兵之强，而不知练其甲兵以为我威；知财力之富，而不知所以裕其财力，开源节流，以出诸无穷而用之不匮；知法度之美，而不知奉公守法，行之维力，不至视作具文。凡此皆其蔽也。故至今日而言治，非一变不为功。

变之之道奈何？

其一曰取士之法宜变也。帖括一道，至今日而所趋益下，庸腐恶劣，不可向迩。乃犹以之取士，曰制科。岁取数千百贸然无知之人，而号之曰士。将来委之以治民，民其治乎？故我曰：取士之法不变则人才终不出。

其一曰练兵之法宜变也。今之陆营水师，其著于籍者，有名而无实。当事者以兵不足恃，又从而募勇，能聚而不能散。今天津驻防之兵至十万，虽足以拱卫神京，翼保畿辅，以壮声威而遏觊觎。而他处海防均须整顿。绿旗满营，水师战舰，皆当易器械，更船舶，使之壁垒一新，而不得仍以戈矛弓矢从事。苟仍其旧而不早为之计，是谓以不教民战，无殊驱之就死地也。故我曰：兵法不变则兵不能强。

其一曰学校之虚文宜变也。今所设教谕训导，小邑一人，大邑两人，虚糜廪粟，并无所事。且其人，类皆阘冗无能，龙钟寡耻，不足为士之表率。书院山长只取声誉，以所荐之荣辱为去留，而每月所课，不过奉行故事而已。是朝廷有养士之名，而无养士之实也。是反不若汉时所立国子监，天下士子犹得读书于其中也。

其一曰律例之繁文宜变也。昔高祖入关，其与民约，不过曰"法三章"耳。近世之更，上下其手，律例愈密而愈紊，不过供其舞文弄法已耳。拘牵文义，厥弊日滋。动曰成例难违，旧法当守，而一切之事都为其所束缚驰骤矣。是朝廷有行法之名，而无奉法之实也。是不如减条教，省号令，开诚布公，而与民相见以天也。

凡是四者，皆宜亟变者也。四者既变，然后以西法参用乎其间。而其最要者，移风易俗之权操之自上，而与民渐渍于无形，转移于不觉。盖其变也，由本以及末，由内以及外，由大以及小，而非徒恃乎西法也。

下

治天下者，当立其本而不徒整顿乎末，当根乎内而不徒恢张于外，当规于大而不徒驰骛乎小。盖天下气运之开，以时而变，而天下情事之繁，亦以时而异。

试以西法一端言之，今与昔异，而中外之情，亦已阅时而不同。昔者惟在崇尚西法，立富强之本，以为收效即在目前。即泰西人士，亦并以为西学振兴正在今日，以中国之大而师西国之长，集思广益，其后当未可限量，泰西各国固谁得而颉颃之？今沿海各直省皆设有专局，制枪炮，造舟舰，遴选幼童出洋肄业。自其外观之，非不庞洪彪炳，然惜其尚袭皮毛，有其名而鲜其实也。

福州前时所制轮舶，悉西国古法耳，不值识者之一噱。他处所造机捩，转动之妙，不能不赖乎西人之指授。而窥其意，则已嚣然自足，辄以为心思智慧足与西人匹，或且过之而有余矣。夫枪炮则在施放之巧，舟舰则在驾驶之能，行阵之器固不可不利，而所以用利器者则在人也。

今公使简矣，领事设矣，皇华之选络绎于道。或恐有仪、秦其人，逞游说以恣簧鼓，而徒以口舌得官者；更恐有夤缘攀附，奔竞钻营，而得附于其间者。所谓才者未必才，所谓能者未必能，徒碌碌因人成事而已。

故今日我国之急务，其先在治民，其次在治兵，而总其纲领则在储材。诚以有形之仿效，固不如无形之鼓舞也；局厂之炉锤，固不如人心之机器也。

朝廷设官西土，要宜郑重其始。一切当以正途人员，苟流品太杂，恐亵国体。其有掣肘之处，则先以西人副之，为之披榛辟莽。至若通商口岸所有中外交涉案牍，往来文移，宜汇辑成书，颁示遐迩，其后更译以西文。一旦有事，当局者可援别案以为折辩之地，而此中亦有所主持，此亦讲求洋务之一道也。

总之，凡事必当实事求是，开诚布公，可者立行，不可行者始终毅然不摇。夫天下事，从未有尚虚文而收实效者，翻然一变，宜在今日。

若夫治民，必由牧令始；治兵，必由团练始。

牧令之贤否，则先在慎简督抚。甄别才能，考察勤惰，才者不次迁擢，不才者立予罢黜。此固督抚之事也。

至于治兵，则难言之矣。宜先改营规，易军制，汰兵额，异器械，必如李光弼之临阵，壁垒一新而后可。然论者必议其更张。蒙则谓今日练兵若不以西法从事，则火舰火器亦徒虚设耳。不独水师当变，即陆军亦当变也；不独绿营当变，即旗丁满兵亦当变也。且也长江水师与洋海水师不同，我国须于长江水师之外，专设海军，然后内可以防奸，外可以御侮。

储材之道，宜于制科之外，别设专科，以通达政体者为先，晓畅机务者为次。即以制科言之，二场之经题宜以实学，三场之策题宜以时务，与首场并重，庶几明体达用，本末兼赅。此寓变通于转移之中，实以渐挽其风气而裁成鼓励之。四五科之后，乃并时文而废之，则论者不议其骤革矣。肄习水师武备，国家宜另设学校，教之以司炮驾舟，布阵制器，俾其各有专长。习之于平日，用之于临时。其遣发至泰西者，尤不可专在一国，以示兼收而并效。

以上宜力求整顿，勿作具文。民心既固，兵力既强，而后所有西法，乃可次第举行。今日简公使，设领事，岁縻朝廷数十万金，议者或论其太骤，或惜其徒费。不知中外隔阂，非此不能消息相通，未始无裨于大局。特不在其事，而在其人也。此则由乎上善为之用耳。焜耀敦槃，折冲樽俎，必有郭隗、毛遂其人者出焉；衔命中朝，宣威异域，必有班定远、傅介子其人者出焉。

或者以为西法不足恃，何以西人用之，足以雄长欧洲，争衡天下？不知泰西诸邦，国小而民聚，其民心齐而志固，同仇敌忾素蓄于中。在其国内，各事其事，各业其业，雍雍然其气静谧而专一，故国易以治。夫岂徒恃乎器艺技巧，繁术小慧，遂足以收效也哉？

重　民

上

天下之治，以民为先，所谓"民惟邦本，本固邦宁"也。今中国之民，生齿日繁，几不下三千余兆。诚使善为维持而联络之，实可无敌于天下。

说者谓民数之众至今日而极盛，向来所未有也。至自古迄今，历代户口盛衰之数，固可得而言焉。当夏禹治水后，民口一千三百五十五万三千九百二十三人。周公摄政时，民口一千三百七十一万四千九百二十三人；周庄王十三年，民口九百万四千人。秦始皇并六国后，民口千余万人。汉平帝元始二年，户三百二十三万三千六百一十二，口五千九百十九万四千九百七十人。后汉光武中元二年，民户四百二十七万一千六百三十四，口二千一百万七千八百二十人；后汉桓帝永寿二年，民户二千六百七万九千九百六，口五千六万六千八百五十六人。晋武帝太康元年，户二百四十五万九千八百四十，口一千六百十六万三千八百六十三。隋炀帝大业五年，户八百九十万七千五百四十六，口四千六百一万九千九百五十六。唐玄宗开元二十八年，户八百四十一万二千八百七十一，口四千八百十四万三千六百九。宋徽宗宣和四年，民户二千零八十八万二千。元世祖至元二十四年，民户一千三百十九万六千；元世祖至元二十七年，民户一千三百十九万六千二百有六，口五千八百八十三万四千七百十一。明孝宗宏治十四年，民口五千三百二十八万二千。我朝大清龙兴，顺治元年，民户二千七百二十四万一千；乾隆时，户口一万五千万人；乾隆四十二年，二万万人；道光末年，二万六千万人；咸丰间，虽经赭寇之乱，而十余年来休养生息，版籍未减，至今约略计之，可得户口三万万。泰西诸邦安能及其什一哉！

而泰西之民，内则御侮，外则宣威，越数万里而至中国，率意逞臆而行，莫敢谁何。与华民一有龃龉，则问罪者至矣。至我民之佣贩外洋者，外洋之人待之如犬马，刲之如羊豕，货之如牲畜，其谁敢代之一问者？即朝廷遣公使，设领事，亦赖西船为护送，恃西人为先导，有如水母目虾。夫许、郑乘楚车，《春秋》书之，谓之"失位"。始事如此，宜其见轻于西人也。

西国兵民不分，额兵用以出战，民兵用以守国，有事之秋，亦调守兵出境。故其国虽小而兵数辄皆百余万。英人尝谓，其国无敌国外患者已千余年矣。盖众志之如城，大可用也。

然则西国民寡而如此，中国民众而如彼，岂真所谓虽多亦奚以为者欤？是盖在不善自用其民也。

善用其民者，首有以作民之气，次有以结民之心。其气可静而不可动，敌忾同仇，忠义奋发，勇于公战而怯于私斗。其心可存而不可亡，在城守城，在野守野，虽至援绝矢穷，终不敢贰。顾就中国之民而论之，其刚柔强弱亦复不同。北方风气多刚劲，南方民情多脆弱。盖大川广谷异性，民生其间者异俗。惟有以教训而渐摩之，自无不可用也。

总之，上有以信夫民，民有以爱夫上，上下之交既无隔阂，则君民之情自相浃洽。今夫富国强兵之本，系于民而已矣。驱天下之游民、废民、惰民、莠民而尽归于农，则天下自无旷土，而安有不富者哉！此外，商出于远，工勤于市，各操其业，各尽其分。开矿筑路，行轮车，设机器，均与民共其利而代为之经营。是则上既有余，而下无不足。使天下各邑各镇各乡，均为民兵而行团练，守望相助。春秋无事，教之以坐作进退，步伐止齐。猝有变故，入而保卫，子弟之卫父兄，犹手足之捍头目。又使平日间与兵相习，则兵自卫民而不敢欺。如是兵民皆有实效，而安有不强，此所谓维持而联络之也。

中

天下何以治？得民心而已。天下何以乱？失民心而已。民心之得失，在为上者使之耳。民心既得，虽危而亦安；民心既失，虽盛而亦蹶。欲得民心，是在有以维持而联络之。

我朝圣圣相承，务崇宽厚，列祖列宗，深仁厚泽，浃于寰区。故民间义愤时起于崇朝，爱戴聿深乎万代。然而赭寇所至，列城奔溃，无殊猛虎之驱群羊。天津戕杀教民之变，衅于勇而啬于祸，徒贻君父之忧，而从未有挺身以赴义者，此何故欤？则所以维持而联络之道未得也。

古者官有世族，族大人众，与国同休戚，共患难。世族皆有甲士，足以入卫公家。春秋之时，国富而兵强，率恃乎此。康叔之封于卫也，分以殷民七族；唐叔之封于晋也，分以殷民六族；即如郑之商人与郑同出自周，世有盟誓，此皆所谓强宗豪族足以辅国而立邦者也。其在民间，亦多聚族而居，大者数万人，小者数千人，行守望相助之法，猝有内忧外患，足以联结声势，藉为捍卫。自后世宗法不讲，散处都邑，虽行团练而其心不一。然如闽、粤两省村落中，往往一姓为一乡。大凌小，强欺弱，众暴寡，械斗悉由此起。此在有司不善约束之耳，而至事变之秋，未尝不收其用。

平日治民之要，在抚字以结其心，勇敢以作其气，忠孝节义以厉其心志，轻徭薄赋以养其身家，务使安其居，乐其业，可静而不可动，而忠君爱国之心自油然生于其中。今朝廷赈恤之恩，蠲免之惠，半侵蚀于胥吏之手，有名而鲜实。誊黄遍贴，圣训煌煌，民间率以具文视之而已。平时皆有轻视官长之心，临事亦安得收指臂之效？

即如安置旗民之法，亦窃以为未尽善也。聚之于会垣，给之以饷糈，使之无事而食，安坐以嬉，有如圈牢之养物。二百余年来，生聚日多，势必不给。且人劳则善心生，逸则淫心起。恃势凌人，藉端诈物，选事生衅，无所不至，民视之如寇仇。赭寇肇乱，窜扰江、浙，几于聚而歼旃，妇女孩稚不遗噍类，此正可为前车之鉴。窃以为不如分布于各乡，士农工商，使之各执其业，而各食其食。讲行古者宗法，以强宗维弱宗，小宗附大宗，各相为辅。新疆、西藏则裂土以分封王子，佐以强家富室，略如蒙古四十八旗成法，而不必聚之于京师。诚如是也，自足为省会之屏藩，神都之翊卫。

治民之大者，在上下之交不至于隔阂。此外，首有以厚其生，次有以恒其业。汰浮士，裁冗兵，去游民，使尽驱而归之于农，以辟旷土，垦荒地，给以牛种犁锄，居以蓬寮，时课其勤惰，而递岁分收其所入。若开掘煤铁五金诸矿，皆许民间自立公司，视其所出繁旺与否，计分征抽，而不使官吏得掣其肘。又如制造机器，兴筑铁路，建置大小轮船，其利皆公之于民，要令富民出其赀，贫民殚其力，利益溥沾，贤愚同奋。朝廷有大兴作、大政治，亦必先期告民，是则古者与民共治天下之意也。

呜呼！勿以民为弱，民盖至弱而不可犯也；勿以民为贱，民盖至贱而不可虐也；勿以民为愚，民盖至愚而不可欺也。夫能与民同其利者，民必与上同其害；与民共其乐者，民必与上共其忧。

夫以我中国幅员之广，生齿之繁，甲于天下。以视欧洲诸国，其大小多寡，岂可同日而语！即如英国，屹然三岛耳。其地不足当中国数省，其民不足当中国二大省。而民心团结，有若长城，遂足恃之以无恐。我中国诚能收民心为己助，其何向而不利？可使制梃以挞坚甲利兵而有余矣。如是而强邻尚敢行其窥伺，敌国尚敢肆其凭凌，逞其非分之干请，而要以无礼以诛求者，吾弗信也。

下

泰西之立国有三：一曰君主之国，一曰民主之国，一曰君民共主之国。

如俄，如墺，如普，如土等，则为君主之国。其称尊号曰恩伯腊，即中国之所谓帝也。如法，如瑞，如美等，则为民主之国。其称尊号曰伯理玺天德，即中国之所谓统领也。如英，如意，如西，如葡，如嗹等，则为君民共主之国。其称尊号曰京，即中国之所谓王也。

顾虽称帝，称王，称统领，而其大小强弱尊卑则不系于是，惟其国政令有所不同而已。一人主治于上，而百执事万姓奔走于下，令出而必行，言出而莫违，此君主也。国家有事，下之议院，众以为可行则行，不可则止，统领但总其大成而已，此民主也。朝廷有兵刑礼乐赏罚诸大政，必集众于上、下议院。君可而民否，不能行。民可而君否，亦不能行也。必君民意见相同，而后可颁之于远近，此君民共主也。

论者谓：君为主，则必尧、舜之君在上，而后可久安长治；民为主，则法制多纷更，心志难专一。究其极，不无流弊。惟君民共治，上下相通，民隐得以上达，君惠亦得以下逮。都俞吁咈，犹有中国三代以上之遗意焉。

三代以上，君与民近而世治。三代以下，君与民日远而治道遂不古若。至于尊君卑臣，则自秦制始。于是堂廉高深，舆情隔阂，民之视君如仰天然。九阍之远，谁得而叩之？虽疾痛惨怛，不得而知也。虽哀号呼吁，不得而闻也。灾歉频仍，赈施诏下，或蠲免租税，或拨帑抚恤。官府徒视为具文，吏胥又从而侵蚀。其得以实惠均沾者，十不逮一。天高听远，果孰得而告之？即使一二台谏，风闻言事，而各省督抚或徇情袒庇，回护模棱，卒至含糊了事而已。君既端拱于朝，尊无二上，而趋承之百执事出而莅民，亦无不尊，辄自以为朝廷之命官，尔曹当奉令承教，一或不遵，即可置之死地，尔其奈我何？惟知耗民财，殚民力，敲膏吸髓，无所不至，囊橐既饱，飞而扬去。其能实心为民者无有也。夫设官本以治民，今则徒以殃民。不知立官以卫民，徒知剥民以奉官。其能心乎为民，而使之各得其所，各顺其情者，千百中或一二而已。呜呼！彼不知民虽至卑而不可犯也，民虽至愚而不可诳也！

善为治者，贵在求民之隐，达民之情。民以为不便者不必行，民以不可者不必强。察其疴痒而煦其疾痛，民之与官有如子弟之于父兄，则境无不治矣。古者里有塾，党有庠，乡有校，读法悬书，月必一举。苟有不洽于民情者，民皆得而言之。上无私政，则下无私议。以是亲民之官，其为政不敢大拂乎民心，诚恐一为众人所不许，即不能保其身家。是虽三代以下而犹有古风焉。

《书》有之曰："民惟邦本，本固邦宁。"苟得君主于上，而民主于下，则上下之交固，君民之分亲矣。内可以无乱，外可以无侮，而国本有若苞桑磐石焉。由此而扩充之，富强之效亦无不基于此矣。泰西诸国，以英为巨擘。而英国政治之美，实为泰西诸国所闻风向慕，则以君民上下互相联络之效也。

夫尧、舜为君，尚赖有禹、皋陶、益、稷、契为助，而天下乃治。今合一国之人心以共为治，则是非曲直之公，昭然无所蒙蔽，其措施安有不善者哉？窃以为治国之道，此则犹近于古也。

治 中

我国今日之急务，在治中驭外而已。治中不外乎变法自强，驭外不外乎简公使，设领事，洞达洋务，宣扬国威而已。曩所谓变法者，在创设局厂，铸枪炮，造舟舰，遣发幼童出洋，肄习西国语言文字器艺学术而已。不知此数者，非不可行，而行之当无徒袭其皮毛。既有枪炮则当求施放之巧，既有舟舰则当求驾驶之能。而枪炮之命中及远，舟舰之巩坚神速，新法迭出，精益求精，此则尚未能也，所知者不过向日成规而已；且皆有西匠为之指挥，一旦离之自造，则且所谓皮毛者尚觉其艰。遣发幼童出洋，当不专于一国；且与其多遣俊秀，不如并遣工匠，工匠时少而效速。

此外要当变者：一曰水师宜立专局训习技能；二曰陆营宜改营制；汰军额，简丁壮，厚饷糈；三曰战船宜易帆舶为风轮火珀；四曰器械宜易弓矢刀矛以火器。而总不外乎以西法练兵。

沿海各省督抚，宜简选熟稔洋务人员，驻扎通商各处。遇有中外交涉之事，所有往来文牍，岁中汇辑成书，颁示遐迩，俾办理者熟览深思，得以窥其涯际，而临事亦有所把持。中外所立和约，亦当镂板颁行，俾官衙上下人役俱持一册，于洋务自无所遁情。夫洋务即时务，当今日而兴言时事，固孰有大于洋务者！一切皆不必讳言，诚能实意讲求，则真才自出，其间又何难睦邻御侮，折冲于数万里以外哉！

今日崇尚西学，仿效西法，渐知以商力浚利源，与西商并驾齐驱而潜夺其权，如轮船招商局之设是也。顾局中经费之裕，全在乎海运，惟海运但可行之于无事之日，而不能行之于有事之秋。至此时而仍由漕运，恐亦不易。

夫治河运漕两大政，办理极难，历朝但图一时之安而不为后日之计，则以不能万全而无害也。窃谓北方亦富庶之地，京师为首善之区，民以食为天，岂容尽资乎外省？此开垦之法不可不讲。况乎旷地日多，游民日众，安插游民，垦辟旷地，此有司之责也。官地宜仿古者屯田遗意，以所汰老弱之兵，改而为农。开阡陌，深沟洫，兴水利，资灌溉，或济之以西国机器水火二气之力，务使之三年耕，必有一年之蓄。诚有成效，则京师粒食毋俟外求。李伯相行之于天津一郡，其效当有可观也。其他北省荒废之地，亦可饬各督抚仿其法而行之。如近日遇水旱荒灾，饥黎载道，朝廷赈恤维艰，势不能终给，莫若徙流民以实空地，使之自食其力。经费之筹，发自帑项而后计岁分偿，或令商办而使分其利。

辟地之外，则事开矿。辟地，地面之利；开矿，地内之利，二者不可偏废。天不爱道，地不爱宝，而亦当尽人力以求之。且矿务一开，趋者云集，亦所以养济穷民。闽如台郡之煤，粤如惠州之铁，善其章程以为掘取，闽、粤之民何至就食出洋，流离异域。

至于栽植罂粟，亦属权宜之用。然当种之于新疆、蒙古土旷人稀之处，而不宜种之于关内也。

治河，中外无善法。盖河沙日积，河底日高，河堤不得不高筑以防冲溃。历代相传，不思变通，濒河之民如居河底，霪霖横决，鱼鳖堪虞。今莫若参用西国爬沙之法，疏刷宣通，去其壅积，然后多分支流以杀其势。孟子述禹之治河，亦惟曰疏，曰瀹，曰排，曰决而已。行于内河，当用火轮小舶，亦可藉以运漕。一旦缓急有需，亦可恃以无恐。

此外，最要者则曰治民，当责其成于牧令，而先于慎简督抚，俾其黜陟贤否，甄别才能，行久任之法，立不资之赏。当使视民事如己事，务实心以行实政，而天下自无不治矣。

凡此治中之道，皆所以尽其在我而已。

至于所以驭外者，不难在重洋衔命，而先难在内地之抚柔。泰西诸国自西东来，初由印度而东粤，由东粤而开五港。旋由五港而增至十有三港。今则长江添设六口，直达重庆，而至云南，中国境中必为西商传教人足迹所遍。至若西商传教人等，安分守法，归我管辖，虽遍至各处，亦复何虑。无如旅于中土之西人，每多恃势凌人，我国绅民又鄙之以为不屑，变故日生，是可虞也。泰西之例，商民至其国境犯法，即归其国官员审办，西廷以中国鞫案动用刑罚，是以此例不行。据《烟台和约》：自后中西商民争讼，交被告人官员办理。如西人控华人则归华官，华人控西人则归西官。时势所逼，未尝不是。惟是中律严，西律轻，且彼官知中律者多，我官明西律者少。即彼此秉公鞠断，涉讼之民难保无怨声，矧未必然耶。民间积怨生愤，嫌隙日多；纵当道能弥缝于目前，难免不龃龉于日后，而又益之以彼教之大拂乎民情也。泰西诸国中以英、法最为雄鸷，诸国亦仰以为领袖。法在今日虽未遑外顾，然观其在越南布置经营，其虑甚远，正未可以目前之暂蹶而轻之也。惟法之举动必以英为枢纽，故言驭外者，意多专注于英。英在今日，闽、粤、江、浙、皖、楚、川、滇、山、直、沈、辽以及西藏、新疆，皆为其足迹之所至。观英人向者曾与喀什噶尔酋目立约通商，或传言其并售喀酋以枪炮。夫喀酋为我国叛人，英廷既与中朝和好，岂不自知其不宜出此欤？盖英之结好喀酋，意亦在由印度以达云南也，其思深虑远也如此。若是，则变法自强庸可缓乎？夫治中即所以驭外。器精用足，兵练民固，而加之星使分驻各邦，消息相通，呼吸互应，诸国有不咸遵王度，共凛约章者乎？

睦　邻

　　呜呼！时至今日，泰西通商中土之局，将与地球相终始矣。至此时而犹作深闭固拒之计，是直妄人也而已，误天下苍生者必若辈也。尝见俞君廉石与张少渠书，其言曰：今日中外大势，惟有因势利导之方，万无杜绝驱除之理。得之者安，失之者危，固中国可盛可衰可强可弱可分可合之一大机会也。及今而不图，一旦高辛先我，悔之晚矣。每叹明季缙绅谬以宋人金元之事比辽东，遂致不可救药；不谓今日议论又将以议辽东者议西海，前车覆辙，殷鉴无闻，是亦可哀也已！又读郭瀛仙侍郎《使西纪程》，其言曰：西洋立国二千年，政教修明，具有本末，与辽、金崛起一时，倏盛倏衰，情形绝异。其至中国，惟务通商而已。而窟穴已深，逼处凭凌，智力兼胜。其所以应付处理之方，岂能不一讲求！并不得以和论。无故悬一和字，以为劫持朝廷之资，侈口张目以自快其议论。至有宁谓可覆国亡家，不可言和者，京师已屡闻此言。召公之戒成王曰：祈天永命。祈天者，兢兢业业，克抑贬损，以安民保国为心，诚不意宋、明诸儒，议论流传，为害之烈，一至斯也！夫尊主庇民，大臣之责。胥天下而务气矜何为者！凡为气矜者，妄人也。观此，乃恍然于邻之不可不睦矣。呜呼！二公盖深知洋务者也。

　　昔在丙辰之冬，粤东肇衅，因循不问，贻误良多，而庚申遂至于决裂。顾其时，草野小民未尝不逆料其出于和也。淞滨老圃谓余曰：处今日之事势，若舍和之一字，无可下手。天实为之，谓之何哉！及事大定，金粟峰头词人猝然问余曰：诸葛武侯何如人也？余应之曰：三代下一人而已。顾子之意，将以为猇亭之辱不报，而议和之使遽遣，忘怨崇仇，隐忍保国，平日自命为管、乐之才，而乃一筹莫展至此欤？

　　顾天下事固有不得不出于此者，苟反其道而行者，未有不败者也。

子舆氏曰：以大事小者，乐天者也；以小事大者，畏天者也。乐天者保天下，畏天者保民者也。汤犹事葛，文王犹事昆夷，何足为病。汉高困于平城之役，而终至遣使和亲。太宗开国英主，而屈尊于突厥，终唐之世，周旋于回纥、吐蕃。宋真宗澶渊之捷，而犹许酬以岁币，聘使往来，悉以至诚相待。历代以来，所以结好远人者，其规模广博，犹可想见。盖王者保国安民，其道应如是也。山薮藏疾，瑾瑜匿瑕，国君含垢；天之道也。设使不忍小忿而遽开边衅，置数十万生灵于涂炭，而国是益以杌陧，岂计之得哉？

况乎今日泰西诸国之来中土，非同有宋之于辽、金、元也。无皮币之奉，无金缯之酬，无聘问庆吊之烦，无慰劳送迎之费；不过出我市廛以陈琛货，利便商贾，转轮南北而已。惟我待之亦惟克循条约，一秉定章，外示以优容，内行其裁制而已。即各国使臣驻我神京，咸奉礼仪，以与周旋，未尝不遵我制度，就我范围也，即有所请，可者许之，不可者拒之已耳。绝无所谓甲兵以示之威，干戈以示之勇也，即曰旧隙尚存，凤嫌未释，亦惟以大度包容之而已。岂若南宋之于女真，其仇不可一日忘哉！

故在今日，惟有开诚布公，讲信修睦，遇有中外交涉重大之事，不妨召见其使臣，俾得从容以毕其辞，而总理衙门王大臣时与之往来，以得联其情谊，集思广益，未尝不由乎是。勿外示以羁縻，勿内行其阻抑，勿加以束缚驰骤，勿苛以繁文缛节。试观我国使臣至其国中，彼所以待之者何如，则我独不可行之于彼乎？自恃甚高，而视人太卑，此虚矫者所为也，非圣朝含宏之盛量也。夫中外之情所以不通者，以隔阂太甚也；而隔阂之故，由于情疏而不亲，势尊而不近。我国王大臣又何妨纡尊降贵，相与通款曲，伸情愫，而瞭然洞烛中外之事故欤？

洋　务

上

呜呼！今日之所谓时务急务者，孰有过于洋务者哉？四十年来事变百出，设施多谬。有心人蒿目时艰，辄为扼腕太息。夫国家之一举一动，所以多左者，由于未能熟悉泰西之情，而与之往来交际也。

中外语言文字，迥然各别。彼处则设有翻译官员，及教中之神父牧师，效华言，识汉字，留心于我国之政治，于我之俗尚风土、山川形势、物产民情，悉皆勒之成书，以教其国中之民。而向时中国之能操泰西言语，能识英人文字者，当轴者辄深恶而痛嫉，中国文士亦鄙之而不屑与交。而其人亦类多赤贫无赖，浅见寡识，于泰西之政事得失，制度沿革，毫不关心。即有一二从其游者，类皆役于饥寒，仰其鼻息，鲜有远虑，足备顾问。盖上既轻之，则下亦不知自奋也。因是，于其性情日益隔阂，于其国政民情终茫然罔有所知。通商十余年来，无能洞悉其情状，深明其技能，抉其所短而师其所长。询以海外舆图，则以为非我所当知，或以为洋务一端自有主者，非我所能越俎。一旦交涉事起，局促无据，或且动援成例，以为裁制，此事之所以多决裂也。如是则谓中国之无人才也可。

西人凡于政事，无论巨细，悉载日报，欲知洋务，先将其所载各条一一译出，日积月累，自然渐知其深，而彼无遁情。国家亦当于各口岸设立译馆，凡有士子及候补人员愿肄习英文者，听入馆中，以备他日之用。果其所造精深，则令译西国有用之书。西国于机器格致舆图象纬枪炮舟车，皆著有专书，以为专门名家之学，苟识其字，通其理，无不可译。如此，则悉其性情，明其技巧，而心思材力之所至，何不可探其秘籥哉！将见不十年间，而其效可睹已。

此皆余二十七八年前之所言也。时在咸丰初元，国家方讳言洋务，若于官场言及之，必以为其人非丧心病狂必不至是。以是虽有其说，而不敢质之于人。不谓不及十年，而其局大变也。今则几于人人皆知洋务矣。凡属洋务人员，例可获优缺，擢高官，而每为上游所器重，侧席咨求。其在同僚中，亦以识洋务为荣，嚣嚣然自鸣得意。于是钻营奔竞，几以洋务为终南捷径。其能识英国语言文字者，俯视一切，无不自命为治国之能员，救时之良相，一若中国事事无足当意者。而附声吠影者流，从而嘘其焰，自惜不能置身在洋务中，而得躬逢其盛也。噫嘻！是何一变至是也。是岂天道循环，人事变迁，应出于是哉？此我在二十七八年前所未及料者也。

特我谓今之自谓能明洋务者，亦尚未极其晓畅也。今日者，不过相安于无事耳，求无不遂，请无不行，以谨凛之形观骄盈之色。其所称建制船舶，铸造枪炮，开设机器，倡兴矿务，轮舶之多遍至于各处，一切足以轶乎西人之上而有余，富国强兵之本，当必以此为枢纽，讲求西法，千载一时。不知此特铺张扬厉语耳，求其实效，仅得二三。有明之季，西洋人士航海东来，多萃处于京师，汤若望曾随李建泰出师，军中铸有西洋大炮，《则克录》一书著于此时。泰西能敏之人所在多有，亦无救于明亡，盖治国之要不系于是也。

欲明洋务，尤在自强。自强之效，则在治民练兵。治民先在简择牧令，练兵先在整顿团练。盖先尽其在我，而后人无不服。我固能操必胜之权，而立于不败之地，则人自然就我范围，而莫或敢肆。实至名归，其道然也。试观《万国公法》一书，乃泰西之所以联与国，结邻邦，俾众咸遵其约束者。然俄邀诸国公议行阵交战之事，而英不赴，俄卒无如之何。此盖国强则公法我得而废之，亦得而兴；国弱则我欲用公法，而公法不为我用。

呜呼！处今之世，两言足以蔽之：一曰利，一曰强。诚能富国强兵，则泰西之交自无不固，而无虑其有意外之虞也，无惧其有非分之请也。一旦有事，不战以口舌，则斗之以甲兵。不折冲于樽俎，则驰逐于干戈。玉帛烽燧，待于二境，惟命之从。不然，讲论洋务者愈多，办理洋务者愈坏，吾诚未见其可也。

下

呜呼！至今日而谈洋务，岂易言哉？至此几于噤口卷舌，而绝不敢复措其手足。盖洋务之要，首在藉法自强。非由练兵士，整边防，讲火器，制舟舰，以竭其长，终不能与泰西诸国并驾而齐驱。顾此其外焉者也，所谓末也。至内焉者，仍当由我中国之政治，所谓本也。其大者，亦惟是肃官常，端士习，厚风俗，正人心而已。两者并行，固已纲举而目张。而无如今日所谓末者，徒袭其皮毛，所谓本者，绝未见其有所整顿。故昔时患在不变，而今时又患在徒变。

十六七年前，窃尝欲中国仿行西法，其言曰：以其所长，夺其所恃。故火器用于战阵，舟舰用于江海，语言文字用以通彼此之情。逮乎同治初元，李伯相经略江左，始有江南制造局之设，丁中丞仿铸西炮，用以击贼，旋收厥效。然后，福州船政局相继并建，天津、粤东亦仿行焉。并时上海有广方言馆，广州有同文馆，而京师亦设天文馆。又有出洋肄业幼童百二十人，往学于美。骎骎乎日盛一日焉。宜乎西法之用，可以颉颃乎西人，然而未也。

顾事求其渐精，而道无贵乎欲速，安知后日之遽不如西人哉？而我特虑其始勤终怠，畏难苟安，至于异日，或以无益而罢，或以经费不足而裁，盖在乎当轴者之转移推变耳。盖以西法为可行者，不过二三人，以西法为不可行不必行者，几于盈廷皆是。或惧其难以持久者，此也。

且西法之明效，犹未大著于国中，所行者不过在沿海数省而已。即如军士之练习洋枪者甚少，其余悉以成法；而文武取士两途，终不知变也。

夫枪炮在乎燃放，舟舰在乎驾驶。今营兵悉以长矛藤牌为从事，武科悉以弓石刀以区优劣，定去取。或有所更，则必曰：此营规不可易，大典不可改也。是则陆兵未知西法也。今水师仍以拖船及中国各式小舰，徒事虚糜，无济实用，材质既薄，风浪难胜，猝至洪涛巨浸中，已不能自主，况乎其临行阵，习战斗，纵横轰击，以出于必胜哉！是则水师未尝知西法也。

兹必使营兵改用洋枪，水师改用轮船。洋枪之外，则练炮队；轮船之外，则驶铁甲。按期演练，务极其精。

武废弓石，而分为水陆两途；文废时文，而分数途以拔取。每省每郡每州每邑，由国家设立文武学塾，以为训习，所以为储材之地，或即以书院改作。如是，方不至所习非所用，所用非所长。今教官则为冗员，而书院竟成虚设。岁以时文取士，特不知时文究属何用，居然名之曰士，而其实则一物不知也。岁取数千数百之士，实则岁多数千数百贸然无知之人而已矣。夫取士之道，当取之宽而用之严，今则反是，泥沙与珠玉并进也，而又广其额，促其期，于是天下遂无真士。呜呼！此真可为痛哭流涕长太息者也。

不废时文，人才终不能古若，而西法终不能行，洋务终不能明，国家富强之效，终不能几。夫废时文，非为习西法也。经以裕其学；史以博其识；考舆图，明象纬，然后能知古而通今。否则，以有用之心思置之无用，不可惜哉！而本根所系，则在乎孝弟忠信、礼义廉耻，必先以士始。朝廷之所以重士者在此，而民自无不兴起矣。士能如此，及其出而仕于朝，必有足观矣。风俗厚，人心正，可使制梃以挞秦、楚之坚甲利兵矣。西法云乎哉！而西法自无不为我用矣。此由本以治末，洋务之纲领也，欲明洋务，必自此始。

变法自强

上

呜呼！余今者观于中外交涉之故，而不禁重有感焉。泰西诸国通商于中土，亦既三十余年矣，而内外诸当事者多未能洞明其故，若烛照数计而龟卜，其于利害之所系，昏然如隔十重帘幕。其有规恢情势，斟酌时宜，能据理法以折之者，虽未尝无人，而不知彼之所谓万国公法者，必先兵强国富，势盛力敌，而后可入乎此；否则束缚驰骤，亦惟其所欲为而已。

故知乎此，则惟先尽其在我者，而后徐及其他。如讲求武备，整顿海防，慎固守御，改易营制，习练兵士，精制器械，此六者实为当务之急。而文武科两途，皆当变通，悉更旧制，否则人才不生。其次则在裕财用，如开矿铸银，尚机器，行纺织，通商于远许，贸易于国中者，皆得以轮舶，而火轮铁路电气通标，亦无不自我而为之，凡泰西诸国之所眈眈注视跃跃欲试者，一旦我尽举而次第行之，俾彼无所觊觎艳羡其间，此即强中以驭外之法也。

上之所好，下必甚焉，雷厉风行，安见其有不可者。设或不然，动遵故例，拘守成法，因循苟且，不知变迁，则我中国当自承其弊。何则？泰西诸国之群集而环伺我者，有迫之以不得不然之势也。且此之所变者，特其迹焉而已，治国之道固无容异于往昔也。如是，谓之战胜于朝廷。况乎当今之时，处今之势，固非闭关自大时也。

泰西诸国之入居中土，有公使，有领事，有水师，有陆兵，战舰艨疃不绝于道。而我国之至西土者，落落如晨星，其有折冲乎樽俎、辉煌于敦槃者，未闻有人也。其达彼此之情意，通中外之消息者，则有日报，时或辩论其是非，折衷其曲直；有时彼国朝廷采取舆论，探悉群情，亦即出自日报中。窃以为此亦可从而仿效者也。中外交涉之事，时时可刊之日报中，俾泰西之人秉公持论其间，是岂无所裨益者欤？

与欧洲近日情形，其强弱大小，亦已了然如指上螺纹。普、俄、英、法，此四国者，皆于中土关系至重者也。三十年前所患者在英、法，而在今日所患者尤在普、俄。俄之于北方，如黑龙江，如新疆，固已形见者也。普则犹未著其端倪，迩者以晏拿帆船遇害被劫一事，普国立意索偿。识者以为交邻之道，玉帛干戈二者实相倚伏。盖和则以玉帛相将，战则以兵戎相见，理无两立，事不并行。

然则图治其间者将奈何？则将应之曰：开诚布公，相见以天，必谨必速，毋诈毋虞，又何患之有？至于英、法东来，皆于东南洋设立埠头以为外府，而普、俄则无之。今俄方注意于北方，筹度经营，未遑兼顾。普则欲图之久矣，特无间可乘耳。诸国通商之局，英为最巨，设一旦兵事或起，岂独无所碍欤？不知英固早计及乎此也。普、俄之骎骎驰骋于中土，岂英、法之所喜。特恐一旦事势所会，即英、法亦有不得不退听者。浸假普、法释嫌，英、俄结好，此固欧洲之福，而天下之深忧。

总之，欧洲升平之局，识者以为恐未能持久，而亚洲变故之生，亦岂人事之所能逆忆。惟先尽其在我，以听之于天而已。尽其在我，则莫先乎变法自强。

今日之当变者有四：一曰取士，二曰练兵，三曰学校，四曰律例。

中

然则取士当若何？曰：欲得真才，必先自废时文始。夫人幼而学，壮而行，出其家修，即为廷献。今乃以无用之时文为进身之阶，及问其何以察吏，何以治民，则茫然莫对也。所习非所用，所用非所长，则何不以有用之时，讲有用之学。大抵必如前代科目法，区为数门，首曰孝悌贤良，次曰孝廉方正，三曰德著行修，四曰茂才异等。此四者，皆由乡举里选，国家不必试其文章，但当优其奖励，以厚风俗，以端教化。至所以考试者，曰经学，曰史学，曰掌故之学，曰词章之学，曰舆图，曰格致，曰天算，曰律例，曰辩论时事，曰直言极谏，凡区十科。不论何途以进，皆得取之为士，试之以官。至武科，亦宜废弓刀石而改为枪炮。其上者则曰有智略，能晓悉韬钤，深明地理，应敌之机，制敌之命；其次曰勇略，能折冲御侮，斩将搴旗；其次曰制器，造防守之具，明堵御之宜。其建筑炮台，制造机器，悉统诸此，务足以尽其所长。凡此文武两途兼收并进，务使野无遗贤，朝无幸位，而天下之人才自然日见其盛矣。

然则练兵当若何？曰：陆营必废弓矛，水师必废艇舡；而一以枪炮为先，轮船为尚，然后兵可强也。其为兵，曰步兵骑兵，其为队，曰枪队炮队。平日练之，自无不精，临时用之，自无不准，而后命中及远，足以攻坚而蹈瑕。水师则首在乎驾驶，必其能冲涉波涛，稔悉台飓，测量风云沙线，足寄以众人之命，乃可充其任也。其船之小者，用于内河；船之大者，用于沿海。至铁甲战舰，用以守御。无不资水火二气之力，而专恃双轮之迅驶。惟其驾之已稔，自必操之在握，而后渡海入洋，足以御风而破浪。陆营水师之练兵，一以西法为南针，必使其心志定，步伐齐，队伍肃，常若临大敌而可用也。此外汰冗兵，减军额，厚饷糈，俾足有以养赡其身家。驻防之兵，居于营屋，一仿西国之制度，然后营汛各兵方非虚设。兵勇之外，益以团练，依古守望相助之法。平日按期练兵，无得间断，而近地团练民兵，亦可入而学习。如是则兵皆可用之兵，而民亦可用之民，一旦有事，不至于仓皇无措；而民与兵和，兵与民习，亦不至兵民相凌，至生事端。能如是而兵不强者，吾弗信也。

然则设立学校以收教士之实效当若何？曰：学校书院之设，当令士子日夜肄习其中，必学立艺成而后可出也。其一曰文学，即经史掌故词章之学也。经学俾知古圣绪言、先儒训诂，以立其基。史学俾明于百代之存亡得失，以充其识。掌故则知古今之繁变，政事之纷更，制度之沿革。词章以纪事华国而已。此四者，总不外乎文也。其二曰艺学，即舆图、格致、天算、律例也。舆图能识地理之险易，山川之阨塞。格致能知造物制器之微奥，光学化学悉所包涵。天算为机器之权舆。律例为服官出使之必需，小之定案决狱，大之应对四方，折冲樽俎。此四者，总不外乎艺也。文艺两端，皆选专门名家者以为之导师，务归实用，不尚虚文。辩论时事，直言极谏，此二者，以觇其作吏之断裁，立朝之风节而已。于是士有以教，亦有以养，自无不奋矣。此外则有武备院、繁术院，用以教武科营弁，使之各成其材。

然则废律例之繁文而用律例之精意当若何？曰：今天下之所谓吏者，必尽行裁撤而后可。内自京师，外至直省，大自六部，小至州县，举二百余年来牢不可破之积习，悉一扫而空之。而以为士之明习律例者，以充其任。甄别其勤惰，考校其优劣。三年无过，授以一官，以鼓励之。凡昔日之拘文牵义，以一字为重轻，藉片言为轩轾，得以上下其手者，悉付之于一炬而后大快。州县监狱，必大加整顿，罪囚拘系，无得虐待，夏冬之间所以体恤罪囚者，毋作具文。州县胥役，限以定数，毋得逾百人。凡此者，皆所以扩清积弊也。

下

居今日而论中州大势，固四千年来未有之创局也。我中朝素严海禁，闭关自守，不勤远略，海外诸国至中华而贡献者，来斯受之而已，未尝远至其地也。以故天下有事，其危常系西北而不重东南。自与泰西诸国通商立约以来，尽舟航之利，历环瀛之远，视万里有如咫尺，经沧波有同衽席，国无远近，皆得与我为邻。如英，如俄，如普，如法，皆欧洲最强莫大之国也。今以中国地图按之，则俄处西北，最为逼近。西南有英属之印度，毗接云南。而法兵业驻越南，则南界又复连属。诸国并以大海为门户，轮舟所指，百日可遍于地球。于是纵横出入，骎骎乎几有与中国鼎立之势，而有似乎春秋时之列国。惟是中国方当发、捻、回、苗之扰，前后用兵几二十余年，甫经平定。然则以艰难拮据之际，而与方盛之诸强国相邻，设非熟思审处，奋发有为，亟致富强以图自立，将何以善其后乎？

夫风会既有不同，即时事贵知所变。日本，海东之一小国耳，一旦勃然有志振兴，顿革平昔因循之弊。其国中一切制度，概法乎泰西。仿效取则惟恐其入之不深。数年之间，竟能自造船舶，自制枪炮。练兵训士、开矿、铸钱，并其冠裳文字，屋宇之制，无不改而从之。民间如有不愿从者亦听焉。彼以为此非独厚于泰西也，师其所长而掩其所短，亦欲求立乎泰西诸大国之间，而与之较长絜短而无所馁也。否则行舟于海，彼则用轮而我则用帆，迟速不同矣；行兵于行阵，彼则用枪炮，而我则用刀矛，命中制胜又不同矣；彼以训练节制之师，我以跳荡拍张、漫无纪律之士当之，乌有不败者哉，此强弱之不同也；彼则出地宝，扩财源，而我任听其然，不知搜取，徒知征之于民而已，此贫富之不同也。故日本乃亟思变计也。

然则我中国曷不返其道而行之哉？我中国地大物博，幅员之广，财赋之裕，才智之众，薄海内外皆莫与京。溯乎立国规模，根深蒂固，但时异势殊，今昔不同。则因地制宜，固不可不思变通之道焉。其道奈何？曰：毋因循也，毋苟且也，毋玩愒也，毋轻忽也，毋粉饰也，毋夸张也，毋蒙蔽也，毋安于无事也，毋溺于晏安也，毋狃于积习也，毋徒袭其皮毛也，毋有初而鲜终也，毋始勤而终怠也。必有人焉，深明制治之道，周知通变之宜而后可。否则，机器固有局矣，方言固有馆矣，遣发子弟固往美洲攻西学矣，行阵用兵固熟练洋枪矣，而何以委靡不振者仍如故也？洞明时变大有干谋者，仍未能见其人也！徒令论者以为西法不足效而已。或以为縻费也，或以为多事也，或以为无益于上而徒损于下也。呜呼！是非西法之不善，效之者未至也，所谓变之之道未得焉。彼言者，直坐井窥天，以蠡测海耳，西法必不受过也。且夫西法者，治之具，而非即以为治者也。使徒恃西人之舟坚炮利，器巧算精，而不师其上下一心、严尚简便之处，则犹未可与权。盖我所谓师法者，固更有进焉者矣，彼迂腐之儒又何足以知之哉！

说者又谓中朝制度迥越寻常，前代谟猷，姑勿具论，即如我国家康、雍、乾三朝，圣德兵威，奢惕殊俗，式廓版图，讫乎化外，而一时简贤任能，张弛互用，三代以下不逮焉，复何论乎汉、唐。今诚一意讲求，励精图治，先有以明天下兵民之志，而后规复河运，酌禁鸦片，则闭关谢客，亦何不可自固我圉，而奚必鳃鳃焉学习西法也哉？子之所云，适足以贻笑于豪杰之士而自点耳。不知时之所尚，势之所趋，终贵因事制宜，以权达变。天时人事，皆由西北以至东南，故水必以轮舟，陆必以火车，捷必以电线，然后全地球可合为一家，中国一变之道，盖有不得不然者焉。不信吾言，请验诸百年之后。

除　弊

曩余曾论中国所宜一变者有四：曰取士也，曰练兵也，曰弼教也，曰明刑也。然则此四者之外遂无所事乎？而不知所当因革者尚多也。

一曰清仕途。今日服官筮仕者，科目捐纳保举，三途并进，杂矣，滥矣。必当痛加沙汰，严为甄别，不必论声华，尚文字，惟以材干品诣为衡量而已。试之以事理则能呈，投之以艰巨则才见，委之以判决则识明。上日接见属员，勿间时日，必使之从容谈论，得以尽其词。而所以遴选守令者，尤必倍加严慎。

一曰裁冗员。其有闲员末秩，备位枝官，无益于民事，徒足以耗国家度支者，无论文武，悉从而汰之。且一省之中，既有巡抚而复有总督，有时意见龃龉，而事权不能归一，往往至于误国偾事。在明代，总督之设，原属朝廷特旨，专以统制师旅。地方无事，即行裁撤。而我朝遂据以为定制，是则各省总督一缺皆可裁也。惟直隶、四川、甘肃不在此例。

一曰安置旗民。旗民散处于各直省会垣，别设满城，给以糈粮，以为驻防，而以将军统之，并副之以左右都统，以重职守，其立法未尝不善。而二百余年来生聚滋多，供给日薄，而犹任其不耕而食，不织而衣，无所事事，专事嬉游，无异圈牢之养物。今内自京师，外自直省，凡有旗民满籍愿往开垦者，听其自便。西北一带如西藏、新疆尤多旷土。诚裂其地以封诸王子，如蒙古四十八旗之制，益之以满洲强族为辅，俾与蒙古、满洲互为联络，声气相通，亦所以壮屏藩而厚势力也。

一曰废河工。治河从古无善法，而其实不外子舆氏所云，曰疏，曰瀹，曰决，曰排而已。盖水顺其性则流，逆其性则溃。今筑堤防，设闸闭，专事壅遏，河身日高，河岸日下，一有溃决，濒河数十万生灵悉为鱼鳖。然则何不因其势而利导之，使之北行，开通沟洫，西北得兴水利，可种稻田。如是庶不至旱则赤地千里，水则汪洋泽国，西北之供亿全赖转输于东南也。况乎海运既行，漕运可废，又何必筑闸以蓄水，与水争道哉？夫每岁竭数千万于河工，毫无成效，无异乎辇金填海。病国瘠民，莫此为甚。议者谓海运但可行之于无事之时，若漕运之权则操之在我。老成谋国，以为殷忧。此则非我所知，而未尝不笑其计之左也。

一曰捐妄费。从来奢侈起于逸乐，节俭生于忧患。而欲崇节俭，必自君躬始。每岁织造中有可减者减之，有可罢者罢之，不必辄循常例。宫中所需，宜有定数；内务府宜岁支以若干，而不必求之外省。各省贡品，视其所宜。其他修造之有可省者，工程之不必兴者，一例勿行，自然费不至于浩繁。

一曰撤厘金。厘务之设，原以军需孔亟，不得已为权宜之计。今事平之后，久而不撤，且若视之以为利薮。数十里之地，关卡林立，厘厂税厂，征榷烦苛，商民交病，行旅怨咨，亦非所以为政体也。此苏子瞻所谓不终月之计也。今之理财者，徒见厘金一废，则一省度支将无从出。不知绌于彼者赢于此。鸦片之税可以加重，而洋酒、吕宋烟皆可榷税，以入维正之供。古者本有丁税，现悉摊入田亩。然而善理财者，丁税之制尚可循古法以复之，惟毋使之扰民而已，安知非补苴之一道也哉。

诸弊既除，百利乃兴。辟车路以通平陆，设电线以速邮传，开矿务以采煤铁五金，铸钱圆以便商民、足国用，行西北屯田之法以实营伍、赡额兵，制机器以兴织造，许民间用轮舶以达内河，立公司以贸易于外洋。然后朝廷之上，破格用人，草野之间，征举隐逸。简贤能豪杰之士，不次擢用，或备将帅之选，或堪出使之才，睦邻柔远，御侮保疆。而于东南洋诸岛、新旧各金山俱设领事，以树国威，以张国体。收拾中土之人心，翼保远方之黎庶，俾声威远暨，迄乎徼外。通商各国，皆简遣使臣前往驻札。无事则礼乐雍容，有事则甲兵奋武。鹰扬八荒，虎视六合，方且轶汉超唐，驰乎域外。呜呼！谓不足见大一统之盛哉？

尚　简

　　隆古以还，靡得而知之矣。唐、虞而降至于三代，其治不相袭。如夏尚忠，商尚质，周尚文。至于周末文胜，卮言日出，诸子百家各鸣异说。而朝聘宴享往来酬酢之间，其言词之繁，礼义之费，徒尚虚文而无实用，其弊至于不可胜言。至祖龙崛起，悉举而付之一炬，此亦势之不得不然者也。盖天下为治无常，质胜则饰之以文，繁极则御之以简。自汉至今，几二千余年，人情之诈伪极矣，风俗之浇漓至矣。律例繁多，刑狱琐碎；文法之密，逾于网罗；辞牍之多，繁于沙砾。动援成法，辄引旧章，令人几无所措其手足。各直省禀报之案，虚词缘饰，百无一真，而更益之以六部之律例纷纭，互相牵制。不知此特便于吏胥舞文弄法，索贿行私，以上下其手而已。非特不能为治，且足以坏政体，而于经国治民毫无裨补。即其下，繁文缛节，亦指不胜屈，要不过徒乱人意耳。故吾尝曰：吏胥所据之部例，士子所习之时文，皆可尽付之祝融虐焰中而后大快也。昔者汉高祖之入关也，与关中父老约法三章耳，杀人者死，伤人及盗抵罪。其言直捷简快，而其感于人心已至于浃肌肤，沦骨髓。然则治天下，岂在乎法律之多，足以杜弊而止奸乎？时至今日，在官与在民皆患其繁，势不得不以简御之。

　　其一曰任人。内而天子之权寄于宰相，宰相分之于六部。外而天子之权寄于督抚，督抚分之于牧令。皆必久其期，专其任，虽在远而信之不疑，毋令文法之吏得以掣其肘。既曰破格用人，则所荐举者，试之于事，即可不次擢用，而毋令部吏拘以资格。推之于外省调迁委用，亦惟督抚得而持之，一切铨选诸弊端毋得以挠其间。

　　其一曰设官。请废捐纳一途，而以科甲、保举二者并行。科甲则废斥时文，专尚实学，务求其明晰时务，通达政体，于钱谷兵刑诸大端无所不通，使其于进身之时，即为坐官之地，文字则其末也。保举则行古者乡举里选之法，孝弟经济不专于一门，即使其疲车羸马，庐墓割骨，致饰于外，而亦足以厚风俗，正人心，较之无用之时文，相悬奚啻霄壤。若捐纳不废，则官方断不能澄，宦途断不能肃，徒足以病国而殃民。即使此中有才，乡里中岂有不共举之者乎？何事于纳赀为也。

其一曰取士。取士不尚乎多而贵乎有用。今一邑取数十人而名之曰秀才，其中珠玉与泥沙等耳。且间一岁而取数十人，不数年间，邑中为士者不少矣。为士者多，此民之所以病，而天下之所以乱也。汉家设力田一科，盖欲其无骛乎士之名，而尽其农之实也。取士既废时文，则所以甄别人才者，直言极谏，舆图象纬，一切专求乎实用。此外则仿效西学，研求西法，务极其精，俾亦得以致身通显，则天下之士无不自奋矣。

其一曰练兵。训练水师，整顿陆营，增置战舰。其所用之器，纯以枪炮，而废弓矢刀矛；其所驾之船，纯以轮舶。凡近日所制造者，尽售之于民间，或以供采办运载之用。此外裁汰冗兵，增给军饷，而后营伍无虚名，兵士得以尽心于王事。军中拔擢，以材力器艺技巧为先，而兵部但总其大成而已。别开武科，分为三途；一驾驶轮舶也，二制造器械也，三演放枪炮也。此与弓刀石三者，所习非所用，所用非所长者，相去不万倍哉！

以上四者乃其大纲也，其所以御之者，贵乎简而已矣。

至于与泰西诸国交际，则尤当以简为尚。周旋揖让，无徒事乎虚仪，当与之开诚心，布公道，可否决以一言，不必词费也。目今时事，正坐坏于羁縻二字耳。曩时主国是者尚拘泥于成例，而今成例安在？可见事之不可不变通也。易曰：穷则变，变则通。非今日之急务哉？而何有乎言说之支离，何有乎文移之往复。其在治民也，于宽大之中隐寓裁制之法。务求其情得以上达，俾上下之交不至于隔阂。而造轮船，制机器，设银肆，开煤铁五金诸矿，出洋行贾，轮舶行驶于内河，许民间设立公司，听其自为，而官常保助之，毋遏抑之。诚如是也，有不国治民安，上下相通，内外交悦，以臻于无为之化者，未之有也。

停捐纳

天下自捐纳之开，朝廷之上几有市道焉。内官自郎中始，外官自道员始，以次递下，一切皆有价值。而更复减价折值以广招徕，从此守财之虏，纨袴之子，只须操数百金数千金数万金以输之部，立可致荣显；朝犹等于负贩，夕已列于措绅矣。其用赀尤多者，即可领凭赴任。其指省分发，需次省垣者，亦复随行逐队，听鼓应官，公然以为民上自居矣。但得与上游相识，或有世交旧谊，立可得优差，或分派之厘税各厂，月取数十金或百余金。而问其果皆实心办事否，则月至不过数日，余皆委之司事而已。各厂事简而人众，不过上游以此为调剂而已。其所以糜费朝廷之府库者，不知凡几，是挟数百金数千金而月收其利至于无算。但在厂当差数年，而捐纳之赀早已全偿；及其挨班得缺，取盈于民，尚忍言哉！

近日行捐员考试之法，以观其通否，而所出之题则策论也。闻悉系倩人代作，不过照例纳金以饱阍役之囊橐而已。若是者，仍非甄别以文字，而仍索取其货贿也。其有不觅代倩，不纳苞苴者，则必墨污其卷，涂改其字，俾置劣等，盖法立而弊生如此。夫所谓捐纳者，原与科甲不同，使必能以文字争长，则又何必舍科甲而就捐纳哉？今必试之以必不能之事，而曰不能则汰之，是亦冤矣。况乎居官莅民，独在区区之文字乎？其见亦偩矣。

为上游者，独不可于接见之顷，询之以时务，试之以谳狱，示之以疑难案牍？只于数语之间，即可觇其才识。自此二三次或四五次，其胸中所蕴，能堪治民与否，当必昭然洞悉。才者进之，不才者退之，固易易耳。无奈今之为上游者，只以情面为瞻徇，请托为引援，钻营为阶进，财贿为升擢，逢迎结纳为与畀，惟便其一己之私而已。其所谓贤者未必贤，所谓才者未必才，官方何由澄叙，宦途何由整肃哉！

原夫捐纳之初，已以利始，至此而责其志趣卑污亦晚矣。捐纳之弊，大者病国殃民，小者空糜廪禄。故不废捐纳，天下终不得治。然则今日各省所有之捐员，将尽沙汰之乎？抑另试之以别事，使其各效奔走乎？吾请为上者大加察核，汰其不肖不才不能者，而擢用其贤者才者能者。沿海之地，则先试之以洋务。其在他省，则先以理财各事试之。果其不竞不贪，而后委之以民事，必倍昭其郑重，而彼自奋矣。

或曰：为仕者贵乎通达政体，明察利弊，以爱民之实心行爱民之实政。往往见科甲出身者，仅知诵读时文，迂腐之气不可向迩，否则自恃为正途人员，骄凌贪愎，为人所不敢为，而捐员之抚字催科，反出其上。故才居报最、行堪卓异者，多出之捐员之中。是则何途无才，捐员何不可与科甲、保举两途齐驱并驾哉？不知捐员之自拔于寻常者，千百中之二三而已，其足以坏国家之大体，为盛德之深累者，实无穷也。蒙故以为捐纳一途，万不可不停。

然则今日之军需兵饷所以补苴正赋者，将从何出？此时帑项已极形其支绌，再裁此款，其势实难，此筹国是者断不肯听也。吾以为无难也。捐纳一途，但当如汉家纳粟之例，畀以虚衔，而不能给以实缺。此外则如虞廷金作赎刑之例，但许赎罪而不能求官。且每年诏各直省督抚，痛裁糜费，厘税各厂止设一官以专责成，其余一切罢之，即以羡余归之国家。

且亦思捐例日开，捐员日多，现已有壅挤之患。再阅数十年，将所谓官者，满街悉是，遍地皆然，烂羊续貂之诮，重见于今日矣，岂盛朝之所宜有哉？矧乎兴利之法，于今实多，又何必鬻爵售官，至于累民病国？如开辟矿务，整顿盐纲，鼓铸钱文，皆今日之要务也，何不次第而举行之？

呜呼！宜废者不废，此民生之所以日敝，国计之所以日绌也。当行者不行，此财源之所以日竭，利权之所以日落也。徒令天下有心人抚怀宦习，蒿目时艰，虽焦唇敝舌，大声疾呼，而终至于无如何也。

设官泰西

上

我国自与泰西通商以来，中外交涉之事亦正多故矣。于是议者遂谓中外之相隔阂，固由于语言文字之不同，而亦由于声气之不通也。莫如遣使驻札各国都城，而于华人汇聚之地，简派干员，设立领事，藉以为之保卫。此议一兴，论者以为然。于是朝廷简贤任能，各授以职，固有意乎经营远略，而骎骎乎驰域外之观矣。

顾或者以为，吾观泰西列邦之通商人国也，商之所至，兵亦至焉。无不驻战舰，设水师，置火器，往来络绎，隐然若备敌国，一有龃龉，兵锋立启。彼以为非如是，则不足以张国体，树国威。往者彼国之行贾于印度、东南洋也，率皆拱手以听命，于是蚕食鲸吞，据为己有，隶入版图。故欧洲各国所临其地之人，无不畏威奉令，退让慑服之弗遑。泰西之以兵力佐其商力也如此。若我国则不然，仅恃一介之使，天朝之命而已。其持节而至泰西也，即附乘其邮舶而行，一切咸赖西人为之调度。昔蔡侯、许男二国君也，以其同乘楚车，谓之失位，故不书于《春秋》。今钦使领事附乘西航，何以异是？则其衔命之初，已无威仪之足慑，又何论其他。至于领事所治者，商务也。若华民之至外土者，类皆潦倒困穷，流离颠沛，计无复之，远泛重瀛，以期缓死须臾而已。掘金而外，工匠农役为多，安得有巨力者出其间？且其人类皆顽愚凶悍，习与性成，在内地犹难加以约束，况其出乎数万里之外哉！既无名分之相系，又无势力之相维，一旦交涉事起，殊难措办。至于新嘉坡、槟榔屿、噶罗巴、东南洋诸岛，虽多闽、粤之人寄居，顾其人，类皆购田园，长子孙，数世相承，有在其地二百余年而不归者，率入英籍，为其管辖，所异者不过衣服饮食、文字语言尚如其旧耳。今我国设有领事以临之，恐未必为我所用也。

或谓华民之流寓于各处者，不下数百余万，其中岂无魁硕贤豪，杰然特出，为众望之所孚、舆情之克协者乎？倘国家赐以尺一之书，立为领事，使之总理各务，必能施措裕如，折冲御侮，为邦家光。近如新嘉坡之黄君、越南之张君、旧金山之刘君，皆其卓卓者也。我国家如欲设立领事，何不使之前驱先导，辟莽披榛，以致其成效乎？吾以为此说亦未必然也。盖彼之所以取信于西人者，不过在贸易场中焉耳，于国家政事体裁未必能知之也。且彼声誉之来，乃由倚赖西人而致，赵孟之所贵，赵孟能贱之。即使一旦畀以重任，亦复奚裨？试观出入西人之门者，其料事非不明，论事非不精，人人无不以为熟悉洋务，及既筮仕服官，而其设施展布，绝无所异于人。何则？其于一切消息，不能随事而通也，不能随人而访也。如是，局中之所事，实异局外之所闻可知矣，又何怪其昔昭昭而今昏昏也。吾见如是者盖不一其人矣。然则洋务岂易言哉，况乎出使远国，保持商旅哉！

呜呼！立国以自强为先，在乎己者能有恃以无恐，而其余自无不举矣。

下

中国地大人众，实为全地球之冠。以人数而论，几足以抵欧罗巴一洲，泰西诸大国，无一能与之颉颃者。即以粤东一省言之，前时户口之数书于版籍者，不过三百万，今则几不下三千万。无论通都大邑，人居稠密，即巨乡重镇，亦皆有十数万众。其散而之四方者，莫能稽也。

至其谋生海外，寄处于遐陬绝峤者，更不知凡几。大抵近自东南洋各海岛如越南、暹罗、新嘉坡、槟榔屿、噶罗巴、非里比纳、婆罗洲、苏门答腊等处，远如澳大利亚岛、嘉厘符尼亚、秘鲁、古巴等处，统计之不下数百余万，而每岁附蕃舶以往者，犹络绎不绝于道。香港一孤岛耳，时为盗贼之巢穴。兽所嗥，兔所窟。乃自英人开辟以来，诛草莱，平荦确，建室庐，楼台四重，金碧巍焕，而华人趋之如骛集。至今生齿渐众，已约十三四万。然犹曰此与内地毗连尚近也。新嘉坡、槟榔屿相去万里，又何以往者如水赴壑欤？

东南洋中，凡西人所辟之埠，非华人旅处，不能成聚落。盖西人不过十之二三，华人则十之六七焉。华人至其地，即为其民，一切皆归其钤束。华人皆以为彼西官自能保卫维持，久已相安若无事。惟美国之嘉厘符尼亚一部，华人旅居者，近为埃利士土人所苛待，窘逐困迫，屡濒于危。由是喁喁向望，冀中朝遣使遥临，藉以镇抚而安集之。此人穷则呼天，疾病则呼父母也。古巴、秘鲁之为佣者，日遭虐待，困苦颠连，暗无天日，亦无日不冀天使之来，以拔之水火而登之衽席。

今我国家眷顾苍黎，不忍以数百万赤子远弃之海外，特议简星使，设领事，以为保持计。其恩德汪洋，膏泽滂沛，斯民虽捐糜踵顶，亦不足以报万一。然而当斯任者，则甚难也。其在东南洋各岛者，既不能尽归我国领事所约束；而其佣于异域者，身在槛阱，欲赎而脱其系，又非中朝力之所能及也。是则领事之设，亦惟虚位备员而已，于海外之民曾亦何补？一有龃龉，反足以损国体而失国威。

或曰：泰西诸邦通商于吾中土者，未必尽强国也。如葡、比、嗹、瑞，蕞尔弹丸，亦不过比之滕、薛、郱、莒而已。而每遇事故，辄作飞扬跋扈状，吾中国亦无如何也。英、德、俄、美、普、澳，领事之权几与公使等，凡有所请，无不曲从。西商之来者，亦未必尽遵矩矱而守条教，其所谓入国问禁者无有也，惟径行其西律而已。中朝之律法禁令，何尝能加于其身？

是固何所恃而不恐哉？则曰彼盖以兵力佐其商力也。调水师，驻战舰，隐然若备敌国。而官吏廉俸，兵士饷糈，一皆取之于商人，而无烦其朝廷之擘画也。而谓海外华民能之乎？华民之至海外者，大抵皆赤贫无赖，计无复之，然后去亲爱，狎波涛，以一死作孤注。其中间有获巨赀者，则即以此为乐土，托西籍以自庇。其在彼处所以绳之者，西法也。讼狱之事，西官听之。虽设领事，岂能为之袒护？徒观其荷桁杨，入缧绁而已矣。其在穷迫之民，宛转呼号以诉于领事之前，领事其能代为设法乎？博施济众，尧、舜犹病，惟有以此自解耳。领事既无利权，又无兵威，形格势禁，孤立无援，言语之不通，文字之不知，亦犹等诸木偶而已。

或曰：嘉厘符尼亚一部，华人之殷富者未尝无人，况集腋成裘，积小成大，未尝不可为领事助。不知享其利而不能御其害，安其乐而不能免其灾，愈以解华人之体而贻外邦嗤笑耳。埃利士人之凶横，美官尚不能制，美廷明知其故，而反欲改易和约，以为弥缝，则亦大略可知矣。

总之，其弊所由，则在西人至中国，则称之为彼国之商，贵逾上宾；华人至西国，则比之于己国之民，贱等仆隶。积重难返，无可挽回。有心人每论及此，无不吁嗟太息而并不欲见闻也。

今请一言以蔽之曰：欲保民于海外，法立而威行，则莫如由自强始，而自强则在得人而已。

达民情

　　天下虽大，犹一人之身也。治天下之事，犹治人身之疾病也。善治病者，必先使一身之神气充足，血脉流通，然后沉疴可去，善治国者，必先使上下之情不形扞格，呼吁必闻，忧戚与共，然后弊无不革，利无不兴。故礼乐刑政，可因时以为变通者也；宽猛张弛，可随俗以为转移者也。而独至民志之孚，民情之洽，则固有其道焉，初非智术得而驭之，权势得而驱之也。

　　中国地大物博，生其间者，莫不沐浴先圣之教，知所以尊君而亲上。而世变日新，其君子则多狃于因循，其小人则渐趋于浇薄，以致寡廉鲜耻，各怀一心。此非运会之使然，天良之尽泯也，其故皆由在上者视民间之疾苦，忽不加减于心。斯在下者视长上之作为，原非有利于己。如人之一身，其手足则麻木不仁，其耳目则冥顽无觉，而心腹溃瞀终莫知其所以然，故一举一动，悉听命于人，惟唤奈何，究不能自立也。

　　今圣君垂拱于上，群贤翼襄于下，励精图治，以期扫除积习，渐臻富强，此正大有为之时，不易逢之会。而民风尚顽梗如故，民情尚游惰是耽。其不幸猝遇凶荒，则哀鸿载道，迁徙流离，莫保朝夕。此非上天之不仁爱也。窃尝究其得失，揆其由来，即委穷原，参观互证，盖以为上下之情不能相通而已矣。欲挽回而补救之，亦惟使上下之情有以相通而已矣。

　　夫人受天地之中以生，其性不甚相远也，而上下之分既殊，则上下之势相隔。其赖以略分忘势，爱戴维深，嫌疑不起者，则恃乎情之联属焉耳。

　　试观泰西各国，凡其骎骎日盛，财用充足，兵力雄强者，类皆君民一心。无论政治大小，悉经议院妥酌，然后举行。故内则无苛虐残酷之为，外则有捍卫保持之谊，常则尽懋迁经营之力，变则竭急公赴义之忧，如心志之役股肱，如手足之捍头目。所以远涉重瀛，不啻本境，几忘君民之心，惟期国运之昌。数十年来，中原之大，皆其足迹所及，此其明效大验也。

中国则不然。民之所欲，上未必知之而与之也。民之所恶，上未必察之而勿之施也。任司牧之权，于簿书钱谷刑戮鞫讯外，已无他事矣。其民之生计若何，困苦若何，为抚字，为鞫谋，贸贸然不暇计也。

夫天地之生，人为贵。竭其手足之力，自足以赡身家，运其心思之灵，自足以成事业，特无有为之倡率，斯或狃于积习，不知振奋耳。即如佣工外洋之徒，其迫于饥寒者半，习于游惰者亦半，然一至其地，则竭蹶从事，能耐劳苦，反有出乎土人之上者。故西人观此情形，每谓中国之人赋性灵敏，勤于作事，且自奉俭约，凡垦辟荒芜，必藉其力，国家有意经营，宜广为招徕，以收后效。是西人亦知中国之民之大可用也。故即嘉邦埃利士人，视同仇敌，而美廷犹思有以保存之焉。

由此观之，中国欲谋富强，固不必别求他术也。能通上下之情，则能地有余利，民有余力，闾阎自饶，盖藏库帑无虞匮乏矣。由是而制器则各呈其巧，练兵则各尽其材。上下同心，相与戮力，又安见邦本既固而国势不日隆者哉？

禁游民

三代以上之所以治者，士农工商四民，各事其事，各务其业，而绝不闻其游手好闲，玩日而愒时者。降至战国，游说之士兴，挟策以干人主，立谈之间可以取富贵，登卿相。此风一开，互相慕效，而于是世多惰民。迄来中国之所以不古若者，以游民众而务士农工商之正业者少也。

今日之所谓游民者，凡四：

其一曰官。自捐纳之例开，稍有赀财者，纳粟即可筮仕。其贫而略有材干者，多方告贷，以官场作利场，狗苟蝇营，靡所不至。及既指省需次，听鼓应官，绝无所事，惟仆仆奔走于上司之门，否则浮沉于僚幕中耳。一省中所有闲员冗官，盖不知其凡几。此皆有官之名而有民之实者也。如是则仕途何以肃？官方何以澄？况乎捐纳之外，其夤缘保举，浮冒军功，以幸登于仕版者，又不知其凡几。岂不足为地方之深累，而至病国殃民乎？

其二曰士。今之所谓士者，皆有士之名而无士之实者也。字义不明，句读未知，仅诵四子，即读八比，列名试籍，遂嚣然自称曰士，其实筋力脆弱，材智凡庸，既不能负贩，又不能操作。特藉士之名以掩其所短，而得以置身教读，训诲童蒙，岁取束脩养其生。况自学额既广，其在胶庠者愈众。岁科两试，大县取至数十人，十年之间，所见无非士也。于是士日以贱，而士之品益坏。流弊之极，为师者日多而为弟者日少，师道亦因之不尊，其足以误子弟，敝风俗，人心世道之隐忧，未必不系乎是。

其三曰医。古者设有医官，须历试之有验，而后可医人，故医术相传，具有精意，古语有云："医不三世，不服其药。"今则不然。稍知字义者，偶阅方书，即居然自命为能医，悬壶市上，其门如市。而问以脉理之浮沉迟速，不知也；问以病证之虚实死生，不知也；问以药性之寒凉温热，不知也。徒以指下杀人、草菅人命而已。此则名为医而实则藉医以自活，徒足以害人而已。

其四曰僧道。不耕而食，不织而衣。建寺则占有用之地。凡寺有田，食其租税，以国家之田赋而养无益之废民，又以布施福田之说簧鼓世众。人死则铙钹喧阗，藉以取利。其所以惑世诬民者，不一而足。其尤甚者，焚香聚众，习教传徒，足为地方之隐患。此当如韩昌黎之说，"人其人，火其书，庐其居，明先王之道以道之，俾鳏寡孤独废疾者有养也"，则庶乎其可也。

凡此四者，皆游民也。今欲天下之治，尽驱而归之于四民之中，使之各务本业：教读之事，一使士为之。而取士之数，有定额，宁少而无多。

郭侍郎星使衔命至泰西，驻居英、法，而叹英之风俗犹为近古。即以伦敦言之，不下五十余万众，而其为游民者，千百中止一二人，其余各力作以糊口，从未有舍业而嬉者也。即其所设机器各局，虽事半功倍，而无不需人焉为之料理。英民恃机器以生者，盖难以偻指数。故其民情之醇厚，风俗之敦庞，盗贼不兴，劫夺无闻，骎骎然可几乎三代之盛也。

呜呼！英国善于治民，又长于治兵。今中国所设兵勇，亦犹之游民而已。是于四游民之外，又增一席也，可不力为整顿也哉？

传　教

上

呜呼！自泰西诸国议和立约以来，通商传教，二者并行。而中外交涉之事，变故多端，龃龉迭至，近且一波未平一波又起。如普国晏拿帆船被劫，英国探路人员见戕，此事之出于通商者也。川省之肆虐教民，大通之惨戮教士，此事之由乎传教者也。顾中国之民往往不仇夫通商而深嫉夫传教，则以传教之士深入内地，足以摇动人心，簧鼓世俗，其害至于渐溃而不可治。故近者如闽之建宁不许其建立会堂，皖之大通不许其宣传福音，蜀之重庆不许其习教传徒；潜滋暗长，纷然与教为难，而且群起而肆其掊击。其间因教以滋衅者，大抵天主教居多。

夫天主教之嚣然不靖，不独在中国为然，即在欧洲诸国何莫不然。溯自天主教之兴，始于罗马，即今意大利国是也。此外，如法兰西、墺地里、西班雅、葡萄牙、比利时皆崇奉天主教者也。若耶稣之教，创犹未久，行犹未远，三百年前路德崛起乃创行之。如英吉利、普鲁士、瑞典、荷兰、甸麦皆信耶稣教者也。天主、耶稣教各半者，则如瑞士、日耳曼列邦是也。当法国之强，天主教最盛行于泰西，几于出主入奴，与耶稣教各立门户，互相水火，窘逐焚戮无所不至，而又主持国是，总揽朝纲，国君之废立更易，得以为政。逮乎法蹶普兴，教王失地，而普相俾思麦又设法整顿，隐为之制，于是气焰渐衰，而教士亦渐知敛迹。盖奉教诸国亦渐悟其教之非，如意大利则以教王之久据罗马都城也，深为痛嫉；西班牙则以怂诱乱党，从中翼助也，而恶之，屡谓政教二者勿相兼摄；法国之现任总统，英国之前任宰臣，无不欲削其权，俾其毋侵国政；此近日欧洲裁抑教士之新章也。

惟耶稣一教，不与天主教同日而语。其守己奉公，绳趋尺步，盖有与天主教同源而异流，殊途而别辙者。而其入中国传教，自华民视之，一若无所区别也。足迹所至，异言异服，因之滋事生衅者亦有之。况中国所守孔孟之道，往往为所诋毁。听其宣讲者，必至强者怒于言，弱者怒于色。前时发逆之变，逆首洪秀全假其教名以倡乱，而耶稣教传道之士，不但不昌言斥绝，反与之通问言情，时出入其中，视为同教。薄海士民以其昧于顺逆，良深痛愤，此招物议之所由来也。

议者以为诚如是也，将来易约之时，可否将传教一款删除，实可消无端之萌蘖，而绝无限之葛藤。如向者日本与泰西立约，教士但可旅居而不能传教，我中国何不可援此以行。不知此恐不能也，盖泰西诸国有所不许也。

议者又谓如许教士深入内地，则事变繁兴，中西以此断不能言归辑睦。且中国何以不将前后情形遍告欧洲，诚以和约之立，有所利益，固宜谨守，而有时多所妨碍，亦可删除。即如蒲晏臣所立华民往美佣工之约，今美廷何以不守而反拟请中国删除也。岂彼可行之于我，而我不可行之于彼乎？此屈臣公法二百六十三款中所有也。然而我恐其不能行也。

议者又谓数年前天津拟换和约之时，我朝廷已力请改除此款，而诸国皆谓，传教之士如遇有事，可交最近领事办理。然如四川一省教士殊多，而最近者为汉口领事，相距甚远，往返维艰，此中必多掣肘。夫保护天主教者，法国也，法国今昔异形，与之妥商，或者可从。即法人仍蹈从前之积习，欧洲诸国断不代为之左袒，以兴戎而滋祸。顾以事理揆之法人，亦断不能从也，盖通商英为重，传教法为亟，法人自传教以外，别无所事。

近来中廷一切措置，时为西人所藉口，谓中国惟欲闭关自守，不喜与诸国通往来，不然何以遣使驻都久未见其行之也。不知此皆臆测之词。总之，天下事与其求诸人，莫如尽诸己。传教之士则为西人，而入教之人则皆为我民也。嗣后凡遇入教之民，则异籍贯，编门牌，给匾额，稍以示其区别，有事则归地方官惩办，教士毋得袒护，而无事地方官民亦无得苛待。教士所至，须问民之愿否，毋得以势力相强。此皆各尽其分所当然而已，而又何龃龉之有？

下

迩来民教相涉，辄致中外龃龉。推求其故，大抵一由于愚民之无知，一由于教民之有恃。

由泰西至中土传道者，一曰天主教，一曰耶稣教，虽曰同源而异流，而教中规仪迥判。自西人言之，不独有新旧之殊，亦且有邪正之别。在泰西本国中，久相水火，惟在中土则分道扬镳，两不相涉，所谓各行其是而已。天主教行之最久，亦最远，内地乡落，无所不至；耶稣教则不过通商口岸耳。而近时传道宣教者，辄以华人；虽西人之足迹所不能至，而华人则无不可深入也。所至之处，久之必至互相驳诘，此积憾生衅所由来也。西国奉教之士，其来也由于考授，非世家子弟亦彼国俊髦，于西国书籍既通而又肄习中国之语言文字，其学问之深者，亦卓然可称为专门名家，其性情品诣有时亦复蔼然可亲，纯然有异。惟华人之进教者，大抵愚者多而智者少，明者寡而昧者众。理趣既未能深造，言语亦未能圆融，动辄诋孔孟为不足师，程朱为不足道，悍然宣播于众。夫其言而出诸西人，听者尚能少忍；至出自华人，则强者弱者必群起而攻之矣，此事变之所以生也。

至于华人之疾憾西人，盖亦有故。西人在其国中，无不谦恭和蔼诚实谨愿，循循然奉公守法，及一至中土，即翻然改其所为，竟有前后如出两人者。其周旋晋接也，无不傲慢侈肆，其颐指气使之概，殊令人不可向迩；其待仆隶下人，频加呵斥，小不遂意，辄奋老拳。彼以为驾驭中国之人，惟势力可行耳，否则不吾畏也，且欺我者随其后矣。其游历内地也亦如此，所以动至取祸。又华民之所讲者，尤在顺逆之分。曩者发匪之乱，彼则以为此乃君民相争，无预我西国人事，探贼所近之处，私售以枪炮药弹，载运接济，不绝于道，而教士中尤先为通问，喜其为同教也，民间由是切齿痛心。何不思立约通和，乃出自朝廷，发匪乃朝廷叛民，岂宜私与之往来，潜为之翼助，使华人在西国者易地而为之，西国朝廷其能不问乎？西国民人其能不怨乎？此即所谓恕道也。西人或者其未尝反复思之欤？不然，西人至此以货易货，自鸦片漏卮之外，其余未尝不有无相易，贵贱相征，自可耦俱无猜，同沾夫利益，而何衔憾蓄愤之有？或者谓唯唯否否，不然，此特小焉者也。自通商以来，索口岸，索酬饷，辄以兵力从事，据我名城，俘我大臣，而又连樯北上，谓将入告，以至国步多艰，所不忍言，此非薄海臣民之所共愤者耶！故言乎我国家之待西人至为深厚矣。恩意缠绵，礼文渥挚，无区畛域，悉予怀柔，即如经过关卡，出入城垣，独示优崇，异于常等，岂西人未之知耶？

故今日之为西人计者，要当尊朝廷，守和约，而中外交涉，一切开诚布公，相见以天。其通商也，以片言括之，曰不欺。其传教也，以二字赅之，曰毋强。其彼此往来也，曰毋骄毋肆。如是而中外安有不辑睦者哉？昔春秋列国之相约曰，尔毋我诈，我毋尔虞。今亦当益之以四言曰：毋尚势力，毋恃兵戎，各泯意见，共矢和同。

洋务在用其所长

　　呜呼！天下大矣，人才众矣。未得以囿于一方，限于一国，稍有所知，辄嚣然而自足也。泰西诸国，通商中土四十余年，其人士之东来者，类多讲求中国之语言文字，即其未解方言者，亦无不于中土之情形了如指掌，或利或弊，言之无不确凿有据。而中国人士，无论于泰西之国政民情，山川风土，茫乎未有所闻，即舆图之向背，道里之远近，亦多有未明者。此固无足深怪。独不解其于中国之事，如河漕兵刑财赋诸大端，亦问之而谢未遑焉。何则？时文累之也。即有淹博之才，亦惟涉猎群圣贤之经籍，上下三千年之史册而已。故吾尝谓，中国之士博古而不知今，西国之士通今而不知古。然士之欲用于世者，要以通今为先。

　　今日中国之所以治内者，在练兵法，达民情；所以治外者，在御侮而睦邻。此四者要不过综其大纲，其余如通商理财制器成物，亦当次第举行。夫我中国乃天下之至大之国也，幅员辽阔，民族殷繁，物产饶富，苟能一旦奋发自雄，其坐致富强，天下当莫与颉颃。顾富强之效，则在开矿辟地，造电气通标，筑轮车铁路。俾中国之大，远近可以互相联络，仓卒有变，调兵遣舶，数日而可至。其险要之处，则以重兵扼守；汰冗军，练劲旅，通中国之地，以雄兵三十万守之，可以无敌于天下。强邻悍国虽有觊觎，亦不敢发。自此，可措天下于磐石之安，而致苞桑之固。

　　今欧洲诸国通商中土，跋扈飞扬，几不可制，凡有所要求干请，强以必从，其骄凌桀骜之气，常若俯视一切。何则？以交际之道未得也。苟能开诚布公，可者予之，而不可者拒之，即至万不得已而用兵，亦可有恃以无恐。能如是，诸国亦谁敢侮我者。虽然，睦邻之道亦不可不讲也。遣使驻都、设立领事于贸易之地。民间往来内河，尽许用轮船。有出洋贩运于诸国者，华官皆为之保卫，或为先路之导。此外开矿务，垦旷地，筑铁路，皆与民共其利，务俾民情得以自达，而不至于上下隔阂，则民间忠义之气自能奋发于无形。

泰西各国制造电线，由其国都以达中土，邮筒传递，顷刻可通，而中国独无之，未免相形见绌矣。故中国而有志振兴，及今尚未晚也。近日一二西人以其所知教导我国之人，不可谓非热心锐志者。苟能师各国之所长，兼收并蓄，悉心致志，务在探其困奥，而勿徒袭其皮毛，安见其遽出西人下哉！美为泰西之雄国，其所建电气通标，独多于各邦，而美国总统尚以大西洋海底虽有电报相通，往来香港，然乃英国所设，报赀甚重，不若新筑电线于太平洋，通日本以达中土，则美邦独擅其利，而秘事不至于外闻，又岂复受英人之所制。由是观之，美人之谋国，思深虑远如此。其欲造电线也，计自嘉厘符尼亚邦而至哈维岛，约六千二百四十里，由哈维岛至般宁岛，约九千七百二十里，自般宁岛至日本之横滨，约一千五百里，自横滨至上海，约三千七十五里，其道之纡回辽远，总计二万一百九十里，工程浩大，可谓不惮其难者矣。然则我中国，即于电线一节已远不及泰西，复何论其他，乃犹鳃鳃然侈口夸示于人，谓能仿效西法，采取众长，不且贻笑于远方也哉，呜呼！何不返而自思，以力图振作也欤。

除额外权利

呜呼！今日者，中外交际，云为繁变，亦正多故矣。西国凡有所请，务在必行。中朝每谓其要挟，议其恫喝，时思所以裁抑之。由是龃龉之故，率起于此。而究之彼之所请，我又不得不允也，徒多往来烦渎而已，徒见纷纭蓼辖而已。彼惟以许之难，故索之奢，以为此日之所得，由于力请而致，非然者恐难如愿以偿也。

其实中外交涉之事，不外辨其公私，分其曲直而已。即如开埠一款，中外既已立约通商，依泰西各国之体制，则遍至内地贸易，亦例之所当然。而中朝不能尽开内地者，以西人不归中官管辖也。西人来中土贸易，其立论命意盖亦极为广大而旷远，动以地球一家、中外一人为言。故见我中国因循自域，以外交为耻，而时作深闭固拒之计，彼亦恒从而姗笑其间，以为识见之甚隘，襟怀之不旷。

夫中国不欲尽开内地者，盖只见夫西人之日来，而不思华人之可往也。不知既已开埠通商，至一处无异于至各处。我之所宜与西国争者，额外权利一款耳。盖国家之权系于是也，此后日仁人杰士之所宜用心也。倘因通商内地而与之争，徒示外国以不广，而彼反得有所藉口矣。

夫我之欲争额外权利者，不必以甲兵，不必以威力，惟在折冲于坛坫之间，雍容于敦槃之会而已。事之成否，不必计也，而要在执持西律以与之反复辩论，所谓以其矛陷其盾也。向者英使阿利国以入内地贸易为请，总理衙门亦以去额外权利为请，其事遂不果行。夫额外权利不行于欧洲，而独行于土耳机、日本与我中国。如是则贩售中土之西商，以至传道之士，旅处之官，苟或有事，我国悉无权治之。此我国官民在所必争，乃发自忠君爱国之忱，而激而出之者也。故通商内地则可不争，而额外权利则必屡争而不一争，此所谓争其所当争也，公也，直也。

又往者领事一官，虽与我府道并行，而一旦龃龉，亦得调遣兵舶，权宜从事，此通商口岸办理洋务者所以益形掣肘也。今我朝廷已准英使所请，增埠各口，盖以见中国并无自域之心，而深具柔远睦邻之意。彼于增埠之后，而请减厘金，盖欲以加惠于商人，中朝亦不能不许。我朝廷于是亦酌加税项，因时制宜，以示一朝之规制。盖加税一款，乃我国家自有之权，或加或减，在我而已，英使固不得强与我争也。

于是宜与者与之，宜取者取之，此中具有权衡。我朝之从容驾驭，不远出于寻常万万哉！夫我中国不能以有益者尽与英人，犹英国不能以有益者悉畀我中朝也。去取之间，盖在当轴者明其公私曲直而已。

西人渐忌华商

　　自泰西诸国与我中朝通商立约以来，三十余年间，贸易场中前后情形迥尔不同，前日之为洋商者，拥厚赀，居奇货，志高气豪，非重酬巨款，不足以入其目，动其心，几有俯视一切之概。今则争利者日多，趋利者日众，船舶之价日贬，运载之费日减，西来一切货物日渐薄劣，而其值较之于前亦少四五倍。锥刀之末，无不群焉赴之，如蚁之附膻，蝇之慕腥，而举止气焰亦似不若从前之倨侮矣。列国中以英人最工心计，商贾之迹几遍天下，而其高视阔步，轻蔑肆傲，每不足以服人。日耳曼人出而一反其所为，渐能与华商浃洽，贸易所至，未尝不夺英人之利薮。不知此犹浅焉者也，今日英人之所忌者，盖在华商耳。

　　昔之华商多仰西人之鼻息，即有赀本，每苦于门径未稔，无从可入，往往观望不前，苟且自域，惟有听西商之指挥而已。故昔者西商行贾于中国，事事与华商争利。非谓华商尽无所利也，华商之利小而西商之利大也。华商本轻而利薄，舟不能冲涉波涛，货不能换输远近。其在洋务中者，每事无不藉手于西商，而运货之费，保险之值，已至不赀，适为西商增其利益而已，华商所赢无几也。

　　今则不然。自轮船招商局启江海运载，渐与西商争衡，而又自设保险公司，使利不至于外溢，近十年以来，华商之利日赢，而西商之利有所旁分矣。即如香港一隅，购米于安南、暹罗，悉系华商为之。凡昔日西商所经营而擘画者，今华商渐起而预其间。其人既能耐劳苦，工值又廉。东南洋一带华人与华人声气相通，帆樯往来，经旬可达，而西商贸易日见其淡矣。此其故，西商口不能言，而心实知之。数年来，港中洋行渐改为华房，而岁有数家闭歇者，折阅之事，亦复层见叠出。岂昔日长袖善舞，多财善贾，故能操奇致赢欤？今日事事不逮从前欤？

以我观之，権算之工，运筹之密，心思之巧，智虑之精，今固无异乎昔也。而所以有赢绌之分，厚薄之别者，则以利权不能独擅，利源有所潜夺也。推原其故，盖有二端：一则分之于各埠，一则分之于华商。

试观道光中叶，为洋务者无不起家巨亿，而洋行之富甲于王侯。粤东一隅之旺，无以复埒。逮乎五口通商，余皆平等，而上海独为巨擘。粤东洋务自此而衰。及至新增各口，地方愈为辽阔，来者日以繁盛，然交易货物止有此数。温、琼等处去者寥寥，恒有经月而未见一舟者，关吏惟有饱食酣眠而已。此增埠之无益于通商也，明矣。今西商亦有渐悟其非策者，然势不能骤改也。何则？众进亦进，众退亦退，英在此时已渐为他国所牵掣，断难以一己而违众人，亦惟有有进而无退而已。

华商分西商之利，要不过在近今八九年中耳，而西商已不能支，忌嫉之心，渐形于色。即如港中华商蒸蒸日上，衣冠礼义轶于前时，而西商意存轻蔑，常有抑而下之之心，每议阖港之事关于众人者，华商辄不得预其列。其心以为权由我操，则庶得张弛如志耳，否则彼将议我之后矣。盖其所以憎及华商者，不在予以虚名而分其实利，其必断断然不欲华商与之齐驱并驾者，特恐虚名实利一并归之，从此益得与之争衡耳。

然吾知不三十年间，华商所至愈远，其利渐溥。机器一行，制造益广，一切日用所需，不必取之外而自足。在彼者，呢布为大宗，我自能仿效。在我者，丝茶为巨项，我亦可捆载以前往。日新月异而岁不同，有非西人之所能制者矣。

旺贸易不在增埠

　　呜呼！吾窃谓英人增埠之计左也。四十年前，英人通商不过在粤东省垣，而洋货腾贵，百倍于今。华人之居间售货者，亦目为洋商，其富率数千万。英商来者，无不获利以去。道光二十二年，准界五口通商，上海最为雄镇，懋迁之利独薄。而粤东贸易则大不如前。何则？盈于此者绌于彼，盛于此者衰于彼，消长之道然也。同治初元，增开八埠，而汉口最当南北之要冲，往来之孔道，地势适居厥中，为自古商贩者操奇致赢之地，以英人往与互市，当必利薮独擅。孰知兵燹频经，元气不复，时运转移，地道变迁，遂形今昔之不同，良可叹也。今所开十余埠中，究以上海最为富饶，商舶贾艘，远近毕集；阛阓之盛，天下所未有。然而迩年来，犹且货物滞销，居奇折阅，中外巨商无不外强而中槁。以是言之，懋迁如是其难也。

　　盖贸易之道，当观其所聚，而不当观其所分。苟得其地，则一二埠胜于十余埠。所谓握其中权而左右咸宜，据其要道而小大无不包也。口岸愈多，经费愈广，而利以渐分而渐薄。西商每至一处，必定租界，构屋宇，创衙署，立官吏，驻兵舶，其费悉自商人。而西商一切率皆优于自奉，虽有端木之才，陶朱之术，亦不能骤操其左券也。

　　今所新辟者四处：一曰粤东之北海，一曰浙江之温州，一曰安徽之芜湖，一曰湖北之宜昌。北海亦不过与琼州等耳。琼州矿产金而山蕴玉，久为西人所艳羡，何以既辟之后，去者寥寥？已逾半年，而绝少西商前往。识者逆料其一二年后，势将离之而自去。海南一隅，虽可与越南、广西边境之民通有无，征贵贱，而法人近在西贡，未必能舍此就彼也。温州一埠，前已见于天津和约，因恐贸易未必有赢而改索琼州。然温州当浙、闽交界，人民多习于航海，当或胜于他处。芜湖则近于九江，宜昌则近于汉口，彼处华商岂不能贩运洋货捆载而往欤？其地虽产丝茶，而西商已时遣华人入内采办，洋货则载以往，华货则售以来，实与开埠无异。恐开埠后，获利未必其遽饶也。长江中六城，亦如是耳。此吾十余年前所云，但能夺华商之利而未必遽为西人之益也。况今日华商情形又复不同。

夫西商之经营虽善，计画虽精，而用度廉俭安能与华商并驾而齐驱？然此犹其小焉者也。通商者非一处，即与英人争利者非一国。普商之精明强干，未亚于英人，而其忍辱耐烦，食廉用节，则在英人上。其入贾中国，今多于昔数倍矣，即此一端可证也。惟是长江之利为所独擅，自江至蜀数千里运载往来，轮船公司固宜磨砺以须矣。吾窃恐其惟利于轮船公司，而西商则无立足地也。况乎伺其后而攘其余者，犹有中国之轮船招商局在也。将来当必起而与之争，譬诸逐鹿中原，正未知其孰得孰失也。故吾谓英人之计左也。

纪英国政治

英国僻在海外，屹然三岛，峙于欧洲西北，形势之雄为欧洲诸国冠。其甲兵精强，财赋富饶，物产繁庶，诸国莫敢与之颉颃。自言其国中久享升平，无敌国外患者已千余年。近年以来，持盈保泰，慎于用兵。非甚不得已，必不妄兴师旅，与他国之穷兵黩武者，盖大有间矣。顾论者徒夸张其水师之练习，营务之整顿，火器之精良，铁甲战舰之纵横无敌，为足见其强；工作之众盛，煤铁之充足，商贾之转输负贩及于远近，为足见其富，遂以为立国之基在此。不知此乃其富强之末而非其富强之本也。

英国之所恃者，在上下之情通，君民之分亲，本固邦宁，虽久不变。观其国中平日间政治，实有三代以上之遗意焉。官吏则行荐举之法，必平日之有声望品诣者，方得擢为民上。若非闾里称其素行，乡党钦其隆名，则不得举。而又必准舍寡从众之例，以示无私。如官吏擅作威福，行一不义，杀一无辜，则必为通国之所不许，非独不能保其爵禄而已也。故官之待民，从不敢严刑苛罚，暴敛横征，苞苴公行，簠簋不饬，朘万民之脂膏，饱一己之囊橐。其民亦奉公守法，令甲高悬，无敢或犯。其犯法者，但赴案录供，如得其情，则定罪系狱，从无敲扑笞杖，血肉狼藉之惨。其在狱也，供以衣食，无使饥寒，教以工作，无使嬉惰，七日间有教师为之劝导，使之悔悟自新，狱吏亦从无苛待之者。狱制之善，三代以来所未有也。国中所定死罪，岁不过二三人，刑止于绞而从无枭示。叛逆重罪，止及一身，父子兄弟妻孥皆不相累。民间因事涉讼，不费一钱，从未有因讼事株连而倾家失业、旷日废时者。虽贱至隶役，亦不敢受贿也。

国家有大事，则集议于上下议院，必众论金同，然后举行。如有军旅之政，则必遍询于国中，众欲战则战，众欲止则止。故兵非妄动，而众心成城也。

国君所用，岁有常经，不敢玉食万方也。所居宫室，概从朴素，不尚纷华，从未有别馆离宫，迤逦数十里也。国君止立一后，自后以外，不置妃嫔，从未有后宫佳丽三千之众也。

所征田赋之外，商税为重。其所抽虽若繁琐，而每岁量出以为入，一切善堂经费以及桥梁道路，悉皆拨自官库，藉以养民而便民，故取诸民而民不怨，奉诸君而君无私焉。

国中之鳏寡孤独，废疾老弱，无不有养。凡入一境，其地方官必来告曰：若者为何堂，若者为何院，其中一切供给无不周备。盲聋残缺者，亦能使之各事其事，罔有一夫之失所。呜呼！其待民可谓厚矣。

无论郡邑乡镇，教堂林立。七日一诣，雍容敬礼，无敢懈者，自能革其非心而消其恶念。教化之行，渐渍然也。凡此不独施之于国中，亦施之于属地。其视属地之民，无区畛域也。印度民饥，道瑾相望，英民恻然悯之，布施金钱者无数，故虽荒歉而无害。印度地大物博，种植鸦片，贩运各处，几疑为英人之外府，得以坐收其利。不知印度一岁之所出，适足以供一岁之度支，而有时或有不足，则必辇金钱数十万以济之。以此乃足以服印度民人之心，而不侵不叛。

由此观之，英不独长于治兵，亦长于治民，其政治之美，骎骎乎可与中国上古比隆焉。其以富强雄视诸国，不亦宜哉！

英重通商

　　英国屹然三岛，居于海中，与欧洲各国相间隔，故惟用舟舰以为联络。近年来航海之利推为欧洲巨擘。而其船舶之多，以及制造之坚，驾驶之能，亦殆莫之与京。曾将历年所建之船分为三等：一曰铁船，二曰木船，三曰铁木合制之船。铁船五百有十艘，木船五百有二艘，铁木合制之船一千有二十二艘，计能装载货物二百三十九万一千五十八吨。前年新行增建者七百十艘，可载货四十二万三千六百五十吨。益以数年来船厂中陆续建置者，又不下二千余艘。自兴刳木之制以来，所造船舶，未有若英国之盛者也。民间贸易转输，远至数万里外，以贱征贵，以贵征贱，取利于异邦，而纳税于本国。国富兵强，率由乎此。

　　然则英之国计民生全恃乎商，而其利悉出自航海矣。与中国通商将四十年，英商足迹所至，几遍中土。国中工艺所出，销流于中国者甚夥。匹头、鸦片，尤为大宗。是英国通商在今日几于有进而无退。设使一旦有事，则于贸易大局殊有窒碍。英国亦知其然，故凡事皆欲与中国永敦辑睦，而断不肯无端以启衅。云南戕杀马嘉利一事，几疑决裂。而烟台会议，遂至于瓦解冰消。盖英之民人皆欲出于和，不欲出于战也。且英人之在西土与在中国者，意见各殊。西字日报往往藉事生风，冀幸中国之有事以为荣，而伦敦日报则冀中国之自强，主上乾纲独断，以驭臣民，中外事权悉归一人，如有交涉之事，无不立办。其用心不同如此。往时驻京公使阿利国，于一千八百六十九年寄书外部大臣，请尽禁鸦片，而传教人勿入内地居住，删除领事额外权利，以冀贸易之局可持永久。其说虽下廷议，卒未果行。盖以如是则待中国与俄罗斯、美利坚等，而入中国于万国公法中，设使行事与公法相违，则必撄泰西列国之疵议。况既除额外权利，则华官折狱当一秉乎公，而相矢以信。英商当听其入内地，中国可设领事于香港。英人曾请轮船入内河，而中国不许，谓如后有中国轮船驶行内河者，则亦可入，此时亦仅用华船而已。以此龃龉，英人之议者率弗喜。然英商终冀中国之无事，而不欲中国之有事，以贸易之局实以和平为枢纽。

惟其思深虑远，往往思夺中土之利以为己有。其运贩中土之物产，以丝、茶为大宗，迩时印度种茶日盛，英人多嗜印度之茶，而中国之茶利减矣。法兰西、意大利皆产蚕丝，近更以新法育蚕，投蚕子于沸汤中，蚕即再生，谓之二蚕，出丝自倍。英人以其近也，多购自欧洲。故今日贩丝之旺，异于昔时，而中国之丝利减矣。印度产麻，和以丝棉，织成布匹，以制衣服。染以诸色，鲜艳异常。英人以此谓可代木棉，而中国棉花之利亦日见其绌矣。凡此皆以为后日地耳，则其通商之心计何如也。

中土所售于英国者，鸦片而外，则惟匹头。鸦片固为漏卮之最巨者，而近日云南、山西等处均渐布种莺粟，英人未尝不为之寒心。欲夺匹头之利，莫如自购机器，广设机房，木棉、蚕丝、羊毛，三者兼作，行之十年，其效自见。如是相夺，中外之利必且交失。中国固不专恃商人，而英国势必不支。则将如主人枯槁，客自弃去乎？抑将有进而无退乎？

窃以为中国与泰西列国通商，不当但恃商力，必如西国兵力、商力二者并用，则方无意外之虞。而练兵之法不可不亟讲矣！惟是兴旺贸易易为功，整顿兵伍难为力，以事非一时可集也。所幸者今日泰西诸国互相牵制。英以通商为重，而离法之后，其势稍孤。法自为民主之国，渐改其好大喜功之习。美则素来自守，不尚并兼。俄自攻土之役，未免与英失欢，且亦隐相忌嫉。普虽胜法，尚未见其飞扬跋扈也。而我此时正可以通商之局牢笼而羁縻之，发奋自强，以实心行实政，毋怠缓，毋因循，毋苟且，毋粉饰，毋骄矜，毋退诿。诚如是也，则彼之待我，自当与欧洲诸国等，不必与之动援万国公法，而自入乎万国公法之中。结之以信义，要之以恪忠。惟以玉帛，不以兵戎。遣使修睦，守约雍容。梯航远至，琛赆来同。然后通商之局乃可与地球以始终。

俄人志在并兼

俄罗斯立国在欧、亚二洲之间。幅员之广，列国无出其右。惜亚洲之地半属沙漠，天气寒冷，植物不滋。所赖以培国本而张国势者，惟旧俄故土而已。部落之富盛，城邑之雄丽，诚足与欧洲各大国相为匹敌。近复取有漠北之地，收其皮矿之利。故日就强盛，有非他国之所能及也。今在位之主，承父兄统绪，即修旧怨，往伐土耳机，大获胜捷，波斯来侵，又奋兵击退之，乘势逐北，割其属部。威声之著，迈越前人。自其前王彼得罗以来，中间女后专政，悉能任权术，罗英俊，内修外御，名震邻国。则国之当兴，盖亦天意有在矣。

论者谓俄之嗣主，其深宫所筹画，累世所设施，类无不以乘间抵隙，专伺邻国，以期得逞。庶几天下之大，可藉兵威以力争经营。观其远交近攻，割人境土，得尺则俄之尺，得寸则俄之寸。屯兵置戍，通商裕财，固非专尚武功，徒事侵陵者之可同日而语矣。而浅见之士，狃于所闻，徒知其主好勤远略，其民生齿不繁，地虽大而荒凉特甚，国虽强而帑项不丰，今又与土构兵，以致屡遭败衄，遂以为俄之凭陵小国，黩武穷兵，适足自毙，固不足为患于天下也。

不知俄之君臣谋所以致一统之盛，而大无外之规，盖匪伊朝夕矣。其意不得志于欧洲，则必求逞于亚洲，二者将有一遂。其取基华霍罕，即不能恝然于天山南北，其与日本易岛，即留意于东西洋海，而锐意与土构衅，亦即窥欧洲之渐也。以彼蚕食鲸吞，已成并兼坐大之势，倘复闭关自守，则后嗣稍弱，或致外侮迭生，悔将何及？且其四境之外，犬牙交错，如南之波斯，西之瑞典、普、墺，悉皆环顾而伺。即订以婚姻，重以盟誓，要不能藉以固圉也。一旦衅隙可乘，则将搜乘简卒，秣马厉兵，以相从事于封疆矣。且西域回部毗连于东，蒙古、土番游牧于南，寇掠侵轶，时所不免。是俄固战争之国也。能战则兵威足畏，而有以遂其龙骧虎视之谋；徒守则积弱可虞，而不免成鼠入牛角之势。俄其讲之稔矣，计深虑远，及身图之，亟出于战，即晋范文子所谓"吾先君之亟战也有故，秦、狄、齐、楚皆强，不尽力，子孙将弱"。故欲内保山河，必谋外服强邻，此古今不易之理也。俄之所忌，向惟英、法。今普又崛起于中，而墺之与意，要皆势钧力敌。英之印度尤与相近，今已次第收入版图，且政教号令，初无歧异，素得回人之心。俄在今日岂能无所顾虑乎？幸法为普蹶，未尝一日忘报普之心，两国互相牵制，而墺意亦不暇远谋。故俄得与英联婚，俾疑忌中藏而开衅无自，而乃得以专力于区区之土耳机，聊为尝试。

　　然智者见祸于未萌，即微以知著。俄既胜土，则入其国都，据其土地，抚其民人，收其财帛。列国必共起而谋之，欧洲将不能共享太平。俄不胜土，则失之东隅将收之桑榆。其祸乱相寻，又不惟欧洲之不幸也。制治于未乱，保邦于未危。绸缪于阴雨之前，备敌于疆场之外。谋人国家事者，宜有以熟思而审处之矣。

中外合力防俄

地球四大洲中，幅员辽阔，民庶殷繁，自中国而外，当推英、美、俄，而俄尤为巨擘。近时以强国著者，则普之崛兴为最速。

综观今日天下大势，维持欧洲之全局者，普而已。而系于四洲之安危者，俄而已。普、俄、英、法，四国并行，则可横于天下。盖在今日讲天下大计者，不患在英、法，而患在普、俄。法弱而英孤，普、俄如能相合，协力同心，经营天下，则欧洲诸国将莫与抗衡。且普、俄方有志于东方，欲肆其雄图而逞其吞并者，志不独在欧洲也。而俄尤骎骎乎驰域外之观。今者要约波斯，翼助阿富汗，显然与英为难，英亦无如之何也。恐其幸欧洲之无事，舍欧洲而逞志于东方，于是东方独承其弊，此则大可虞也。

然则何以待之？曰：莫如中外合力以防俄。亚洲之中，中国为先，其次则印度之英也，又其次则日本也。越南、暹罗、缅甸、朝鲜，或附中国，或属英人，或邻于日本，则等诸自郐以下无讥焉可也。若在泰西，则普、墺也。

或曰：此诸国者，皆散在各地，形涣势分，恐不能殚力一心，联声合势，如六国之约纵连衡以摈秦。不知所以防俄者，皆以自为而非为他国，且亦非无端开衅于俄也。原在有备无患，画疆自守，以持其不变之局而已。

呜呼！天下事至今日，其变极矣。欧洲诸国皆由西而东，有火车以通同洲诸国，有轮舟以通异洲诸国，联络远近，势同衽席。又以电标为之通达信音，虽离万里之遥，捷于顷刻，迩于咫尺。此固数千年以来所未有也。仅行之于数十年间，而地球四大洲已可由分而合，棋布星罗，有若春秋时之列国。一变之效，何其速欤？而儒生之拘墟于见闻者，尚复昧昧于其故，而不知上达天心，下权人事，夫亦可哀也已！

夫春秋时之秦，与战国时之秦，一也，而何以强弱迥异？则以前日有晋为之蔽，而秦不得东。逮三晋分而韩、魏弱，秦乃得蓄力乘时而肆其蚕食矣，逞其鲸吞矣。今日之俄，其势亦犹夫秦也。土耳机虽弱，而得英、法以助之遂强。曩者普、法之战，此欧洲变局之所系，而两国强弱之一转机也，其势亦大有关于东方。而论者乃以海外之战争，有同蛮触，无足称道。此其言岂知审时度势者哉！

英、法竞爽，足以制俄，而东方可幸无事。法蹶普兴，而俄又俦与普亲，则俄得晏然无忌，专力以图东方。试观迩年来，英国印度总督欲筑铁路由缅甸至云南，其赀已集，不日可兴，而俄先筑路于印度北方以当其冲。云南之役，由是中撤。中国与俄毗连之境，如黑龙江，如伊犁，如堪察加，如吉林，皆为俄人所据。俄以精兵三万驻扎吉林界外，用以东压朝鲜，西窥辽地。前岁曾遣测量之士七人，自京师而回，取道于天山一带平坦之地，直达伊犁，量度形势，拟将筑路以通车。又取日本之唐太岛，藉以铸器屯兵，以备缓急之用。其志岂在小狨？

总之，俄图欧洲难，而图亚洲易，以助土者不独英、法两国也。今虽法惟自保，英似无援，而普、墺近与俄邻，俄苟取土，必不作中立之势。英、法、普、墺一日尚强，则俄人之兵力一日不能西也。若亚洲，则惟中、英、日三国而已，而三国皆不相联属，中、日近又隐挟猜嫌，则俄之得志益可知已。此数十年中，俄人岂能相安于无事哉？

我中国如能结好英、日，以彼为援，互为唇齿，然后励精图治，发奋为雄，盛兵备，厚边防，乃足以有恃而无恐。至于富强之术，宜师西法，而二者宜先富而后强，富则未有不强者也。稔悉中外情势者，可不亟为之计哉？

泰西立约不足恃

天下之势不定一尊，则其乱靡有所止。盖体相敌则政多歧，政多歧则法必紊，而畛域之见分。斯利害之情判，虽剖符置质，亦且旋约而旋背矣。《诗》所谓"君子屡盟，乱是用长"；《传》所谓"盟可寻，亦可寒，要盟弗信，质终无益"。此其明征也。

泰西各国犬牙相错，千百年以来，皆以兵力相雄长，稍有龃龉，则枪炮交轰，杀人如麻，曾不爱惜。近则托诚信以相孚，假礼义以相接，如向戌之弭兵，如苏秦之约从，立为万国公法以相遵守。又复互相立约，条分缕析。其有不便者，得以随时酌更。似乎明恕而行，要之以信，可以邀如天之福，永辑干戈而共享升平焉矣。然揆其情势，则约可恃而不尽可恃也。

盖立约一事，本非有所甚爱而敦辑睦之谊也，亦非有所甚畏而联与国之欢也。不过势均力敌，彼此无如之何。或意有所欲取而姑以此款之，或计有所欲行而先以此尝之。若利无所得，则先不能守矣。故夫约之立也，己强人弱，则不肯永守。己弱人强，则不能终守。或彼此皆强，而其约不便于己，亦必不欲久守。

即如黑海之约，各国俱所与闻，不独英、俄也。英欲守之而俄必欲背之，岂俄不畏诸国之议其后哉？诚以守此不渝，则擅其利者惟英，而受其敝者惟俄也。俄且日就富强，换岛于日本，而水师有其备矣；取地于霍罕，而通商得其道矣。地兼三海，卷甲而趋，欧洲在其掌握；路辟西疆，屯兵伺便，印度据其咽喉。故英之欲守约者，盖藉此联络诸国以相援也。俄之欲背约者，盖非此则难越雷池一步也。此不独英与俄自知之，即天下万国亦无不知之者也。

如是而谓约足恃乎，抑不足恃乎？然此犹曰事关国家大计，难以兼顾。语所谓"大行不顾细谨，大礼不辞小让"也。若英与美解交匪犯之约，不过罪人斯得，免奸滑之徒以邻国为逋逃薮耳。且立约之初，本甚平允，足以劝善而惩恶也。今乃停止不行，以至犯法者越境乃免，得以逍遥事外。是岂好恶之公，赏罚之典哉！

是知约不可恃，道在自强。受人国家之寄，身肩艰巨之投者，正宜励精图治，举从前之积习扫而空之。勿任私智以相欺蒙，勿狃成见以相倾轧。广育英材，收揽豪杰。讲求富强之术，精究攻守之备。以绸缪于未雨，以弭变于无形。遇有交涉之事，则开诚布公，速为办理。如是则约虽未立，亦不虞其有所藉口也。非然者，内安于因循则事多丛脞，外过于宽缓则敌将生心，虽息壤在彼，有不堕其计中者鲜矣。

方今和议已成，所立规条斟酌尽善，诚为中外之福。然倚伏之机，剥复之理，本无定局。尤望尽其在我以成可大可久之图者，不可恃此区区之约，庆相安于目前也。

西人重日轻华

地球四大洲，亚细亚幅员为最广，风气之开亦独先。中国圣圣相承，皆以达人而居天子之位，制礼作乐，肇启文明，故三千年前，已为声名文物之邦，威德覃敷，震于遐迩。海外大小诸国，其仰慕我中华如在天上。日本虽在东瀛，与我中国一海遥隔，而文字攸同，风俗无异，一切制度大都采自汉、唐。惟我中国不勤远略，闭关自守，不与外通，历代史乘所载，海外诸国登王会之图，预共球之列者，皆其慕化而自来，向风而麇至，初非我中国招携怀远抚绥而柔辑之也。日本虽居海中，屹然四岛，宜其便于舟楫之利，而考其所至，自通中国外，惟高丽、百济、新罗，为我声威所讫，此外则有所隔阂矣。

逮至明代，欧洲诸国日强，精于驾舟，不惮远涉，往往于鲸波鼍浪中，探测新地，以为通商互市之区。曩者东南洋诸国，其来朝会盟聘者，皆为其所并兼翦灭倾覆，不能自保，而我中国绝不一问。海禁既开，番舶咸集，且以澳门为驻居所矣。于是接踵东来，海疆日以多事。顾其时视我中华多歆慕艳羡之怀，而绝少鄙夷轻藐之意。不谓通商立约三十余年，而情形大异，以昔视今，若判天渊。

日本自二百年前与西国告绝后，惟与荷兰相通，自米利坚以兵舶临之，然后讲好结盟，开埠互市。维新以来，崇尚西学，仿效西法，一变其积习，而焕然一新。甚至于改正朔，易服色，几与欧洲诸国无异。盖其意以为非此不足与之抗衡也。然日本自此财用益绌，帑藏益虚，国债积至巨万，外强中槁，难持久远。其取之于民间，前时不过什二，今则几至于敲骨吸髓，取之尽锱铢，用之如泥沙。前时与民共其利者，今则山林有禁，川泽有禁。前时民纳赋税之外，足以自食，温饱无虞，原无殊于海外桃源；今则沾体涂足，竭力以供其上，而犹不足。国中现银尽输于外，而所用者纸币而已。凡此皆所谓不终岁之计也。而西人方且以其一切遵循乎己，谓之有志自强，喜而昵之，敛而重之。平时凡有交涉之事，每不至于掣肘。而于我中国，每存凌侮欺藐之心，若以为不如日本远甚。

彼尝谓中国虽大，而上下相蒙，政以贿成；听其所言则如是，而观其所行则大不然；矜夸自大而漫无实际，朝廷虽以诏督抚，而督抚未必奉行，督抚虽以令府县，而府县未必遵守；等若弁髦，视同具文；因循也，苟且也，粉饰也，锢蔽也，一切必循成例，颠倒于部员之手；其所谓师用西法者，皮毛而已。日本之效西法，虽亦仅得其一二，而军舰可自驾驶也，枪炮可自制造也，陆军水师皆能以西法演练也，一旦虽无西人为之指挥，亦能纵横于大洋之中，交战于洪涛巨浸间，以侥幸于万一。若中国，则即予之以战舰，问有驾驶之人否，无有也；即予之以大炮，问有施放之人否，无有也。平时则喙长三尺，临事则手重千钧。聚讼盈廷，制断无人，穷年不能成一事，终岁不能践一言。其所谓大员者，务取乎老成持重，遇事模棱；嗫嚅审顾，则以为思虑周详；逢迎揣摩，则以为事机审密。取士之法，专以无用之时文，而不知少为变通，此无殊驱中国之人才而陷之于坎阱，导之于黑暗也。呜呼！循其道而不变，曷能勃然振兴也哉。夫中国以大而弱，日本以小而雄，在能与不能之间而已。西人之所论如此。

窃以为西人所见，浅之乎视我中国也。我中国之所恃者，道而已矣。天不变，道不变。夫以刚道治天下者必折，以柔道治天下者必久。彼轻改祖宗之宪章，斫削天地之菁华，苦生民以媚远人，竭脂膏以奉外物，其外庞然，而其内嚣然，正所谓疾在膏肓而犹不知自治也。若夫我之所以治国者，其先取之于渐，其后持之以恒。渐则斯民由之而不惊，恒则斯民守之而不改，乃所谓善变者也。彼西人乌足以知之哉！

英欲中国富强

西人与我国立约通商，三十余年矣。昔日之情形与今日之事势，有迥然不同者，盖欧洲之局已一变矣。

昔日英国独为其难，辟中土之创局，行欧洲之创事。泰西大小诸国得以踵英而俱来，并沾其利。英外以著大度之名，而隐实有德色，故大国忌而小国感。及入中土，肆习语言文字，于内地之土风俗尚，无不留心究察。于是于我国之虚实，几如掌上螺纹。虽其所重在通商，而持筹握算者，几欲尽中国之利而有之。因此遂欲增益通商口岸，以便南北转输，而繁旺其贸易，于时英、法以助土攻俄之役，唇齿相联，其势益强，其欲经营致力于中国也日益亟。卒至伺间抵隙，乘机请命。所增沿海口岸，北至于牛庄，南至于琼崖，外至于大海，内至于长江。列国公使遂皆入京驻扎，于国中南北内外之情形，益复晓然洞悉，惟是转输贸易反不如前。咸以为中国时方多事，发、捻、回、苗未致敉平故也。不知诸国咸至则利分，口岸愈增则利薄。西人虽悟及此，而不肯言也。由此普兴于前，法蹶于后，俄、美二国复眈眈日伺其侧，而英辅车之势孤，鼎峙之形立。诸国之在中土者，各相牵制，几于动则俱动，静则俱静。英不能以一国独持其柄，盖欧洲之局变也。

曩者称雄于中土者，英、法而已。通商英为急，传教法为重。货物之多，舟舰之利，商贾之精，财贿之厚，诸小国皆不及英，故二十年来，独得擅其利薮，据其利源，操其利权，逮后十年，普国蒸蒸日上，而英人通商之利渐分。盖普人心计之工，无殊于英也。

英于是乃为持盈保泰计，起而环顾欧洲，西有普而东有俄，鹰瞵虎视，皆足与英相抗。其在中土也，皆足与英竞利争雄，比权量力。英于是熟思审处，以为此非致中国富强不为功。中国既富且强，则内足以慎固封守，外足以镇抚邻邦，以控驭乎群策群力，而西北可以永无俄患，欧洲之局可不至于再变。此非英之为中国，而实以自为也。英、中合，普、俄沮，而英仍可结法以为援。故曩者英、法助土以制俄，此为欧洲大局计也。今者英国强中以御俄，虽为亚洲计，而实不止为亚洲计也。

夫我中国人才众矣，利用溥矣，能练兵讲武，开源节流，又何患不富强哉？论者谓富强之道，必当仿效西法，则其效易于速见。惟恐识见拘墟，智虑浅薄，以为舍己从人，必不可行。不知事贵变通，势无中立。今在中土，既创开辟以来未有之局，亦当为开辟以来未有之事，则庶不至甘居乎西国之后。至于孔孟之道，自垂天壤，所谓人道也。有人此有道，固阅万世而不变者也，而又何疑焉！

六合将混为一

上下四方谓之六合，是统地球言之。虽同在覆载之中，而地则有山河之险，人则有良顽之异。言语不通，嗜欲不同，各安其政，悦其俗，固不能混而同之者也。然道有盈亏，势有分合，所谓物"穷则变，变则通，通则久"者，此也。今者中外和好，几若合为一家。凡有所为，必准万国公法。似乎可以长治久安，同享太平之庆矣。而不知此乃分离之象，天将以此而变千古之局、大一统之尊也。

盖纲常则亘古而不变，制度则递积而愈详。若听其各域一隅，各长一方，不复知有圣教，三纲沦而五常致，甚非天心之所忍出也。故草昧之世，民性睢睢盱盱，民情浑浑噩噩，似可以长此终古矣。乃未几而变为中天文明之世，未几而变为忠质异尚之世，且未几而变为郁郁彬彬之世。可知从古无不变之局。而其致之也必有其渐，其成之也必有所由。

中国自三代以还，其间不无陵替之端，其治不无舛谬之迹。然未及百余年，必有圣君贤相出而整顿之，以挽回气运而旋转乾坤。其所不足者，武备之精，机变之巧，如泰西各国以势力相雄长，以情伪相攻夺而已。今者托为和好之说，渐无畛域之分。彼之所能，我亦效之。我之所短，彼则授之。如战舰之足资守御，火炮之足资摧陷，机器之足资成物，而利用开矿之足资富国而阜民，以及火车轮船，通标电线，一切可以无远弗届、无微不通者，莫不纷纷则效，以速其成。若中国之人聪明有所不逮，材力有所不及，斯亦无能窥其奥而擅其长耳。若犹是匠心可以独运也，机警可以相侔也，则金银财货彼此同其宝也，物产材料彼此同其用也。而谓军营器械，果能独擅其利乎？战阵争斗，果能独操其胜乎？推之权子母，操奇赢，莫不皆然。则又安得谓人拙而我巧乎？

故凡今之由分而强为合，与合而仍若分者，乃上天之默牖其衷，使之悉其情伪，尽其机变，齐其强弱，极其智能，俾一旦圣人出而四海一也。

盖天下之不能不分者，地限之也。而天下之不能不合者，势为之也。道无平而不陂，世无衰而不盛，屈久必伸，否极必泰，此理之自然也。凡今日之挟其所长以凌制我中国者，皆中国之所取法而资以混一土宇也。至于战舰失其坚，火炮失其利，财用无所行其计，器械无所擅其长，陆訾水粟，奔走偕来，同我太平，然后此言验矣。若夫拘于目前之见，狃于已然之迹，成败利钝，谓可逆睹，智取术驭，谓可长守，不审倚伏之机，不明顺逆之故，是犹醯鸡处瓮，别有一天，夏虫语冰，莫知其候也。故谓六合将混而为一者，乃其机已形，其兆已著。惟见微知著之士，上稽天道，下悉民情，按诸中外古今之事，乃足以语之，而非徒可以口舌争也。请以此言，验诸来者。

中国自有常尊

中国，天下之首也。尊无异尚，此古之通义，而非徒以口舌争者也。若夫盛衰之势，强弱之形，则自元黄剖判以来，原无一定，固不得藉一时之盛，恃一日之强，而辄夜郎自大也。

皇古之事，靡得而知矣。自尧、舜以还，代有圣人以宰制天下。车书大一统之尊，声灵慑遐荒之远，衣冠文物，炳蔚寰区。然且有苗梗化，甫为叛逆之先声。厥后犬戎为患于周，匈奴索赂于汉。当其敢行侮慢，肆出侵暴，岂不谓中国非其俦匹哉？然狡猾凶残，莫如冒顿，要不能倒置冠履，以遂其欲。何者？中外之分甚严，彼虽贪得无厌，其心究有所甚慑也。迨至典午之朝，五胡乘机为乱，而江左偏安。虽以苻坚之雄，王猛之略，犹且谓晋虽微弱，正统所归，不可妄图；迨后欲投鞭断流，则风声鹤唳，草木皆兵，而卒以覆其国。此亦足为欺凌中国之殷鉴已。

自是以来，最为中国患者，莫如女真。其时二帝蒙尘，天下几于左衽。然先则以帝号与张邦昌，后则以中原属于刘豫，初若无所利焉者，非徒为此以市恩也。盖明知天命有归，而不能强取也。然则金虽谲诈，其亦明于天泽之分者哉。乃未及数传，即为元祖所灭。报应之理，有若循环，是亦足为寒心者矣。有明之世，也先长驱直进。土木之变，拥明主以去。然其时为国死守者，只于忠肃一人，坚持其议，而卒不得以逞。

然则恃强以凌弱，虽事有不同，时有久暂，而其卒底于灭亡者，固亘古如一辙也。何也？尊卑之分不明，逆理犯顺，生人之道灭矣。当其凶焰方张，势成莫遏，要亦何事不可为？然自有识者视之，不过如洪水之怀山襄陵，猛兽之咆哮击扑而已。洪水无不消退之日，猛兽无不殄殄之时。试观乱臣贼子何代蔑有？其方盛也，举天下豪杰皆俯首而莫敢与撄其锋。洎乎其衰，则庸人妇孺皆得而毙之。彼岂前后两人，故强弱顿异哉？本之先拔，未有能久而不蹶者也。

　　故知中国有时而弱，然弱亦足久存。中国未常无衰，然衰要有终极。盖彝伦所系，统纪所存。一旦圣君应运而兴，贤臣相辅为理，励精图治，上邀天眷，下顺舆情，则强者亦将失其强，而尊卑以明矣。势无陂而不平，道无往而不复。观诸上古之迹，验诸近今之事，当不河汉乎斯言。

日本通中国考

　　日本、琉球、朝鲜、暹罗四岛国，皆与我中国相近而同用中国文字。然四国皆自有国书，不尽用华文也。朝鲜近已易主，国王为李姓，非箕子之后裔矣，国中犹用前代衣裳，合于古礼。日本、琉球自有其服饰，所谓东方椎髻之俗也。

　　考日本之开国也远矣。开辟之初，谓之神世，其一曰国立常尊，递嬗凡七代，其所纪，大率荒诞而不经。其立国建元则在周惠王十有七年，曰神武天皇，定功行赏，有君臣之分，严夫妇之辨，自是一姓相传，直至于今。孝灵天皇七十二年，为秦始之二十八年，徐福始至日本，盖以始皇好神仙，求长生不死之药于日本，而日本求五帝三王之书，始皇赠之，其事载于日本史。顾是说也，余甚疑之，安知非日之史官剿袭中朝之所纪载耶！而日人言今熊野山有徐福墓云。垂仁天皇八十六年，遣使于汉，此当后汉之建武中元二年也。日之史官云：是役也，考之实纪无所见，恐非朝廷所命也。此遣使聘问之始见于史册者。天武天皇立，始建年号，曰白凤元年，当唐高宗之咸亨三年也。自唐之世，信使不绝。如圣武天皇天平七年，遣唐大使多治比广成还自唐，学生下道真备偕使归，献孔圣及十哲像、《唐礼》、《大衍历》等书。嗣是之后，如阿倍仲麻吕留仕于唐，易姓名曰晁衡。僧定海、最澄求法入唐，唐亦遣使赵宝英答聘，遇风没于海，旋又遣孙兴进至，授位赐物，有加礼焉。唐、宋以来，其交益密，而后告绝于元，为患于明。我人遂目东倭为外寇。逮至我朝，海波不警，职守罔缺，惟我采铜贾舶，岁两至焉。一自立约通商，行贾其国者，不下数千人，其书籍亦渐入于我国，则于日本古今之事考之，亦不患不明。彼史言自橿原奠都，距今实二千五百三十六年，而神代荒邈，不敢辄述，则亦何待至秦始之时而始有人类哉。又日本国中亦有古民，盖虾夷之类也，其即鸿濛时之种族欤？至所云徐福子孙，多聚居于熊野山麓村落中，单姓者是也，其亦近于齐东野语耶？若言日本人本中产，或间有之，要未必尽然也。盖江、浙两省，密迩东瀛，航海遭风，至其国中，遂留不返，要亦为理之所有。不然，何以风俗之不殊，而性情之不相悬绝也欤？

日本非中国藩属辨

余尝读日本国史，见其所纪我国之事，而慨然焉。我史自汉以来，皆以日本为朝贡之国，列于屏藩，即《大清一统志》亦然。其使奉国书至者，悉以朝贡例之，而日本之史以为未尝内属。其言通使，实始于隋。其书曰：日出处天子致书日没处天子无恙。当时以为大不敬，而隋帝仍使鸿胪寺掌客裴世清往聘报之。自是以还，遣使不绝，以迄于今日。史之言曰：天地所覆载，日月所照临，四海万国，棋布星罗。民生其间者，万类千种。其殊风异俗，不可遍举悉识，惟文轨之所通，载籍之所存，其国俗物产，世代变革，可得而考焉。其最大者为隋，地广人多。自上古，圣贤之君法天为治，以道德仁义化导其民，典章制度大备；下及近古，而其礼仪文物，人才财用，亦非诸国可比。其国自隋以前，秦、汉之裔虽有归化者，而未闻有通使者。彼史所纪我国风土物俗，虚实相半。至如载朝贡封爵之事，则古今所无。盖当时置府于任那，分帅臣镇制之，时高丽虽称臣朝贡，而亦世奉彼正朔，受彼封爵，意或为任那帅臣者，亦从而受其封号乎？抑镇西奸民以商货往来者，假名朝使，称贡调，受封爵，以为射利之资，而彼史从而书之乎？要皆不足以取信。

其实遣使通问，则自推古帝朝始，自后使聘往来，史不绝书，此不可不录也。其他诸藩服叛不一，鸿荒之世，素盏鸣尊，往来韩地，其后闭关告绝。崇神帝朝，任那人朝贡自时，来者日多。仲哀帝九年，神功皇后征新罗，敕其王为饲部。方此时也，其旁高句丽、百济一时降附，请为西藩，廷议因定内官家任那之府，以统制三韩。其后肃慎、渤海以慕化来归，大凡诸国使聘之来，其纳款输诚者，怀柔抚绥；书辞无礼者，自太宰府放还；或奸伪往来者，责以信义，绝之。舍［取］顺取

［舍］逆之道也。虾夷僻居东北，屡寇边陲，自日本武尊东伐，怀化归命，然其俗粗犷，屡致骚扰，置镇狄征夷之职，禁跳梁，备暴发，归化内向者，乃处于一方，以遂其性。若夫女真，蒙古恃强寇边，则师覆将燼，贻羞海外。

按此，则日本自辩为非我朝藩属，不过聘问往来而已，其说或可信也。因考诸其国史而著厥大凡，俾后之谈东瀛掌故者有可稽焉。

琉球朝贡考

琉球一国在东瀛海中，几若黑子弹丸。其开国之始，并无甲子可稽。国朝定鼎燕京，琉球率先归附，不敢自王，敦请袭封。嗣后贡职恪共，世守藩属，凭藉宠灵，镇抚荒徼，享祚绵远，长作东南屏蔽。以迄于今，尚称贡献之邦，而预共球之列。则谓琉球非本朝属国者，非也。

第考琉球之所由来，其世次亦多茫昧，其间禅革互乘，匪特隋书欢斯之称，杳无可据，即如洪、永初封，亦非姓尚。今详为核审，上自天孙，递至今日嗣位之王，其统绪约略可言也。

琉球始祖，其初有一男一女，生于大荒，自成夫妇，曰阿摩美久，生三男二女。长男即天孙氏，开国始主也；次男为诸侯始，三男为百姓始；长女曰君君，次女曰祝祝，为国守护神，一为天神，一为海神。今寺院有三首六臂女神，手执日月，名曰天海大自在天神，盖即此也，此亦荒诞不经之尤者也。传二十五代，姓氏俱无考。起洪荒乙丑至宋淳熙十三年丙午，逆臣利勇鸩而弑之，篡位自立。浦添按司舜天讨之，利勇死，诸按司群奉为王，天孙氏遂亡。舜天为日本人皇后裔，三传而外禅于英祖。自英祖至西威凡五传，察度氏兴，贤德素著，人心悦服，遂代其国。二传而为山南王思绍所并，以后则世为尚氏，至今弗替。

明初太祖遣使慰谕，始称臣入贡，世为属国。景泰元年，国王思达遣百佳尼入贡，二年遣察祈等入贡，已又遣亚间美等入贡。频年以来，辀车在道，赆深献异，包甌筐筐，络绎来廷，史不绝书，未尝与明绝也。

惟考日本史，明万历三十七年，义久取琉球，其后书琉球入贡者十：日本宽文十一年，当中国康熙七年；天和二年，当康熙五十三年；享保三年，当康熙五十七年；宽延二年，当乾隆十四年；宽政二年，当乾隆二十九年；明和元年，当乾隆五十五年；又八年，当嘉庆元年；文化三年，当嘉庆十一年；天保三年，当道光十二年；天保十三年，当道光二十二年。然其时琉球虽入贡于日本，而亦内属我朝，其贡舶之来，使臣之至，固彰彰可考也。况其朝贡日本之时，久已臣服中朝，永备屏翰，事在盟府，薄海咸知。如是日本安得私琉球为己有也哉？

兹者其国民船遭风飘泊，我朝本当加以抚恤，何容日本为之置词。即其遇台湾野番之难，其人外于王化，虽居中国之版籍，非属中国之民人，如英、美诸国航海者无不遇之，未闻其与我中国相龃龉也。日本藉端生衅，远遣使臣，以相诘难，其谓我中国无人耶？琉球之为我藩属，日本非不知之，乃必以此为辞，其志在翦灭琉球可知矣，岂真爱惜琉球也哉！吾不可不考之史册，以与之辨。

琉球向归日本辨

琉球，东瀛小国也。在日本萨峒马岛之南，岛屿纤蟠，皆海中拳石，周环三十六岛，如虬龙流动之形，故称为流虬，后乃改为琉球。贫弱特甚，世受役于日本，自古未通中国，隋时有海船望见之，始知有其地。唐、宋以后，渐通中土。明初入贡，太祖赐以闽人善操舟者三十六姓，修职贡甚谨。我朝煦育寰瀛，体恤尤至，其贡舟三年一至，许其贩鬻中土之货，免其关税，举国赖此为生。资本皆贷于日本，贩回各货运日本者十之八九，其国人贫甚，不能买也。国分三路：曰首里，曰久米，曰那霸。王居首里，而商贾萃集为大都会者，则推那霸。土硗瘠，产米绝少，非官与耆老不能得食，民间惟以地瓜为粮。地无麻絮，以蕉为布，有类织蒲。其民性惰耕作，贸易皆以妇女为之，男子则携茶具，挈孺子，相聚于树林之下，绿阴掩映，细语喁喁，不啻羲皇以上人也。日本虽雄视东瀛，要不能使之隶入版图，则以累世效职贡，受正朔，籍中朝之威灵，作东海之藩服，以迄于今。

自日本用兵台湾，意为琉球问罪生番，明目张胆，遂以琉球为内属，通国之人皆谓琉球向已臣服日本，列于屏藩，而其入贡于中国也，则不过二百余年间耳。此言也，未知其所自来，如谓出自日本史册，则实有大谬不然者。彼谓唐开元二十三年，日本圣武天皇天平七年，琉球已纳税贡于日本，日人测量琉球海面浅深，建立石碑。今按此言实由杜撰。考《大日本史》，文德天皇仁寿三年秋，僧圆珍附唐商钦良晖舶赴唐，路遭飓风，漂至琉球，遥见数十人执戈立岸上。良晖哀号曰：我等将为琉球所噬，若何？圆珍祈佛，忽得东南风，获免。按其时为唐宣宗大中七年，相距彼言纳贡之时一百十八年，日本人应与之久相稔熟，何以祈佛求免，一若从未相通者耶？此其可疑者一也。测量海道，志其浅深，此泰西诸国立约通商之后，航海舟师方传此法，在唐千余年前，何得有此？盖伪造之言，一时流露于不自觉。此其可疑者二也。

彼谓明正统六年，日本后花园天皇嘉吉元年，萨峒摩将军统兵征讨高丽，藉粮于琉球；又谓万历三十七年，日本后阳成天皇庆长十四年，以琉球国土封萨峒摩将军，征其地税，岁贡米千石，定律十有五条。此说亦殊荒谬，而事非无因。考《大日本史》：萨摩人河边通纲，乖赖朝旨（日本关白），亡匿鬼界岛中（琉球别名），后鸟羽天皇文治四年，即宋淳熙十三年，遣兵击鬼界岛，降之，此为琉球始通日本之证。至日本曾取琉球，亦见于史。庆长十四年，义久（或作岛津家久）取琉球，然十六年即书琉球入贡，则其立即释归可知矣。若其要立条约，亦事之所有，要不能如是之苟细也。考《大日本史》云：及足利氏执兵权，琉球遣使贡方物，自后以时来贡，萨摩岛津氏世掌接伴云。此即彼所谓日本王将琉球封萨峒摩将军者也（将军当作藩侯，译误）。不知世掌接伴，不过职贡之年，使臣入境中，彼为之接伴耳。日史纪载甚明，岂得妄云以国土畀之也哉？纳米千石，盖即入贡礼物，琉球地瘠民贫，别无所产也。定律十五条，如彼所云，殊不足据。

又尝考之日本别史，琉球一名阿儿奈波岛，居海岛之中，东西狭，南北长，距萨摩南二百里许，其俗以抄掠为事，世以为啖人之国。相传其始为天孙氏，当日本孝谦天皇天平胜宝五年，即唐元宗天宝十二年，使臣藤原自中国回，漂流琉球，候风十余日，得南风而发，是则日本之通于琉球实后于我国矣。

日史又云：长宽承安间，即中国宋孝宗时，十二岛中，内属者五，不属者七，嗣有叛人逃匿岛中，乃率师讨之，以慑服岛人，掠一人而还，于是岁纳绢百匹，足利氏立，始贡方物。考足利为上将军，盖在元季明初，其时琉球久为我国贡献之邦矣。然则琉球之在日本，地虽相接，而会朝聘问反在中国之后。今据其史册稽之，斑斑具在，夫岂能与我争哉？

且其可辨者，殊不止于是也。自明以来，琉球臣服中朝，极为恭顺，入贡有定期，立王有敕封。岂三百余年来，日本如聩如聋，毫无闻知耶？其可笑一也。

日本未与泰西诸国通商之先，琉球已与西人往来。英国牧师波白于道光末年至彼传教，赁居数年。是时日人方深恶外教，琉球既为其内属诸侯，何不即往责问，而乃任其如是？其可笑二也。

当美国以兵舰至日本，强请通商，日本始不肯从，美国水师戴当泊舟于琉球境上，购置食物，与之交际往来，互通使问。琉人告之曰：国事一切由王自主，不归日本统辖。当时未闻日人让诘琉球一言。其可笑三也。

美国公使柏利既至日本立约，复往琉球。一千八百五十四年七月十七日立约于琉球之那霸，当时未闻日本谓其内属诸侯，毋庸立约也，则琉球为自主之国明矣。其可笑四也。

前时美国公使柏利、副使卫廉与日本议和定约，其往来文牍云：琉球先王与日本有亲戚之谊，姻娅之欢。然即揆诸所云，亦不得以为臣属也。即如英国长王子娶于咥，二王子娶于俄，试问俄、咥二国当为英所属乎？其可笑五也。

日本诸藩纳还版籍，在明治元年，琉球既为内藩，何以至十二年始以兵威胁之？考日本内国史略：明治五年九月，琉球使尚建等参朝，献方物，乃册琉球王尚泰为藩王，列于华族，赐赉优厚，则知前此琉球未尝为内藩矣。且内藩从未闻有称王者，炳据昭然，何容掩饰！其可笑六也。

一千三百七十二年，中国征服琉球，岁时贡献，史不绝书，迄至今日，未有或贰，是则琉球之臣服我朝，遐迩无不闻知。如《中山传信录》、《琉球国志》、《使琉球记》、《琉球入学见闻录》，日本国中久已刊行，儒士引用，据为掌故，几于家喻而户晓，讵有不知？乃曰琉球，安有一国事两主？此不但欲掩天下之耳目，并欲塞一国中民人之见闻。其可笑七也。

至讨罪台湾，尤昧于理。其始托言劫掠小田县民，继乃及琉球漂民，我朝大度包容，勉徇英国公使之请，而成和议，其所定条款两端，未尝一字及琉球，载在盟府，人所共见。乃遂欲以此指琉球为日本属地，掩耳盗铃。其可笑八也。

向时日人曾著论刊之日报曰：我国以琉球航海之人，遭风被戕，为台湾生番所害，遂兴师旅往征台湾。究未知琉球或属日本，或属中国，未有明文。据琉球人云：事中朝如父，日本如母。或则云：琉球所属岂有一定，惟强可以庇民者是从耳。考之日本史籍，琉球于上世即属日本，但近代以来不过入贡土物耳，非臣服也。而其在中朝则列于屏藩，世受册封，称为贡献之邦，共球之国。然则东瀛日报出诸日人之口，所云尚如此，何况其他？远征之前事既如彼，近证之人言又如此，琉球之属于中国也，明矣。

要之，据理而言，琉球自可为两属之国，既附本朝，又贡日本。今考日本国史，于琉球入贡年月，厘然可考，然要不过与渤海、三韩、新罗、百济同列于外诸侯而已，又乌得藉口于奉藩纳土，比于内诸侯一例，而遽灭其国、俘其王，兼并其地，夷而为县也哉！日本史官所纪载，在明治纪元以前皆信而可征。源光《大日本史》成于我朝康熙九年，即日本后西天皇宽文十年，其时相距庆长十四年已六十二载，乃犹列琉球于外国列传，则可知琉球为自立之国矣。

盖琉球之于日本，要不过盟聘往还，贡献不绝而已。即使蕞尔弹丸，弱小不能自强，亦当相与共保之，俾得守其千余年来自立之国，斯乃所以联唇齿而固屏藩之义；今反翦灭而倾覆之，狡诈弥缝，啜嚅掩饰，以便其私，将以此欺天下乎？而天下不任受其欺也。将以此诳邻国乎？而邻国不任受其诳也。呜呼？彼作伪者曷不即将其国史而一考之也哉？

驳日人言取琉球有十证

　　呜呼！海外万国，星罗棋布，各谋其私，大制小，强凌弱，夺人之国，戕人之君，无处无之，虽有公法，徒为具文。日本之翦灭琉球，夷而为县，泰西诸邦通商于其国中者，无一仗义执言，秉公论断于其际，而反从中袒庇，随声附和，助其流而扬其波。日人亦复哓自辨论，喋喋哓哓，几于唇焦舌敝。此无他，理不足则言有余也。夫兼弱攻昧，武之善经也；取乱侮亡，国之至计也。琉球弱小而密迩于日，日人以其不能自立，从而灭之，以恢廓我疆土，开拓我版图，谁曰不宜。即使异日者，史官秉笔而书之曰，日人灭琉球，日人亦毋容辞也。不有废灭，其何以兴；不有并兼，其何能大。往者，东南洋诸岛国孰非为中朝之藩属，登王会之图，而预共球之列者哉。欧洲诸国东来，蚕食鲸吞，靡或有遗，中朝未闻其遣一介行人而往问之也。诚以天下事，何常之有，强则惟我所欲为而已。今日取琉球，明日取朝鲜，后日取越南，复至于暹罗、缅甸，次第翦除，亦视我之兵力何如耳。不然者，新罗、百济、三韩孰非国耶，而今何在？卧榻之侧，岂容他人鼾睡，此日人之所以灭琉球也。恐他日日人之所灭，不止于一琉球，亦未可知也。我甚惜日人之不能以此为对也。乃必强辨之曰：琉球为我属国。即此一言，已不能自解于中国矣。琉球属日本，独不属中国乎？日人可以属国之故而取琉球，中国独不可取之乎？日本取之，而中国欲复之，日本则俘其王，毁其国，分裂其土宇，中国则欲复其君，反其地，抚辑其民人。此二者，孰是孰非，孰曲孰直，孰仁孰暴，世必有能辨之者。

　　日人大规文彦，字曰复轩，创始经营琉球者也。其作《琉球新志》，自序云：琉球渺乎南洋一岛国耳，虽并具大小数十屿而为一域，要不足以为独立国，固久为我国之附庸矣。朱明以还，修聘于汉土，受其册封，称中山王。盖其聘于中国，则奉中国正朔；朝于日本，则用日本年号。一邦两属，未知其为谁屏藩也。是以名分称呼之际，有疑其当否者焉。余请举十证以辨之。夫琉球之为国也，论其地势，则自日本九州山脉之起伏绵亘而迤走于南海，一览地图瞭然可辨，其证一。论其开辟，则上古天祖神孙辟西南诸岛者，既已深入其区域。考古史而可知也，其证二。论其种类，则邦人与中国及（并）无来由，所异者在须髯之浓美，与鼻之高，颊之匾，而琉人骨格容貌，婉然与我同种，其证三。论其言语，则每音单呼，无复平上去入，而平时所说，反与我古方言之存者相合，其证四。论其文字，则虽一二长吏用汉文，至民间应酬，率皆用我国字；且观其善和歌，可知其性情与我相同，其证五。其政体，则所立官号，虽效中华，然亲云上亲方等名称呼，皆同日本，而立制亦用我世禄之法，其证六。论保卫，则每值其国治乱，我朝必馈金谷，遣兵卒以济之；若中国则越人肥瘠，殊不相顾，其证七。论归化，则在推古天皇朝，南海诸岛早已服我皇威；而中国则隋攻之不屈，元侵之不从，直至朱明之时，始奉正朔，是其服从自有先后，其证八。论征伐，则永万中源为朝取之，庆长中岛津家久服之；中国则徒以一封书为之招谕焉耳，其证九。至论王统，则所谓舜天即我镇西八郎之裔，而奕世绵绵，以至今日，其证十。此十证者，彼自以为确然可信者矣。抑知皆一人之私论而已。其言又曰：又况日本既敕为藩国华族，授以一等官，则名称位号确然一定，无复容疑。呜呼！即此一言，可破十证之谬。盖至是始为内藩，始称华族，则前此为两属之国无疑矣，是则日人安得辞灭国之咎哉！正可返而自思矣。

越南通商御侮说

越南自经法取嘉定六省之后，隶于版图，视同属地，驻重官，置戍兵，极意经营。欧洲船舶东来，恃为外府。越人曾于拿破仑朝，遣使请还侵地，法王一笑置之。旋又简发大员，西往索地。不知越在今日，惟有与泰西诸国通商结好耳。盖事贵因时而达变，道在取法以自强。

越南开国数千百年，文物声明，夙为东南洋诸岛国弁冕；地虽濒海，而境土则毗连华夏。山川修阻，丁户殷繁，进可以战，退可以守，与各岛之孤悬海中者，形势迥别。兵革之事，夙昔讲求，虽船舰枪炮不及泰西各国之坚利，而广南湾一隅，言防守者倚为天堑，其地形如半月，海水趋湾，其势甚急，海舶或溜入湾内，无西风不能外出，西商夹板至此，为之惕惕然。而今昔异情，强弱异势，所以为自保者尤不可不亟亟也。

东南洋诸岛国，向时皆隶王会之图，航海梯山，岁勤职贡，共球毕集，琛赆远来，几于史不绝书，至今日而翦灭并兼，皆为欧洲诸国东道之逆旅。惟越南与暹罗、缅甸三国鼎峙而称雄，南掌虽幸存，然不过弹丸片土，无足系于轻重。顾迩来缅甸之北古，已割为英人埠头，虽修好言和，犹眈眈虎视。越南则已以西贡六省割畀，而其心犹未厌也。法人之在越南，无殊虎狼屯于阶陛，其中诈力倾轧，殊费防维，意计所至，不可测度。前又窥伺唐外，规取顺化，而商人贸易直达乎东京，其志实不在小。然则越南将听其自然束手坐待乎？势处今日，要当速为自保计，则惟曰通商以御侮而已。

泰西诸国以越南濒海繁盛，舟楫利便，未尝不动其盼羡，所以未遽来者，以越南素不与诸国通商，而法若私据以为己有，一旦接踵而至，未免撄其所忌。曩者普、法之战，普人已蓄意于西贡，将取之为东道主，以战舰水师不足比肩于法而中止，故法之得越南亦欧洲诸国之所嫉也。今欲绝法国之觊觎，则莫如与欧洲诸国通商，而求中国为之介绍。

盖越南固我中朝之属国也，以分言则屏藩，以势言则唇齿也。越南一旦果为法之所有，则川、滇亦在可虞。以泰西之事例言之，英以并境而争比利时，以印度而争阿富汗，岂堂堂天朝而不能庇一越南也哉。即揆之于万国公法，亦势在必争者也。时平则岁享其贡献，势急则局外置之，在天朝当不其然。今可遣使入请，事下总理衙门，与欧洲列国公使酌商，嗣后各国通商互相保卫，以明泰西各国不以灭人之国为己利。立约要言，藏之盟府。其说若行，则法必有顾忌而不敢妄动。然后我励精图治，振作有为，制枪炮，造舟舰，练兵旅，举贤才，学习西国之语言文字，以通彼此之情。

若夫越南贸易于各处，其法亦当稍为变通。贸易一道，亦惟是通有无，济缓急，征贵贱。今越南之至外经营者，出贱而进贵，所耗无算，每易为人所蒙。即就香港一隅观可知已。今莫如设行肆于香港，循港商之例，自为贩鬻，并不必假手于他人。至于采办机器火器以供国家之用者，亦惟于港为便，无论国中境外，有明于泰西情形，其才足以兴利除弊者，不妨破格简用，藉试其所言。昔年美国之攻日本，索求通商埠头，当时亦仅美利坚一国耳，而日本则以为当与泰西诸国通商，不必以一国为限，而美国遂不得独专其利。英人之始通商于我中国也，诸国继之，英人隐有德色，而天朝一视同仁，凡有来者，悉为牢笼羁縻之，卒至互相牵制，受我范围。此二事者，皆其明验较著者也。

设使越南当日既与法人言和，而泰西诸国皆与之礼意相接，货贿相通，开关除禁，以示无外，法虽狡，当不敢逞。虽然，及今而为之，犹未迟也。今日者，幸值法之厌兵，无意于遂远志而骋外图，诸国亦非与之甚睦，不能崛强于欧洲之间独持牛耳，越南诚能与诸国通商，则其举动有大悖乎公法者，诸国必群起而议之矣。闻法之得西贡，虽曰外府，实则石田也。地方所出，不足以供其设官养兵诸费，法人自其国中岁拨二十万金以济之。一二年来，法国帑藏竭蹶，主国是者方且有捐弃珠崖之议，以爵绅拒之，说遂不行。若诸国既来通商，侵其利权，则彼将无所售其诈矣，又何足患哉，故通商可以御侮，越南今日之要务要不外此也。

洋泾浜海市说

道光壬寅，中外和议成，泰西各国咸来贸易。五口通商，以上海一隅为尤盛，计大小数十国，要皆偻指可数。其设立领事衙署，与华官文移往还者，如英吉利、法兰西、米利坚三国，其最著者也。虽设有领事，而徒拥虚名，但查核商务者，有若葡萄牙、荷兰、西班牙、以大利、瑙威、瑞颠、大黄旗、即嗹国，亦称颠麦。日耳曼之卢卑各、旱堡、墺地里、普鲁士诸国是也。其并不设立领事，遇有船税事务兼为英辖者，如印度、包社、葛罗巴诸处是也。

初至时，皆赁民屋栖止。按和约所载，北关外地，皆得任与民间租赁。当时申画疆界，起讫四至，悉有官簿可稽。戊申以前，洋行寥落无几。己酉而后，日渐增构。然民间旧屋，犹栉比而居。所构仅在浦滨。癸丑八月，会匪滋事，沪城失守，城外民屋陡增，土木之工无虚日。英、法、美援和约条例，谓西商地界中，华民不得再建房屋，与苏抚吉尔杭阿筹商，必尽毁除。抚军固虑附城民居，或有匪类与贼接济也，亦利其毁。于是自北至东，民屋数千万间，无论新旧，撤弃靡遗。违令者，西商以长绳曳之，稍近贼巢者火之。乃与英、法、米三国谋筑长围以困贼，城赖以破。而城外之地，尺寸土非民有矣。西商之射利者，多画地营建，略仿华制，以赁于民，昂其租息，今新街及马路侧，连甍接栋者皆是也。西人之谋亦狡矣。

所设洋行亦数倍昔时。顾迩来呢布等货，销售颇滞，价减税重，其利渐微。茶丝大黄，购往外洋者，亦渐不逮往年。盛即衰之机乎？每月货船进沪者，英为最多，米利坚次之，法国又次之。他国仅二三艘而已。所有开设洋行，英国亦居其大半。

英人于诸国中最桀黠，工心计，贸迁有无，靡处不至。自壬寅设埠后，颇自居功，有德色，诸国实阳和而阴忌之。法国因伐国之役，缔好已密，旧隙渐忘。惟米利坚人日思以英为事，上下议院筹无虚岁，然未敢骤发也。而英自印度携贰，帑饷糜费，粤东构衅，未有已时，乃复勤远略，毋亦外强而中槁耶？新议章程中又增设牛庄、登州、海南、台湾、汕头五口。内地通商则自镇江溯流至汉口为止。西商足迹几半，中原之利只止此数。彼之货物利于吾民者，不过呢布、羽毛、哔叽、铅铁铜锡而已。钟表、远镜，巧捷之器，非尽人能购者也。而况中国之民，自有木棉、丝枲足以供用。中国商贾皆已捆载洋货远贩北地，又加售货者非一国，争利者非一处，英人虽设多埠，决不能邀厚利也，明矣。

闻诸英国公使将去广州、汕头二埠，而于浦口、九江两处设埠通商，特令总司税李泰国请于桂中堂，执不可。以为浦口系江南之门户，浦口一去，则苏、皖两省无险可守；九江为上游之要隘，去之则雄视之势失其所据。若必欲通商，毋宁背城藉一。然此亦徒有其说耳。武汉非四达之区，用兵之地乎？其系于北数省之关键者尤重也，而一旦尚割以俾之，况其他乎？彼必欲请，我自不能不许。从此中原疆土，夷夏杂糅，侏儒遍市，形胜之地已与我共，真腹心之大患也。夫岂第区区上海一隅而已哉！

逸史氏王韬曰：呜呼！有明之季，以澳门一岛畀葡萄牙，失策甚矣。初在欧洲，惟荷兰习于舟楫，不惮行远。于洪洋巨浸中，货物转输，市舶往来，实自荷兰创始。葡萄牙于明时，为欧洲一雄国，亦效其术。国王遣舟四出，尽历阿非利加东西两境，环行印度、麻喇甲，遍阅东南洋诸岛国。所至辄留葡人，营立埔头。隆庆时，抵粤东之澳门，请地建屋，岁纳租饷。

疆臣为之代请，许之。葡人遂立埔头于香山县之濠镜，是为泰西诸邦通市中国之始。后西班牙、荷兰接踵东来，法、英继之，而祸害蔓延遂不可制。夫海口雄峙之岛，所以为中国屏蔽，亦天所以严华夷之辨也，岂可以尺寸与之！吾不解明之疆臣何以必为之请，而在廷诸臣何以竟许之也？足见明之政务宽弛，纪纲不振，文恬武嬉，而绝无一深谋远虑者。其后利玛窦入中国，播煽邪教，蛊贼民心，一时无识者流俱从之游，尊之曰西儒，流毒以至今日，靡有底止，即碎作俑者之首，犹不足以谢天下也。噫！

香港略论

甫里逸民东游粤海，荏苒三年。旅居多暇，勤涉书史。以香港僻在一隅，纪述者罕，于是旁谘故老，延访遗闻，成《香港略论》一篇，聊以备荒隅掌故云尔。

香港本南徼濒海一荒岛也。道光癸卯五年和议成，以岛畀英，而英始得以港为属地，隶入版图。

香港四周约百余里，地形三角，群峰攒耸。英人既定居，辟草莱，垦芜秽，平荦确，就山之麓结居构宇，即其弯环曲折之形，名之曰上环、中环、下环。其境距广属之新安、九龙以南约十里。地虽蕞尔，称名颇繁，曰红香炉峰，曰裙带路。其西北曰仰船，曰赤柱。其东曰登笼，曰湾仔。而香港其大名也。山上多涧溪，名泉喷溢，活活声盈耳，味甘冽异常，香港之名或以此欤？山中产花岗青石最饶，所植多瓜菜，而蔗尤盛。下环有田，略种禾苗。山坡之上，树木鲜少，以供民樵爨，常被斩伐故也。居民多蜑户渔人，诛茅构庐，栽种圃地，随时捕鱼为业。鱼汛既过，随而他徙。

英人未至之先，为盗窟。山中有铁镬二百余，列木为棚，若城堡。英人至，烈而焚之。其土著不盈二千，博胡林一带有屋二十余家，依林傍涧，结构颇雅，相传自明季避乱至此。盖自桂藩之窜，耿逆之变，遗民无所归，远避锋镝，偷息此间，不啻逃于人境之外。此为迹之最古者矣。至于他所纪载，无闻焉。

英人既割此岛，倚为外府，创建衙署，设立兵防。其官文有总督，武有总兵，皆有副贰。有臬司，有巡理厅，有辅政司，有政务司，此外有佐理堂，有创例堂，皆所以辅赞总督者也。有量地官度地建屋，修葺道路。有库务司总理港中税饷。有船政厅稽司大小船舰出入。臬宪之外，有提刑官，僚佐官，更立陪审之人十有二员，以习法之律正充其事，而民间所举公正之绅士，亦得与焉。专在持法严明，定案鞫狱，期无妄滥。有钱债衙专理商民逋欠事，有亏国饷者亦即在是衙比追，而民间所有罚款亦由是衙以归库务。有巡捕厅专管巡丁，港中昼夜有丁役分班逻察，往来如织。有司狱专管狱囚。一岁中犯案千百，狴犴每至充斥。顾讯鞫之时，不先鞭扑，定案后，以罪之轻重，为笞之多寡、禁之久暂，有在狱终身不释者，故刑法鲜死罪，惟海盗在立决例，法所不宥。此外又有官医及验尸官，遇民间自戕谋死命案，剖腹审视，以释疑窦。其设官之繁密如此。

下环两旁多兵房。山半以石室储火药，甚谨固。最高山顶建立一旗，专设员兵，俾司瞭望。兵房外，环列巨炮。逢期演习，分别功赏。饷糈颇厚，足以自给。军中皆许携妇人。其所调遣之兵，大抵本港之外，杂以印度黑人，皆以壮健材武者应其选。自山麓至巅，每相距数十武辄立木柱，系以铁线，联缀比属，相亘不断，是曰电气通标，用递警信，顷刻可达。其兵防之周详如此。

港中之屋，层次栉比，随山高下，参差如雁户。华民所居者率多小如蜗舍，密若蜂房。计一椽之赁，月必费十余金。故一屋中多者常至七八家，少亦二三家，同居异爨。寻丈之地，而一家之男妇老稚，眠食盥浴，咸聚处其中，有若蚕之在茧，蝼之蛰穴，非复人类所居，盖寸地寸金，其贵莫名，地球中当首推及之矣。泉脉发之山巅，流至博胡林、黄泥涌数处，皆以铁筒置地中，引之贯注，延接流入各家。华民则每街之旁建聚水石池，以机激之，沛然立至，汲用不穷。于上环建煤气局，夜间街市灯火，咸以煤气炷燃，光耀如昼，仰望山巅，灿列若繁星，尤为可观。港中无田赋，但计地纳税，量屋征银。分四季，首月贡之于官，号曰国饷。此外水火悉有输纳。大抵民屋一间，岁必输以十金，税亦准是，行铺倍之。他如榷酤征烟，其饷尤重。妓馆悉诣官领牌，按月输银。下至艇子舆夫负贩佣竖，无不岁给以牌，月征其课。所谓取之务尽锱铢，算之几无遗纤悉。其赋税之繁旺如此。

传教者，则有监牧总司教事，而有官教、民教之分。官设者由官给廪禄，支于公库。民设者或出自商民，或出自公会。虽名称不同，而其宣传福音则一也。所建礼拜堂四五所。有保罗、英华二书院，又有所谓大书馆者，皆教子弟肄业英文，岁不下二三百人。此外，更立义塾数处，专读华文，延师课童之费皆国库颁给。英华书院则专印教中书籍，流播遐迩。另设女书塾二三所，亦以英文为主，特兴废不常。此外，崇拜天主者则有罗马庙，颇极崇闳壮丽，亦于旁室设塾招童，此则迦特力教也。巴社白头于僻处设礼拜寺，而以柳、氐、女、胃日为礼拜，此则摩西古教也。其教民之勤恳如此。

博胡林地处山腰，林树丛茂，泉水淙潺。英人构别墅其间，为迤暑消夏之所。此外有环马场，周约二十余里，日暮飙车怒马驰骋往来以为乐。每岁赛马其间，多在孟春和煦之时。士女便娟，其集如云，远近趋观，争相赞美。总督又创葺园囿一所，广袤百顷，花木崇绮，游人均得入览。其游历之地咸备又如此。

港中华民之寄居者，虽咸守英人约束，然仍沿华俗不变。不独衣冠饮食已也，如崇神佛则有庙宇，祀祖先则有祭享。正朔时日，无一不准诸内地。元旦亦行拜贺礼，爆竹喧阗，彻于宵旦。令节佳辰，欢呼庆赏。每岁中元，设有盂兰胜会，竞丽争奇，万金轻于一掷。太平山左右，皆曲院中人所居。楼阁参差，笙歌腾沸，粉白黛绿，充牣其中。旁则酒肆连比，以杏花楼为巨擘。异馔嘉肴，咄嗟可办，偶遇客来，取之如寄。

居是邦者，率以财雄，每脱略礼文，迂嗤道德。值江、浙多故，衣冠之避难至粤者，附海舶来，必道香港，遂为孔道。香港不设关市，无讥察征索之烦，行贾者乐出其境。于是各口通商之地，亦于香港首屈一指。前之所谓弃土者，今成雄镇，洵乎在人为之哉！

甫里逸民曰：香港一隅，僻悬海外，非若濠镜之与内邑毗连也。在曩者，兽所窟，盗所薮，山赭石瘠，飓号土恶，人迹所不乐居，朝廷亦度外置之，无所顾惜。然必俟其息兵讲好，而后割而界之，则诚重之也。所以然者，表海里山，限制中外，断不可轻以尺寸予外夷也。观于此而深有感于有明疆事之坏矣。在明中叶，以濠镜一岛畀葡人，大为失策。以致接踵而来者有所驻泊居积，自撤屏蔽，而流渐遂至于斯极。当我宣宗成皇帝时，边防虽弛，国威尚著，伏莽潜藟，罔敢窃发。外侮既启，内难斯作，抢攘廿载，靡有宁处。呜呼！斯固谁为为之也？夫当日焚烟之举，原未免持之太促，激忿酿变，一发难收。此虽非始议者所及料，然亦不得不任其咎。然则居今日者将奈何？惟鉴前则后平，惟惧外则内宁，必修己而后治民，必自强而后睦邻。

择友说

　　取友之道，人品为先，学问文章，其末事尔，顾交友最难于知人，其始要不可不择也。择而后交则寡尤，交而后择则多怨。大抵其途百变，而人品亦非一端。其有熏灼名利驰骛势要者，虽才不后人，学可名世，罗织风雅，交接贤流，亦终不脱于俗。无他，以其存于中者非也。其间或有深交而见；或有一见而知；或浑浑不能窥其涯涘，而时露棱角；或城府深密，机诈百出，久交则受害。究之浅者易见，深者难窥，暂则莫辨，久则易露。知人则哲，此大禹所以叹其难也。

　　今之交友者，意气伪也，学问谬也。广通声气者，以喧寂为轩轾；趋附势焰者，以荣悴为亲疏。花月谈笑之场，知心莫逆；风露飘零之地，觍面皆嗔，甚至失势相凌，加以呵斥；见色忘义，佯为殷勤。求所为襭袍而赠，闭门以拒者，无有矣。噫！此辈直非人耳，奚足以言友哉。故以势交者，势败则散；以利交者，利尽则疏。然则择交当奈何？当今之世，品高行直者既已罕觏，惟有求其气谊融洽，性情投合者斯可耳。羲易有曰：同声相应，同气相求。礼曰：营道同术，合志同方。皆可为取友之法。

　　呜呼！论交在今日，抑末矣。探其本源，则友居五伦之一，固与君臣父子夫妇昆弟并重，士得一知己，可以无憾。推而上之，尧以不得舜为己忧，舜以不得禹、皋陶为己忧，成汤之于伊尹，文、武之于太公，皆有心心相印，念念相通者也。三代而下，如汉昭烈之于诸葛，秦苻坚之于王猛，皆所谓推心置腹，沦肌浃髓者也。古今来帝王之兴，类皆有出类拔萃之士，拨乱应变之才，以为之先后辅佐，或于闾巷中贫贱交知，或在兵戎间意气相识，故朋友二道，可通于君臣。特其间遇合隐显，数不可知；显则如上所云，隐则如严子陵之于光武是也。

今夫人必先有芬芳悱恻之怀，然后有恳至笃忱之谊，岂可于寻常庸俗中求之哉。苟其独学无闻，则遁世无闷。盖儒者所学，本当尽其在我，原非汲汲焉求闻于人，世不我知，亦无所憾。出则为伊、傅，风云霖雨即文章也，处则为巢、许，泉石山林皆经济也。若在己无特立众人之操，则举世谁施以国士之知，而其所友，要亦惟庸夫俗子已耳，至于乡党周旋，诗酒酬酢，大抵于流品别雅俗，性情区厚薄。其略可得言焉。俗多雅少者臭味少，外雅内俗者谈吐伪。其托业卑贱而神志清洒者则可交，在古如长卿之沽酒，伯鸾之赁春，嵇康之锻灶，近则如周青士之隐于米肆，朱可石、钮玉樵之隐于贾，皆是也。此其人，或有托而然，或迫于贫窭，欲为身谋，而其胸襟旷逸，牢骚阔达之意，时见于言外，虽于粉华嚣扰之际，亦不失其淡泊之素志。其于风雨阴晴，山川游历，别有神明入乎其中。与之为友，旨趣要必不远。天资刻者蹊径狭，庸行亏者交谊疏。富贵而多穷友，岂狷性者所能，身后而念遗孤，觉古风之未远。若其猝逢显士，则首下尻高，偶遇寒丁，则颜骄色变，此乃名利之奴，岂是人天所尚。或有矫情以博誉，饰伪以欺人，则举动之间，总可微窥而得之。若夫寡交少过，滥交多累，浊交丧誉，清交怡情，则在乎由衷独断已。

因与管君小异论友，漫述之如此。

平贼议

　　当今平贼要务，首在治兵与治民而已。治兵则在良将，治民则在良有司。兵治，平贼之末；民治，平贼之本。盖未有民不治而贼平者也。

　　欲得良将良有司，先在择之而已。今之兵，骄悍葸弱不可用矣，刑不足以威，赏不足以劝。非得良将以新其壁垒，易其耳目，肃其号令，慑其心志，则何以杀敌致果，收功于行阵。吾谓治今日之兵，莫如轻赏而重罚。或曰：行之恐以激变，则将奈何？庚申之春，金陵唾手可破，徒乏赏帑数十万金，事竟中阻，兵之望赏固急矣，重赏之下，人人自奋，今赏既轻，谁为之用？曰：否，此以矫今日之积弊也。今日兵制之坏，几如明季，入室一空，过村一哄，视民若犬羊，畏贼若虎狼。况乎为上者，粉饰夤缘，冒功邀奖，己且如此，何怪乎兵。昔有营兵，积货如山，无有斗志，为帅者知其然，尽举所积而焚之，然后驱之战，于是兵皆用命，此其明验也。故欲兵之不贪，莫如以廉；欲兵之不私，莫如以公；欲兵之尽力，莫如与之共甘苦。感以事则不骄，激以耻则不悍，教以有勇则不畏葸。非得良将亦安能振顿之哉。

　　今之民，疑官而轻上也久矣。疑则不能孚之以信，轻则不能联之以情。官以所以谕民者，率皆具文而无实意，其入告也，亦尽虚词而非实事。民习闻其然，安得而不疑。贼来则谋遁逃，贼去则言克复，大员则诿曰退守，小官则诿曰出外。官不能保民，而民亦不能恃官。民习见其然，安得而不轻。积疑且轻之心，而事不可为矣。有良有司至，必能笃挚恻怛，开诚布公，与民相见以天。其待民也，如父兄之遇子弟；其卫民也，如手足之捍头目。平时既能以恩意相结，临事自能以信义相固。夫民固易感而易使者也。但见上之人真能有为，足以措大事，决大疑，御大难，则民且以性命相付托，罔有不肯轻身杀贼，括赀享士者。上下之交既孚，无事不可办。子舆氏曰，可使制梃以挞秦楚之坚甲利兵，而何有于区区之盗贼哉。彼贼岂无侦探，见其无间可乘，亦将舍而之他，不敢轻犯矣。民之得良有司治之也，其效如此。

然则欲求良将与良有司，当以何术哉？夫亦择之于行阵之际，郡邑之间而已。顾为上者必先正本清源，而后真才乃出，今之所当急为者，盖有数端。曰：讲武备，整边防，散胁从，撤壮勇，清盗源，此良将之所宜有事也。曰：肃仕途，作士气，储人才，广招徕，阜财用，此良有司之所宜有事也。

剿贼之兵在精不在多，侬智高之寇岭南，遣将命兵不知凡几，至狄青而胜之，收功者番落数百骑尔。今必当讲求兵实，稽核定数，毋使以虚额冒粮，尽汰羸弱，务选猛勇，毋使以疲兵充数。其行军也，先枪炮而后弓矛，一切要诸以实济，而后兵乃可精。平定之后，势尤不能去武。举凡戢盗靖匪，出洋巡缉，所以备乎水陆者，皆必实心实事，每月按期演练，严明赏罚，分别勤惰，以期有备无患。如是一旦有事，而后兵乃可用。此讲武所以强兵也。

守内必先备外，边防废弛，有以生强邻藐视之心，起奸人觊觎之渐，非所以畏民而惧戎也。况乎海禁既开，泰西各国云集，沿海诸处，尤当设防以备不虞。且海边所以固我疆围，原非为西人而设，岂其有乖于和好。举凡炮台营房，烽墩土垒，皆宜预为之备。一切务仿西法，备极巩坚，筑之于平时，用之于临事，自然有恃而无恐。至于海防所重，尤在水师战舰。自有西国轮舶以来，觉一切之船尽可以废，中国要当设局立厂，如法制造，更习其驾驶，务尽所长，如是则防海乃非虚设。此备边所以待敌也。

方今江、皖、楚北之地，余逆未靖，鸱张狼顾，冀缓须臾，若使一旦凶渠既殄，此辈必为胆落。当谕统帅大臣，正宜乘此声威，速加扑灭。一面当诏示天下，凡有胁从，大溥皇仁，概行勿问。能自拔来归，率众献城，愿效力行间者，则许其以贼攻贼，立功自赎。即于两粤积寇，亦姑一例视之，勿多苛索，所以涣其心，孤其势。其余分别新旧，使归田里，务在绝其萌蘖，清其根株，除其羽翼。天下之民，岂有甘为贼者，一陷其中，遂至不可复出，今布告海内，咸与维新。尤在以贼招贼，俾其自相猜贰，使之不战自破，可以不烦兵力而定。此宽从所以诛首也。

大乱既戡，天下平治，包戈戢干，示不复用。而所招募之勇队，抚收之降卒，何所措置？彼在军中持粱厌肥，一旦散遣，何以为生。且其性实可动而不可静，难保其不毒心未改，逆谋犹存，乘间窃发，不可复制，或潜相煽诱，滋事妄行，凡此皆在所当虑。即使激发天良，愿为良户，而无恒业以处之，何以自善。所以散降贼，撤勇丁，所系于大局匪轻，当必设一善处之方，乃可无后患。江、浙、皖三省被贼蹂躏之地，几于百里无人烟，其中大半人民死亡室庐焚毁，田亩无主荒弃不耕，莫若分遣其众，使之开垦。安插布置，当图善法，俾可历久而无弊。此撤勇所以弭变也。

江、浙为财赋之区，所有盗薮，随在皆是。苏、常、湖交界之所，枪船千百艘，皆倚震泽、具区为巢窟，时劫行旅，出没无常，甚者演剧聚赌，肆行无忌。巢湖一带，恃众横恣，亦与之同。地方官养痈贻患，莫敢撄其锋。陷贼以来，率多附贼为虐。其党益众，其势益横。贼平之后，此辈皆在所当除，毋俾遗种。匪特此也，染贼氛为伪官以鱼肉乡里者，即乱民也，必杀勿赦。去莠安良，即以防微杜渐。此外编保甲，严缉查，俾奸匪无所容其迹，而盗源自清矣。此除盗所以养民也。

是五者，盖以治其表，所谓兵治，平贼之末也。

国家官吏之疲，大抵由于捐纳。此风一开，来者志不在利国，而在利家。即有一二狷洁自好，贤豪自命者，亦至于上下缚束，无可措手。今且以三途并进，科第也，军功也，捐纳也。仕途愈杂，吏治愈难。为督抚上司者，务求调剂，于是视官廨如传舍，等民事若转圜，于国家设官治民之意，了无所补。又其官给糈禄，实不足以自赡，非先厚其养廉，则无以责其不贪。今欲收治民之实效，莫如汰冗员，澄官方。仕途之肃，即所以振顿纪纲也。

国家以时文取士，数百年来莫之敢废。士之习此者，多有青年就学，皓首无成者。至于莅官之后，身之所行，尽非少之所习，于是不得不委之于吏，上下其手，是非颠倒，官场之坏，由于士习之颓。今请科场则仍以时文而务求实学。且必远其期，减其额，中间参之以选访荐举，试之以有关政事之文。或别开大科，如孝弟贤良，直言极谏，博学鸿词诸名目，则士之有实者至矣。盖专以时文，则取士之途太隘，而用士之责太易。法当反其道而行之，取之宽而用之严，苟有不能胜其任者，虽以科第进身，亦在所斥。今因捐款之兴，各直省叠广学额，中额几至增无可增，所谓士者，取之倍多于前，而士之实用则远不如昔，此士习之所以日敝也。振作士气，即所以励品学，练才识，为他日治民地也。

天才未尝无才，患所以求才之道未至，法当储才于平日，然后能用才于临时。经济之才可以应变，理学之才可以处常，皆当随时收录，以备实用。时文一科，但能坐致常才，而不能甄拔奇才，一旦有事，仓卒征召，必有以虚名偾事者。盖才非试之以事不能实知其然，必由渐而验之，可知其实，庶几他日猝临利害，可以备一时之选。内以责之相臣，外以责之督抚。朝无倖士，而野无遗贤，天下岂有不治者乎？此储人才即以厚国脉也。

大乱之后，人民散处，背乡井，去田里，流离于道路，何暇自谋存活。法当广为招徕，俾得各居其所，各安其业。吴中习尚素务奢靡，恢复以后，必当革薄俗而使之厚，反浇风而使之醇。一切玩情娱意之物，率毋许造作，靡费害民，大非细故。夫大创甫平，元气未复，户鲜积聚，家少盖藏，此所以轻去其故土而不顾也。今宜急为之节财惜用，崇俭黜奢，务本抑末，痛惩游惰，而民自不敢犯。是皆在为上者之转移，而示以趋准耳。恤灾救难，给谷籽，劝农桑，此招徕之本务也。繁殖民生，其道在此。

自经大难，民力竭矣。即各处未被兵革者，捐输助饷，亦无不各罄其赀。顾陷贼之地，克复未知时日；用兵省分，抽厘输纳，未有穷期。民匮俗贫，下不足则上损其实，于根本之所在罔补分毫，此患在阜财之道不讲耳。江、浙财赋素甲天下，发贼既平，要当薄赋轻徭与民休息，数年以后，元气庶几可复。然土地虽饶，尤赖人力，惰农有惩则耕者自奋，游女有诛则织者自勉。其地旷人稀者，则藉资于西国机器，以补人工之不逮。农业女红既勤且敏，则野无不足矣。

中国商贾之道，实鲜善法。莫如仿西国法，设立公司，流通有无，以贱征贵，以近贩远，俾不至于有亏，而财源可以不竭。商人既能操赢致奇，转输乎远方，以供中国，则市无不足矣。此在上之鼓舞之耳。民之富藏于公，家之丰通于国，而后缓急可恃。阜财用，即以培植元气，镇定民志也。

是五者，盖以治其里，所谓民治，平贼之本也。

表里兼该，本末交尽，而天下有不乂安者乎？赭寇之亡，计日可待。夫在今日，以大有为之主，而当艰难愿治之时；以不世出之英，而遇特达非常之眷。当宁之所虚心，四海之所引领。灭贼之机，要必不远。用敢聊贡所知，以备采择。谨议。

答强弱论

　　前者香港日报中尝论国家盛衰强弱之故，倚伏无端，而其能明致弱之由，振积衰之势，操自强之道，立常盛之地者，则未有之也。夫四海大矣，人才众矣，岂无深识远虑之士，炳烛于几先，斡旋于事后，坐而言可以起而行者。日报秉笔主人尝以是篇附于邮筒，远致之七万里之外，来问于甫里逸民。逸民读未终篇，作而叹曰：忧深哉其人也！此恤纬之嫠，倚柱之女，所以致无可如何之思也。因聊据所见以答之。

　　呜呼！世变至此极矣。中国三千年以来所守之典章法度，至此而几将播荡澌灭，可不惧哉。夫古今无异治，强弱无异民。非古之强远胜今，亦非今之强远逊古。善用之则强，不善用之则弱。然而强弱之势已形见者，何哉？则时为之也。有心人旷观往古，静验来今，而知天道与时消息，人事与时变通。居东南者，每由东南而之西北。居西北者，每由西北而之东南。而西北恒强，东南恒弱，东南柔而静，西北刚而动。静则善守，动则善变，故西北至东南独先，东南通西北独后。柔能持己，刚能制人，故西北每足为东南患，东南不足为西北病。顾守有时足以待变，柔有时足以制刚。而迟速久暂之间，审几者每不能决之于操券。则以守必承其弊，柔必化以渐。未弊则彼将先乘以困我，未渐则彼将先发以难我。由是观之，方张之机不可遏，始厉之锋不可撄。明者智者知其然矣。

　　然则何以待之？曰：莫如师其所长。盖天道变于上，则人事不得不变于下。《易》曰："穷则变，变则通。"此君子所以自强不息也。

　　或曰：必变而后可以为国，则将驱东南之风俗政事，文物声明，而尽西北之乎？

　　非也。吾所谓变者，变其外不变其内，变其所当变者，非变其不可变者。所谓变者，在我而已，非我不变而彼强我以必变也。彼使我变，利为彼得；我自欲变，权为我操。

或曰：否。弱即强之机，强即弱之渐。守可长而变难恃，柔不敝而刚易坏。不观夫商之鬼方，周之猃狁，汉之匈奴，晋之拓拔、五胡，唐之吐蕃、回纥，宋之契丹、女真，明之也先，其种类或存或亡？又如罗马盛于汉，西域回部盛于唐，西班牙盛于宋，葡萄牙、荷兰盛于明，而今皆无闻。自古仁义为国，其敝也衰；甲兵为国，其亡也蹶。元太祖之兴，其兵力无敌于天下，而自入中国，渐至萎靡不振。是以至弱驭至强、至柔服至刚者，道之至也。何必用彼以变我？

呜呼！此未明天道之所当然，人事之所以然也。吾不必远征诸三代以上。春秋之际，幅员狭隘，楚、越并为蛮邦，辽远视同绝域。自是而降，汉、唐声教渐讫远方，元、明版图迥逾朔漠。逮我圣朝，青海、雪山近在肘腋，珠崖、台岛咸奉冠裳，是境土之由渐广斥也如此。而欧洲诸邦亦渐由印度而南洋，由南洋而东粤。百十年间，洪波无阻，光气大开，海舶估艘，羽集鳞萃。凡前史之所未载，亘古之所未通，无不款关而求互市。我朝亦尽牢笼礼貌之，概与之通和立约。合地球东西南朔九万里之遥，胥聚之于一中国之中。此古今之创事，天地之变局。此岂出于人意计所及料哉！天心为之也。

盖善变者天心也。天之聚数十西国于一中国，非欲弱中国，正欲强中国；非欲祸中国，正欲福中国。故善为用者，可以转祸而为福，变弱而为强。不患彼西人之日来，而但患我中国之自域。无他，在一变而已矣。三十余年来，西人之至此者，群效其智力才能，悉出其奇技良法以媚我中国，而我中国熟视焉若无睹，漫习焉弗加察。所谓握要制胜者安在？所谓先事预防者安在？或且以深闭固拒为良谋，或且以柔服羁縻为至计，在朝者不出于江统之徒，则出于魏绛之和。在野者不出于辛有之吁嗟，即出于郇模之愤激。即其稍有变通成法者，小变而非大变，貌变而非真变也。纷饰蒙蔽，因循苟且。此贾长沙之所以痛哭流涕长太息者也！

夫用兵以刀矛一变而为枪炮，航海以舟舰一变而为轮舶，行陆以车马一变而为火车，工作以器具一变而为机捩。虽刀矛枪炮同于用兵，舟舰轮舶同于航海，车马火车同于行陆，器具机捩同于工作，及其成功一也，然而缓速利钝，难易劳逸，不可同日而语矣。凡此四者，皆彼所有而我无其一。使我无彼有，而彼与我渺不相涉，则我虽无不为病，彼虽有不足夸，吾但行吾素可耳。独奈彼之咄咄逼人，相形见绌也。且彼方欲日出其技以与我争雄竞胜、絜长较短，以相角而相凌，则我岂可一日无之哉？一变之道在乎师其所能，夺其所恃。况彼之有是四者，亦不过百年数十年间耳，而被及于中国者如是之速。天其或者将大有造于中国也乎？准诸天道，揆诸人事，将见不及百年，四者必并有于中国，行之若固有，视之如常技。吾固不欲吾言之验，而有不得不验者，势也，亦时为之也。

天盖欲合东西两半球联而为一也，然后世变至此乃极，天道大明，人事大备。闲尝笑邵康节元会运数之说为诬诞，今而知地球之永，大抵不过一万二千千年而已。始辟之一千年，为天地人自无而有之天下。将坏之一千年，为天地人自有而无之天下。其所谓世界者，约略不过万年，前五千年为诸国分建之天下，后五千年为诸国联合之天下。盖不如此，则世变不极，地球不毁，人类不亡。我故曰，善变者，天心也。

老子曰："天地不仁，以万物为刍狗。"旨哉言乎！顾虚空界中非止一地球也。若准以一行星一地球推之，则地球几如恒河沙数，而以我所居之地球虮其间，仅若一粒芥。触斗蛮争，由造物主观之，不值一笑。则我之所论，亦犹地球中微尘也夫。呜呼！此论出，知我罪我，听之而已。

附：强弱论

或谓有国家者，弱即强之机，强即弱之渐，此乃循环之道然也。顾有弱可强而强反弱者，此其理则人未之知也。老、庄之旨，柔可以克刚，退可以为进，惟能善用其弱，而弱即可为强矣。过刚则必折，躁进则必蹶，惟轻用其强，而强无有不弱者矣。

历观古今来享国久长者，莫如周代。然自平王东迁以后，萎靡不振，几若赘旒，而天下犹复奉为共主，不敢妄有所觊觎。强侯图霸，假其名号以摄众。以楚庄之雄，势凌中夏，亦不过传问鼎一语而已。盖诸侯中有一并兼周室者，众必群起而逐之，如驴蒙虎皮而鸣于薮泽间，其遭猛兽之噬必也。

赵宋于诸代中为最弱，然能历与辽、金、元三朝相抗，延至三百余年，则以弱而能自存也。苟其彬彬守礼，不昧于举措弛张之义，虽以辽、金、元三朝之强，亦不能亡宋。故北宋之亡也，亡于灭辽。南宋之亡也，亡于灭金。彼一时自以为能强，而不知弱即随其后矣。

故善为国者，当以礼义为甲胄，忠信为干橹，仁德为墉濠，谦逊为玉帛，天下自不敢动，而固于金汤，安于磐石。苟诩诩然自矜其炼兵制器，筑堡建砦，以为可求一逞，恐强未可知，而弱形立见。

或曰：然则由斯言之，有国家者不必讲富强之术乎？

曰：非也。亦视乎其时其地而已。自强之道，有为守御计者，有为征伐计者，有为侵并计者，非一端也。当先审力之足以胜人，万全而无害，然后可以发难。否则宁先为自固计。故与其本弱而示之以强，不如内强而示之以弱。此善于谋国者也。处今之势，值今之时，明者当不河汉斯言。

台湾不必移驻巡抚论

台湾一隅，孤悬海外，昔时视如弃土，郑氏既平，乃隶版图。其岛虽距金、厦二门甚近，形势雄壮，然于福建一省不甚相为联络也。

日人之来，不从山后潜至，屯田筑室，辟土开径，久为盘踞，为穷年毕世之计，而仍问途厦门，假道澎湖，沿安平以至郎峤，则已无能为役矣。其与生番相抗，藉口问罪，以示师威，然生番之巢穴，彼亦难深入也。中朝于此，但当置之度外，一听其然。彼旷日持久，劳师縻饷，势必不支，行见卷甲偃旗，潜自遁去耳，此固制之上策也。

极力守台，全师相御，羽檄纷驰，几遍沿海，张惶之形盖已显见，事定之后，请以闽抚移节驻台，一若以日人之复有可虑，而台事后日大有可虞者，不知日人于后，即或狡焉思逞，断不再至台岛。而台事之当为者，则在凿山通道，度地垦田，使台岛前后相通。其治生番也，亦惟剿抚兼施而已。此事台湾道员之精能干敏者即优为之，何必移驻巡抚为之节制？

或者曰：子未身入局中，安知台事之难为乎？台郡道员贵重于督抚，而权轻于匹夫。凡自省会往者，无不以台郡为美官，辄思沾润。苟于周旋晋接之间，稍不如其所求而满其所愿，辄献谗于上游以阻挠之。因此谤书盈箧，而弹章随其后矣，故调巡抚驻台，所以一其事权，专其责成，俾台事悉归其主裁，而始得为之而无所掣肘耳。

窃以为欲假事权，重责任，但当请于朝廷，以台湾道员一缺归部简放，六年为一任。如合于台郡民情，则听其复任。盖专其责，久其任，而后凡事得以措施也。若夫巡抚者，封疆大员，今不以之镇省会，而以之驻偏岛，窃谓于体例似乎未宜。

或以为，福州既有总督，则巡抚驻台正合权宜。

　　窃以为有明之建总督，原为兵事特设，事平即裁，本朝既有巡抚，而于两省统辖，兼设总督，适以分封疆之权，而使之各有所推诿也，故两广、两湖、闽浙、云贵此四总督者，皆可以从省。督抚同驻一城，两大并居，有时意见参差，办理互异，或者均所不免，其间岂无贻误于大局者？

　　或曰：呜呼！子乌足以知之哉？总督治兵，巡抚治民，各有专司。本朝设官之意，诚法周而虑密，而子乃妄加拟议，罔知忌讳，岂第为杜牧之罪言而已哉！愿子缄口勿谈，毋多言以干咎，可也。

论日报渐行中土

泰西日报，约昉于国朝康熙时。日耳曼刊录最先，而行之日盛，他国皆厉禁。凡关国事军情，例不许印，妄置末论者，辄置诸狱。后禁稍弛而行亦渐广。英、法、美各国皆继之而兴，僻壤偏隅无不遍及，而阅者亦日众。然法国所刊闾阎隐密报，法廷闻之，立加禁斥。诚以日报之例，不得讥刺人之隐事也。

西国之为日报主笔者，必精其选，非绝伦超群者，不得预其列。今日云蒸霞蔚，持论蜂起，无一不为庶人之清议。其立论一秉公平，其居心务期诚正。如英国之《泰晤士》，人仰之几如泰山北斗，国家有大事，皆视其所言以为准则，盖主笔之所持衡，人心之所趋向也。美国日报，一日至颁发十万张，可谓盛矣。大日报馆至用电报传递，以速排印。夫岂第不胫而走也哉。

华地之行日报而出之以华字者，则自西儒马礼逊始，所刻《东西洋每月统纪传》是也，时在嘉庆末年。同时，麦君都思亦著《特选撮要》，月印一册。然皆不久即废，后继之者久已无人。咸丰三年，始有《遐迩贯珍》刻于香港，理学士雅各、麦领事华陀主其事。七年，《六合丛谈》刻于上海，伟烈亚力主其事，采搜颇广。同时，有《中外新报》刻于宁波，玛高温、应理思选主其事。同治元年，上海刊《中西杂述》，英人麦嘉湖主其事。嗣皆告止。近则上海刊有《教会新报》，七日一编。后改为《万国公报》，林君乐知主其事。而《中西闻见录》亦刊于京师，艾君约瑟、丁君韪良主其事。顾此皆每月一编者，兼讲格致杂学，器艺新法，尚于时事简略。

惟香港孖剌之《中外新报》，仿西国日报式例，间日刊印，始于咸丰四五年间，至今渐行日远。其他处效之者，上海字林之《新报》，广州惠爱馆之《七日录》，又港中西洋人罗郎也之《近事编录》，相继叠出。三四年间，又益之以德臣之《华字日报》，而我局之《循环日报》行之亦已二年。上海则设有《申报》。自《申报》行而字林之《新报》废。去岁春间，粤人于上海设有《匯报》，旋改为《彙报》。近数月间，又有所谓《益报》。闻福州亦设有日报，但行之未广，未得多见也。港中日报四家，上海日报两家，皆排日颁发，惟于星、房、虚、昂四日则停止耳，日报之渐行于中土，岂不以此可见哉。

顾秉笔之人，不可不慎加遴选。其间或非通材，未免识小而遗大，然犹其细焉者也。至其挟私讦人，自快其忿，则品斯下矣，士君子当摈之而不齿。至于采访失实，纪载多夸，此亦近时日报之通弊。或并有之，均不得免。惟所冀者，始终持之以慎而已。

各国教门说

天下皆有一教以为纲维，盖牖世教民之所不废也。考自佛教行于印度，回教盛于天方，天主、耶稣教被于西洋，而语其支派各有不同。印度佛教分而为三：一曰墨那敏教，即印度国旧教也；一曰喇麻教，即西藏之黄教也；一曰墨鲁赫教，即西藏之红教也。天方回教亦分为三：一曰由斯教，即婆罗门旧教也；一曰穆罕默教，即穆罕默德所创行于阿丹者也；一曰北阿厘教，则其兄子所传行于巴社者也。天主、耶稣教亦分为三：一曰加特力教，即天主旧教也；一曰波罗特士敦教，即耶稣新教也；一曰额利教，即希腊古教也。

言乎各教所行之地，则自中、南、东三印度而缅甸，而暹罗，而西藏，而青海，而南北蒙古，皆佛教也。自西印度之巴社、阿丹，而西之阿非利加洲，而东之葱岭左右，哈萨克、布鲁特诸游牧，而天山南路诸城郭，以及欧罗巴洲之土耳机国，皆回教也。其大西洋之欧罗巴各国外，大西洋之米利坚各国，则皆天主、耶稣教也。其与我中国、安南、朝鲜、日本之儒教，屹然共立为四。此外又有火教、神教散处于各方。亦有土蛮之流，俗尚祀鬼，无所谓教者。

当我中国未通于外，所行者惟尧、舜、禹、汤、文、武、周、孔之道，所谓人道也。言为人不能出乎此道之范围也，本无所谓教也。印度自佛未出世以前，皆婆罗门教，以事天治人为本，即彼方之儒也。自佛教兴而婆罗门教衰，佛教衰而婆罗门教复盛。一盛为耶稣之天主教，再盛为穆罕默德之天方教，皆婆罗门之支变。盖欧洲之学，其始皆根于印度，由渐而西。故天主、天方有时皆不出乎儒教之宗旨。即我中国自古至今，道术分裂，儒分八，墨分三，老庄之道亦分为数支，盖与佛教、回教、天主教之分门别户，同源异流，无以殊也。

呜呼！自教术多端，同中立异，斗诤坚固，于一教中自相胡越。其有能并包殊族，泯其畛域，会其大同，此必不然之数也。

故圣王在上，因其教不异其俗，齐其政不易其宜。今中国各教皆备，虽其教旨各殊，而奉天治人则一也，安知昔之以远而离者，今不以近而合乎？将来必有人焉，削繁核要，除伪归真，汰华崇实，去非即是，而总其大成者。

前见《申报》言，西国无佛教，故有感而言之。夫西国固无佛教，然西国亦有道教。其人散处各国，孑身修炼，名曰巴柳士艮教，欧罗巴、阿非利加两洲皆有之，特不及各教之纪年建朔耳，因论教而并及之。

宜索归澳门议

欧洲各国，自开辟至元时，自相往来，罕通别土。其首至东方者，葡萄牙也。

葡人善历算，习天文，用仪器测量日之出入，星躔度数，水陆方向远近。明时，国王遣善操舟者，驾巨舰南行，遍历阿非利加东西，直抵印度西境，转而东至麻喇甲。于时东南洋诸岛国，无不有其足迹，所至辄留葡人营立埔头。隆庆时，抵粤之澳门。居久之，请地建屋，岁纳租饷。疆臣为之代请，许焉。葡人遂立埔头于香山县之濠镜。此万历七年间事也。是为中国通商之始。后西班牙、荷兰接踵东来，英、法继之。葡人所立东南洋埔头，咸被侵夺，仅余澳门一廛，为诸国东道之逆旅。

然则澳门之地，界从胜国，无预本朝。虽属西洋之外府，实隶中国之版图。当时有澳门同知驻札其地，并设关厂征收税务，每岁葡人纳交地租五百金，此固著有明文。

自道光二十年以后，边警既开，海隅不靖，葡遂乘机指为己有。近且于望厦一带，编列门牌，按户纳饷，亦几归其所辖。序沚湾左右建设兵厂，征收屋税，已骎骎及于界外，而中国缉私之船，反不能至其境中一步，粤省大小官宪，悉以度外置之，从未敢据理以与之相诘难者，是则有所不解也。

以葡人言，本朝顺治二年曾与之立约通商，嘉庆四年割地与居，而立海防同知衙门以治民，遇事华官与葡官共理，载在旧章，斑斑可考。特是稽之向时案牍，未闻有是也。惟向时粤省督抚或经出示谕民，为招徕商贾计耳，此又何足为据？

况其中更有可议者，莫如招人出洋一事。盖招工者，每藉词于出洋开垦荒土。自有此举，而匪徒遂视为利薮，拐诱鬻贩之弊，层见叠出。

愚民无知，受其陷害，入其牢笼，至于踪迹杳然，存亡莫问者，不知凡几。此实设坎阱于境中，有心世道者所当极为禁绝也。往年西洋总督虽经行文申禁，而招工者悍然梗命，置若罔闻，且几至蠢然思动。此令不行于其国，亦宜设法为之办理。我国家道在怀来，礼崇柔远，即或给地暂居，恩加格外，然藉以通商，非藉以售奸。今竟视为拐匪所萃渊薮，至岁以中国十数万生灵掷于洪涛巨浸之中，殒于瘴雨蛮烟之地。此其戕我民命，辱我国体，不亦甚哉！

兹闻葡萄牙国王已遣公使伯爵赞乌亚厘阿前来中国，驰诣京师，请立和约，通商各埠，于诸口设立领事官，于京师驻札公使，与欧洲列国视同一体，此正我朝廷所当厘革整顿时也。

夫葡萄牙之在欧洲，土壤褊小，几类滕、薛、邾、莒。其视中国，不过蕞尔弹丸耳。曩之所以敢飞扬跋扈者，以中国多故之秋，未遑兼顾。今者发、捻、回、苗渐次诛夷，文德武功震烁宇内，苟下以尺一之书，无有不竦然遵奉者。首宜索还澳门一隅，归我管辖。画疆置守，设官治民，建炮台，戍兵卒，以固我边围，用资屏蔽。凡葡人之生长行贾于其地者，仍可相安无事，一切听其自便，毋得稍加苛刻，所以示怀柔、旺贸易也。次宜撤招工之厂，禁止贩人出洋。有犯此者，严加惩罚。宜与英、法、美商以巡舶驻澳门海口，遇载客之船，必细为盘诘。有犯贩拐者，船货充公，船主舵工治以应得之罪，如是弊始可杜。

倘葡使诣京，总理衙门不将前后各事与之反复辩论，而竟委曲从其所请，则机会一失，不独澳门之索还无日，而岁委十数万赤子性命于异域，亦大可惜。

谨就管见所及，具论如左，伏冀采择，不胜幸甚。

重刻《弢园尺牍》自序

呜呼！余羁旅天南，遁迹于荒陬异域中者盖几二十年矣。自壮而老，自老而衰，日益颓唐，分甘废弃，独居岑寂，意想俱穷。每入秋即病咳，辄不能寐。长夜无聊，隐几危坐，默念数十年来，世途之所酬酢，交游之所往来，投缟献纻，剖鲤传鸿，赠答回环，显显如在目前。而或其人一别万里，无相见期，或才不偶命，年不待时，已化异物；或仕隐分途，升沉异趣，然皆无一日不往复于余之胸中也。

余与人书，辄直抒胸臆，不假修饰，不善作谦词，亦不喜为谀语。少即好纵横辨论，留心当世之务，每及时事，往往愤懑郁勃，必尽倾吐而后快，甚至于太息泣下，辄亦不自知其所以然。方今言路宏开，禁网疏阔，故言之无所忌讳，知我罪我亦弗计也。

窃慨友道之凌迟久矣。暌隔山川，阔别寒暑，朋面久旷，素心未逢，惟藉此尺幅，以写性情，达纤枝，乃犹靳之，未免流于薄矣。夫我人之所以通问讯致殷勤者，原以状景物之悲愉，述境遇之甘苦，记湖山之阅历，穷风月之感怀，以拳拳寄其思慕之情。故问餐加饭，不防叠付诸邮筒；嗟叹长言，不妨辄至于永幅。古人有别仅一月而书已如束笋者，岂若市井阛阓之子，以计较锱铢乃为要语哉。

况余老矣，惟此二三朋友，时通笔札，以当面谈。已择其尤者，装潢成帙，每值风雨之辰，花月之夜，瀹茗焚香，展读一过，恍若与之晤对于一堂。惟是人之常情，往往系恋于少时，不独钓游之地，诵读之乡，辄为低徊而不能去诸怀也；即其平生总角之交，研席之友，亦时时入于梦寐而弗忘。虽其学问未逮乎时流，意趣少殊乎素诣，而终不以彼易此。

余之离里门也，在道光己酉九月，时余年二十有二。迄今已三十余年，虽里中之人未必念余，并或未必知余，而余于里之人固未尝无一日不往复于胸中也。居粤将二十年，粤中之土著者、宦游者，无不乐与余交，近者文酒燕集，远者书问缠绵，每每推挹勖勉之，甚至其间有势力者，辄为余感慨叹惜，时欲拂拭而拔擢之，使之见用于世。是粤之人爱我也深矣，待我也亦厚矣，况言乎安土乐天，固宜无入而不自得也。粤之山水，有西樵之幽胜，有罗浮之诡异，公而西樵相距尤迩，扁舟溯洄，信宿可至。是则虽在异乡，而友朋之欢，山水之乐，亦无殊于故土焉已。古之君子，视天下无殊于一乡，视一乡无殊于一家。今余惟故土之是怀，旧交之足恋，感怆身世，悲悯天人，慨叹欷歔，时时见之于诗歌简牍间，毋乃非达观素养，而有愧于古之人也哉。顾余思之而终不以彼易此者，狐死正邱首仁也，余惟俟乎命以听之天而已。

拟请建蒋芗泉中丞专祠议

盖闻帝祟有德，一朝首重酬勋，民报惟功，百世而有必祀，斯固秉彝之恒性，亦物则之常经也。惟昔蒋芗泉中丞之开府粤中也，说士若甘，爱民如赤，兴利除弊，立纲陈纪，敷陈善政，不胜枚举。载在志乘，彰著耳目，固可得而言焉。

粤东风俗强悍，户多游民，学东府之呼卢，效中山之跕屣，以樗蒲为生活，至淫荡以倾家。公之甫下车也，即申赌禁。严惩重罚，言出惟行，令甲高悬，法无曲贷。于是嗜博之徒屏足敛息，而不敢复犯，俾粤东数十年积弊为之一旦革除，闻者无不呼为快事。此其善政一也。

向来官场往来，簠簋不饬，苞苴公行，遑计声名，惟肥囊橐，盖已视之如恒事，行之若坦途矣。惟公澄叙官方，整饬吏治。群无害马，庭有悬鱼，豪族自惩，而下僚咸肃。于是所有各种陋规，无不裁革。此其善政二也。

粤境内山外海，盗贼渊薮，所在皆是，夤缘为奸，难于致诘；甚或勾蛋人以助虐，串蠹弁以均肥。苍黄估舶，投鲸浪而不归；杂沓渔舫，挂鲎帆而竟去。惟公密委腹心，随探巢穴，其未形也，消其萌蘖，其已显也，拔其根株，设立炮船，分段逻巡，然后闾阎得以安枕，海氛斯息，客路无惊。此其善政三也。

夫淄蠹生于小吏，藩饰盛于敖民，惰俗可惩，匪人当去。惟公申严保甲，练习沙丁，藉以锄莠而安良，卒至飞鸮革音，食泮宫之桑葚，饮羊变俗，颂三月之衮衣，来苏之望载于衢，有道之歌腾于野。此其善政四也。

粤东惠属数县，素与客籍之民杂居错处，时启争端，历来莅粤者惮于纷更，止为两可之词，殊昧酌中之义。惟公投袂以兴，统兵而出，龙工可往，尽洗虫沙，蜗角先焚，便空蛮触，既武功之有耀，亦文德之克敷，慑以威风，结之恩信，卒至安插漕涌，咸俾得所。此其善政五也。

迩来设关征税者，几于榷尽锱铢，搜无遗蕴，所设抽厘厂局，林立相望。理财者方以此为能事，公以为此适所以病商，而非即以裕国也，因是专折奏免粤东厘金数十款。贾鯤感德，市廛腾欢。此其善政六也。

食为民天，足食即所以惠民。粤东地狭民稠，粳稻之利，其收较歉，丰年尚可瞻家，凶岁必嗟枵腹。其所以资接济而实困仓者，全赖西粤之转输，南洋之运载。乃向以间关之阻，厉禁堪虞，几至米商为之裹足，而民生愈匮。惟公奏免各处米船进口船钞，以广招徕，而后民歌宿饱，户免啼饥。此其善政七也。

帝筹陈六极，固有疾之宜矜，王政先四民，在穷者之无告。粤东素设有养嫠恤嫠诸善举，相沿既久，未免奉行故事。惟公以实心行实政，俾有惠均沾，无微不至，而后鳏寡孤独无不有养焉。此则非徒首号神君，亦复堪称慈父矣，虽杜母、召父，何以加焉。此其善政八也。

公虽以马上得官，而下士爱才，根于衷曲，礼贤慕德，出自性生。公在任之日，值大比之年，凡有科场各事，无不周备臻至，入闱士子，左宜右有，绝少缺乏之虞，为向来数十年所未有也。此其善政九也。

近日粤东人才杰出，科甲蝉嫣，文名鼎盛，足与宇内抗衡。而公尤以振兴文教，乐育贤才为己任。甄别士子，先器识而后文艺。城中旧有长春仙馆，公自捐廉俸，首为倡率，改建菊坡书院，延名望之儒为之山长，所取一以实学是务，彬彬郁郁，称盛一时。此其善政十也。

凡此十者，咸著实功，并非虚美。迄今流风余韵，犹令人想望弗置。乃公既去粤，即不作出山之想，将以优游泉石，啸傲山林，以自颐其性天。天子以时方多事，首重荩臣，藉以宣猷布化，因特诏起公于家。方期大用，一抒抱负，以霖雨苍生，乃至京师，病没旅邸，朝廷闻而震悼，追念前勋，命将公事实宣付史馆。而粤中士民沾溉公之恩德者，不闻以奏建专祠为请，此诚阙典也。敬胪公之前后治绩著于篇，庶冀他日粤民上请，当道者亟为之也。

呜呼！公虽不以此重，而报本追始者要不可忘也。粤民其念之哉。

救时刍议

上

法积久而大备，道与时为变通。天下大局，七千年于兹矣。横览今古，一视中西，不禁为今之国家筹四策焉。曰改科举，曰禁鸦片，曰务海战，曰理财用。圣人在上，讵罪我言？

其废科举若何？国家以八股弓马取士二百四十年，得士不可为不盛。而泰西各国以西学取士，崛起西洋，抗衡中国，数十年来，中国稍用西学，冀有以敌之；或欲以西学增入正科，而卒不敢言。夫五经实而四书虚。科举先四书而后五经，是重虚轻实，已沿前明尚理学而反少真才之弊。况搭截枯窘等题，徒困士子之心思而无用。小楷试帖空策，不及西学中一艺，况愈趋愈下乎？今日科举如此，欲天下真才迭出，富强中国而靖外洋，势不可得。故治今日之天下，必首改科举。

改科举莫若合五经、四书为六经，而增入西学以试士。西学者，西国之几何学、化学、重学、热学、光学、天文地理学、电学、兵学、动植学、公法学等是，而中国已稍稍翻译矣。中学以《易经》为首，次《书》，次《诗》，次《春秋》，次四书，《礼》为殿。四书为一经，《春秋》合三传为一经，《礼》合周、仪礼为一经。西学以几何学为首，他学亦次第之。中学、西学一人全通者，全才也。不能，则一人通中学两经、通西学两学为限。通两经者，必通《易经》，他任习。通西学者，必通几何学，他任习。通两经者，其四经大义亦必知之，不知则不取。通两学者，余学大义亦必知之，不知则不取。考试六经，即八股文见人才德，题必全节，不用搭截。文以达意，不取声律。考试西学不仅以文见，面试手习，采西国考试法损益之。科举初改，人或难骤习西学。不满其额，留待将来。武科举弓马刀石外，增枪炮击刺。必明六经大义、中西兵法，否则不取。此改科举之大略也。

其别有奇杰之士，通六经而不能通西之一学、全通西学而不能通一经者，通六经而不能为文八股，全通西学而笔不能文者，武力绝世而不娴弓马者，皆于正科之外，别行保举以擢用，终不使天下有弃才也。

又西国重女教，立女书院。中国宜仿其意，以收内助。夫女不读书，教之何益？读书不读六经，读书何益？各省立女学校，延女师教之，习六经六学，女之才者，贱得为贵妻，妇得为夫师。孔子曰："才难，不其然乎？唐虞之际，于斯为盛，有妇人焉，九人而已。"古叹才难，女才更难。立女学校教之，女才出矣。

总之，人才者天所生，科举者人才所出。科举不善，则才多抑郁，天无如何。夫六经载道，穷经所以行道。中国数千年精神悉具于六经。而西学者，缵六经之未具，又非中国诸子百家所能言，故浅而用之，西学皆日用寻常之事。扩而精之，西学即身心性命之原。改科举而增入西学，擅两家之长，挹全地之精。中国地方万里，才智之士数十万。五六十年而后，西学既精，天下其宗中国乎？然此非一时所能断而行之，其必由之以渐乎？不然者，西学即开别科，缙绅家父兄子弟，每误为外洋之奇技淫巧。与圣人六经之旨异而不敢尝，而敢尝者又多读书不就无赖之人，其弊或至以西学诋六经，而即为学六经者之所笑。其能望天下真才之迭出哉？

改科举为天下树才，禁鸦片为天下积财。

夫物之可食而养生者，百谷而外，盐茶为大，糖酒次之，烟药次之。鸦片似烟非烟，似药非药，而亦名烟亦名药。自道光以来，鸦片日盛，由外洋入口、易白银出口者，岁不下四千余万两。而各省不种嘉谷而种鸦片者，岁亦值银数千万两。国家收鸦片税银，岁亦近千万两。呜呼！奇矣。海禁大开，辟埠通商，以洋货易华货。除鸦片值相当，自道光至今五十年，鸦片银之流出外洋而不返者，截长补短，可十五万万两。此十五万万两者，皆十八省人民之脂血。而中国种鸦片者，以华病华；虽获利数倍，而食者病，种者亦病。前晋、豫奇荒，赤地千里，人相食，其明征也。国家增其税银，使天下知鸦片能病人、能贫人，而不可食，所谓不禁之禁也。然天下食者如故。

夫富强者天下之急务，而禁鸦片者，富强之要着也。禁鸦片者，禁食，禁种，禁洋运。食鸦片者有瘾。有瘾者，食则生，不食或死，禁之者，不问其生死，不问其贵贱，逾限而仍食者，杀无赦，种鸦片者贪利，绝其利则生乱。禁之者不惧其生乱，逾限而仍种者，杀无赦。洋运鸦片者，有所恃，恃力亦恃理。禁之者喻以理，即屈其力；理屈而仍运者，有万国公法在。

或曰：鸦片，洋药也，能治病。当禁有瘾，不当禁治病。或曰：鸦片，烟类也。各省颇种烟，何独禁鸦片？且我种者多，则彼来寡，是塞漏卮也。或曰：鸦片，印度产也。印度，英属也。英，强国也。中国禁鸦片，印度穷困，英必寻衅中国。且鸦片既禁，国家少数百万两税银，国用益不足。此数说皆非也。

鸦片虽入《本草》，然病宜人参、鹿茸者，鸦片能治之否？病宜大黄、麻黄、附子者，鸦片能治之否？鸦片之为药，能治小病，不能治大病。其利天下也少，而害天下也多，则必禁。

烟无瘾，鸦片有瘾。自种自瘾，是自病也。且自道光至今，耗银十余万万两而不返，以致商农交困，虽今自种，未能遽绝外洋。若复耗银数十年，天下尚可问乎？则必禁。

英以印度为外府。印度之大，百货云屯，何止鸦片？英全地通商，富甲西洋，何难整顿一印度？中国定禁鸦片，使使互英，曰："鸦片肥印度而瘠中国，英其安乎？且印度亦有食者。英不之禁，必日盛一日，庸独利乎中国？愿与英两无猜嫌，同日出令，约一年或二年，期鸦片禁尽。布告各国，有种食不禁者，天下共诛之。"英，欧洲名国，必从是言。鸦片停税，禁百姓吸食，岁省银数千万两。国家于他项增税数百万两，是省十费一，百姓必心肯而国用仍足矣，则必禁。

夫鸦片者，千古未有之恶卉。一时不禁，祸及后世；一国不禁，祸及他国。孔子曰："小不忍则乱大谋。"种鸦片，而瘾者或死，种者或乱。属有印度者，或不听我禁而为难，小之宜忍者也。禁之三十年，中国元气可复，大谋之不乱者也。有国家者，其断而行之哉！

下

禁鸦片以苏内尤，必务海战以御外。

其务海战若何？中国三代上有陆战而无水战，三代下有水战而无海战。西人长于战，尤长于海战。英尤西人中之长于海战者也。故中国不与西国交则已，与西国交，则有时当与西国战；不与西国战则已，与西国战，则必先于中国海战始。中国长陆战、水战，而短于海战。以短于海战之中国，与西国海战，势不敌。以不敌西国海战之中国，与英国海战，势尤不敌。故中国欲海战，则必法西国之海战；法西国海战，尤必法英国之海战，以敌英与众西国。是谓务海战。

或谓中国各海口，炮台严列，水雷密布。敌船驶近，则炮弹上击，水雷下击。敌船虽以钢铁为甲，其厚数尺，洞而碎之，在于顷刻。何必彼来我迎，鏖战于海？不知用兵之道，先发制人，后则制于人。海战者，先发制人者也。中国环海万余里，商轮粮舶之往来，民船渔舟之出没，皆于海道是便。一旦西兵大至，我兵不能邀击海中而仅守炮台，则南北洋万里道必不通。彼不与我战，而我已受困，所谓制于人也，惟与之战于海，彼有坚轮而我有利炮，彼有鱼雷而我有冲船；西兵之来数万里，道远且劳；我兵于中道截击，不使进中国洋面一步。所谓先发制人也。

虽然，战，危事也，海战尤危。岂易言哉？船不坚，炮不利，兵不足，不可以海战。船坚炮利，兵足而不得其人，则有船与无船同，有炮与无炮同，兵足与不足同，尤不可以海战：故欲务海战，必求其人其器尽法西法。器必自造，人必自习。

徒知购器于西人，是欲得其器不欲法其器也。欲法其器，必自造。自造而多聘西师，是仍造自西人，而非造自华人也，造器必由华人法西人而自造，是为务求海战之器。

海战之人，则必能用海战之器，而由科举出者也。科举既改，真才叠出。舍科举而别访奇才，精者可用，粗者不可用。海战胜负，判在呼吸，稍涉粗疏，败亡立见，一船之中，众才不备，不可出战。海战得人，器为人用，然后可以战，可以不战，是为务求海战之人。

海战之器，既求海战之人而用之；海战之人，又必求能用海战之人之一人，而驾驭之驱策之。盖能战中国海，然后能战西国海。中国海，北自天津至黑龙江，南自天津至广东，江洋万里，海口数十。非举学贯中西、威震华洋者一人，为南北洋水师大臣，以总其成，然后可在中国海海战。何则？兵分则力薄，将专则令一。假今中国海军十万，战船千艘，各守海口，不统于一，西兵未至，各口俱警，但知自守而不出战，出战亦力薄不胜。上年法事，其见端已。故中国兵分，即有海军三万，不得与西兵一战。中国兵一，则海上三万人之耳目，静听一人号令。今曰以精兵七万，分布要害毋动，余水师往来南北。西兵至，则以三万水师并力迎击。船坚炮巨，兵勇将神，西国虽强，其奈我何？天降大任，当必有任是职者以管理中国海海战也。

务海战三十年，中国水师强甚，于是退则保卫中国海，西人不敢藐视中国；进则观兵西国海，中国可以抗衡西人。于是西国长于海战，英国尤长于海战，而中国亦长于海战矣。夫中西已成纵衡之势，非务海战不能使天下定于一也。

务海战中国强，理财用则中国富。

其理财用若何？《易》称："天地之大德曰生，圣人之大宝曰位。何以守位？曰人。何以聚人？曰财。"财者，帝王所以聚人守位、养成群生、奉顺天德、治国安民之本也。士农工商，四民有业，而农商则财之所生，自来有天下者赖以足用。然士或贱农商而弗道者，何也？则泥孔子之言故也，曰"耕，馁在中"，"焉用稼"，"赐不受命而货殖"。夫大舜耕历山伊尹耕莘野馁乎？否乎？禹懋迁有无，化居货殖也。禹岂以不受命之事，懋天下哉？是知《论语》多记者之言，而非孔子之言。孔子之言，以农商始于神农以富利天下，著《易大传》。士不信经而信子，遂使赵宋以来千余年之中国，数患贫弱。有欲返贫弱为富强，起而讲农商者，或且讥为务财用之小人，类以李悝、商鞅、孔仅、桑羊之名加之，遂置帝王守位聚人之财而不知理。

夫圣人理财用，小人务财用，可同日而语哉！理之者，上下俱足，以天下之财，公天下之用者也。务之者，损下益上，以天下之财，私一人之用者也。天下既知此两者之不同，然后天下之财用，可得而理。天下之财用出于农商。而今日之财用多出于东南者，岂西齐桓公、越句践则有管仲、范蠡、计然为之理财？千古帝而王，王而霸，未有不理财用者。顾理之之人何如耳。故人君以秦王、汉武之心望天下，则商鞅、桑羊辈至矣。人君以帝舜、武王之心望天下，则禹、稷、周公、太公望至矣。

今者中西立约，事多创举。理财者多争言西法。造轮船铁路以通商，开五金煤矿以足用，汽机可以深耕，可以浚河，电线用以便国便民，是亦理财之道也。虽然，以秦汉之心用西法，则害天下者西法也。以唐虞之心行西法，则利天下者西法也。故今日之理财，何必不用西法？何得仅恃西法？

以机器深耕尽地力也，以机器浚河兴水利也，二者西北方所宜亟也。局设招商，矿开煤铁，得人则利，失人不利。古者名山大泽不以封，煮海为盐，即山铸钱，每归官办。今开矿，官办得人，以尽天地自然之利，无足疑者。铁路电报便矣。然铁路费巨难举。机器织布，宜先为便利于小民计。中国女红，自织自用，本已充裕。洋布盛行，女红少利。机器自织如洋布，必能渐织如本布，权归豪富，女红绝利矣。

今日之理财，不得仅恃西法。而今日理财之急务，莫要于西北之农政水利，东南之厘捐商局。鸦片既禁，气奋农商；科举既设，士明农商。西之植学、水学、化学，与中国农政水利等书，参伍以观何患。地种鸦片，则宜木棉，不宜五谷也；苦寒不宜桑稻也。当必有神于农、神于水者，兴利于西北矣。东南厘捐之弊，在局多而中饱。西国捐重数倍，商民不怨，上下交利，其故可思矣。通商者，往来相通也。今西来而我不往，谓之通商，可乎？招商局之立，分西人取中国之利，而非华人取中国之利也。故商局立而西商少利，华商仍不利。欲华商之利，必商轮直达欧洲、美洲以通商。华人之客于海外各岛邦者，不下数百万人，财或累巨万。概令中西往来通商，毋滞财不动，而天下之利渐归中国矣。是之谓招商，是之谓通商。

夫农商者，财之源。西北与东南农商既理，则天下食足货通而财赢，上下俱足。理财用十年，中国之气振。理财用三十年，中国之气大振。于以养天下之儒士，则科举人才不可胜用；养天下之战士，则海战精强足御外侮。中国既富且强，而日臻上理，有舜、禹之心，而事业则过之。吁嘻！不其盛哉。

华夷辨

自世有内华外夷之说，人遂谓中国为"华"，而中国以外统谓之"夷"。此大谬不然者也。

《禹贡》画九州，而九州之中，诸夷错处。周制设九服，而夷居其半。《春秋》之法，诸侯用夷礼则夷之，夷狄之进于中国者则中国之；夷狄虽大，曰"子"。故吴、楚之地皆声名文物之所，而《春秋》统谓之"夷"。

然则华夷之辨，其不在地之内外，而系于礼之有无也，明矣。苟有礼也，夷可进为华。苟无礼也，华则变为夷。岂可沾沾自大，厚己以薄人哉？

言 志

　　岁序将阑，酒边无事，戏与二三良友，各言己志。

　　淞北玉鱿生曰：余于帖括一道素非所嗜，功名之念久如槁木死灰矣，思欲学道，窃未能焉。生平有愿颇奢，欲偿未得；然所愿与人不同，请为略陈之。

　　娶一旧家女郎，容不必艳，而自有一种妩媚，不胜顾影自怜之态，性情尤须和婉，明慧柔顺而不妒，居家无疾言遽色。女红细巧，烹饪精洁，倘能作诗作字更佳。薄能饮酒，粗解音律，每值花晨月夕，啜茗相对，茶香入牖，炉篆萦帘，时与鬓影萧疏相间，是亦闺中之乐事，而人生之一快也。若夫涂脂抹粉者流，非余所好。穷措大拥一黄脸婆子，自称好色，亦堪笑死。

　　余虽在城市而性好山居。尝有结庐西湖、卜宅邓尉之想。构清凉瓦屋十余椽，中叠太湖石，随室为高下，旁俱围以阑干，曲折通幽，恍若层楼复阁，其境无穷。庭中杂植花卉竹木，花时香雪霏几榻。以三椽作书舍，楼上藏书万卷，足供流览。三椽作精室，为讽经啜茗下棋饮酒之所。两椽作卧室，窗明几净，绝无纤尘。两椽为闺人小坐清谈闲憩刺绣之所。一椽为茗寮，旁设药灶茶炉酒具，无不精妙，以一婢一童专掌是役。其余庖厨湢溷，率尚雅洁，令入之者疑非凡境。屋后隙地数百弓，专命园丁饲鱼，种竹，艺菊，灌蔬，令有篱落间意，就下凿池，引注活水，夏间尽栽莲花，清香远彻，优游此中，亦足云乐已。

　　煎熬燔炙浓重之味，足以伤生，麟脯凤髓乃天上珍品，非人间所有也。至若啖牛炙，啖猪肝，虽属佳话，窃所不取。入韦厨而朵颐，过屠门而大嚼，是老饕之所为耳。撷园蔬可以供客，剥山果可以自娱，采秋莼可以调羹，钓河鱼可以作脍，酿白术酒，煮青精饭，果腹嬉游，不啻羲皇上人，食肉者讵有此乐哉！

荷裳芰衣，隐者之服，黄冠草履，田夫之服，余虽好之而未能爱古以悖今。敝裘贳酒，绨袍典钱，虽清节可风而章身无具，其何以为卒岁计乎！春服既成，短长适体，以邀以游，岂不乐哉！夏则着葛衣以逭暑，冬则披短褐以御寒；至若奇温之服，价值千金，贫士所不能购，抑亦不欲购，不衷之诮知免矣。

夫此四者，皆人生所不可无，如此清福，几生修到，然而热中人断不能解也，则坐有俗骨耳。嗟乎！世人堕于名利障中，如茧自缚，如膏自煎，胶胶扰扰，忙迫一场便休，宁不可悲哉！

言既竟，座客侧听，欷歔若有所感。起视中庭，冷月当空，霜华遍地，归而援笔记之，聊明吾意。

观由唐、宋以迄元、明，其间亲贵者猜嫌疑忌，终至杀戮；就藩封者，仍不得尺寸之柄，稍自展舒，食租衣赋，有空名而无实用，数传之后，下侪氓隶。历览史册，帝宗皇族鲜克自振拔者，或以不轨除国，或以骄蹇失职，则在乎养之而未知所以教之之道也。

此则言乎宗潢近派耳。至于疏族远支，所以培植而安置之者，亦未得其当。不然给土田，尽职守，聚族而居，各事其业，仿古者所行宗法，以大宗联小宗，互相维系，各自约束，必能渐至盛强，以为国家辅佐。诚以宗族者，国家之枝叶，枝叶强，则足以庇其本根。

古者封建诸侯，率辅之以强宗盛族，如封康叔而分之以殷民六族，封唐叔而分之以殷民七族是也。巨室世家，与国盛衰，同休戚而共荣辱。自后世世爵废，遂无世臣，宗法废，遂无巨族。一旦有事，而可恃者无一人，内无以劝赏输粟，外无以保疆御侮，一蹶不振，易至于亡。然则有国家者，其于厚宗植族可不亟讲哉！

欲固厥本，当行宗法，而佐以屯田。乡落之间，悉寓堡砦，习战攻，明守御，兵农交辅，耕作相资。俊秀者使登仕版，壮强者倍给廪饩，有事皆可以备征募，供调遣，在城者足以佐防兵，在乡者足以助团兵，在畿辅者亦以此法为宗兵。如是而根本不强、枝叶不盛者，未之有也。

我国家既定天下，于各直省建置满城，设立驻防兵额，凡拨居隶籍者男女皆颁给糈禄，岁有常例，不劳而食，诚优厚宗族之盛典也。然当时人少户寡，天下之所出足以养之而有余。二百年来，生聚日众，养之不足，必至予之渐薄，而彼所恃以糊口者亦必不给，则二者交病。况其在城者，无事不得擅离，如圈牢之养物。且子姓日多，而令其游手无业，安居坐食，非所以为教也。糈薄不赡，穷困无告，必至贷钱逋累，非所以为爱也。有余则骄淫匪僻，不入于善，不足则贫窘无聊，告贷民间，以期他日出仕取盈，盖有致之而然矣。竭百姓之力，糜无益之费，而成其不教不爱之实，窃以为立法似未尽善也。

况至今日，满人之在各地者，居处已久，无异土著，其驯顺者游谈玩日，肆横者游手滋事，甚或居民畏之如虎。如欲亟为整顿，尤当使之各事其事：隶兵籍者，日加操演，猝有变故，缓急可恃；入仕籍者，岁加考试，宽其额以储选用；士农工商四民之业，一如汉人，毋得仰给于外；妇女亦勤女红，学蚕织。其居处不必在城也，业耕稼者，当使散布乡村，而以宗法屯田为之部署。富以济贫，有以通无，庶几可行之久远也，不然，岂第饥寒之患哉？

———

言　战

今日法国之事，我不知何以为战，何以为和？

何则？法人设计以图用兵以攻者，越南而已。其命将出师遣兵调舶之初意，不过四端，曰酬饷、割地、辟路、通商而已。苟我中朝以越南力藩属，二百余年来，久形恭顺，登于王会，受其共球，则不必待其作申包胥秦廷之哭，而后援之也。当遣一介之使，以告于法曰："越南为敝国藩封，天下所共知，贵国当亦知之。幸以敝国之故，勿加兵焉。不然，贵国有进征之师，敝邦亦有往援之旅。"法幸而听，固两国如天之福。倘法人诘戎兵，备艨艟，以从事于越，豕突狼奔，鲸吞蚕食，欲得而甘心焉，则我朝廷亦当先之以文告，继之以武功，命上将整六师，云集关外，以保兹小邦越，而与法人诘朝相见于疆场。如是乃得谓之战。

去岁李傅相与法使会于上海，雍容辞命，往复周旋，未有成说。法人逞其跋扈，恃厥恣睢，一举而入东京，再进而踞顺化，与越结约，垂为定章，是其投鞭断流之势，目中早已无建业矣。我中国虽朝发军舰，夕遣营官，羽檄交驰，仓皇境上，而出关之师，究未与法人一矢相加遗。并未交绥，即行退守，如是何得谓之战？和者对战而言者也。既未与战，又何得言和？此我之所以不解也。

曩者俄人之伐土耳机也，英人声言救援，今日发劲旅，明日调坚舶，帆樯驰驶，旌旆飞扬，一若大举搏战即在顷刻间。逮俄入土都，大局已定，而英终袖手作壁上观。迄乎欧洲列国集议之时，未闻俄与英人再订和约也，以英虽有救土之名，而未尝与俄有交战之实也，兵衅未开也，邦交如故也。今日法、越之事，何以异是？

且法人于越南，固已大逞其所欲矣。其循北圻而往，如朗松，如洪化，悉已入而踞其城垣，占其营垒，戍以重兵，不复还越，则地已割矣。循红河而往，欲溯之而通道于滇、蜀，舟楫可行驶，商贾可往来，则路已辟矣。法人于此，尚复何求？不过通商蒙自，撤兵越境，则须请命于中朝耳。是亦不过另订商约，而不得谓之和也。

酬饷一节，明言不欲过索，业已昭然白之于天下。前盟具在，口血未干，何得再有后言？此不过以越南贫蹙，犹获石田，历来兵费必不能偿，故思及我中朝耳。

彼来议和之时，早有深意。不然越南之事，中朝已概置不理，本不必无端牵入，自多枝节。其来只请通商一款，或再请撤兵之期耳。我朝与彼立约，亦当削除越南诸说，不必与之争藩属之空名。争之弥复损失国体耳。法在越南，早已定有约章，又何必我朝再预其间哉？法人如以越南为中朝藩属，则揆之万国公法，必不能兴兵致讨，取其土地，戮其官民，作封豕长蛇之荐食。苟以为无预于中国，则又何必订入中朝约内，申说再三？此进退无据，两者皆无以自解也。

乃今者无端索赔，其情其理更不可问，又多肆其恫喝，则惟有与之一战而已。夫战，非我之所欲出也。设使天牖其衷，法人悔祸，两国讲信修睦，以玉帛而不以兵戎，岂非社稷民人之福？无如彼以战来，我不能不以战往。是战者，乃我之所以应敌也，非我为戎首也，非我为祸始也。天下列国之所当共谅者也。

战之之道有二：曰暂战，曰常战。

法人自恃其船坚炮利，将猛兵精，以为无敌于天下。非先一战以挫其锋，必不肯俯首以就我范围。彼不过欲酬款若干万而已。若先与议定，以一战之胜负为取与，约于何地开仗，然后两国以兵戎相见。若中朝获胜，则作罢论，法人不得再启衅端；法胜，则所议若干万，敬拱手而奉之于法，无有异说。此所谓暂战也。

未战之先，当属三军而告之曰："我朝国势之盛衰，兵力之强弱，万民之所仰望，列国之所注观，胥系于此一战。"鼓其勇，作其气，重其犒赏，激发其忠义。悉精锐，厚势力，驱敢死之士，材官技击，不专一长，而统之以百战之能将，安见其不可出于一战哉？既战而后衅之，则我可自愧于天下。

我朝自二十余年来，讲求武备，整顿边防，仿效西法，制造舟舰枪炮，练兵士，砺器械，淮勇湘勇，各自成军，号称劲旅。设非出之于一战，则可用与否末由知之。若遇事变之来，畏首畏尾，虚与委蛇，动以贿赂行成，徒张敌国之气焰而堕我军之志气，所谓胆智者何在？所谓勇略者何在？敌不可纵，祸不可延，隳军实而长寇仇，正今日不战之谓也。

顾战必有以制其死命而后可。曰出奇，曰用间，曰以静制动，曰以逸待劳，曰以主御客，曰固扼险阻，曰严绝接济，曰但守之于内河而不必击之于外洋。

法人狡谲特甚，其用兵于中国，必先以轮舰十余艘游驶洋面，亟肆以疲我，多方以误我，使我眩其虚声而多为之备。备多则势分，备多则力涣。彼乃得舍坚而攻瑕，避实以击虚，而于是乎得逞其志矣。我当何以驭之？曰静则可以制动，逸则可以待劳。彼客我主，守有常所，无事疲于奔命。法之大舰巨炮，但能纵击于大洋，彼欲攻城略地，势不得不登岸。我但扼要以守之，地雷坑穴无所不备，在临机以应变而已。俟其进而击之，彼岂能飞越雷池一步哉？彼之所至，大抵多以失业之流氓为耳目，近乡之渔艘为接济。此在地方官严申禁令而已。行保甲之法，厉连环之罚，有犯必惩，戮之毋赦，杀一二则千百知警矣，是在上之雷厉风行而已。制敌船莫如用火攻，行之于大洋则难，而行之于内河则易，粤、闽、浙三省，多出海之渔船，其操舟之舵工水手，类能狎风飙，涉波涛，如履平地，毫无所畏。我悬重赏以购之，高爵厚禄以饵之，听其所为，毋掣其肘，如能成功，则以全舟所有畀之，彼自致死效命而不辞。火攻之术既行，天下豪杰之士必有闻风而兴起者，即远而行之于西贡、海防，亦无不可，更何论乎中国哉！此所谓常战也。

我中朝既出于战，必当持之以恒久，举之以全力，勿以小胜喜，勿以小挫惊。

中国海疆，南北逶迤万有余里，备不胜备，防不胜防。宜区为四军，而统之以四重臣，以节制而总辖之，寄以专阃之任，重其责成。辽东三省为一军，直隶、山东为一军，江、浙为一军，闽、粤为一军。敌至则应，敌去勿追。守有一定之地，敌人入尺寸即治以重罪。颁诏天下，举贤才，尚艺术，召奇材异能勇力折冲之士以实行伍，如有成效，不次拔擢。

此一战也，薄海臣民罔弗共之。一战不胜则再战，再战不胜则三战，务有坚忍不拔之志。时际艰难，人才自生，以中国之大，岂无非常之人以御侮而定难者？安见法之必操胜券，而我民之不可用也哉？无畏敌，无贪功，无退缩，无凌竞，无骄悍，无委靡，有赴敌进死，无怯敌退生。上下之间，一心一志，一力一体，即横行于天下且不难，更何论乎法人！必如是，乃可以言战。

言　和

　　自法人败盟以来，多所需索，志在要求，意存凌侮。其势固宜战而不宜和，能进而不能退，可拒而不可许也。

　　盖以我所据依者，理而已矣，情而已矣。理直者气自壮，情正者言自顺。以中国甲兵之众，材力之裕，储蓄之饶，守备之密，堂堂之阵，正正之旗，固何难与之相见于疆场，誓师于边境哉？我于此但当计曲直，而不必计胜负；但当计顺逆，而不必计强弱。此一役也，列祖列宗，实式凭之，普天率土，罔弗共之。

　　况乎天下之怀义愤也久矣！以法人之屡次无礼于我，群且眦裂发指，无不延颈企踵，摝甲枕戈，以待事机，一旦决裂，然后奋臂以兴，投袂以起，而与法人为难。此诚事之不可缓，机之不可失，而民众之大有可用也。

　　以是议者皆谓此时非一战无以作士气，无以振人心，无以兴人材，无以宣皇威，无以张国体。不知此固然矣，惟是和战之权应操之自上，能发者必先计其能收。设使人人皆以义愤为辞，乡自为团，人自为练，衽金革，习器械，跳荡拍张，悍不可制，好事喜乱之徒，乘机而入其中，谁能辨之者？蠢然思动，至于溃烂不可收拾，而于是乎天下多事矣。此固不可不虑也。

　　又况今日者，泰西各国通商中土。其与中土商民，平日非有势分之相临也，非有恩信之相结也，非有意气之联络也，非有情谊之浃洽也。其待中国之人以礼貌，以情意，以相周旋交际者，固不乏人，而其间或有恃势妄作，逞臆横行，待之不以其道者，亦未尝无之。众固无如之何，而其心之衔忿蓄怨，固已久矣。徒以一人镇之自上，百执事奉承奔走于下，以相左右而保持之，故皆俯首听命。若一旦法事猝兴，人思报复，保毋有别国受其害者乎？至此将谁执其咎哉？

故民气可静而不可动，民心可聚而不可涣。和则可暂安于目前，而战则兵连祸结，一时不能窥其究竟也。以管见言之，莫若暂与之和，而亟图自强。

当今要务，在与法重订详细条约。其中自有主者，非外人所能越俎，亦非一介小民得以妄参末议，自取罪戾。惟彼则索赔偿，索抚恤，百端以要我，而我则置之不复理，似乎相去悬殊。虽欲议和，无从说合。

窃以为"礼之用，和为贵"，驭远睦邻之道，斯为美。"山薮藏疾，瑾瑜匿瑕"，天之道也。苟其所求甚奢，势固不能强从。若不过区区百数十万金，似尚可行。独是所争者在乎正名而已，初不在乎索之巨细多寡也。赔偿即为酬饷，固万不能出之于我，即抚恤亦非我之所当行也。谅山一役，其发难始自法人，我国兵弁多所死亡，岂法宜抚恤，而我国之若军若官，乃任其暴骨于郊原，流血于沟浍哉？我有抚恤之资，彼亦当有补苴之费，则所持乃得为平，所请乃称为允。

今者不必议抚恤，不必议赔偿，大皇帝大度含宏，恢乎罔外。筐篚玉帛，古者行成修好之所不废，盟聘会同之所常有。以黄金若干镒，白金若干斤，遣一介之使，驰尺一之书，馈于法之总统，曰："此言和之礼也。惟兹不腆，藉以结两国之欢，而永万年之约。"若法廷报币之来，即一二金之物，亦足以将意。我则惟重其和礼而已。厚往而薄来，所以示怀柔远人之道也。此亦"九经"之一也。我则曲尽斯意，为天下苍生而屈，亦为泰西列国通商而屈，非畏法人也。若犹不许，是法人不顾生灵之涂炭也，不顾万国通商之大局也，谁为戎首？谁为祸始？天下当共知之。然后我传檄通国，布告邻封，惟有左执鞭弭，右属橐鞬，以与法人从事。

呜呼！法人于我中朝岂真欲出于一战哉？彼有挟而求，至再至三，声言南趋台峤，北驶析津，无非肆其恫喝之故智耳。我前言法人于中朝有五不可战：乱党盘踞于内；强邻眈视于外；守国之防卒不能尽撤；驻越之戍兵未可遽离；劳师袭远，越境图人，万里馈粮，兵不宿饱，重瀛调舶，士非夙习。——此五难也。马达加斯，蕞尔小岛也，以兵临之，屡闻败耗。与英议埃及新辟之河，啧有烦言，或不免于争。瞻顾张惶，动掣其肘，外强中槁，情形立见。是彼为己谋之不暇，何暇谋人？乃更欲树一敌于中朝，其计亦左矣，其志亦惑矣。我中朝始终持前说，坚忍不拔，一听客之所为，则其气沮矣，其术穷矣。沐猴得冠，黔驴无技，正今日法人之谓也。

　　虽然，伸于目前者，我喜彼怒，仍必泄愤于将来。屈于暂时者，彼怠我奋，自可相安于日后。草莽下士，罔识忌讳，平生忠愤无所发抒，辄欲执戟荷戈，为众先驱。特以灼知远情，熟揣大势，和则可冀苟安，战则难筹全策。盖天下事，不徒恃战，不徒恃和，恃我有以当战则战，当和则和而已；不患在战，不患在和，在我有以备于战之先，善于和之后而已。

　　法事既平，正我国家励精图治发奋自雄之日。诚哉！张幼樵侍御所云，"法事之终，正兵事之始"也。请得而纵言之，曰无因循也，无苟且也，无蒙蔽也，无粉饰也，无虚侨也，无具文也，无植党也，无营私也，无偏徇也，无拘泥也，无欺诈也，无始勤而终怠也，无玩时而愒日也，无有名而鲜实也。仿效西法毋徒袭皮毛也，养民练兵，训士惠商，举贤任能，简吏择官；去虚仪，尚实意，敦品诣，重艺术；除律例之繁苛，文试勿行时文，武试勿以弓刀石，别开文武两科，务期实效。与民相见以天，与泰西列国开诚布公，通彼此之情无以远近隔，达上下之志无以贵贱殊，则所以治中而驭外者胥在乎此矣。如是乃可以言和。

治 兵

兵可百年而不用，不可一日而不备，有备始可以无患。兵志曰：不备不虞，不可以师。所谓备者，训练之谓也，治之于平日，斯能用之于临时。

今我中国之大弊，在无事养兵，有事募勇。非兵额之不足也，在乎自远调遣，旷日持久，资粮屝屦，必给之而后行。而领之先则糈台之出纳迟之，领之后则营官之侵克继之。及兵既至，则贼势已成，贼志已固，贼守已坚，而官弁所统率者，只此数百之众，犹以羊入虎口，至亦无济于事；而贼乃得逞其所欲，恣其所至，一旦败坏决裂，遂不可问。当事者，知兵力之不能及，于是仓猝召募，购买器械，幸而集事，贼胆愈张，外而羽翼已成，内而民人罹祸。至后攻贼著效，或亦赖勇之力，而不知将兵者已几费经营，几糜帑饷矣。然则平日之所以养兵者，固何为者哉？盖虚数冒粮，老弱充额，演练不讲，器械未精，一切奉行故事，视为具文，其弊固不胜枚举也。

今日所募之勇，几遍天下，各省被贼之后，军事既定，或即有改勇为兵者。诚见夫勇也者，聚之易而散之难也。顾各省一遇升平，即以兵为无用，军营中积习相沿，牢不可破，因循如故也，粉饰如故也，推诿如故也，畏葸如故也，虚夸如故也。其所为兵者，跳荡拍张，漫无纪律，勇于私斗而怯于公战，见民如虎，见贼如鼠。营中所用者，不过弓矢刀矛也，即曰有所专长，亦不过击刺而已。如是虽曰有兵，与无兵同。

论者皆谓贼平之后，必当改纪军政，整顿营规，练习武备，请求兵法，置办利器，一改从前之面目。盖事贵随地而制宜，道在因时以善变。今日行军，首重枪炮，远则有炮队，近则有枪队，器必坚利，学必精能，坐作进退之间，一听统兵者之指挥，其临阵冲锋，尤在乎有进而无退。其忠义勇敢之气，积蓄于居恒，而奋发于一朝。其气既鼓，有死之心，无生之志，如是而不胜者，未之有也。此之谓能治兵矣。然其所以能致此者，请五言以蔽之：一曰厚糈粮以养其身家，二曰精训习以娴其技艺，三曰严教化以作其志气，四曰共甘苦以结其心志，五曰明赏罚以坚其服从。恩威并用，宽猛相济，而后兵之于将，如身之使臂，臂之使指，安有不听约束，不遵禁令，闻敌猝逃，望风先溃者哉？

顾天下不患在无兵，而患在无将。谚云：千军易得，一将难求。即斗将能将已不数数靓矣，况乎名将大将智勇足备者哉？欲储将材，非一朝一夕之功也。近之则在慎选营员，远之则在别开武科，甄别考试，一切成法悉请废之，而在求真材。

呜呼！今日之要务，其一在治兵，其一在择将。

取 士

古者取士用人之法，莫善于乡举里选，论秀书升，以取之公，择之审，采之舆评而核之实行也。两汉治续之懋，循吏之众，其效可睹已。

自科目之制兴，而此法久废。野无弓旌之招而贤良不奋，里无束帛之贲而孝弟不闻，徒老死牖下，湮没于乡党中耳。于是人材日以薄杂，士习日以卑污。取士之途隘，用人之程滥。士舍科目之一途，虽有高才硕学，达识明辨，无由自进。

金陵管同之言曰：今之士，皆民之实而窃士之名，以取之太多，简之太骤，人人皆可为士，数年间一邑之称士者已至千百人，按其中皆贸然无知者居多。由是士习坏，士风不振，因而曰天下无士，岂通论哉！譬如采珠于渊，采玉于山，取之既竭，则以泥沙代之，人见泥沙，并咎珠玉为无用，有是理乎？为今计者，莫如减其额，远其期，与其多取而贤不肖之皆多，毋宁寡取而贤不肖之皆少。且士既少则下知贵，而为上者教养皆有实用，学中廪饩，书院膏火，养数百人而不足者，养数十人而有余，于是士不为非，廉耻懋焉。

顾其为说是矣，而犹仍以科目取士也，不知科目之弊可胜言哉！采浮华而遗实行，习经义而阘时务，判不知律，策不通今，掇拾剽窃，以徼有司。童之所习，壮之所试，不出章句，陋亦甚矣！其不为俗学所囿者，千百中无一二耳。夫人之精神智识亦甚有限，自幼而壮皆消耗于帖括中，及其为政，茫无所得，势必尽弃其昔之所学，而更期用世，此吏胥所以得操其权而颠倒之也。

今欲明习政务，通达治体，崇尚廉孝，奋励贤能，则在增制科，开荐举，而间行以科目。至科目之制，亦当变通，宜分数端：一为经籍史义，一为诗赋策论，一为经济时务，一为舆地天文，一为格致历算，一为兵刑钱谷。如是则取士之途广而士无遗贤，责实之政成而人无饰行。

　　欲士敦实行，莫若修荐举，欲士通世务，莫若开制科。国家康熙、乾隆两朝曾有博学鸿词之举，虽来者率以言进，而一时之文学经术怀才负望皆出其中。何则？上之所好，下奔走焉，以此循名而核实，得人亦不难矣。制科所取，如兵法，吏治，水利，边防，艺术，地理，凡有一材一能者，无不俱收并蓄，终期有以佐为政之实用。荐举责之于督抚、藩臬、道府、州县，而需由下以达上，以民间推选之多寡，定其人品行之邪正，声望之贤否，众人好恶之所归，即其人平日之所为，亦可概见。又所荐举之人，必其未登朝籍，而隐逸于草野者，否则不在此例。毋徇私，毋谬举；隐匿蔽贤者有罚，举任得人者有赏，终期有以鼓舞间阎孝弟忠信于无形，如是而人才不生，风俗不厚者，未之有也。

久　任

　　呜呼！今世之无循吏也久矣，盖由久任之法坏也。汉时去古未远，吏咸久于其治，有以官为氏者，其立政化民，动多可观，皆为远大恒久之计，无见小欲速之心，此文、景之代所以比隆于成、康也。降至后世，此法渐废，其故盖自科目之制兴，而一岁所登率数百士；鬻爵之例开，而经年所积动几百人。当局者虞其停壅，遂务为疏通，于是有三岁一易，经年一调，甚至不数月而去者。因此仕若辕圜，吏无固志，视廨宇为传舍，量肥瘠为戚愉，循资计日以冀迁改。其所设施，因循苟简，曾无终岁之计，而所有一切因革利弊，曾不稔知。旋已调任，继之者又好为纷更，令方行而遽寝，政未成而旋罢。下则无复法守，而胥吏得并缘为奸。

　　不特此也，疏通太甚则吏不习民，停壅益久则人浮于缺，即使其任职在位，隐有五日京兆之心，身家念重，其余则不复措意，上下苟且，惟日望于禄秩之崇卑厚薄，而不计民生之休戚利害，弊可胜言哉！

　　今当局者苟亟思所以变计，则何不斟酌科目之制，减额而远期，停沮捐纳之条，投闲而置散，复古者采取舆评之法，灼见众人之真好恶，而用舍黜陟之权寓于此焉。

　　爵人于朝，与众共之，刑人于市，与众弃之，犹不失三代之遗意也。盖至愚者民，而至公者亦惟民，苟治之善，入其境未有不知者也。自此专责成，课报最，民便于官，吏习于治，而政不古若者未之有也。

理　财

　　今天下理财之急务，在乎节浮开流，革奢崇俭，所以富国而足民者，其大要不外于此。盖此乃本也，而其余则末也。

　　如开矿取煤铁，入山伐竹木，穷人力以尽地利，此开财之端一也。购机器以兴织纴，以便工作，以利耕播，俾工务日广，农事日盛，此开财之端二也。制造舟舰，远涉重洋，转输货物，以有易无，以贱征贵，俾商贾逐什一之利，而即藉商力以佐国计，此开财之端三也。辟五金之矿，开炉鼓铸金银铜三品之钱，流通民间，以裕国用，此开财之端四也。凡此皆非崇尚西法不为功，而亦非一朝夕间所得遽收其效。今欲兴利，则必先自除弊始。

　　夫开流之议，人人知之矣，所以権税抽厘，加赋劝捐，尽乎细微，殆已搜无遗蕴，而于节浮之说，则未之讲也。浮费之大者，莫如裁河工，罢漕运。自漕粮改由海运，河可循其故道导使北流，凡所以筑闸蓄水糜帑不赀者，一切皆可罢撤。南方数省所供漕米二百万以充天庾者，自南运北，计一石之费几至十余倍，今何不概行折价，而另招商运，所省何止千万？

　　夫浮费冗食，于承平时为多，而尤甚于军兴之际。官之冗员宜汰，军之空额宜除，乃裁革之诏未干，而漏计之令寻下，额外之员溢于常品，徒糜廪禄，于事无益。一捐局之设，一厘厂之开，所委大小员弁不可胜纪。人浮于事，一切可罢，而当局者方藉此以为调剂。官方之滥，耗财之源也。军士失伍而支粮如故，老弱充数而除籍复登；所设各处水师，有名而无实，所造炮船拖船红单船，率以少报多，大半为提镇以下所侵渔，调遣不敷，惟事蒙蔽。粮台多肥橐之人，戎幕皆伴食之客，军需之繁，病财之本也。上下相欺，公私并竭。建言者方亟亟于理财之术，而不知废备官，斥枝员，杜虚数，清冒支，是未能见乎其大也。

其次则如尚方监局，凡物料之悖出不经，无益可省者，悉皆裁罢。俭德先于君躬，而民风自能丕变，所谓上行而下效，革奢之道，即系乎此焉。今天下竞尚奢矣，乱离之后，仍染繁华旧习，衣服僭侈，上下无别，饮食糜费，水陆毕陈，其他淫乐奇技，惑心蛊志者，无一不具。身历兵燹者，尚复如此，而未经丧乱之地，更可知矣。痛乎！风俗之移人而奢糜之蠹财也。盖此风之长，非一日矣，履霜坚冰，由来渐矣。此贾生所以流涕，马廖所以咨嗟者也。

夫俗奢而不知禁，财糜而不知节，当官者皆黩货，而力田者多逐末，此亦民穷财尽之秋。及今不理，后必无措，再有水旱，何以恤之？欲富国者，莫如足民，欲足用者，莫如节用。重农桑而抑末作，赏廉洁而诛贪墨，所以风天下以去奢即俭也。转移之效，捷若桴鼓。诚能如是，而财不阜俗不康者，吾弗信也。

财阜俗康，而一天下自治，此所谓本也。其余一切理财之说，皆末也。本立而末举，然后次第行之，乃始不止以救一时之急，而可以巩万世之基。

昔在同治初元之春，余将以避兵至粤，蒿目时艰，忧心孔棘，曾撰臆谈四十有四篇，略仿杜牧罪言、苏洵权书之意，冀稍足以拯救时弊，欲上之当事，不果。癸酉冬间，承乏日报，搜诸箧中，尚存强半，虽曰陈言，亦或可备一得，享帚知珍，怀璞自赏，不忍弃捐，仍录之以问世。同治十有三年甲戌夏四月，吴郡王韬附识。

海运说

　　江浙粮运改由海道，由来二十余年矣。特所承运者皆需沙船，先经总办海运局封港截留，旋即饬令招雇分兑出运。盖米由官办，运由民船，船由官雇，价由官给，此历年来海运之章程也。至前时，粮艘全行朽坏，自经寇乱，并板片都无存者。而运河日久不修，河身淤浅，闸坝坍塌，非钜万金不能整理。前经曾侯议以一半兵籍，择其老与少者，改作粮丁，仍由河运，此固由撤兵减饷起见。然重修运河，费既不赀，补造粮艘，仍需国帑，似亦非计之至者也。或谓运河道由内地，无意外虞，虽路迁时久，而稳于海运者，此第就今之沙船言耳。若使自制轮船一准于西法，毋惜经费，毋减物料，先延西匠为之经度，必为久远计。其载米固数倍于沙船，而履险如夷，则亦无所谓意外虞也。

　　每船拨兵宜有定额，届运则为护粮之用，事毕则为巡洋之需。其以船为家，仍无异于粮丁，而裁兵之术，亦即寓其中矣。如是，则中国之水师可精，沿海之防堵可严，海运迟速皆操自我，岂非一举而兼数得者哉。

　　抑更有说者。向时河运粮艘，每于秋日来南，至明春则运米北驶。计此一岁中，行时少而停泊时多，以故粮丁水手等易以滋事。今若改用轮船，于间缺时统核船数，轮班派定一二舶出哨，余则照西国公司例，准民间装载货物往来各海口，所得水脚银悉归总局，于年终缮造清册，由在省督抚咨部查核，除各项耗用外，尽为修葺船身及加造轮船用，则既足以裕国，而又非与民争利。以亲修运河补粮艘仅有出而无入，果孰得而孰失。即彼粮丁水手，既日有所事，亦不致以干法纪重为地方忧，则又无须沿途防检也。若夫在局司事各员，欲其无侵蚀，无冒消，公正严明，实心任事。每岁于舵工等，详考优劣以昭激劝，则固在各督抚选择得人，而非意计所能及矣。

武试宜改旧章

近日考试武童，外场官长仍按照旧章，谕令武童至期各带弓矢，齐集演武场，听候考试，其内场另择日期，默写武经。窃意取士之道，文试既以诗文诗赋谨守成法不敢稍更，武试似宜量时变通。盖今时行军以火器为先，两敌相遇专事轰击，火器精而多者胜，然后后队继之追奔逐北。远兵以弓矢，近兵以刀矛，是弓矢刀矛者，追敌之所用，而非攻敌之所先。近时操演士卒既重火器，则武场似亦可以兼试。平时习之既精，临事自然有恃无恐。乃不置讲于先后缓急之间，所试非其所重，将来所用又非其所习，抑何其计之左也。他若武场专讲弓马，则仅可娴于陆路，而未谙于水师。沿海州郡，似亦可以增设专科，讲求尽善，此诚今时之急务也。

官盐说

濒海之区极富者，其利不过曰鱼盐。顾盐法虽因时制宜，而私贩之禁则一。今自中外通商以来，各种货物皆准其出入交易，惟米不得出口，而盐不得入口。何则？以盐固中国所饶足，无藉乎西商之携至也。今闻西人云，中国常禁洋商带盐入中华贩卖，此殊不解其何故。若肯弛禁，准洋商贩盐来卖，照中国纳税规例，彼此均能获利，即如印度国向来不准他国盐入境，至二十年以前，印度会城开禁准行及今，每年消盐至一百六十万担，印度获利胜于往昔，则中国亦何乐而不为哉？况内地之盐常为私枭贩卖，国税已绌，外国之盐贩来中国，照例输税，当无走私处。西人之所述如此，虽然是真，知其一未知其二也。

中国即有私贩之盐，亦从灶场买至，其钱仍入于官，是官商之所谓私，非国家之所谓私也。今中国于食米遇岁歉时或有未敷，而于食盐未尝不足，何必藉外盐以济之。外盐至而华盐之消必滞，虽得税饷，亦何补于大局耶。且又何以处夫灶户灶丁耶。不特此也，盐之为值贱，西人以货舶贩运至华，除一切费用所得，当亦无几，则必欲固争此利，是亦有所不解矣。

算学宜先师古

英国湛氏论算学为格物之门钥，当从欧罗巴先达入手。深惜吴子登太史《算学初集》多重古法，其有间，藉今法以参补者，不详其所从出，讥之固是也。而湛氏意专重今法，则于古天算递变之源流恐亦未及详也。新法之精密人人知之矣，而要皆从古法之疏舛者对观而出，如地为球体，预推日食始于他动，则亦本诸他国历表，或得迦勤底表，而细测参悟者。专测地距日法，始于亚里达古，今人虽知其未密，而立法之巧实为其所创。如无多禄某言地球恒定轨道平圆之说，则歌白尼地动之证不显，刻白尔椭圆之理不彰。即地球动定两说，古来诸名家聚讼纷纭，今未有不是动而非定者。

然第谷虽执旧说，与歌氏不合，而其测天之精实有以开奈端诸家之学，则新法未尝不从旧法中来也。不特西法如此，即中法亦何独不然。汉之诸历虽未甚精，然后世皆相因用之，至宋何承天，隋刘焯，唐傅仁均、僧一行之流，最为杰出，至元郭守敬而大备，皆从古法参悟对观而出者也。不明古法，不能知新法之善，而悉其变通之得失。故中国人士讲历算者，当先从经学中算术始，继之以各史历法之沿革。中法既明，始西法，亦必溯古以逮今，则于门径之异同了然可识矣。苟中国学者徒知以西法入门，而于经中历算本末未尝一考，则亦未见其得也。

《漫游随录》自序及选编

　　昔长白麟见亭河帅有《鸿雪因缘》，番禺张南山司马有《花甲闲谈》，顺德胡和轩通守有《陔余丛录》，皆自述生平游历之所至而托之图绘，以永其传。盖古人编诗往往一官一集，于宦游辙迹之所经，辄低徊俯仰而弗敢忘。诚以佳景当前而易忽，事后回思，如追亡逋，非有诗词以记之，图咏以传之，直付之飘风尘迹、梦幻泡影而已。不大可惜哉？此余《漫游随录》之所由作也。

　　余也壮而无闻，老之已至。溯自弱冠以来，佣书沪渎。辞淞滨之老屋，听歇浦之寒潮，负仲由之米，莫饱侏儒；斥晏婴之书，难供朝夕。虽邱壑有心，踪迹不出乎闾巷；烟波在望，梦魂常系乎乡园。饥驱徒切，归隐难期。中间以蜚语之猝来，遂长征而不顾。于是乎乘长风，破巨浪，扬舻乎香海，驻跸乎穗城。访尉佗之故墟，问刘龚之遗迹。狖鸟蛮花，搅乡心其如碎；瘴烟昼雨，嗟客况之谁怜？不得已重为汗漫之游，于是登宗悫引风之筏，乘张骞贯月之槎，将东泛乎扶桑，西极乎阿兰。所经之地，略可述焉。

　　息坡生聚之繁，槟岛商贾之盛，东南洋中可屈一指。天竺为我佛播教之区，锡兰乃如来降生之所。慧光灵迹，今未泯焉。他若亚丁之山童赭，红海之波汩沸。埃及为自古名胜之国，土坟石椁，寻千年未朽之尸，古篆遗钱，阐万古不传之秘。所足奇者，一入苏彝士而气候顿异，初经意大利而光景一新。自此驱车而过法国，经来昂至巴黎，见夫阛阓之喧阗，都会之繁华，宫阙之壮丽，物玩之奢侈。吁！其盛已。楼台金碧，尽是九重者，首推法京。由法渡七十里海峡而至英，虽见见闻闻稍或有异，而大致无殊。英法名区胜境，悉数之而更仆难终，惟得之目击身亲者，珥笔而记之。

己卯之春，粤居多暇，遂游东瀛。由长崎而达神户，经大坂入西京，复由神户而达横滨。居东京者四阅月，遂作日光山之游。是山素称"神灵窟宅"，西人之诣暑者多至焉。群峰翠拥，万壑泉流。日本山水之胜，过于泰西，兼以同文之国，文词诗赋，迭唱屡赓。文字之缘，友朋之乐，特于海外见之，亦奇矣哉。

呜呼！余于此日东西之行，非火珀风轮，即飙车电驭，邮程无滞，水陆无惊，亦云快矣！经历数十国，往来七万里，波涛助其壮志，风雨破其奇怀，亦足豪矣！而尤足以快意肆志者，余之至泰西也，不啻为先路之导，捷足之登。无论学士大夫无有至者，即文人胜流亦复绝迹。余初至英，讲学于恶斯佛大书院。院中士子峨冠博带，皆有雍容揖让之风。余为陈"道有异同同异之辨"，而言至道终必归于大同。士子群击节叹赏，以为闻所未闻。余出行衢市，巡丁见有童子喧笑者，必驱之去；询以路径，必导余至其所而后已。里老见余，必摘冠道旁，以致敬问。何以然？曰：愿效法孔子也。好事者询余所临，先一日刊诸日报。照像者愿勿取值。相识者迎余至家，盛设宴会，招集宾朋，悬旗于屋顶，示有远客至，以为荣，且志喜也。凡此皆以余至独先，而罕见中华文士故也。

余至日本，见重于日本亦然。往从诸名流后，偕游日光山，每经险处，必使八人舁余轿，诸人前后拥护，行歌互答，以解舁者之劳。余将返国，同人饯余于中村酒楼，不期而会者百余人。余位列星使上，衣冠宴集之盛，向所未有。诸名流之宠异余也如此。余穷于世，而独得此于异域之人，数万里外之文士，抑何幸欤？

嗟乎！余少居甫里，莫有知余者。即文章小技，尚不满于乡里悠悠之口，何况其他？岂天之薄于彼，而厚于此欤？今也子长游倦，相如病多，岭峤归来，蓬庐息影。尚待吴中之作室，仍为海上之宾萌。日惟仰屋著书，闭门觅句，绝不问户外事。惟是追忆前尘，已如昔梦。然翘首返思，犹复显显在目。朋俦过从，与谈海外游踪，辄为神往，咸曰："何不诠次前后情事，汇为一编，以佐谈屑，扩异观，俾作宗少文之卧游，不亦可乎？"适有精于绘事者许为之染翰，遂以付之。都为图八十幅，记附其后，而名之曰《漫游随录》。非敢与三君子抗衡也，亦非敢藉以问世也，不过聊以自娱而已。

光绪丁亥双星渡河之后七日，天南遁叟王韬自序于淞隐庐。

（五）白下传书

道光丙午，余年十九。秋七月，以应闱试至金陵。同行者为青萝馆主、臞仙居士。自甫里启程，达金阊，经锡山，抵毘陵，由京江而取道于长江。金、焦两山，缥缈云际。遥望大江南北，环青峙碧者，皆山也。岚光帆影，时在几席间，敞篷窗而观之，殊足以娱目快心。既至白下，泊舟于水西门外，寒雨飘窗，夕潮喧枕，为之凄然不寐者竟夜。

翌日，乃至寓斋，适在钓鱼巷中龚家，水阁五椽颇轩敞，画槛临流，疏帘映日。左右多青楼，弦管之声，嗷嘈不绝，正所谓流莺比邻也。凡游秦淮河者，必经此阁下。衣香鬓影，粉腻脂柔，犹有六朝余习。同人以为时于此间得少佳趣——时余方意有所属，视个中人一不以屑意也。

有某女士者，自少相识，有啮臂之盟，订同心之誓；虽未知后日如何，而此际已坚永约矣。临行时，曾约寄书，以慰盼望。乃于夜间秉烛濡毫，贻某女士书云：

珍重临歧，一尊别酒。高唱骊歌，浒关已出。历经名胜，不禁有怀。山光送黛，浪花拍天，帆影涛声，直瞬息间耳。放眼长江风景，惜不能同领壮观，亦一恨事。因遥指白云深处，烟树迷离，当是我乡。夜间小泊，清话偏长，人静更深，别有怅触，寒蛩破梦，渔火荧然，于此能不有离乡思乎？香雾云鬟，清辉玉臂，杜少陵所以忆长安也。角枕寒侵，银釭斜背，旅窗独坐，岑寂感人，然梦中无夕不相见，亦无日不还家也。虽则关河绵邈，不啻魂梦相依。近者，桂子飘香，芙蓉挺秀，骤暖骤凉，兼晴兼雨，伏祈加意珍摄，勿爱月眠。迟夜深凉，恐惹天寒袖薄，秋冷寻人。况乎夜凉于水，月白如霜，花间徒倚，影乱叶稀，零露湿襟，尖风刺骨，郁金堂畔，云母窗前，是耶非耶，呼之欲出。寸心千里，片言一缄，恨碧羁红，不堪在意，七律三章，聊寄怀思。

其一：尚忆前番握手时，未行先欲问归期。最怜离别牵红袖，反怨功名锁翠眉。乘月轻帆偏猎猎，和烟哀柳尚丝丝。金钱长夜休频卜，为有檀郎绝妙辞。

其二：新寒几日袭帘帏，旅思纷然愿总违。另有心情连日醉，只余魂梦昨宵归。夜深愁听百虫语，月落惊闻独雁飞。只恐夜凉花下坐，露香风警透罗衣。

其三：疏帘隔断一溪烟，丛鬓长眉绝可怜。碧玉工愁偏此日，泥金写帖是何年。诗题桐叶人双笑，被冷芦花客独眠。细雨黄昏无奈甚，残灯明灭短窗边。

某女士得书，旋有报章，后亦附一绝句云："为谁憔悴为谁娇，几许柔情托玉箫。已是夜阑人定后，苦寻鹦鹉诉无聊。"

当七夕后三日，某女士为余饯行，作咄嗟筵。酒半，侍女金娇特奉女士命，吹箫侑酒。女士即席口占二十八字云："呜呜袅袅欠分明，不是离声便怨声。人事已非时月改，银河依旧鹊桥横。"

女士竟不永年，玉折兰摧，思之腹痛。天荒地老，此恨何终极哉！

（六）白门访艳

金陵为自古帝王之都，六朝佳丽，余迹犹存。水软山温，花明柳暗，明代创设十三楼，一时章台之盛，冠于东南。余今者轻烟淡粉，初人欢场，布袜青鞋，遍搜胜事。余寓龚家，水阁之西为文漪楼，任素琴、缪爱香两校书为个中翘楚。素琴固是岁花榜中探花也，艳帜独标，香名夙著。青萝馆主、珊瑚渔父偕余历访数家，迄无当意，惟此姊妹花含睇宜笑，颇得人怜。两情既洽，小宴遂开。爱香酒量既豪，尤工拇战，钏动花飞，出奇制胜，余为之罄无算爵。翌日，招之荡桨秦淮，遍经名胜。邻舫中有相识者，笑谓余曰："阿兰坐拥两美，艳福真不浅哉！"盖余小字兰瀛也。余意颇窘，后约重游，遂不复往。

秦淮两岸，红阑碧槛，绣幕珠帘，每至夕阳欲下，晚妆既罢，粉面呈妍，管涩箫娇，触耳徒增惆怅。素琴所居为文漪楼，陈设雅丽，鸭炉暖茗，猊鼎焚香，几净窗明，俗氛尽涤。笔床研匣，位置楚楚。架上书籍数十种，护以颇黎，尘不能入，缥帙牙签，新若未触。余问素琴亦识字否？素琴笑曰："字何人不可识？岂独让秀才家双瞳炯炯哉！"余弗信，案上适有《石头记》，举以询之。舌如澜翻，妙绪泉涌，转问："'白首双星'传有两解，何者可从？"余曰："以'伏'字观之，当指后事，非证前因也。"素琴为之首肯。自言本白门良家子，以为匪人所诱，遂堕风尘，非初志也，言之泪涔涔下。

缪爱香本姓朱，缪则从母姓也。所居"微波小榭"，临流顾影，湖水皆香。房分内外两重，外房多列古玩，商彝周鼎，光怪陆离；内房绡帐锦衾，备极华焕。青萝馆主曰："此真所谓迷香洞也。"余凡五宴其家。中秋后二日，同人咸拟返棹，* 早已舣舟以待。素、爱二校书特招余往，咄嗟为余作饯行筵。素琴先向余索湖绸，因购两端分赠二人，故两校书待余亦倍致殷勤也。珊瑚渔父酒酣故作游戏语，书一绝句赠素琴，末句云："贫士身边无别物，毛锥三寸当缠头。"素琴阅之，红晕于颊，即以案上青果作玉投壶，适中渔父额间。青萝馆主笑曰："恐车中潘郎无此佳痛也。"

别后，青萝馆主有感旧诗，附录于此："一卧文窗病转深，江郎苦要费沉吟。东风蝴蝶浑无藉，南国芳兰别有心。不是酒边灯下见，却于花底梦中寻。绿珠碧玉难仿佛，小字原来号素琴。""记曾入洛驻羊车，仙侣相邀访狭斜。清绝似冰还似玉，邈然非雾亦非花。上书甘分同苏子，作赋何须属谢家。三五月圆圆正好，明朝挥手即天涯。""手札瑶华每误传，伤心岂独为婵娟。海边忽失珊瑚网，亭角空回书画船。子建文章夸后隽，希真风貌似当年。轻颦浅笑温存语，国士何尝不爱怜。"

（三十四）制造精奇

英人心思慧巧，于制造一切器物。务探奥窍，穷极精微，多有因此而致奇富者。此固见其用心之精，亦由国家有以鼓舞而裁成之，而官隐为之助也。

按英俗，凡人创造一物不欲他人摹仿，即至保制公司，言明某物，纳金令保，年限由五六年至二十年。他人如有摹仿者，例所弗许。违例，准其控官而罚锾焉。设贫人创物，无力请保而乏资自造者，可告富人令验，如效，则给价以求其法，往往有一二倍之价而获利至千百倍者。原其制物也，竭心思，广见闻，不惜工本，不避劳瘁，不计时日，遍访寰区，历试诸法，以务求其当，而报之官。如官验之果济于用，则给以文凭，共保若干年，禁止他人私摹其式。其有奉明仿效者，则纳资于创造之人。又恐他国私摹，于是遍告邻封，官为主持。凡有仿效而不纳资者，则倍其罚。故一物既成，其利几以亿兆计。否则几经研求，以发其秘，他人坐享其成，无所控诉，谁甘虚费财力以创造一物乎？未卒业而有惴心者，亦可报闻。如器有实用，而官不以为然，及禁人私摹，而官反阴用之者，皆可讼诸刑司。人有一得之技，虽朝廷不能以势相抑，故人勇于从事也。

钟表之制，中土人多有知者，造作以英人为最精。他如以水汽运机，以风推磨，以水舂碓，固未足为奇也。千里镜之巨者，于日中登最高处仰窥，星斗皆现，能察月中诸山；夜间于海面藉天光窥之，舟船樯桅，倒挂下垂，历历可辨。显微镜以之觑纤细之物，如蚊睫蚁足，察及毫芒。至于银工雕镂，尤为精绝。尝见一银塔高不盈寸，分三层，每层有人物形象，眉目面貌细巧明晰，几疑神斧鬼工，不可思议。又有以女子头发结为指环手钏，赠贻交好。男女相知者，得此以为荣。复有画工，描写形容，纤微毕肖，尽态极妍，惟妙惟肖。

英国以天文、地理、电学、火学、气学、光学、化学，重学为实学，弗尚诗赋词章。其用可由小而至大。如由天文知日月五星距地之远近、行动之迟速，日月合璧，日月交食，彗星、行星何时伏见，以及风云雷雨何所由来。由地理知万物之所由生，山水起伏，邦国大小。由电学知天地间何物生电，何物可以防电。由火学知金木之类何以生火，何以无火，何以防火。由气学知各气之轻重，因而创气球，造气钟，上可凌空，下可入海，以之察物，救人、观山、探海。由光学知日月五星本有光耀，及他杂光之力，因而创灯戏，变光彩，辨何物之光最明。由化学，重学辨五金之气，识珍宝之苗，分析各物体质。又知水火之力，因而创火机，制轮船火车，以省人力，日行千里，工比万人。穿山、航海、掘地、浚河、陶冶、制造以及耕织，无往而非火机，诚利器也。

余旅于詹那家，由其地抵水晶宫，往来必乘轮车，中间凡三停车。有一卖酒处，当垆者绮年玉貌，娟丽多姿，余过必往饮，女必琐琐问华事。一日，见有长髯者在，则其父也，乃司理轮车铁路者，为言：英国初创轮车，国人莫不腾谤，蜂起阻挠，谓举国牧御由此废业，妨民孔多。岂知轮车既兴，贸易更盛，商旅络绎于途；轮车不及之处，济以马车。轮车获利，尤在载货，货多则生理大，利息倍，税课亦增，实为裕国富民之道。国中苟有变乱，闻报调兵，朝发而夕至，有如疾风之扫叶，兵行速而军需省，无过轮车者。苟无轮车，征夫骑行，时虞盗劫。自建铁路后，人行万里，无意外之警；即有急务，顷刻可达。饮毕，送余至轮车所，指谓余曰："火车之行，轮铁迅捷，辄生火焰，昔时车每被焚。有阿士贝者，创造凉油，使车行久而轮不热，遂获厚利，富甲一乡。"泰西制造精微，于此可见一斑。

《扶桑游记》自序及选编

自 序

余少时即有海上三神山之想，以为秦汉方士所云蓬莱诸岛在虚无缥
渺间，此臆说耳，安知非即徐福所至之地，彼欲去而迷其途乎？顾自此
东瀛始通，文字书籍由渐流入，其人之容貌音声、性情风俗，固有与中
土相仿佛者。迩来与泰西通商，其法一变，前之所谓世外桃源可以避秦
者，今秦人反从而问津焉。余多日东文士交，每相见，笔谈往复，辄夸
述其山川之佳丽，士女之便娟，谓相近若此，曷不一游？又言至东瀛者
自古罕文士，先生若往，开其先声，此千载一时也。聆之跃跃心动，神
已飞于方壶、员峤间矣。

今春，寺田望南书来，以为千日之醉、百牢之享，敢不维命是听？
于是东道有人，决然定行计。抵江都之首日，即大会于长酡亭上，集者
廿二人。翌日，我国星使宴余于旗亭，招成斋先生以下诸同人相见言
欢。由此壶觞之会，文字之饮，殆无虚日。余之行也，饯别于中村楼，
会者六十余人。承诸君子之款待周旋，可谓至矣。中间偕作日光山之
游，遍探山中诸名胜。前后小住江都凡百日，日所游历，悉记于篇，并
汇录所作诗文附焉。名曰《扶桑游记》，以畀栗本锄云先生，付诸手民，
用示同人，不敢有忘盛惠也。

光绪五年秋七月八日志于舟中，时将至长崎矣。吴郡王韬。

十四日 午正抵神户。按神户向属摄津矢田部郡，与兵库相毗连。
余偕日人笹濑元明，乘小舟登岸。途中遇朱君季方，肥胜于昔，容亦稍

苍，十年远别，几不相识，车中一揖即别。

先访我国驻扎领事廖枢仙，名纸甫入，即出相见。坐谈久之，芝轩始来，同往舟中取行李。部署既毕，乃至芝轩旅斋，见其夫人，问无恙，并见吴瀚涛。

是日饮于酒楼，曲折登山，颇为高耸，楼屋三椽，不甚轩敞。顷之，开尊歌舞，一如长崎。各人皆席地坐，飞觞劝酒。

枢仙名锡恩，广东虔州人，选拔贡生，工诗文，来神户署事已三阅月矣。瀚涛名广霈，安徽诸生，年少有才，踔厉奋发，要自不凡。

饮毕归署，往访季方。季方已登楼卧矣，披衣而下，剧谈良久，归卧署中。芝轩名宗良，南海人，少读书于香港保罗书院，深通西字，能见其大。余著《普法战纪》，芝轩佐译之功居多。

十五日　晨起盥漱后，朱君季方、许君友琴偕来访余，茗谈良久，乘车同游楠公庙。庙在凑川北坂本村。楠公名正成。公起师勤王，身殉国难，转战至此，乃捐躯绝脰而死，后人遂葬于此，故墓亦在焉。碑表曰："呜呼忠臣楠子之墓"；碑阴有赞，为明遗臣朱之瑜鲁屿撰，称其行事，不概见。然楠公父子，大节炳然，争光日月，史传虽不尽详，今有辑其遗事成巨篇者，手泽所留，什袭珍重，可知忠义之入人深矣。庙中牡丹、芍药已开，姹紫嫣红，殊可爱玩。时尚早，游人来者已杂沓，因往茶寮啜茗。司茗女子颇妩媚，工围棋、三弦，为奏一曲，悠扬可听。

是午，枢仙招宴署中，有盛馔。午后，偕芝轩访季方。顷之，瀚涛亦来，即于季方处小饮，酒味殊醇，一举十觥。卫铸生亦来相见。铸生琴川人，工书法，挟其一艺之长而掉首作东游者。闻乞字者颇多，自八九月至今，已得千金，陆贾囊中，殊不寂寞。

季方为予觅一女子，曰阿朵，年十六七龄，姿仅中人，而微作男子相。爰赁楼一椽，为藏娇金屋，即移寓焉。楼中椅榻俱备，几净窗明，颇快人意。寓主张姓，甬东人。铸生即寓楼下。

十六日　立夏。午后偕季方、友琴往浴于温泉。一室中方池如鉴，纵横约二丈许，男女并裸体而入，真如入无遮大会中。别室有冷水池，或谓其下有硫矿。张德澄、胡小苹亦来浴于此，张、胡俱籍隶甬东。

浴罢，乘车登山观瀑布，土人谓之"布引"，亦呼曰：

精辨宋元讲簿录，人间奇帙恣罗搜。

林君书城拥十万，赤文绿字发光怪，

嫏嬛福地君占先，我特乘槎来海外。

吾宗漆园居浙东，东游采药探灵踪，
怀才不屑居人后，奇句往往惊蛟龙。
娉婷小胜吾艳友，别来泪湿青衫袖，
今日重逢在此筵，欲倾墨川水作酒。
美人名士此筵中，吾心感慨君心同。
隔邻牛饮走旋磨，琵琶但听声丁冬。

栎窗有一绝，云：

青衫红袖两依依，八百楼头已落晖。
墨水堤边雷雨过，波痕飞上酒人衣。

诗罢雨止，别寺田，驱车而返。

十日（阳历六月二十九日）　寺田氏来，偕往楠亭。同集者梅史、漆园、石川鸿斋、林栎窗、石埭奥田。艺妓则角松、小胜、丹子、鹊华。弦韵咽水，歌声遏云，而舞影婆娑，独在烛光迷离之下，诸君皆为罄无数爵。梅史、漆园席间有诗，余以小巫见大巫，兴味索然，不能继声。

十一日（阳历六月三十日）　增田岳阳来。是日，同人逢"讲经会"，集于成斋书舍。来者海南、鹿门、荃汀、鹿峰。此举一月两集，阐解经义。日东士人之勤于学问，可谓至矣。

十二日（阳历七月一日）　佐田白茅来。藤田鸣鹤约游深川，未果。

十三日（阳历七月二日）　偕访仲乘轮车至横滨，访罗君朗卿，同往会馆。盖是日俗传为关壮缪生日，故华人之商于横滨者，铿锵歌舞以侑之，殊为热闹。午后，何、张二公使皆来行香；公度、梅史亦接踵继至。天气颇热，会馆中锣鼓喧阗，笙箫如沸，士女来观者，络绎不绝，几于袂云而汗雨。余与梅史恶其嚣，令罗君宝森为导，登一崇冈，拾级而上。冈左右皆设茶寮，司茗者女子也。有一女能操英语，貌亦不俗。至此小憩，如薅恼场中别开清凉境界，静坐久之，始回。薄暮设宴，余与公度、梅史、静臣同席，归已宵深。

十四日（阳历七月三日）　石川鸿斋来。午后，梅史、访仲、漆园、鸿斋同集于楠亭。酬劝巡环，殆忘宾主。余偶有不满歌妓一人，席间戏占二十八字赠之，略示微意：

黄金费尽买来愁，垂老颓唐花见羞。

只待十年容色改，那时看汝尚风流？

"楠"字日人今呼为"椮"，此古今称谓之变也。

十五日（阳历七月四日）　午后驱车至"拥书城"小坐，乃至墨川"八百松亭"，令人招小胜来。久之，小胜方至。楼主已具酒肴，临湖独酌，凉飙飒然。薄暮，偕小胜联镳至柳桥龟清楼，诸人咸集。楼下有浴室，乃系法制药汤，可祛宿疾。余浴后登楼，遍体皆爽。楼临湖水，浩渺无际。其旁一桥，穿然亘空，如跨长虹于天半，即两国桥也。近桥三椽，亦曰"残夜水明楼"。艺妓自小胜外共四人：政次、阿清、幸吉、小铁。小铁，余旧好也，不见一月有余，腼腆掩抑之态，犹复可掬。弦韵既调，歌声齐发，真觉飞泉为咽，行云不流。须臾，明月一轮涌于江中，圆如玉盘，皎若冰盆，清辉朗彻，四无纤翳，风景之妙，未有如斯者也。不觉急呼快甚，共浮大白。是时，友朋来集者：梅史、漆园、琴仙、士弧、栎窗、石埭、奥田、藕船；而龟谷省轩方自浪华归，相见欢然，絮谈别况。席上省轩先有一诗：

半夜酒醒乡思饶，东山山畔雨萧萧。
天涯游遍知音少，还访蛾眉上柳桥。

余援笔立和五章：

毋多酌我盖宽饶，功业休论汉相萧。
不作出山霖雨计，只来蓬岛觅蓝桥。

龟清楼畔望长桥，远友归来酒兴饶。
自恨看花今较晚，可怜两鬓已萧萧。

只问新桥与柳桥，向来花月此偏饶。
卅年早觉繁华梦，绝代珠娘旧姓萧。

十里烟波浸纬萧，二分明月照红桥。
深闺昨寄怀人泪，玉臂清辉远思饶。

记得扬州廿四桥，垂杨垂柳影萧萧。
神州尚是销金窟，自有腰缠十万饶。

步梅史原韵：

远道慈亲梦，天涯游子踪。

归家一月别，忆友万山重。

对酒乡心杂，看花客兴浓。

版舆经驿路，应绕最高峰。[①]

席间偶作短歌，以示同人：

长桥卧虹，明月当空，

有酒不饮，岂曰英雄？

今夕何夕，良友重逢，

白华洁养，慰此寸衷。

壶觞既洽，文字其同，

一堂之上，宾主南东。

人才崛起，诗学攸崇，

我来蓬岛，扬抎宗风。

二日（阳历七月二十日）　午后，应士弧之招，驱车至"读杜草堂"。车夫力既弱，又不识路，以致迂途远涉，行烈日中，如张火伞，头为之岑岑然。偕士弧至丸山龙川家，得见寺西积、古海长义，共往新桥。登舟泛乎中流，凉飙飒至。既至墨川，饮于"八百松亭"。所招角松、小胜皆未至。

酒半，镰田景弼入座纵谈，挥毫作字（镰田自号醉石生，竹添渐卿之戚友）。席上诸人皆有诗，为录一二。镰田诗云：

高辩雄谈各擅扬，烦襟同涤水云乡。

士无今古期千载，客有西东共一堂。

银烛光中容似玉，白苹风里酒初香。

聊酬钦仰平生意，把手江楼笑语凉。

龙川诗云：

波纹细细夕晖天，欲对清风座屡迁。

把酒顿忘三伏热，寻诗闲看一溪烟。

白家幽思浔阳月，苏子豪情赤壁船。

自古英雄多旷达，何妨沉醉听么弦。

古海诗云：

自古文书约略同，订盟不隔海西东。

乱云将酿催诗雨，高阁徐来解愠风。
交谊能如江水淡，醉颜好似夕阳红。
宣城一见频低首，坛坫风流属遁翁。

士弧亦成一绝云：

舣船且作片时游，日暮江皋初送秋。
痛饮忽思香海月，他年肯唤紫云不？

三日（阳历七月二十一日）　天气炎燠，静坐不出。

四日（阳历七月二十二日）　往"报知社"。梅史枉过，未值。

薄暮，往访梅史，即饭于其斋，继偕乘车至柴桥观海。柴桥在铁道旁，距京约十许里。傍海庐舍不过数十家，殊有村落意。茶亭俱面海当风，极为轩爽，披襟啜茗，真堪忘暑。海中波浪冲激，烟霭微茫。对海一灯高矗红光远射者，炮台也。时电光闪紫，雷声殷然，势将作雨。余与梅史饮酒数巡，驱车而返。

五日（阳历七月二十三日）　白茅、士弧来，约明日游向岛。

六日（阳历七月二十四日）　本多正讷来，赠诗一篇，录左：

夙闻吴地有词仙，万里遥浮徐福船。
道德流风思柱史，明光起草羡才贤。
问奇谁识扬雄字，献策长留贾谊篇。
莫厌天涯淹滞久，相邀争设主宾筵。

午后，往若吉茶屋，省轩、白茅、士弧皆先后至，三人皆逾约期。命招小铁来，具舟泛墨川。舟式较前稍优，四窗尽敞，清飙徐来，凉意习习从水波中生。自柳桥往墨川，其路较近。舟中口占一律：

今朝载酒棹舣船，欲暝风光团暮烟。
劝酒飞觞劳玉手，看云觅句耸吟肩。
西施昔本浮轻舸，东渡人多识辋川。
渐觉凉波添浩淼，白鸥戏浴水中天。

既至，小饮"八百松亭"。小胜之居近在咫尺，呼之即至。酬酢巡环，一举数觥，殊快人意。酒半，小胜弹琴，小铁起舞，各献所长，以争妍而取怜。新月既上，乃携小铁，放舟乎中流而归。

七日（阳历七月二十五日）　增田岳阳来，持扇乞书，乃为写《宝剑篇》：

前书宝剑斋,因索宝剑篇。自言此剑制自名人手,流传至今九百年。寒芒高射斗牛外,夜夜斋中发光怪。升平此物非用时,徒自炫鬐殊足戒。脱匣出视利无俦,其气肃杀天为秋。平生恩怨不快意,藉我请斩仇人头。

午后,偕成斋赴鹿峰之招。鹿峰家近"清华吟馆",屋宇清幽,花木纷绮,同席惟鹿门、樱泉而已。雏鬟侍酒劝饮者,曰阿岭、阿米。余于阿岭,似曾相识。成斋曰:"此即'米华堂'主人女也。"乃始恍然。所陈肴馔,精洁异常。酒半,鹿峰夫人出见,拨弦为弹西京曲,声调悠扬,作靡靡之音,所奏乃玉川歌也。顷之,东邻女子亦来入座,善弹东京曲,高抗激昂,参以杀伐声。彼此更唱迭和,各竭其长。二人皆专门名家,所操之曲,错综变化,音律之妙,迥异寻常,歌妓辈万弗逮也。成斋谓:"西调纤婉似唐风,东调激楚似秦风,王霸之别也。"

纪日本女子阿传事

  阿传，日本农家女也。生于上野州和根郡下坂村。父业农，小筑三椽，颇有幽趣，依山种树，临水启门，自具篱落间风景。室东偏紫藤花满架，花时绛雪霏几榻，阿传卧房在焉。阿传貌美而性荡，长眉入鬓，秀靥承颧，肌肤尤白，胜于艳雪，时人因有"玉观音"之称。及笄，风流靡曼，妖丽罕俦。邻人浪之助者，佻达子也，善自修饰以媚阿传，时以玩物馈贻，由是目挑眉语，遂成野合鸳鸯。往来既稔，父不能禁，竟偷嫁之成伉俪，倡随极相得。

  无何，浪之助忽撄恶疾，盖癞也。阿传耻之，偕夫遁去。闻草津有温泉，浴之能治癞，僦屋彼处，晨夕往焉。乡人某甲，素爱阿传，闻而怜之，来劝之归，弗从。绢商某挈眷就浴温泉，适与阿传同寓，见阿传事夫甚谨，异之。绢商妾亦小家女，绰约多姿，时就阿传语，始知为同族姊妹行。因劝夫邀阿传共往横滨，延美国良医平文治之。

  有吉藏者，横滨船匠员弁也。涎阿传美，思通之，愿任医药费，延阿传夫妇居其家，伺间求欢，狐绥鸨合，极尽缱绻。鱼贾清五郎，侠客也。怜阿传贫，时有所赠。阿传意其私己，欲以身事之。五郎拒不纳。浪之助疾久不瘳，仍偕往温泉，中途遇盗，尽褫其囊中金，哭诉于逆旅主人。绢商适寓其家，时方宴客。婢以事闻，特畀朱提数笏，济其穷。及来谢，乃知即阿传。绢商方独宿寓中，遂荐枕席。旋绢商归，阿传从之至其家。绢商妻唾之曰："此祸水也！"劝绢商绝之，赠以资斧遣去。

  未几，浪之助死。或疑为吉藏所毒，然事终不明。夫死一周，阿传颇不安于室。一日，归省父，缕诉往事艰辛状。阿传父虑女前行，令妹贻书规之。阿传置弗省。偶徘徊门外，市太郎道经其室，一见惊为天仙。藉事通词，遂招之入，竟作文君之奔焉。以后凡有所属意者，辄相燕好，秽声藉藉闾里。

阿传以东京多浪游弟子，冀遂其私，乃寓浅草天王桥畔旅舍，曰丸竹亭，室宇精洁，花木萧疏。阿传竟作倚门倡，留髡送客，习以为常。吉藏以事至东京，素识阿传，因呼侑觞，醉甚留宿。阿传索金，不即予。吉藏自阿传夫死后，薄其所为，与之有隙，至是刺刺道其隐事。阿传憾甚，乘其醉寐，手刃之，托为报姊仇，被逮至法廷，犹争辨不屈，几成疑案，经三年而后决，正法市曹，以垂炯戒。此己卯正月中事也。东京好事者，将其前后情节，编入曲谱，演于新富剧场。天南遁叟时旅日东，亦往观焉，特作《阿传曲》以纪之。诗录如左：

野鸳鸯死红血迸，花月容颜虺蜴性。短缘究竟是孽缘，同命今翻为并命。阴房鬼火照独眠，霜锋三尺试寒泉。令严终见爱书丽，闾里至今说阿传。阿传本是农家女，绝代容华心自许。争描眉黛斗遥山，梨花闭户春无主。笄年偷嫁到汝南，羡杀檀奴风月谙。花魂入牖良宵短，日影侵帘香梦酣。欢乐无端生哭泣，温柔乡里风流劫。一病缠绵不下床，避人非是甘岑寂。温泉试浴冀回春，旅途姊妹情相亲。一帆又指横滨道，愿奉黄金助玉人。世少卢扁真妙手，到底空床难独守。狐绥鸨合只寻常，鲽誓鹣盟无不有。伯劳飞燕不成群，伉俪原知中道分。手调鸩汤作灵药，姑存疑案付传闻。一载孤栖归省父，骨肉情深尽倾吐。阿妹贻书伴弗省，真成跋扈胭脂虎。市太郎经邂逅初，目成已见载同车。貌艳芙蓉娇卓女，才输芍药渴相如。自此倚门弹别调，每博千金买一笑。东京自古号繁华，五陵裘马多年少。旅馆凄凉遇旧欢，焰摇银烛夜初残。讵知恩极反生怨，帐底瞥掷刀光寒。含冤地下不能雪，假手云鬟凭寸铁。世间孽报岂无因，我观此事三击节！阿传始末何足论，用寓惩劝箴闺门。我为吟成《阿传曲》，付与鞠部红牙翻。

遁叟诗成，传钞日东，一时为之纸贵。

按阿传虽出自农家，然颇能知书识字。所作和歌，抑扬宛转，音节殊谐。其适温泉时，有艺妓小菊者，与之同旅邸。小菊正当绮龄，貌尤靓丽，推为平康中翘楚，艳名噪于新桥柳桥间，一时枇杷巷底，宾从如云。小菊亦高自位置，苟非素心人，莫能数晨夕也。自负其容，不肯下人，而一遇阿传，不觉为之心折，叹曰："是妖娆儿，我见犹怜，毋怪轻薄子魂思而梦绕之也。"阿传虽能操乐器，而未底于精，至是小菊授以琵琶，三日而成调，谱自度曲居然入拍。小菊之相知曰墨川散人，东京贵官之介弟也。一见阿传，叹为绝色，伺小菊不在侧，遂与阿传订啮臂盟，拟迎之归，贮之金屋，终以碍于小菊，不果。由是菊传两人，遂如尹邢之避面焉。人谓阿传容虽娟好，而翻云覆雨，爱憎无常，是其所短，小菊容貌亦堪伯仲，惟美则可及，而媚终不逮也。

阿传既正典刑，闺阁女子多以花妖目之，援以为戒。清五郎闻之，往收其尸，葬之丛冢，并树石碣焉，曰："彼爱我于生前，我酬之于死后。因爱而越礼，我不为也。"呜呼！如清五郎者，其殆侠而有情者哉！曷可以弗书。

海外美人

陆梅舫，汀州人。家拥巨资，有海舶十余艘，岁往来东南洋，获利无算。生平好作汗漫游，思一探海外之奇。请于父母，不之许。娶妻林氏，都阃之女公子，精拳棒，得少林指授，能御健男子数十人，当之者无不辟易。每逢海舶南还，辄述海外奇闻噩事，心为之动。于是夫妇时谈出洋之乐，跃然期一试。

数年间，生父母相继逝。服阕，即招舵工集议，谓孰长于风云沙线，孰稔于经纬舆图；既遴人，又选舶，谓孰坚捷便利，冲涉波涛。众舵工进言曰："与乘华船，不如用西舶，与用夹板，不如购轮舟，如此可绕地球一周而极天下之大观矣。"生哑然笑曰："自西人未入中土，我家已世代航海为业，何必恃双轮之迅驶，而始能作万里之环行哉？"爰召巧匠，购坚木，出己意创造一舟：船身长二十八丈，按二十八宿之方位；船底亦用轮轴，依二十四气而运行；船之首尾设有日月五星二气筒，上下皆用空气阻力，而无藉煤火。驾舟者悉穿八卦道衣。船中俱燃电灯，照耀逾于白昼。人谓自刳木之制兴，所造之舟，未有如此之奇幻者也。择日出洋，亲朋咸来相送。生设宴高会，珍错罗列，酒酣，击铁如意而歌曰：

天风琅琅兮，海水茫茫。招屏翳而驱丰隆兮，纵一苇之所杭。我将西穷欧土兮，东极扶桑。瞻月升而观日出兮，乘风直造乎帝乡。

歌声激越，如出金石。女亦拔剑起舞，盘旋久之，众皆见剑光而不睹人体，万道寒芒，逼人毛发。须臾，剑收人现，仍嫣然一弱女子也。众皆抚掌称善。

既入大洋，飓风忽发，船颠簸不定。生命任其所之，冀逢异境。经六七昼夜，抵一岛，岛中人皆倭国衣冠，椎髻阔袖，矫捷善走。男女皆曳金齿屐，女子肌肤白皙，眉目姣好，惟画眉染齿，风韵稍减。见生夫妇登岸，群趋前问讯，语啁啾不可辨。挽生同行，入一村落，古柏参天，幽篁夹路，一涧前横，渡以略彴，隔涧茅庐四五椽，颇似中华宇舍，余皆板屋。众过桥叩门，一老者扶杖而出，诘众何事。众指生夫妇，令老者与之语。老者自言曾至中国，读书京师十余年，南北方言，略有所晓。问生从何处来。生具告之。邀生至其家小憩，众渐散去。有一二状似官长，随老者俱入。坐甫定，即有小鬟跪进杯茗。杯甚小，茗作碧色，味甘。老者谓此为日本外岛，岁时贡献。明季有三贵官乞兵至此，久留不能去。一官日祷于神前，愿作长人以杀敌。一夜，其身暴长，状如巨灵，人见之，悉惊走。后三人俱服药死。既死而身不朽，遗命建一亭于通衢，置尸其中，四面但有栏楯而无窗棂，俾行道过彼者，皆得入而瞻仰，有以一瓣香诚心来拜者，吾三人阴灵有知，必起而答拜。生请一觇其异，老人遂导之往。果见三人皆明代服饰，中一人躯干瑰伟，仿佛似今之徽州詹五，生遂肃然伏地。中一人半起其身，合手作礼，生与老者俱惧而奔。问老者以三人姓名，则曰："代远年湮，无从考矣。"生居岛中十日，一夕，西风大作，遂挂帆行，飘至马达屿泊焉。

登岸游行，见一处筑高台耸霄汉，男女围观者甚众。生夫妇亦前而薄观之。台上南面坐者，以赤锦缠头，窄袖短衣，衣上悉缀以宝石、火钻，光怪陆离，璀璨耀目。其人面作铁色，年约三十许。台上有匾，梵字英书并列，生不解，问之同立华人，方知为与人斗力，胜者畀以黄金百两。俄闻台下乐作，操琴已三叠，请众往角。女揎袖欲登，生曰："未可也，试观来者，则知其伎俩优劣矣。"先一粤人，后继以闽人，皆一举手即仆。旋有西服者，上体颇猥琐，而举动迅捷，其伏如鼠，其进如猱。众曰："此日本教习师也。短小精悍，名下固不虚哉。"相持一时许，一足中日人要害处，颠去尺有咫。于是台下大哗，乐声又作，音韵激扬，若贺其成功者。女曰："我当为日人一吐气！"耸身竟上。台上人见一中华女子，骇甚。各占一隅，悉生平艺力，两相搏击。女猝飞纤足，中其脚，其人蹲地呕血。女谓其恚甚将死，近前视之，不意遽跃起丈许，以双手扼女之喉。女内则运气，外则亦以双手紧抱其人，顷之，俱殒。生登台收其尸，则呱然一声，婴儿出自裤中，盖女怀妊已七月，至是用力过甚而胎遽堕也。幸儿尚生，抱之回舟。见一广颡虬髯者立于舟侧，谓生曰："此儿非凡器，可付我抚育之，二十年后，当见君于罗浮山麓。"生视其貌，知其为异人也，立畀之，飘然竟去，舟人异女尸葬于高邱，树石碣曰："中原陆孺人林氏之墓。"

生既丧妻，影只形单，凄然就道。长年林四，妻之远族兄也，谓生曰："闻西方多美人，俗传有女子国，距此当不远，盍于海外觅佳丽，且减愁思，当有妙遇。"测定罗针，径向西行，月余进地中海口，地名墨面拿，意大利国之属土，即史书所称为大秦者也。甫泊舟，即有求售珊瑚宝石者麇至。觅寓解装，为游历计。寓中多妇女，长裙曳地，罗袂生香，手中均操筝琶诸乐器，询之，皆乐工也。午餐既设，众乐毕奏，铿锵聒耳。座客犒以银钱二三枚。自生闻之，异方之乐，只令人悲耳。

越日，有一别国巨舶来泊生舟旁，生视船中指挥作主者，华人也。其人见生中土装束，亦异之，与生殷勤通问讯，方悉客住漳州，固同乡也。招生登舟，入内舱，在前奔走趋承者，皆美丽女子，粉白黛绿，尽态极妍。生问若辈伊谁，其人曰："皆妾媵之属，久充下陈，备箕帚而捧盘匜者也。"生不觉生艳羡心，曰："天赐艳福，何修而得？"此客笑曰："君欲之乎？当拔其尤者以奉赠。"即于左舱呼二女子出，曰："君视此佳否？"问其名，一曰真真，一曰素素，并皆长眉入鬓，秀靥承颧，媚态花嫣，丰肌雪艳，较前所见六七辈，尤旖旎温存也。生不禁魂销心醉，遽问需聘金若干，曰："如此天仙化人，虽量珠十斛，索璧连城，亦未足多也。"客曰："吴市看西施，尚须输一金钱，此则不消破费半文，君但携归，置诸玉镜台前，安心消受可也。舟中惟此二女为全璧，下体亦佳，余则如习凿齿之半人耳。"生闻言，索解不得。客曰："君以为若辈美丽天生乎？抑人力乎？若辈皆产于罗刹国中，奇丑异常，无有人过而问者。前十年，其国天降男女两圣人，能修人体，使丑者易而为美。其法：先制人皮一具，薄如纸绢，上自耳目口鼻，中至胸乳腰脊，下逮髀股足趾，无一不备，既蒙其体，与真逼肖，至于香温柔滑，腻理靡颜，虽真者犹有所不及，平日从不去身，惟洗濯时一脱耳。子所见，皮相也；若露真形，定当吓杀。修价不赀，钱少者仅得半体，其下依然丑恶。君所得者，实为完体美人，故以全璧呼之。"生恍然有悟曰："此真海外奇事，闻所未闻。然不免视横陈时如嚼蜡矣。"客又曰："其国修人之法，但行于女，而不行于男，以修男者法未成而辄死也。今其国辄贩女于远方，人多见其美，而不知其出自矫揉造作也。"生聆此一席话，不觉毛发尽戴，愿还二美人不敢受。客曰："君真愚矣！世间一切事，孰是真者？红粉变相，即是骷髅，夜叉画皮，遂成菩萨，子将来必由此二女得悟大道。余倦矣，君盍归休。"

　　生甫举足离舟，客已扬帆遽去。生返视二女，媚眼流波，娇姿生倩，顾盼之间，自饶丰韵，日夕对之，弥觉其美。既归里门，即以二女为簉室，不复言娶。二女当盛暑时亦裸体，窃窥其浴，亦如常人，因疑客所述为戏言。惟生平从未一至罗浮云。

四奇人合传

　　四奇人者，生非同时，居非同地，趋道攸分，操术各异，而独至舍生取义，致死成仁，大节无愧于天壤，至理自在乎人心，则一也。当夫咸丰庚辛之间，发逆窜扰江浙，所至沦陷，几无一片干净土。其时枕戈蹈刃，绝脰捐躯，与贼相抗者，忠义之士，贞烈之女，所在多有，至今言之，犹凛凛有生气。不谓贱至于仆婢倡优，而亦能之，一死弗顾，百折不回，皎然自著其奇节，醴泉无源，芝草无根，讵不信哉！

　　所谓四奇人者，一曰义民，骆十八是也。骆家葑，一附城村落也，在绍兴稽山门外。义民骆姓，忘其名。行十八，即以行称。辛酉，绍兴失守，遍地皆红巾。十八慷慨告众，义不俱生。十八生平尚意气，重然诺，以此取重于乡里，振臂一呼，一时不期而集者数百人，皆曰：“同仇敌忾，杀贼即所以保家，敢不惟命！”于是裂布为旗，斩木为竿，耰锄铦于矛戟，耒耜胜于干戈。村之四围列栅设阱，为守御计。谓众曰：“如令贼得入一步，即死！”邻村闻之，望风响应。俟之十余日，而贼不至。命侦者往探虚实，翌晨即返曰：“贼不足平也。贼志在搜掠金帛，淫掠妇女，日夜瓜分其所得，计少论多，凌弱暴寡，酗酒狂歌，时哗于营。被胁衔怨者，愤之切齿。我若以兵临之，其城可唾手得也。至时但当盛张声势，彼必窜走。”十八掀髯大笑，曰：“此正我侪报国之秋也。我愿执戈为前驱，君等往否？”皆曰：“诺！愿从。”咸持梃争先，附和者几万人。抵城，城启，贼突出。兵刀既接，众气方盛，贼佯不胜，诱众半入，城门忽闭，城外伏贼尽起，截击环攻，众多夷伤，稍后者败而奔逸。明日，贼悉众出城图报复也，所至村落，纵火焚掠。十八持巨刀当贼冲，大呼杀贼。贼攒刺之，踣于地，絷之入城，流血被面，骂声不绝于口。一贼从后斫之，首已陨，尸犹僵立不仆。贼惮而以礼葬之。十八有弟，早卒，颇相友爱。生三子，今犹存。

一曰贞婢，字秋兰，闽人。家贫，幼即鬻于会稽何秀才家为侍儿，秀才早卒，家止主母一人，与婢相依为命，跬步弗离。秋兰年十六七，颇饶姿态。适发逆搆乱，有自城迁避居乡者，何妇利其赁值，假以旁舍，其人见秋兰艳，涎之，百计诱惑，犯以非礼。秋兰泣诉于主母者屡矣。一日薄暮，秋兰自外购物归，中道为所要留，啖以巨金，不为动，继而渐至用强。秋兰大声呼救，地僻人稀，寂无闻者。适秀才族弟路经室外，闻呼，识秋兰声，排闼直入，拯之以出，使稍缓须臾，殆矣。翌日，告诸族嫂，挥赁屋者使去。何妇固出自寒门，自夫逝世后，家日益落，渐至瓮飧不给，或日已逾午，炊烟恒断。有江右巨贾闻秋兰美而贤，愿奉以重金，纳为簉室。妇商之秋兰。秋兰初不语，泪涔涔下，曰：“主之待婢无异母之于女，婢之视主母亦犹女也。数年以来，形影相随，甘苦与共。婢已矢事主母，终其身不愿他适矣，何忍失身于龌龊贾人哉？且鬻婢之资，恐有罄时，又将奈何？不如留婢以十指助薪水需。”妇曰：“能如是乎？汝真为我所生矣！”相抱而泣，嗣后遂以母女称。秋自缝纫之外，兼工刺绣，售之铺中，得善价。夙兴夜寐，寒暑无间，竟以劳殒其生。越一年，何妇亦卒。夫撤环瑱以事母，至老弗嫁，以效北宫婴儿子，此人之所难也，女且不能，况于婢乎？如秋兰者，世有几人哉！洵可传已。

一曰情优，陈桂轩者，燕人。其母产于金阊，故能操吴语。幼蓄于某大官邸，教以歌曲，如凤习，抑扬宛转，音韵入神，一登氍毹，率能倾其座人，以是某大官爱之，赏赉优渥。然其性喜怒不常，稍不如意，辄加箠楚，鞭笞笞凤，视为常事，甚至逢其醉时偶触所讳，即手刃人，宠姜爱姬，都不得免。桂轩恒以是为惴惴。鲍君子金，江南名士，为大官座上贵客，颇怜桂轩，请于大官，愿如紫云故事，乞桂轩供捧砚役。大官许之。由是桂轩得随鲍君。逾年，鲍君出都，挟之南下，既抵吴门，遣去。桂轩泣不可。鲍曰：“余一寒士，岂能蓄汝哉？好自为之，此生当吃著不尽也。”桂轩因招雏伶，为班首，名噪一时。江浙既陷，鲍窜身贼中。桂轩亦为所掳，知其长于演剧，贼酋特加宠异，封以伪官，出入裘马。一日出外，见一人敝衣屦，踽踽行风雪中，状殊偃蹇。熟视之，似曾相识，遽问之曰：“君非鲍孝廉耶？何一寒至此哉！”鲍骤睹桂轩，瞋目厉声曰：“汝固甘心屈身作贼哉？噫，负我矣！”桂轩伏地再拜，曰：“非敢然也。所以稍缓须臾毋死者，特为恩公耳。知公已堕贼窟，物色公已数月矣，不虞于此地见公。今当谋所以出公，请就宿余居，商一善策。"鲍从之。桂轩于贼酋所窃得路照，启箧以绨袍赠鲍曰："中俱金叶，货之当可以助资斧。公可速行，勿返顾，我自能绐贼勿追公。"鲍夤夜出城。翌日，贼目知鲍留桂轩所，来索。桂轩诡曰："我令鲍某往南城购物，当即还。"至晚不归，索者沓至。桂轩度鲍去已远，即嫚骂曰："我岂甘为贼用哉！特欲援我恩人出此耳。今事已毕，我亦从此逝矣！"拔刃刺贼目，殊其首，而反刃自刭死。贼酋闻之，咋舌曰："不意优伶中有此奇男子！"

一曰侠妓，郑满仙，可以风世矣。满仙，扬州人，而生长于琴川。及笄，光采艳发，丰姿婀娜，勾栏中人见之，俱啧啧称道曰："小妮子绝无崛强气，一洗维扬结习，甚难得也。"既入平康，芳名顿噪，富商大贾争掷缠头，满仙一不屑意，而独于鹿苑李生有啮臂盟誓。以身属鸨母，索价三千金，曰："如此好姿首，讵不值此数耶？"李生家虽素封，而三千金非咄嗟可办。满仙因与李约曰："自此以往，君勿数数来；即来亦勿妄费一钱。妾当有以助君。彼龊茵纨袴，不难以术颠倒之，使其悭囊立破也。妾铢积寸累，藏于君所，勿令鸨母知，计一二年间，或可脱此火坑矣。"李从之，由是李每来，必囊金归。鸨母渐觉，防闲綦密。时大营兵溃，赭寇南窜，讹谶凶问，日焉三至，城中迁徙者纷然，鸨亦欲行。满仙持不可，必待李生来一决。逮李至，贼已附城下，两人相抱哭。鸨以事急，仓皇遁去。满仙乃出箧中金畀生，曰："请速去，毋淹留。君素怀大志，当杀贼以报国。此时正大丈夫建功立业之秋，愿勿以儿女子为念。行矣李君，好自为之！城破，妾必不被辱。君能自保，妾虽死犹生也！"李涕不可抑，促女同行，而贼已斩关入矣。满仙挥生使去，而自起迎贼。贼惊其艳，女措词宛转，贼益靡，乃出厨中酒肴款之。投药壶中，贼遽醉倒。满仙又入厨取酒，见生猬伏积薪下，讶曰："此间不可久处也。"导生自后门出，屋固近城堞，攀而登，出双带授生，使缒而下，及地无伤，亦招女下，满仙曰："妾不可以身累君，君可速行。"生犹徘徊仰视，满仙耸身自上跃下，遂绝。闻李卒得脱险，投笔从戎，积功至方面云。

前二事何君桂笙告予，欲予为传之。骆十八即其从舅氏行也，秋兰主母，其族嫂也，故言之特详。后二事余闻之毗陵姚君。

媚梨小传

　　媚梨，英国美女子，世所称尤物者也。生于伦敦京城，固世家裔胄，稍式微矣。女父掌教书院，颇有文名。女兄考授律正，衙署中公务，必延其折衷。女生而警慧绝伦，书过目即能成诵，各国语言文字，悉能通晓，而尤擅长于算学，时出新意，虽畴人家名宿，无不敛手推服。塾中同学有约翰者，美丰姿，最精于几何、代数，与女同一师。暇时各出疑义，相与辨析。女所思奇幻，迥不犹人。生虽略输一着，总以授受同一渊源，堪称伯仲。生与女两相爱悦，目成眉许，誓为伉俪，惟约翰为乐工子，与女门阀非敌体，故格于父母命，不得行。盖泰西虽由男女相悦而婚，然门第悬殊，家世清浊攸异，亦不能遽为撮合也。顾二人此时志比漆胶，心坚铁石，难以骤离，因闻姻事不谐，两情抑郁，计不如先作比翼之鹣鹣，莫为分飞之劳燕。距书塾半里许有一山，峰峦重叠，树木扶疏，山不甚高，其上有故侯第，荒废已久，尚留数椽，为游人憩息之所，特其地深僻，人罕至者。生女相约于此，以遂幽欢，缱绻方浓，缠绵臻至，如是者非一日，幽期密约，率以为常，拂墙花影，人无知者。

　　女年及笄，父母拟为之议婚他族，偶有吹箫求凤者栗姓，名西门，家拥厚资，貌亦翩翩，而女殊弗愿，女父母仰其富，曲意承奉。至则必使女出见，与之周旋。女姿容秀丽，两颊如菡萏凌风。晓霞将放，愈形其媚，西门亦深眷之。女母时以女意达西门，多所赠遗，而女弗知也。西门亦以珍异作答，恒致之女侧，时夸其情深意厚，谓："遍阅国中，年少而貌美、家豪而职贵如西门者，能有几人？而彼意专注于汝，此固可遇而不可求者也，奈何交臂而失此良缘也哉？"女亦为心动，由此婚议遂定，急择期成礼，延牧师诵经于会堂，为之合卺。是日宾朋毕集，仪文之盛，陈设之华，一时罕俪。

酒阑客散，新郎方拟入房，忽有美少年来招之出外，曰："将以密事奉告。"新郎见其人初不相识，讶甚。其人即于怀中出一巨函，授新郎曰："归启阅之自知。"匆促遽去。其人非他，约翰也。新郎既得书，至别室览焉。斜行细字，格妙簪花，乃闺阁中女子手笔也。细审牍尾署名，则媚梨也。其中所言，皆愿结为夫妇语，引誓山河，证盟日月，以至桑间私会，花下偷情，无不尽露纸上，西门不觉愤气填膺，怒发上指，抽壁间宝剑斫案曰："不杀此一对野鸳鸯，何以泄我胸中郁勃哉！"于箧中取六门手枪，径入新房。女犹卸妆未睡，瞥睹生至，起而相迎，嫣然一笑，遽与接吻。生觉吹气如兰，玉颊相偎之际，冰肌滑腻无比，一缕幽情，如茧自缚。转念："天生丽质，杀之不祥。我自无福消受耳！"默不一言，仍返书斋，濡墨淋漓，急写一札，与女诀别，以前函同作一缄，呼婢授女，闭门开枪自击，轰然一声，仆地殒命。

女得书，知事已露，急投之火中，以灭迹焉，啜泣竟夕，辗转难安。思欲自裁，卒不能决。天明，知生自杀，阖家鼎沸，争来问女，女泣言弗知。数日，渐有窃窃议女前事者。女度弗能容，遂大归焉。父母戒勿令出外。久之，约翰前来省女，女父母命阍人绝之，而弗以告女。女独居无伴，静极思动。自念："在己国中，必无问名者。不如作汗漫游，藉豁襟抱。素闻中土繁华，远胜欧洲，其人物之美丽，服饰之灿烂，山川之秀奇，物产之富庶，于天下首屈一指焉。"请于父母，航海东行。女父母许之，赍金钱万镑为行资。

甫登舟，见一华人自英旋华，容貌魁玮，衣冠煊赫，船主谓女曰："此中华贵官也。"客本惊女妖冶，思通款曲，遂以船主为介，与女执手为礼，而致殷勤焉。客略能操英国方言，女思学华语，每日倩客教导，遂相亲密。询知客姓丰，字玉田，在中土尚未有室。女思嫁之，私以终身订。客谢曰："贵国居处饮食，皆异于华。供养之费不资，日食万钱，犹嫌无下箸处。我婆人子耳，恐枳棘中非可以栖鸾凤也。"女笑曰："子将谓余不能耐贫苦哉？余西邻有律丽者，贫家女子也。闻至华后设绛帐教授女徒，月得百金，可以自给，余亦可仿效其所行。况余囊中携有五万金，即存银肆权子母，亦可无冻馁忧。子何必屑屑然多虑为哉？"客从之，于是遂成嘉耦，恩爱倍笃，跬步弗离。既抵香港，女即欲僦屋作久居计。客曰："余北方人也，不能耐此炎燠。不如居汉皋，为南北适中之地，寒暖亦相均。"女曰："余固欲遍历中土一周，何处风土清嘉，即可托足焉。"客曰:"善。"遂道鹭江,经歇浦,历浔阳,沂汉皋。每至一地,盘桓匝月。继欲觇皇都之壮丽,复自芝罘达析津,而至京师焉。女谓天下阛阓之盛,无如上海,由北言旋,遂寄一廛。

女于算法中尤善测量,能令枪炮命中及远,无一虚发。当海疆告警,边境骚然,女谓客曰:"子其行矣。大丈夫立功徼外,正在斯时。余也不才,窃愿从君一往。苟不能立靖海氛,甘膺巨罚。"客曰:"卿一弱女子,而勇于赴敌如此,小戎、驷骥之风,复见于今矣。我乃不如巾帼,负此须眉矣。我其从卿行也。"即附兵舶赴闽江。途中见有盗舟数艘,方劫掠商船,扬帆疾驶。女以纪限镜仪测量远近,告驾驶者曰:"是可击而沉也。"众皆迂笑之。女愤甚,命客装储药弹若干,炮移置若干度,三发而沉三舟,众于是乃叹其神。顾卒不能见用于时,落寞而归。

约翰知女之游东土也,以为此行也必为己耳,盖至华则无所约束,而曩日之盟庶可践矣。急欲追踪而至,而一时苦乏资斧,爰尽货其所有,得金钱七百镑。闻女囊中携有重资,跃然喜曰:"但得见彼,则累累者悉归我挥霍耳。"及至,访女,屡不相值。后稔女已嫁华人,则忿然曰:"彼其之子,抑何负心乃尔!絮薄花浮,于今为信。我见必手刃之,必使男女双双杀却,庶快我意!"因未识客之面目,恐致误杀,特托人以重价购其小像,朝夕谛视之,恒伏伺要道,欲得而甘心焉。

女重回沪上,买屋虹口。精庐三椽,小园五亩,颇具萧寂幽闲之致。延女师教以文字,居然能把笔学书,旁通说部;言语操华音,正如莺簧乍转,鹦舌初调,隔室听之,几不辨为西妇也,从客薄游江浙,易华妆作中国女子,倍形妩媚,惟嫌云鬓微黄,秋波稍碧耳。裙下双趺,不耐迫袜,乃着自制绣履,头窄而跟圆,略乞灵于高底,虽行步婀娜,而体态益觉苗条。客喜曰:"卿肯如是装束,即携至家乡,谬谓娶自南方者,亦复谁能识破哉?"女笑曰:"偶一为之,聊以解嘲;若日日效颦,殊觉强人以所难也。"女偕客陟虎阜,历武陵,乘画舫,荡兰桨,往来于莫愁西子湖中,见者皆惊其艳丽。往游留园,亦招武迎芷、金瑞卿诸校书前来侑觞,品评花月,均出其下,且并不知其为西方美人也。

一日,女偶阅西字日报,见有约翰名,已附轮舟从西土至此,不觉失惊。既而忿然曰:"此人以计杀我婿,几陷我于死地,智狡而狠,岂复有些子情意哉?今日之来,殆为我也。我今已得所归,岂复甘从汝敝人!俟其来,当以一言绝之;设或不然,愿拼一命以殉彼,藉以报我婿之仇，庶可见我婿于九幽之下。"女意已决，出外必携小枪自随，备不虞也。适车利尼马戏自新洲来，往观者宝马香车，络绎不绝。客与女相携偕去。方当电迈飚驰之顷，约翰亦乘车而至。驶至通衢，两车相并。约翰摘帽作礼，高呼问无恙。女香腮薄晕，若不相识。约翰意不能舍，其车或先之，或后之，口中喃喃问女住居何处。女殊不答，但挥约翰，令去勿随。约翰隐作怒容，挥鞭策马，疾驰而前。女睹约翰之容，暗露杀机，知必不善，探手视怀中金表，佯作遗物在家，令客下车往取，且谓客曰："我待汝于戏场，当再乘别车来。毋匆匆行也。"女徘徊良久，始徐徐展轮，仅百数十武，而约翰停车在前，若相待状。见女独至，谓有相就意，竟舍己车而登女车。女急推之下，损其肱，忿甚，以枪拟之，一发不中。方待再击，女亦持枪于手，两枪同发，并毙。逮客至，则已玉碎香消矣。乃泣而载尸归，择地葬焉，表其碣曰："英国奇女子媚梨之墓。"

海底奇境

聂瑞图，字硕士，一曰祥生，上元诸生也。聂素称金陵巨族，至生尤豪富，几于田连阡陌。生不工会计，一切悉委之于人，读书作文之外，了不问家人生产。耳甚聪，能闻数十里外哄斗声，人因呼为"三耳秀才"。生平喜讲求经济，而尤留心于治河。凡古今水利诸书，阅之殆遍。笑曰："此皆非因时制宜之术也。治河宜顺其性，导之北流，又宜多浚支流，以分杀其势。今北方井田既废，沟洫不行，水无所蓄，坐令膏腴之壤，置为旷土，甚可惜也。方今东省水发，多成泽国，民叹其鱼，当轴者徒事赈恤，而不知以工代赈之法。与其筑堤，不若开河，要使东北数省环绕潆洄，无非河之支流，以渐复古昔沟洫之旧，然后以次教以耕植，俾北民足以自食其力。今日既行海运，势甚便捷，河运可不必复。如虞后患，则莫如自筑铁路。"生之持论如此，而人多笑之。

生胸襟旷远，时思作汗漫游。时国家方重外交，皇华之选，络绎于道。有某星使持节出洋，生以策往干之。星使虽侧席延见，但以温语遣之而已。生曰："我所以见之者，冀附骥以行耳。彼徒以虚礼是縻，置而弗用，我岂不能自往哉？"立登邮舶遄征，囊资充裕，行李烜赫，见者疑为显要，所至各处，无不倒屣出迓，逢迎恐后。所携舌人四：一英，一法，一俄，一日，以是应对周旋，毫无窒碍。每遇地方官延往宴会，辄有赠遗，尽皆珍异，西国妇女所罕见也，因之酒食征逐，殆无虚日。生性既风流，貌尤俏悦。游屐所临，辄先一日刊诸日报，往往阖境出观，道旁摘帽致敬者，亘数里，星使无其荣也。欧洲十数国，游历几周，瑞国地虽蕞尔，水秀山明，尤所心赏。瑞书塾肄业女子曰兰娜者，美丽甲泰西，聪慧异常。一见生，惘然如旧相识，邀至其家。女固素封，所有中国之绮罗物玩无不备。询其由来，乃法废后内府之所藏也，法后出奔，多寄储其舍，后以具价得之。生见之，倍加赞叹。女择其中尤宝贵者数种以贻生，生谦不敢受，曰："此天上珍奇也。偶尔相逢，讵敢膺此非分？"女曰："非此之谓也。以遇言，则萍蓬异地，以情言，则金玉同心。区区微物，又何足辱齿芬？"强纳之于生袖。

生居浃旬，别女登车，拟乘巨舶从伦敦至纽约。方渡太平洋，忽尔风浪陡作，排山岳，奔雷电，不足以喻其险也。生强登舵楼，举首一望，则银涛万丈，高涌舶旁，势若挟舟而飞，不意丰隆猝过，遽卷生入海中。于时舟师舵工欲施救援，莫能为力，惟有望洋惊惋而已。

生但觉一时眩晕欲绝，少苏，启目视之，山青水碧，别一世界，绝不知身在海中也。方讶适在海舶，顷何至此，岂出自梦幻哉？举足行三四里，但觉鸟语花香，奇葩瑶草，疑非尘境。时腹中稍饥，仰首见枝头桃实累累，红晕欲滴，摘食二三枚，顿觉果然，桃味芳馨甘美，沁入肺腑，生平所未尝也。生偶见溪涧之旁有细草一丛，嫩叶柔条，绿色可爱，举手拔之即起，嗅之，其香参鼻观，根柢有圆粒若蒜头，去其外皮，内白若雪，食之殊甘，顷刻间陡觉精神焕发。生知非凡草，拔取十余株，裹之以巾。

迤逦再前行，遥望有茅屋数椽，依涧而居。极力趋就之，倏忽已至，径渡略约，叩门。门启，双鬟出应客，俱作中华妆束，问生："适从何来，欲谒室中何人？"生嗫嚅无以应，但曰："失路经此，愿求指引。"须臾，有老媪出，白发苍颜，龙钟已甚，导生登堂，曰："老身钟漏并歇，何处贵人，辱临敝地？"生告以将往纽约，不知何故到此。媪曰："是非老身所知也。适有西方美人新至此间，可自往问之。"命婢引生入后堂西阁。其地石峰森立，巨池约十余顷，白荷花万柄，摇曳风前，芬芳远彻，阁四周皆栏杆，矗峙池之中心。生遥睹一女子，西国衣裳，凭栏独立，雾縠云绡，皓洁耀目，仿佛霓裳羽衣，来自天上。近即之，非他，即瑞闺女子兰娜也。彼此相见，各怀疑讶。女曰："自别后，心殊怏怏。我母欲余破寂消忧，偕往法京巴黎，居未匝月，迨暑于英之苏格兰，余以过都华河失足堕水。主者怜余盛年殒于非命，令至此间享受清福。闻君欲往美邦，何为来此？君殆不在人间世耶？"言罢，凄咽不胜。生曰："余固未知身之已死也，如果没于洪涛，获此妙境，真觉此间乐不思蜀矣，况复日对丽人如卿者哉？"女曰："余企慕中华久矣，顾语言文字，素所不习，未知从何下手。君肯悉心相授否？"生曰："此亦何难。但愿长相聚首，则死固胜于生也。"

居久之，偶步门旁，骤闻波涛汹涌声，出门外咫尺，则水若壁立，无路可通，急入告女曰："此间殆将遭玄冥一劫，成一片汪洋境矣。"女笑曰："敬为君贺，君自此可出海底而复至人间矣。特我两人别离在即，不可不设筵钱别，以尽我心。"立呼厨娘作咄嗟筵。酒半，女捧觞至生前，曰："请尽此一杯，当为君歌一曲，以代骊歌。数年以来，学习华音，颇有所得，若有感触，偶尔拈毫作一二小词，当亦不让于人。君可细聆，正其讹舛，作顾曲之周郎，何如？"言竟，女即弹琴抗声而歌曰：

日升于东兮月生于西，昼夜出没而不相见兮，情亘古而终迷。叹人生兮道途之长域，而悲夫寿命之不齐。何幸云萍之忽聚兮，难得此数载之羁栖。总觉别长而会短兮，不禁临觞以心凄。识合离之有数兮，勿往事之重提。赠子兮画桨，送子兮前溪，从兹相隔兮万里，徒恃此一点之灵犀。

歌罢，涕不能抑。生慰藉再三。女命婢舁一小艇出，置之门外，令生坐其中，旁叠四五囊，悉储珍宝。谓生曰："曩赠君物尚在否？"生探之袖中。女拣取一珠，作黑色，曰："此龙宫辟水珠也。"又拈一黄色珠，示生曰："此兜率宫定风珠也。持此入海，如履平地矣。"言讫，浪声大作，舟亦上升。女遽阖门入。生不禁大号。回思数载欢娱，真如一场短梦。小舟浮沉海中，杳无涯际，奚啻一叶。生视其囊，皆皮箧也，管钥悉具。偶一伸足，觉触处腻然有物，取视之，枣糕也，食之因得不饥。叹女慧心周至，为不可及。

经三昼夜，抵一处，灯火万家，异常热闹。登岸询之，乍浦也。呼人携取行囊，舟泛泛自去。生启箧检点，金钱外悉珠宝钻石。生思上海为天下阛阓之最，必有售者，乃取道沪渎，小憩于觅闲别墅。仅售百分之一，已得万金。时有碧眼贾胡知生怀宝而归，叩门请见。生示以钻石一，巨若龙眼，精莹璀璨，不可逼视。请价。曰："非四十万金不可。"曰："论价亦殊不昂，顾此惟法国方有之，足下何从而得哉？"生曰："中华宝物流入外洋，岂法王内廷之珍不能入于吾手哉？"贾胡又以减价请，生曰："方今山东待赈孔殷，苟能以三十万拯此灾黎者，请以畀之。"贾胡曰："诺。"辇金载宝去。人咸高生风义为世所寡云。

海外壮游

钱思衍，字仲绪，浙之檇李人。少读书有大志，师授以时文，弃置一旁，初不欲观。谓人曰："此帖括章句之学，殊不足法。丈夫当如宗悫、终军，乘长风破巨浪，飞而食肉于数万里外耳。"家本素封，生父日望其成名，藉以充大门闾。生不得已，下帷攻苦。所作程文规摹时贤，以求俯就有司绳尺。未几，获隽秋试，遽登贤书。一时贺者盈廷，生辄避不欲见。每读己文，汗常浃背，曰："此驴鸣牛吠耳，何以见人！"

一日，有一道士求见，自言从峨眉山来。生出迓之。疏髯古貌，飘然欲仙。道士遽问曰："闻君有遁世想，是以来作导师。"生自思："虽有是心，并未出之于口，此言何从而来？"因疑道士为非常人，延入厅室，与之讲求长生久视、吐纳烧炼之术。道士曰："君之所言，距道尚远。内丹外丹虽分两途，而其入门之始则一也。先宜寡欲养心，清修静坐。既臻玄妙，而后旁及。从未有三尸未斩，五浊未除，而一获大丹，立即飞升仙界者也。"生曰："如何始可坐修？"曰："上修避世，中修避人，下修则仍混迹红尘，与世交接，一旦道念不坚，恐终坏于外诱。子不如随我往游峨眉，自有所遇。"生曰："诺。"道士即以手中拂尘向空掷之，顿化为龙，鳞甲毕具，下伏于地。生惊惧欲走。道士笑曰："无妨也。"与生并乘之，龙遽起，夭矫凌空，顿觉身入云际。俯视下方，迷漫无所见，耳畔风涛声大作。生于时已置死生于度外，闭目凝神，一任其所之。顷之，寂然，闻道士曰："至矣。"开眸四顾，则身已在地，龙去已杳，惟见万山环合，峙碧耸青，异草奇葩，芬芳扑鼻观。道士曰："此峨眉山最高处也，为自古人迹所不到。盍往参吾师？"

逶迤行抵一石洞，双扉键焉。道士以拂尘柄击之，呀然自开。既入，则鸟语花香，别一世界，危楼飞阁，缥缈天外。行约里许，突有巨石当其前，晶莹如镜，可鉴毫发，凡迎面而来者，悉入镜中，上有巨字盈丈，曰"鉴心"。虽隔重衣数袭，自见其心跃然欲动，脏腑脉络，纤微呈露，无异秦廷之照胆台也。生至此疑骇欲绝，驻足不前。道士曰："藉此一观子心，平正通达，了无障碍，亦绝无城府。孺子固尚可教也。"峰回路转，陡见一院落。道士导之入，历阶升堂，阒无一人。曲折更历门闼数重，庭中栽芭蕉数百本，榜曰"绿天深处"。道士曰："此吾师习静所也。每逢庚日，必居是室。"方欲隔窗启词，而一婢已搴帘而出，曰："紫琼仙子命召君。"道士令生俟于外，入良久，始招生俱进。参谒既毕，起立于旁。窃睨莲座，一十六七岁女郎也，容华绝代，仪态万方，心绝爱之，而不能言。女问生："从何处来？亦愿学道否？"生嗫嚅不能对。道士从旁为之代答。女笑曰："子来尚早，尘心犹未净也。"爰令生前，携其手细观掌纹，并摩挲其肩胁。生思慕正殷，而忽亲芳泽，触其柔荑，滑腻无比，顿尔心旌摇摇，不能自主。女于胸前取出小镜，令生自观。生内视，己心突突然，跃不能止。女笑曰："子欲念如火炽，当以冷水直浇其背，距道尚远，讵耐苦修？不如仍堕凡间，阅历世趣，俾于繁华障中领悟清净道场，亦一法也。"因挈生至中庭，以帕一方布于地，令生登之。足下冉冉云起，顷刻间，大地山河，若环一周。

正当俯觇下方，忽闻炮声大震，遽尔坠地。生见众咸服西国衣冠，擐甲执兵者，鹄立两旁，气象威猛。众竞前诘生，啁啾格磔，生弗能解。众中有曾至中华者，曰德臣，固其地之绅士也，来与生语。始知地名伊梨，属于英国，乃苏格兰濒海境也。是日阅兵，先以废舶立帜海中，然后发炮击之，命中及远，不爽累黍。此演水师也。至操陆兵，悉以新制神枪，一军齐放，有若万道火龙。生观之，不胜叹异。众问生："从空下坠，岂有异术乎？"生谬言："失路至此。顷所见或系眼缬生花，未可知也。"众疑信参半。德臣招致其家，款待丰隆，敬如上客。德臣有两姊未嫁，俱令出见。

翌日，偕生往游埃丁濮喇，乃昔年苏格兰之京都也，素以华丽著名。所产女子，娟秀绝伦。是夕，适有丹神盛集，远近毕至，而生亦预焉。丹神者，西国语男女相聚舞蹈之名，或谓即苗俗跳月遗风，海东日本诸国，尤为钜观。先选幼男稚女百余人，或多至二三百人，皆系婴年韶齿,殊色妙容者;少约十二三岁,长或十五六岁,各以年相若者为偶。其舞蹈之法,有步伐,有节次,各具名目,有女师为教导,历数月始臻纯熟。集时,诸女盛妆而至,男子亦皆饰貌修容,彼此争妍竞媚,斗胜夸奇。其始也,乍合乍离,忽前忽却,将进旋退,欲即复止,若远若近,时散时整,或男招女,或女招男,或男就女而女若避之,或女近男而男若离之。其合也,抱纤腰,扶香肩,成对分行,布列四方,盘旋宛转,行止疾徐,无不各尽其妙。诸女手中皆携一花球,红白相间,芬芳远闻。其衣尽以香罗轻绢,悉袒上肩,舞时霓裳羽衣,飘飘欲仙,几疑散花妙女,自天上而来人间也。舞法变幻莫测,或如鱼贯,或如蝉联,或参差如雁行,或分歧如燕翦,或错落如行星经天,或疏密如围棋布局,或为圆围,或为方阵,或骤进若排墙,或倏分若峙鼎,至于面背内外,方向倏忽不定,时而男围女圈,则女圈各散,从男圈中出,时而女围男圈,则男圈各散,从女圈中出;有时纯用女子作胡旋舞,左右袖各系白绢一幅,其长丈余,恍如蝶之张翅,翩翩然有凌霄之意。诸女足蹑素履,舞时离地轻举,浑如千瓣白莲花摇动池面。更佐以乐音灯影,光怪陆离,不可逼视。生抚掌称奇,叹为观止。

郡中有名家女周西者,国色也。一见生如旧识,邀生至其舍,日则出游,夕则张宴,名胜之所,涉历几遍,选异探幽,殊惬襟抱。生至是渐通方言,可与友朋酬答,因论伦敦为天下阛阓最盛之区,不可不一游,好事多赠以游资。遂与周西束装俱发,先抵乐郡,小憩逆旅。乐郡介于苏格兰英伦交界之间,有会堂一所,极宏敞,其中弹琴唱诗者约士女百许人,音节铿锵,声韵悠远,钧天广乐,不足以比之也。中有琴师曰媚梨女士,姿容斌媚,丰致娉婷,见生,起与为礼,导观各处。知生将游伦敦,亦愿偕行。媚梨之叔官京兆尹,以博学闻于时。生至,倒屣相迓,日使宾从十余人导生游览,所有博物院、藏书室、机器房、制造局,无不排日往观,而玻璃屋五花八门,尤为钜观,广大几数百亩。生固美姿首,两旁夹持以二美姝,正如玉树临风,璧人相对,见者咸啧啧叹美。于中设店鬻物者,皆女子,瑶质琼姿,并皆艳丽。偶睹生来购物,悉与之目挑眉语。生询及价值,悉不计较,多推与之或竞纳其袖中,以示掷果羊车之意。

媚梨谓生曰:“君从中华来,曾至巴黎乎?”生曰:“未也。”于是渡海过法。街衢宽广,屋宇壮丽,似与英同。时法王适以避暑,不在宫中。女往谒其国星使，偕生游历法宫殆遍。中有金钢钻石一，巨若鸽卵，璀璨光耀，诚希世之宝也。由法至瑞士，山明水秀，林树蓊郁，花木繁绮，多亭台园囿之胜。方欲取道于普京伯灵，途中忽逢前道士至，以扇拍生肩曰："欧洲之游乐乎？可返辔矣。"仍掷拂尘幻作一龙，乘之而去。

柳桥艳迹记

　　柳桥、新桥在日本东京，均风月之作坊，烟花之渊薮也，游冶子弟，以柳桥尤为热闹。桥以柳名，并无一柳。前辈谓桥之东南故有垂柳一株，临风披拂，桥得名以此。或曰非也，桥建于柳原之末造，故云。其地为神田川咽喉，距两国桥仅数十弓，江都舟楫之利，以此为通津。游舫飞舸，往来如织。南达芝浦，北向墨陀，东泝深川，西通下谷，凡游五街娼肆，观三场演剧，与客之探花泛月、纳凉赏雪者，无不取道于此。钓篷渔艇，亦时出没于烟波。六月盛暑，游客麇至，无殊销夏湾焉。东西两岸，酒楼茶肆，壮丽异常，连甍接栋，肴炙纷陈，芬芳外溢。江都歌妓既多且佳，当推斯地为冠，芳原、品川、麴坊、仲街仅及十之二三而已。

　　柳桥之妓妆饰淡雅，意趣疏媚，颇有闺阁风。近岁日增月盛，多至百三四十人。游客招妓侑觞，多在酒楼船铺。一岁中以二三五六七月为最，正四八次之；声誉颇噪者，虽三冬寥寂之时，亦不旷一日也。船铺凡分四区，都三十有三户，患难相援，吉凶相问，有逾亲戚。虽有贫富冷热之异，而家各有楼，楼各分内外。船之大小不一，其有取乎轻桡画桨，划浪冲波者，则以小为宜。船中酒盏茶缶，无不具备。呎嗟立办，则或取之于外肆。应接宾客则船家之妻也。口齿伶俐，世俗目之为女将军。其夫则日出喝雉呼卢，逍遥于瓯茗炉香而已。客之来船宿者，凡数等，或游，或饮，或棋，或博，挟妓者则以为贵客。客至，船娘视其贫富慧愚为趋承，富而愚者，是其刀砧间物矣。一至则立陈杯杓，呼肴馔，酒沸于瓶，香温于室，船娘于是列举某妓色艳技绝，某妓新揭名于教坊，娟丽罕伦，舌底莲生，唇边春盎，使客怦怦心动焉。客若有旧识，即招之来，不待首之肯也。妓至，先拜客，次拜船娘。就席必唱

"请恕"二字，举杯必唱"今夕奉谢"四字，于是妍姿献媚，秀靥呈娇，玉手挥弦，珠喉裂帛。船娘在旁把舵，抑扬鼓舞，其妙不可言，而客亦不觉神飞魄荡，探怀出金。若遇豪客，则并犒其从者，缠头所掷，动费不资，而后酒阑月落，乃得拥妓而宿于船。妓酬船娘金币一方而得二铢，船娘之所以攫利者，在此不在彼也。

江都素尚繁华，十步一店，百步一楼，松江之鲈，京江之酒，可立致也。其著名者曰川长，在桥北曰龟清，桥南曰深川，他若丸竹、松亭，指不胜偻。其中芳馔珍羞，山堆坻积，惟鲜鱼则取之于河岸。客至，先供茶果，炙鱼羹鲶，以次而陈。夏月必设浴室，为客制浴衣，肤凉体爽，其饮自倍。浴室最佳则推柏屋，风雪之夕，可以融冻，酕醄之候，可以解酲。将饮则必招妓，惟烛炧地阑，但有送客而不能留髡；或使楼婢为媒，则事须秘密焉。凡客携妓而来，则为妓设馔；就其家招者，则不设。妓在酒楼不敢醉饱，惧失仪检，周旋于主妇群婢间，倍劳于接客，否则讥嘲百出，非目以饕餮，即诮以骄恣，此后不敢再招；虽有知己命之来，亦答以不在。故妓往往请客犒婢以金资，如是则敬客而亲妓矣，昨讥之而今誉之矣，于主妇前则称其慧，于客席上则绳其美，皆一片金为之从中说话也。

妓有色艺两种。艺妓但能赏玩之于歌筵舞席间，色妓则可荐枕席。柳桥皆艺妓也；其有授宓妃之枕，开鄂君之被，皆私为之也。私者似难而实易，不过感之以情，动之以利，无不得手。以此二字，闺阁中犹多丧节，况乎处丝竹淫哇之地，风花跌宕之区哉？故言仅鬻艺者，亦名而已矣。妓有大小，大妓弹三弦，小妓则但侑觞而已。妓有定价，大妓昼夜八铢，小妓半之；客于定价外有所赏谓之"花"。大小妓衣服之制亦有别，大妓曳衣于地，以左手扳而行，袒衣之襟白；小妓搴束子腰，袒衣之襟红。席间大妓拨弦高唱，小妓揄袖拢髻，蹁跹而舞，皆中音节。其巧者能折腰作弓形，口衔地上玉杯。妓所居多在桥南，广巷深弄，鳞次栉比，热者居表，冷者居里，外掩长楅，内安火盆，洁无纤尘，铁瓶铜箸，常置于侧，虽贫富有差而趣无大异。妓倦即昼眠于侧。大抵妓皆骄惰习成，断不肯为女红，调弦索涂脂粉之外，了无一事，独至拜神祀佛，殊费心思，作棚设位，所奉有毗罗帝释，自称为莲宗。妓家有父者十之一，有夫者百之一，皆母女二人，相依若命。熟客则至其家，鸨见其来，促呼酒肴，献笑呈诶，无所不至。兴酣酒竭，邀客上楼，妆台衾具，陈设雅丽，客睡则鸨为之避去，时虽有他客来招者，概辞以不在。或曰，就妓家宿胜于船家酒肆，以费多且知者众也。然妓贪可忍，鸨贪不可忍，盖真母爱俏，假母爱钞，如妓与客情浓意密，引之至家，则当别论。大妓年自十七八至三十，小妓自十二三至二十，顾见客自称其龄必减二三岁。

酒楼船铺之招妓也，非迎之于妓宅，而以冈崎、立花二屋为介。二屋共养佣奴三十人，为妓从价，使之负三弦箱。妓得一席价予以百五十钱。奴之陪妓也，将弹弦则为接荃悬线，方更衣则为熨裳敛带，遇雨即归取伞，逮暮即走点灯，妓有狎客则必识之。噫！以七尺之躯，于思之髯，甘为贱女子役，结袜理屦以媚其意，仅利数百钱，其辱何如哉！妓于春夏盛时，一月或有五六十席，席价谓之"玉"，记客数者呼之为"玉簿"。妓等每相问，必曰："今月获玉几何？"竞夸其多，以为荣劣。妓于秋风一起，辄锁户晦迹以去，逮花笑柳眠之日，复出而售技，土人称之曰"外被"。外被之为物，暖脱冷着，此辈与之相反，故云。柳桥之妓春则百余，秋冬减其半，盖外被之流也。此外有"鹭鹚妓"，乃不揭名而售技者，为平康所不齿。鹭鹚，水鸟，出没波间而食鱼，以彼亦厕于正妓间而谋利，将毋同。妓之揭名于籍者，岁费浩繁，不足，遂多藉贷。妓更新衣有定期，俗逢端午着单衣。五月廿八夜间例张烟火戏于二州桥南，谓之"开河"，是日始着绉绤。衣饰之费，妓之有狎客者任其事，近多僭侈逾制，大家命妇所弗逮。谚云："妓有赤心，则鸟有方卵。"此谓事之所无。然妓之淫荡者固多，而淑良者亦或有之，未可一概论也。惟歌娃与坊娟当自有别。

柳桥之妓色艺兼擅者，自阿金至驹吉，殆不下数十人。闻自开府以来，都下名姝，姿容绝世，识字知书，足以驰名于北里、标艳于鞠部者，殊不乏人，而尤以二州桥东之阿菊为超群拔萃焉。阿菊性豪迈，喜挥霍。自出巨资营高楼于墨水之西，榜曰"水明楼"。四面窗棂，轩爽宏敞，墨川如带，宛在目前，自建此楼，其名顿播，豪士冶郎，无不入而买醉焉。斯则妓中巨擘，可为柳桥光矣。

天南遁叟于己卯年往游江都，小住四月，柳桥、新桥之间，皆为游屐之所至焉。新桥有妓曰角松，柳桥有妓曰小铁，皆为遁叟之所眷，暇则乘画舫，荡兰桨，容与泛漾乎中流，听其所之而休焉；或载之于后车，追风蹑电，顷刻数十里；或觞于不忍之亭，或宴于飞鸟之岛，听泉流，领荷香，小憩于众绿丛中，几不知有盛暑时，二姬皆从焉，弹三弦琴，呜呜然如怨如慕，遁叟不知其所云也；异方之乐，只令人悲耳！但以碧筒杯满浮大白，称之曰："善。"此亦柳桥韵事，不可不志。

十鹿九回头记

　　云间为人文渊薮，以功名显者，代不乏人。盖九峰三泖，山水清淑，灵秀所钟，人才间出。国初，三王以兄弟同朝，二张以伯侄继起，噫嘻！盛矣！至咸同年间，多起而隐去者。或曰，此十鹿九回头之验也，谶语相传，盖已久矣。按《华亭县志》，十鹿九回头碑在普照寺桥侧，刻十鹿于上，阳纹隆起，头角峥嵘，其一顺向，余俱返顾，故松人以作事不前谓之十鹿九回头。或曰，否，不然。鹿者，禄也；迩日诸贤，却禄鸣高，其迹类是。以余所知者，凡有九人，例得连类而书之，为斯碑之佐证。

　　姚光发，字衡堂。由拔贡任高邮州训导，肄业门墙者，多知名士。奉府檄勘验水灾，兼发赈米，毫不徇私。同寅某广文造饥民册，多侵蚀，君恒微讽之，不听，某竟以暑疾暴卒。既成进士，适卧病，次年，改庶吉士，散馆观政户部。太夫人年高多疾，陈情归养。时赭寇南甯，君与郡绅筹军饷，办团练，多奇勋，城乡获安堵。养亲事毕，年已六旬，不复出山。当路延君主讲云间、求忠、景贤三书院。时士子遭兵燹之后，学殖多荒落，赖君启迪善诱，有登鼎甲者。重修县府志，君为总纂，三年而书成。董积谷仓事，井然有条理。长孙肇瀛，丙戌成进士，授刑部主事，君犹及见。后乙酉选拔，明年戊子将重赴鹿鸣，耳聪目明，齿犹未豁，咸推为鲁灵光云。年八十有九。

　　张云望，字椒岩，娄县人。其先明万历中名以诚者，文名藉甚，廷对第一。迄今三百余年，科甲蝉嫣已十五世矣。父文斑，岁贡，司铎如皋，年八十，登寿榜。至君而以翰林起家，司清秘堂，授侍御，言事以兴利除弊为本，俸满，截取知府，擢监司，投效山东督师者，委司营务处，嗣转饷至德州，偶抱微疴，飘然远引，其殆视富贵如弁髦者欤？续修府县志，君为总纂。时姚衡堂年逾八旬，目力稍逊，乃以君主讲景贤书院；或谓谋而得之者，过也。君请于监院，用浮票弥封姓名，以杜情弊，士论翕然。长子礽祥，官紫阳县典史，死事。君腰脚最健，日游阛阓中，烈日张伞，阴雨着屐，不以为苦，龙马精神，有如此者。年七十有九。

李曾裕，字小瀛，上海人。父锺瀚，由部郎外擢贵州思恩府。其官京秩时，君随侍邸寓，翩翩年少，品粹学醇，弦诵之暇，与文人墨士结社联吟，时有后六家之称。屡应京兆试不售，乃奋然投笔，以磋尹分发两浙。乙卯，黄河决兰阳，齐鲁间俱成巨浸。时河漕帅会同江浙大吏方议海运，君籍隶海陬，于航海情形尤熟悉，遂殚精竭虑，度时审势，上书万余言，大吏韪其论，檄属踵行，至今三十余年，犹利赖焉。历官府同知，引疾归。后人侨寓嘉定，君独于淞南沪北之地赁屋数椽以居。适王君竹鸥亦旋里，相与徜徉山水间，或酒馆延宾，或歌场顾曲，中外士庶，望之若神仙中人。年七十有七。

王承基，字竹侯，上海人。由拔贡授官刑部，转员外郎。赭寇北窜，君随大将军御贼于天津，叙功擢广西平乐府，洊升陕西按察使，断狱明允，声誉隆赫。旋权藩司篆，未匝月，回匪犯顺，围省垣，与外郡县文报阻隔，援绝粮穷，坐困危城中，岌岌不可以终日。君昼夜筹防，心力交瘁。久之，以病乞骸骨，解组归，嗣晋汴患大旱，至鬻子女，人相食，大吏以上海物力殷阗，富绅巨贾所萃，檄君筹捐备赈。君督长公子宗寿多方劝募，金钱至数百万，活人无算，人咸颂其积功垂裕，非虚语也。君善音律，喜临池，笔法宗王大令，参以董尚书，持联箑求书者，踵盈于户。年七十有七。

胡承颐，字松僚，青浦人，原籍休宁。先世秉铎青浦，筑室以居，至恪靖公宝琭，由孝廉位至尚书，吁请入籍，君其六世孙也，簪缨累叶，族大繁滋。君少习学业，书法遒劲。游幕北方，恒郁郁不得志。年近服官，始捧檄畿辅，屡宰繁剧。尝平反冤狱，颇著政声。直隶州县无漕粮，征银亦寡，地当冲要，办差络绎，日积月累，逋负钜万，竟坐此去官。子祖谦，举人，授内阁中书。君归田后，两袖清风，犹是书生本色。青浦祖居毁于兵燹，乃僦屋郡城之西郊，未几，偶以诗婢泥中，人言籍籍，君喟然曰：“此非乐土也！”亟迁居苏台，将终老焉。年七十有一。

王蓉生，字子勖，南汇人。父惟谦，秉铎泾县。君亦由廪贡任海州训导，举于乡。时徐海间捻匪充斥，谍者告曰："寇至矣。"问贼数，以万计；去城远近，则望见旗帜矣。食肉者束手无策，谋诸君。君徐言曰："此乌合之众，易处耳。请出城御之。"刺史集壮丁，听君用。君择老羸数十人，策骑入贼营。有识者曰："此王教官也，来送死耶？"君曰："我胡畏死，特悯汝辈皆族灭矣。"乃导以顺逆利钝。贼罗拜称佛爷，顷刻散尽，危城获全。漕帅将上其功，君固辞，反以此受忌。罢官归，不名一钱，主讲惠南书院，及门多获隽。子保建，进士，授内阁中书；保衡，优贡；保夷，拔贡。壬午，保衡省试得疾，归，旋卒。君西河恸切，病愈，脚软不能行。年六十有九。

仇炳台，字竹屏，娄县人。所居近笏水，号笏东老人。始以拔贡充教习，除邑令，不就．成进士，入词林，翀青云而直上。俄丁父忧，诸弟相继殂谢，寡妇孤儿，仰君抚幼。洎犹子成立，君年已近花甲，遂隐居笏溪，不复仕进。每逢春秋佳日，则偕良友四五人，泛一叶扁舟，徜徉乎峰屏泖镜之间，红树青山，绿梅黄菊，散坐舟中，酌酒分韵，至夕阳西坠而归。主讲金山县柘湖、大观两书院，所作时文律诗，最利场屋，执贽问业者益众。修府志，为总纂。书法宗鲁公，得其尺幅，宝若拱璧。君状貌清癯，食素。少长子殁，过时而哀，肺疾时发，精气渐衰。年六十有八。

耿苍龄，字思泉，华亭人。晚号黄庵退叟。父省修，承先人志，置义田以赡族，官至河南卫辉府。君幼负隽才，习举业，屡试不售，乃偕郡绅办民团，由同知谒选，知湖北德安府。德安屡遭寇踞，书院宾兴，诸田久为势豪侵占，君亟清理，尽复旧业。西郊白兆寺为李青莲读书处，游咏之余，捐置腴田以奉香火。既归，接办全节堂，创建内堂号舍，留养贞嫠。戊辰筑修金山嘴土石海塘，君董其事。养亲事毕，杜门课子，不复出仕。长子葆清，拔贡，授官户部。君耽吟咏而不解填词，好宾朋而不能饮酒，秉性戆直而外貌圆融，以故少长交游，罕有相忤者。年六十有二。

顾莲，字香远，华亭人。父夔，以名翰林宰山西灵石县。年五十始生君。幼失怙，赖寡嫂抚育。稍长，聪慧绝伦。强仕之年成进士，入馆选，改四川梁山县。人或惜之，君怡然曰："此吾家旧青毡也。"始权隆昌，年余，履梁山新任。川民故健讼，每放告期，案牍以百计。君廉知其情，一日擒一恶妇，尽法惩治，民乃相诫曰："毋轻涉公门，致梗我贤侯禁令也。"由是争端泯，刁风息；草满庭前，颂声载道。君优于才，国政家事，无不亲自主裁，未及三年，须发皆白，乃以海防升员外郎，解组回里，盖以进为退也。廖司马菊屏有"未曾五十已归田"之句，可以遗赠。年四十有七。

之九人者，或优游泉石，或啸傲山林，芥视轩冕，屣脱名利，卓然高蹈，诚不可及也。

王韬年谱简编

1828 年（道光八年戊子）1 岁

11 月 10 日（十月初四），王韬生于江苏省长洲县甫里村。先祖系昆山王氏，明代巨族，父名昌桂，字肯堂，虽家道中落，仍刻苦自励，设馆授徒。母为锦溪朱氏，王韬四五岁时，即由母亲口授古人节烈事。王韬初名利宾，又名畹，字兰卿。

1836 年（道光十六年丙申）9 岁

随父王昌桂至本村施氏书塾读书，毕读群经，旁涉诸史、杂说，培植一生学力之根基。

1842 年（道光二十三年壬寅）15 岁

回甫里就读于青萝山馆，随新阳县贡生顾惺读经。与顾惺女儿顾慧英及曹素雯等组织诗社，过着鸭沼观荷的闲散日子。

1843 年（道光二十三年癸卯）16 岁

9 月下旬赴昆山县城应县试。受到主试官员杨耕堂大令的赏识，以其在幼童列，文颇不凡。

1845 年（道光二十五年乙巳）18 岁

春 2 月赴昆山科考，王韬以一等第三名被新阳县学录取，督学使者为张筱坡侍郎，称其文有奇气。

1846 年（道光二十六年丙午）19 岁

秋 7 月，王韬赴金陵应乡试，应试期间遍游金陵名胜古迹，并屡作狎邪之游。文漪楼妓女任素琴、缪爱香与王韬往来最为亲密，尝陪其荡桨秦淮河上。这次乡试王韬落第，遂就馆锦溪，走上了其父设馆课徒的生活道路。冬，娶同村孝廉杨野舲第三女杨保艾为妻，为其取字梦蘅。妻兄杨引传，字延绪，号醒逋、莘圃，曾著有《独悟庵集》、《野烟录》，后来成为王韬最亲近的朋友之一。

1848 年（道光二十八年戊申）21 岁

正月十五前后，第一次赴上海探望在其地开馆授徒的父亲，特地参观了墨海书馆。时麦都思邀请其参观活字版机器印书，王韬看到车床以牛作为牵引动力，一日可印数千番，颇感大开眼界。结识慕维廉、艾约瑟、美魏茶等英国传教士。

1849 年（道光二十九年己酉）22 岁

夏 6 月，王昌桂在上海病逝，麦都思遣人邀请王韬再赴上海，遂于农历九月入墨海书馆从事西文典借翻译的编校工作。改名王瀚，字兰卿，又作兰君、懒今。这年作《华胥实录》一书，为怀念某女士之作。

1850 年（道光三十年庚戌）23 岁

春节后王韬把妻女接到上海居住，夏间讹传家人生病，王韬又将妻女送回故里，自己返回上海。其妻再返上海时已患重病，不久即不治身亡。此事给王韬以沉重打击。王韬在墨海书馆的工作是协助麦都思翻译《新约全书》，以替代原来中文译文有所欠缺的旧译本。由王韬用典雅的古文参与润色译文的版本被称为《改正本新约》，于 7 月 25 日出版，在教徒中获得了不错的口碑。到 1859 年印行了 11 版，到 20 世纪 20 年代仍在使用。王韬佣书的佣金是每年二百余金。

1851 年（咸丰元年辛亥）24 岁

根据曾跟随英人威妥玛游历英国的应雨耕口述而为之作《瀛海笔记》。

1852 年（咸丰二年壬子）25 岁

夏 5 月，介绍李善兰至墨海书馆协助西人伟烈亚力翻译西方数学典借。12 月 13 日结识蒋敦复，蒋氏号称江南才子，王韬遂与李善兰、蒋敦复成莫逆之交，人称"三异民"。是年续娶福建泉漳会馆董事林益扶的小女儿林琳为妻。

1853 年（咸丰三年癸丑）26 岁

介绍蒋敦复入墨海书馆工作，协助慕维廉译编《大英国志》等书。

1854 年（咸丰四年甲寅）27 岁

与洪仁玕同在上海伦敦布道会首席牧师麦都思手下一起研习。是年，正式接受洗礼，加入伦敦布道会，成为基督徒。

1857 年（咸丰七年丁巳）30 岁

1 月，协助伟烈亚力在上海创办第一个中文月刊《六合丛谈》。由伟烈亚力口译王韬笔述的《重学浅说》一卷，即曾编入此刊之中。在上海墨海书馆期间，与伟烈亚力还合作译编了《华英通商事略》一卷和《西国天学源流》一卷。同年农历四月陪同江苏巡抚徐有壬至墨海书馆参观印书车，并拜会慕维廉、韦廉臣等人。

1858 年（咸丰八年戊午）31 岁

是年和艾约瑟合作编译《格致新学提纲》出版，分门别类地介绍西方的科技知识，分附于《中西通书》之后。《中西通书》乃介绍西方政治、社会、文化、科技知识的历书小册子。先后由艾约瑟和伟烈亚力担任主编，王韬主要负责中西日历部分的编辑工作。

1860 年（咸丰十年庚申）33 岁

7 月，跟随英国传教士艾约瑟访问太平军占领的苏州，受到忠王李秀成和总理苏福省民务逢天义刘肇钧的接见和款待。

1861 年（咸丰十一年辛酉）34 岁

3 月，随艾约瑟等人赴太平天国首都天京（金陵）访问，受到赞嗣君蒙时雍的接待，会见了黄文安、李文炳等太平天国官员。艾约瑟通过蒙时雍转交给天王洪秀全一篇题为《上帝有形为喻无形乃实论》的文章，洪秀全以诏书形式作答，王韬参与了艾约瑟文章的润饰。谈判结果是太平天国同意英国提出的一年之内不进攻上海及吴淞一百里以内地区的要求。

1862 年（同治元年壬戌）35 岁

2 月 2 日（农历正月初四），化名黄畹上书太平天国苏福省民务官刘肇钧，为太平天国围攻上海出谋献策，并希望刘肇钧把上书转呈李秀成。刘肇钧为予转呈，携带此信参加攻打上海的行动。4 月 4 日，英法军队和清军攻破上海七宝镇附近的刘肇钧营垒，王韬上书被副将熊兆周缴获，转交江苏巡抚薛焕，薛焕立即上奏朝廷。4 月 25 日，同治帝降旨缉拿黄畹。王韬在上海虽改名叫王瀚，但原名曾称王畹，上书中因避太平天国讳，故写成黄畹。王韬曾短暂避祸乡下，后秘密潜回上海躲进英国驻上海领事馆，受到麦华佗领事的庇护。10 月 4 日（闰八月十一日），王韬只身一人登上英国鲁纳号邮轮逃抵香港，进入英人创办的英华书院，协助院长理雅各翻译中国儒家经典，从此开始了长达 23 年的流亡生活。王韬避居香港后，改原名王瀚为王韬，字子潜（紫诠），号仲弢，又号天南遁叟。

1864 年（同治三年甲子）37 岁

是年，理雅各主持的《尚书》英译工作接近完成，着手准备翻译《诗经》，王韬纂集各类《诗经》注释，辑成《毛诗集释》30 卷，供理雅各翻译《诗经》时参考。

1865 年（同治四年乙丑）38 岁

是年，王韬协助理雅各翻译的《书经》（《尚书》）完成，由香港的英商渣甸约瑟资助出版，称为《中国经典》第 3 卷。

1867 年（同治六年丁卯）40 岁

是年，理雅各以事返国，邀王韬同游泰西诸国。12 月 15 日（十一月二十）启程西行，年底抵达新加坡和锡兰访问。

1868 年（同治七年戊辰）41 岁

访问法国、英国。在法国参观汉学家儒莲的汉文书库，在苏格兰协助理雅各翻译《春秋左传》，日夜纂辑《春秋左氏传集释》。并参观苏格兰爱丁堡大学考试，在理雅各、慕维廉陪同下游览了爱丁堡博物院、医院、印刷厂、浴池等处。

1870 年（同治九年庚午）43 岁

回国后，在江苏巡抚丁日昌的鼓励下编纂《法国志略》。

1871 年（同治十年辛未）44 岁

《普法战记》脱稿，是年，王韬协助理雅各所译《诗经》在香港出版，称为《中国经典》第 4 卷。

1872 年（同治十一年壬申）45 岁

是年，王韬协助理雅各所译《春秋左传》出版，名为《中国经典》第 5 卷。

1873 年（同治十二年癸酉）46 岁

与同人集资购买英华书院设备，在香港中环创办中华印务总局，首先以活字大版排印《普法战记》一书。

1874 年（同治十三年甲戌）47 岁

1 月 5 日，在香港创办《循环日报》，自任主笔，仿西报体例，每日于首栏发表一篇政论文章，评议时政。

1875 年（光绪元年乙亥）48 岁

短篇小说集《遁窟谰言》和笔记小说《翁牖余谈》在上海《申报》馆刊印出版。上海风物志《瀛壖杂志》在广州出版。

1876 年（光绪二年丙子）49 岁

是年，王韬以活字版在中华印务总局第一次排印了《弢园尺牍》一书。《弢园尺牍》第一版仅 8 卷，收入 1846 年至 1875 年王韬与友人的往来书信。

1878 年（光绪四年戊寅）51 岁

是年 2 月，王韬在《循环日报》上发表了《论各省会城宜设新报馆》的社论，系统阐释其新闻思想。

1879 年（光绪五年己卯）52 岁

仲春 2 月，专门记述上海妓院情形及王韬本人绮游访艳经历的《海冶游录》和《花国剧谈》二书，在香港中华印务总局首次出版，均为《艳史丛钞》之一。4 月 30 日（闰三月初十）启航赴日本访问。在日期间与各界人士有广泛交往，包括各类幕府华族、硕儒名士，以及维新名流、医官武士、艺妓烟花均有接触。

1880 年（光绪六年庚辰）53 岁

5 月，中华印务总局出版《蘅华馆诗录》5 卷，共收入 1846 年至 1879 年诗作 542 首。是年，《扶桑游记》在日本东京报知社刻印出版。王韬还为在中华印务总局出版的郑观应时论著作《易言》作跋。王韬协助理雅各翻译的《易经》出版，称为《中国经典》第 6 卷。

1881 年（光绪七年辛巳）54 岁

与黄胜合作译编的《火器略说》由中华印务总局刊行。

1882 年（光绪八年壬子）55 岁

是年，王韬协助理雅各翻译的《礼记》出版，称为《中国经典》第 7 卷。至此，理雅各英译中国七经全部出版完毕。

1883 年（光绪九年癸未）56 岁

是年，王韬时论文选《弢园文录外编》在香港出版发行。《弢园文录外编》共 8 卷 110 篇文章，绝大部分为王韬发表于《循环日报》的时评政论。

1884 年（光绪十年甲申）57 岁

遄归上海，王韬即被英人美查聘为《申报》总编辑。从下半年起，王韬开始在《申报》所属系列杂志《点石斋画报》上发表短篇小说《淞隐漫录》，每期一篇，并随文配图。

1885 年（光绪十一年乙酉）58 岁

春正月，创办弢园书局。是年秋，上海格致书院聘请王韬为掌院，延请中西教读训以西国语言文字，并开设格致、机器、象纬、舆图、制造、建筑、电气、化学等课程。每年分四季为课期，王韬聘请当地官员出题课士，评定优劣，对出色者予以奖励。

1887 年（光绪十三年丁亥）60 岁

是年十月开始第一次编辑刊行《格致书院课艺》，将从 1886 年以来论文考试中的优胜试卷及评语一并刊出。《淞隐漫录》120 篇在《点石斋画报》连载完毕，由点石斋印局汇集单行本出版。

1889 年（光绪十五年己丑）62 岁

《春秋朔闰至日考》、《春秋日食辨正》、《春秋朔闰表》汇集成一册，以《春秋经学三种》为名由美华书局出版。是年《弢园尺牍续钞》、《重订法国志略》（24 卷）、《漫游随录》等著作相继出版。

1890 年（光绪十六年庚寅）63 岁

王韬西学辑存六种全部刻印出版。是年四月初八，王韬又将《蘅华馆诗录》重新编订出版。这版补充收入 1880 年以后的诗作，共收诗作629 首，比初版增加 87 首。

1893 年（光绪十九年癸巳）66 岁

秋 9 月，《淞滨琐话》12 卷在沪北淞隐庐排印，包括 68 篇小说。是年王韬亲自审订的《格致书院课艺》丙戌（1886）至癸巳（1893）年分类汇编刻印出版。

1894 年（光绪二十年甲午）67 岁

为孙中山《上李鸿章书》润色修正，并托李鸿章幕府文案罗逢禄代为引见，事未成。

1895 年（光绪二十一年乙未）68 岁

经郑观应介绍与康有为相识，并陪同参观格致书院，介绍办学经验。

1897 年（光绪二十三年丁酉）70 岁

5 月 24 日（阴历四月二十三），王韬在上海寓所病故。

（本年表的编制参考了张志春编著的《王韬年谱》。）

中国近代思想家文库

方东树、唐鉴卷	黄爱平、吴杰　编
包世臣卷	刘平、郑大华　主编
林则徐卷	杨国桢　编
姚莹卷	施立业　编
龚自珍卷	樊克政　编
魏源卷	夏剑钦　编
冯桂芬卷	熊月之　编
曾国藩卷	董丛林　编
左宗棠卷	杨东梁　编
洪秀全、洪仁玕卷	夏春涛　编
郭嵩焘卷	熊月之　编
王韬卷	海青　编
张之洞卷	吴剑杰　编
薛福成卷	马忠文、任青　编
经元善卷	朱浒　编
沈家本卷	李欣荣　编
马相伯卷	李天纲　编
王先谦、叶德辉卷	王维江、李鹜哲、黄田　编
郑观应卷	任智勇、戴圆　编
马建忠、邵作舟、陈虬卷	薛玉琴、徐子超、陆烨　编
黄遵宪卷	陈铮　编
皮锡瑞卷	吴仰湘　编
廖平卷	蒙默、蒙怀敬　编
严复卷	黄克武　编
夏震武卷	王波　编
陈炽卷	张登德　编
汤寿潜卷	汪林茂　编
辜鸿铭卷	黄兴涛　编

康有为卷	张荣华 编
宋育仁卷	王东杰、陈阳 编
汪康年卷	汪林茂 编
宋恕卷	邱涛 编
夏曾佑卷	杨琥 编
谭嗣同卷	汤仁泽 编
吴稚晖卷	金以林、马思宇 编
孙中山卷	张磊、张苹 编
蔡元培卷	欧阳哲生 编
章太炎卷	姜义华 编
金天翮、吕碧城、秋瑾、何震卷	夏晓虹 编
杨毓麟、陈天华、邹容卷	严昌洪、何广 编
梁启超卷	汤志钧 编
杜亚泉卷	周月峰 编
张尔田、柳诒徵卷	孙文阁、张笑川 编
杨度卷	左玉河 编
王国维卷	彭林 编
黄炎培卷	余子侠 编
胡汉民卷	陈红民、方勇 编
陈撄宁卷	郭武 编
章士钊卷	郭双林 编
宋教仁卷	郭汉民、暴宏博 编
蒋百里、杨杰卷	皮明勇、侯昂妤 编
江亢虎卷	汪佩伟 编
马一浮卷	吴光 编
师复卷	唐仕春 编
刘师培卷	李帆 编
朱执信卷	谷小水 编
高一涵卷	郭双林、高波 编
熊十力卷	郭齐勇 编
任鸿隽卷	樊洪业、潘涛、王勇忠 编
张东荪卷	左玉河 编
丁文江卷	宋广波 编

图书在版编目（CIP）数据

中国近代思想家文库. 王韬卷/海青编. —北京：中国人民大学出版社，2013.11
ISBN 978-7-300-18381-7

Ⅰ.①中…　Ⅱ.①海…　Ⅲ.①思想史–研究–中国–近代　②王韬（1828～1897）–思想评论　Ⅳ.①B250.5

中国版本图书馆 CIP 数据核字（2013）第 266302 号

中国近代思想家文库

王韬卷

海　青　编

Wangtao Juan

出版发行	中国人民大学出版社			
社　　址	北京中关村大街 31 号		**邮政编码**	100080
电　　话	010 - 62511242（总编室）		010 - 62511770（质管部）	
	010 - 82501766（邮购部）		010 - 62514148（门市部）	
	010 - 62515195（发行公司）		010 - 62515275（盗版举报）	
网　　址	http://www.crup.com.cn			
经　　销	新华书店			
印　　刷	涿州市星河印刷有限公司			
开　　本	720 mm×1000 mm　1/16		**版　　次**	2013 年 11 月第 1 版
印　　张	24.5　插页 1		**印　　次**	2025 年 4 月第 3 次印刷
字　　数	405 000		**定　　价**	108.00 元